中国科学院教材建设专家委员会规划教材
全国高等医药院校规划教材

案例版™

供预防医学类、卫生管理类等专业使用

卫生经济学

主　编　高丽敏　刘国祥
副主编　付　云　唐贵忠
编　委　(按姓氏笔画排序)
　　　　付　云(包头医学院)
　　　　白　丽(齐齐哈尔医学院)
　　　　刘国祥(哈尔滨医科大学)
　　　　张慧英(牡丹江医学院)
　　　　陈俊峰(大连医科大学)
　　　　赵晓雯(哈尔滨医科大学)
　　　　高丽敏(大连医科大学)
　　　　唐贵忠(重庆医科大学)
　　　　黄冬梅(潍坊医学院)
　　　　崔国生(沈阳医学院)
　　　　康　军(重庆医科大学)
　　　　梁维萍(山西医科大学)

科学出版社
北　京

郑 重 声 明

　　为顺应教育部教学改革潮流和改进现有的教学模式,适应目前高等医学院校的教育现状,提高医学教学质量,培养具有创新精神和创新能力的医学人才,科学出版社在充分调研的基础上,引进国外先进的教学模式,独创案例与教学内容相结合的编写形式,组织编写了国内首套引领医学教育发展趋势的案例版教材。案例教学在医学教育中,是培养高素质、创新型和实用型医学人才的有效途径。

　　案例版教材版权所有,其内容和引用案例的编写模式受法律保护,一切抄袭、模仿和盗版等侵权行为及不正当竞争行为,将被追究法律责任。

图书在版编目(CIP)数据

卫生经济学:案例版 / 高丽敏,刘国祥主编. —北京:科学出版社,2008
中国科学院教材建设专家委员会规划教材·全国高等医药院校规划教材
ISBN 978-7-03-022141-4

Ⅰ. 卫… Ⅱ.①高… ②刘… Ⅲ. 卫生经济学 – 医学院校 – 教材 Ⅳ. R1

中国版本图书馆 CIP 数据核字(2008)第 076440 号

策划编辑:李国红　周万濑 / 责任编辑:周万濑　李国红 / 责任校对:赵燕珍
责任印制:刘士平 / 封面设计:黄　超

科学出版社 出版
北京东黄城根北街 16 号
邮政编码:100717
http://www.sciencep.com
明辉印刷有限公司 印刷
科学出版社发行　各地新华书店经销
*
2008 年 7 月第　一　版　　开本:850×1168　1/16
2008 年 7 月第一次印刷　　印张:14
印数:1—4 000　　　　　　字数:419 000
定价:35.00 元
(如有印装质量问题,我社负责调换〈明辉〉)

全国高等医药院校预防医学专业
教材建设指导委员会

前　言

用科学发展观指导卫生事业的全面、协调和可持续发展,是今后我国卫生工作的主旋律。用科学发展观来审视我国卫生事业发展现状可以发现:目前,我国卫生事业的发展与改革面临着一个根本性的矛盾,即卫生资源的有限性和人民群众日益增长的卫生保健需求之间的矛盾。而我国卫生资源的不合理配置以及卫生资源利用中的严重浪费状况,又进一步加剧了这一矛盾,导致"看病难,看病贵"问题凸显,拉大了社会居民在卫生服务利用上的差距,影响了社会和经济各方面的协调、稳定发展。

那么,如何提高有限卫生资源的配置和利用效率? 如何控制卫生服务费用的不合理增长,使有限的卫生资源发挥更大的作用? 如何以效率、公平为目标,合理配置卫生资源? 如何实现花尽可能少的钱,获得社会必要的卫生保健服务? ……诸如此类的问题,都需要经济学理论和方法的指导。可以说,卫生和经济学的结合,是我们时代发展的必然要求和选择。由此,也就彰显了学习和研究卫生经济学的必要性和重要性。

本书是适应高等医药院校预防医学和卫生事业管理专业开设卫生经济学课程要求而编写的课程教材,也可作为各类相关人员学习相关知识的参考用书。本书的一大特点是每章都配有相应的案例和案例分析,使内容阐述既有理论性又有实践性。另外,本书在内容体系安排上力求合理、严谨、实用;在内容阐述上尽可能做到深入浅出,反映卫生经济学最新研究成果,注重理论与实际的结合。

本书共十四章,主要内容:绪论(高丽敏)、卫生服务需求(梁维萍)、卫生服务供给(唐贵忠)、卫生服务领域市场与政府的作用(付云)、卫生总费用(康军)、医疗保险制度(白丽)、卫生资源配置(张慧英)、医疗服务成本(刘国祥)、医疗服务价格(崔国生)、疾病经济负担与健康投资效益(康军)、卫生经济学评价(黄冬梅)、卫生经济政策(陈俊峰)、卫生财务管理与财务分析(赵晓雯)、卫生经济伦理(高丽敏)。

因为卫生经济学属于一门发展中的新兴学科,而且案例版卫生经济学教材在我国还是一种初步的尝试,加之本书编写时间仓促,书中难免有错误和不妥之处,恳请各位专家和读者不吝指正,我们将不胜感谢。

另外,在本书编写过程中,编写人员参考了大量相关书籍文献,在这里,也一并向这些书籍文献的作者表达我们的谢意。

主　编

2008 年 4 月

目　录

第1章 绪 论

本章提要

本章阐述卫生经济学研究的对象、任务、内容和方法，介绍卫生经济学产生与发展过程。通过本章学习，要求掌握卫生经济学研究的对象和任务，了解卫生经济学研究内容、方法和意义，熟悉卫生经济学产生与发展过程。

为了延长人们的寿命和提高人们的健康水平，一个社会必须要配置一定的经济资源用于卫生保健服务。然而，在一定时期内，社会可用于卫生保健服务的资源总是有限的，因此，人们需要从经济的视角，根据经济学的理论和方法对卫生保健资源的配置和使用进行分析和评价，以明确卫生服务活动的经济价值，实现有限卫生资源合理、有效的配置和使用。卫生经济学（health economics）就是运用经济学的理论和方法，研究卫生服务领域中的经济问题，揭示其中的经济规律，为实现卫生保健资源合理、有效配置和使用提供依据的一门经济学分支学科。

第1节 卫生经济学研究对象和任务

一、卫生经济学研究对象

任何一门学科都有与其他学科不同的研究对象，卫生经济学也是如此。作为一门新兴的经济学分支学科，卫生经济学的研究对象在国内外的表述上各有不同。

在西方国家，对卫生经济学研究对象的表述虽然并不统一，但基本都是围绕如何优化配置和使用稀缺卫生保健资源而展开的。

> **视角**
> **国外卫生经济学家对卫生经济学研究对象的阐述**
>
> 1. 卫生经济学是研究资源如何向卫生行业分配以及卫生行业内的资源如何配置的学科。
> 〔美〕舍曼·富兰德，艾论·C·古德曼，迈伦·斯坦诺著《卫生经济学》（王健，孟庆跃译）

> 2. 卫生经济学研究卫生服务资源的需求和供给以及卫生服务资源对人口的影响。换言之，卫生经济学定义为卫生服务资源的确定与配置，这是合乎逻辑的，因为医疗服务和产品离不开卫生资源。
> 〔美〕雷克斯福特·E·桑特勒，史蒂芬·P·纽恩著《卫生经济学——理论、案例和产业研究（第三版）》（程晓明等译）
> 3. 本书阐明如何运用经济学的方法来研究卫生保健问题，用经济的概念来定义卫生保健的各个方面。
> 〔美〕保罗·J·费尔德斯坦著《卫生保健经济学》（费朝晖等译）

在我国，卫生经济学界经过二十多年的研究和实践，对卫生经济学研究对象的认识基本趋于一致，认为卫生经济学的研究对象就是卫生保健领域所特有的经济关系和经济活动。卫生经济学就是研究卫生保健领域特有经济关系和经济活动规律的科学。

1. 卫生保健领域的经济活动 卫生保健领域的经济活动是指把卫生保健服务作为商品来进行生产、交换、分配和消费的行为或活动。从卫生保健服务的生产过程看，涉及卫生保健服务的生产者为向社会提供卫生保健服务产品而配置和使用卫生保健资源的行为和活动；从卫生保健服务的交换过程看，涉及卫生保健服务的消费者和卫生保健服务的生产者之间以某种交换方式交换卫生保健产品的行为或活动；从卫生保健服务的分配过程看，涉及一个国家或一个社会将卫生保健服务产品在不同人群中进行分配的行为或活动；从卫生服务的消费过程看，涉及卫生保健服务的消费者为了获取消费效用，满足消费需求而对卫生保健服务产品进行消费或购买的行为或活动。

2. 卫生保健领域的经济关系 卫生保健领域的经济关系是指在卫生经济活动中所结成的人与人之间的关系，包括卫生服务的提供者与消费者之间的经济关系、卫生服务机构与政府之间的经济关系、卫生服务机构与医疗保险机构之间的经济关系、卫生服务人员与卫生服务机构之间的经济关系等。

卫生保健领域的经济活动,体现了一定时期、一个国家(或一个地区)的卫生生产力,属于卫生保健领域中的经济基础;而卫生保健领域的经济关系则是卫生保健领域中的上层建筑。二者之间的关系表现为:卫生生产力决定上层建筑,反过来,卫生保健领域的上层建筑又会对卫生生产力的发展产生影响。

二、卫生经济学研究任务

总体上讲,卫生经济学的研究任务就是揭示卫生保健领域经济活动和经济关系的规律,为最优地开发、筹集、分配和使用卫生资源,提高卫生经济效益和社会效益提供依据。

具体分析,卫生经济学的研究任务可概括为下述五个方面:

1. 对卫生资源开发问题进行研究　所谓卫生资源,是指一定时期社会用于卫生保健方面的各种经济资源,包括人力资源、财力资源、物力资源、信息资源等。所谓卫生资源的开发,是指通过一定的方式和手段,开发或扩大卫生资源。卫生资源的开发,涉及卫生人力资源的开发、卫生技术的开发、卫生设施的建设、卫生信息的收集、整理、开发、利用等。卫生资源的开发状况,不仅反映卫生部门的工作,也反映社会经济发展对卫生事业的积极影响。研究和寻找扩大卫生资源的途径以及如何合理组织卫生资源的开发过程,是卫生经济学的重要研究任务之一。

2. 对卫生资源筹集问题进行研究　卫生资源筹集的核心问题是卫生资源的筹集方式,即采取什么方式将卫生资源集中或组织起来。目前,世界各国采用的卫生资源筹集方式有多种:有政府税收方式、医疗保险方式、医疗储蓄方式、个人自费方式等。各种筹集方式具有各自不同的特点,运用于不同的情况,很多国家都是在卫生经济研究的基础上,选择适合本国特点的卫生资源筹集方式。

3. 对卫生资源配置问题进行研究　在一定时期内,在一定国家或地区范围内,可供卫生保健使用的资源总是有限的,因此,要求对有限资源进行有效率的利用,以尽可能满足人们卫生保健服务需要。而对卫生保健资源经济合理的配置,则是卫生保健资源有效利用的必要前提。另外,在卫生保健资源的配置过程中,还需要考虑配置的公平问题。可以说,如何实现卫生保健资源配置既有效率又公平始终是卫生经济学研究的一项非常重要的研究任务。

4. 对卫生资源最优使用问题进行研究　要使得有限卫生资源有效率的利用,不仅取决于资源的合理配置,也取决于资源是否做到最优使用,即是否实现"物尽其用,人尽其才",使有限的资源投入获得最大的卫生保健产出。

5. 对卫生资源使用目的问题进行研究　卫生资源的使用过程,实际上就是提供卫生保健服务的过程;而卫生保健资源的使用目的问题,实际上也就是为谁提供卫生保健服务、或向谁提供卫生保健服务、或卫生保健资源为谁所用、或谁应该得到卫生保健服务的问题。可以说,卫生资源的使用目的,是任何一个国家或一个社会都必须研究和解决的问题。卫生资源使用目的对卫生经济政策产生影响,进而影响社会卫生保健资源的配置。比如:某项医疗服务产品,如果确定是为有钱人生产或提供的话,就可以选择以市场的方式分配,那么,谁有钱,谁就可以获得医疗服务提供。相反,如果确定是为全体社会成员生产或提供的话,就不能采取市场的方式提供。目前,大多数国家已将基本医疗服务提供的对象确定为全体社会成员,并通过建立社会医疗保险的方式解决社会成员接受服务时的支付能力问题,以保证基本医疗服务生产或提供目的最终实现。

> **案例 1-1**
>
> ### "人民医院"脱离人民?
>
> 某市第一人民医院近日启用外宾病区楼,高昂的价格让许多普通市民瞠目,更有市民指责:医院提供如此昂贵服务是为满足"富人"需求,"人民医院"脱离人民。
>
> 这个外宾病区楼共有22个病房,每间均有独立病室、卫生间,套房还配有会客厅、餐厅、厨房等。普通单间价格为580元一天,套房价格为880元一天。
>
> 医院有关人士讲:这个外宾病区楼是为了满足对医疗、护理有较高需求的外籍、成功人士而专设的医疗单元,集医疗、休养、康复为一体,集中了医院优势资源,能够提供较高层次的医疗服务。
>
> 该人士还称:除了生活设施齐全外,这个病区最主要的特色体现在服务方面,既有门诊,也有住院服务,患者不需跑上跑下拿药、划价,全由护士代劳。医疗上由高级职称的医师负责诊疗,可迅速邀请有关专家会诊。同时,根据每一位患者的疾病特点和生活习惯及各种需求从医疗服务等各方面给予个性化服务,并建立长期健康档案和随访服务。从全院各个科室精心挑选出技术好、外语强的医生和护士来充实医护队伍。
>
> **问题:**
>
> 公立医院开办如此高档的病区是否有违于办院宗旨?

分析提示：

公立医院是由国家投资建成的，首先它是为广大老百姓服务的医疗机构，因此，医院首先应做好面向广大老百姓的基本医疗服务提供工作。在此前提下，推出一定的特需服务，既可满足一些高收入者的需求，又可为医院带来收益，利于医院的发展。但特需服务提供不能影响到基本医疗服务的提供。

第2节 卫生经济学的产生与发展

一、早期的卫生经济问题研究

卫生经济学是一门新兴的经济学分支学科，西方发达国家卫生经济学产生的时间比较早，至今也只有半个世纪的时间。虽然卫生经济学作为一门独立的经济学学科产生的时间较短，但有关卫生经济问题的研究，在很早以前就已经出现了。

国外较早涉及对卫生领域经济问题研究的是17世纪中叶的英国古典经济学家威廉·配第（William Petty 1623～1687）和19世纪英国的爱德文·查特维克（Edwin Chadwick），他们在卫生经济学界被称之为卫生经济研究的先驱者。

威廉·配第是著名的经济学家和统计学家。1664年，他在《献给开明人士》一书中论述了卫生、人口和经济发展之间的关系，他的研究结论涉及卫生保健的经济效益和人的生命价值的计算。威廉·配第认为，评价一个人的生命价值应根据这个人对生产的贡献。在这种思想指导下，他计算了拯救生命的支出，并认为这些支出是一种很好的投资，因为效益大于成本。1667年，威廉·配第在伦敦发现用于防治瘟疫的公共卫生费用取得了84:1的效益费用率。

19世纪30年代，英国的爱德文·查特维克提出了"疾病造成经济损失"这一观点。他在济贫运动中深刻认识到：劳动和生活条件的恶劣所造成的疾病、死亡与残疾，不仅要增加政府济贫费用，而且，还会加速劳动力市场萎缩。所以，他提出：应该将对人的投资看成对资本的投资，对生产力的投资。他认为：改善卫生条件是一项很好的投资，它预防疾病带来的效益大于建设医院来治疗这些疾病所带来的效益。

另外，还有一些经济学家，如欧文·费歇（Irving Fisher），英国经济学家维里阿姆，前苏联经济学家达米林等都在他们的研究中涉及卫生经济问题。

然而，在20世纪50年代以前，卫生经济研究并没有引起人们普遍的关注，其原因主要是传统观念的影响和生产力发展水平的限制。在20世纪50年代以前，无论在中国还是在其他国家，人们的普遍观念就是：卫生事业是救死扶伤的事业，是人道主义的事业，在这个领域不应该考虑经济问题。因为从人道主义原则出发，患者无论有钱、无钱，都应该获得及时的救治。如果在卫生领域考虑钱的问题，就违背了人道主义原则。这种传统观念制约了卫生经济学的产生进程。在20世纪50年代以前，卫生生产力发展水平较低，卫生机构规模较小，诊疗技术手段低下，看病的费用较少，因此，卫生领域的经济问题并不突出。另外，在那时，大部分国家的政府和企业也不承担居民的医疗费用，费用主要由个人负担。因此，在那时，如果说卫生领域存在经济问题的话，那也只是个人的事，与政府无关、也与企业无关。所以，卫生领域的经济问题并没有引起社会普遍的关注，人们也就没有将卫生经济问题作为一个重要的内容加以系统研究。

正是因为上述原因，在20世纪50年代以前虽然已经出现了一些重要的关于卫生经济问题的研究，但数量有限，且不成体系，偶然出现的一些研究也大多依附于一些基础经济学科中，卫生经济学未能发展成一门具有独立研究对象的独立的经济学学科。

二、卫生经济学在国外的产生与发展

案例1-2

希波克拉底誓言

"我以阿波罗及诸神的名义宣誓：我要恪守誓约，矢志不渝。对传授我医术的老师，我要像父母一样敬重。对我的儿子、老师的儿子以及我的门徒，我要悉心传授医学知识。我要竭尽全力，采取我认为有利于患者的医疗措施，不给患者带来痛苦与危害。我不把毒药给任何人，也决不授意别人使用它。我要清清白白地行医和生活。无论进入谁家，只是为了治病，不为所欲为，不接受贿赂，不勾引异性。对看到或听到不应外传的私生活，我决不泄露。如果我违反了上述誓言，请神给我以相应的处罚。"

这是古代西方医生在开业时宣读的一份有关医务道德的誓词。它的主要内容，取自古希腊一位医师的誓言。这位医师名叫希波克拉底，在西方被人们尊为"医学之父"。

1948年，世界医协大会对这个誓言加以修改，定名为《日内瓦宣言》。后来又通过决议，把它作为国际医务道德规范。

问题：

1. 在疾病治疗过程中，是否不应考虑经济上的代价和负担？

2. 拯救一个生命到底该花多少钱？在资源有限的情况下，是否需要根据经济学的成本效果（效益）分析和费用预算来决定对疾病的治疗或干预措施？

3. 卫生服务提供者既要以患者利益为重，又要筹集卫生资金，负责费用控制，这其中存在什么样的经济和道德困境？

分析提示：

希波克拉底誓言的核心是完全以患者利益为重的人道主义原则。在较早时期，医学科学水平较低，卫生服务提供者对患者提供帮助的能力还很小，常常能够做的只是坐在患者床边，给患者以心理上的帮助，对疾病治疗的经济负担较小，因此，医学行为可以不考虑经济问题而表现为完全的人道主义支持。然而，随着生命技术的不断进步，很多疾病有了较好的，甚至是有效的治疗手段，但却花费巨大，完全以患者利益为重，受到了资源的限制。在这种情况下，不考虑资源可能性和效率性的医学行为，不仅是不可行的，也是不道德的，甚至是对社会整体和长远利益有害的。

第二次世界大战后，由于社会经济和技术的快速发展，卫生生产力水平也大大提高。随着卫生生产力水平的提高，卫生经济问题开始出现并愈来愈引起社会的普遍关注。人们开始认识到：虽然卫生领域必须强调伦理道德，但卫生保健服务的提供也与人们的衣、食、住、行一样受资源的限制，在这个领域同样存在大量的经济问题需要研究和解决。正是在这样的社会历史背景下，人们开始对卫生保健领域的经济问题进行系统研究，进而促使卫生经济学产生并获得了迅速发展。

（一）卫生经济学在西方发达国家的产生与发展

大多数当代卫生经济学家认为，卫生经济学作为经济学的一门分支学科，是于20世纪50年代首先在西方发达国家产生的。

第二次世界大战后，西方经济技术进入了一个飞速发展的时期。同时，很多国家的政府和企业主不同程度的承担了居民或职工的医疗费用。随着社会经济技术的发展，卫生经济问题日渐突出。其中，最核心的问题是卫生费用的急剧增长。据统计数据，欧洲20世纪50年代初卫生费用占国内生产总值的比重为4%，到了20世纪70年代达8%；美国20世纪50年代卫生费用占国内生产总值的比重为4.5%，到了20世纪80年代接近9%。

卫生费用的急剧增长，给西方发达国家的政府和企业都带来了沉重的经济负担。于是，在20世纪50、60年代，卫生经济问题研究日益受到各国政府、医学界、经济学界以及企业家的共同关注，促使许多经济学家、政府官员、医院管理专家开始应用经济学的原理与方法，对卫生保健领域的经济问题进行研究并产生研究成果，促使卫生经济学作为一门学科的地位得以确立，并获得快速发展。卫生经济学家在各国政府与公共卫生政策相关的部门中的地位愈显重要。

在西方发达国家卫生经济学产生的早期，卫生经济学研究主要围绕卫生费用问题，比如：卫生费用为什么增长得这么快？能不能加以控制？如何控制？那些费用高昂的技术在什么情况下使用才最合理？拯救一个生命到底该花多少钱？……

随着卫生经济学的发展，西方卫生经济学研究的领域已不仅涉及费用的控制问题，而且还包括卫生资源的合理配置、卫生资源的公平分配、卫生资源筹集和使用等诸多方面。几十年来，西方发达国家的卫生经济学研究取得了许多研究成果，一些研究成果被应用于相关政策和决策之中。另外，西方卫生经济学的研究成果也为经济学其他学科或学说的发展做出了贡献，比如发展经济学、福利经济学、人力资本学说等。

在西方卫生经济学产生与发展过程中，出现了谬达尔（Myrdal G）、艾贝尔·史密斯（Abel Smith）、D. P. 赖斯（D. P. Rice）、M. S. 费尔特斯坦、H. E. 克拉曼、J. 塞尔、J. D. 巴格图里夫、M. P. 罗兹曼等著名卫生经济学家。

瑞典经济学家、诺贝尔经济学奖获得者谬达尔（Myrdal G），被一些人推崇为研究健康在经济上的重要性的第一位经济学家。他在《世界卫生组织记事》上发表的《卫生经济问题》一文，被称为是卫生经济学的经典文献之一。

英国卫生经济学家艾贝尔·史密斯（Abel Smith），从20世纪60年代开始从事卫生部门筹资与支出，即卫生费用的研究。他首先从经济上明确卫生费用的定义，将卫生费用划分为投资性费用和经常性费用，又按照费用的来源将卫生费用划分为直接支付部分和间接支付部分。其次，他还从医学上划分卫生费用，将卫生费用划分为医疗费用、公共卫生费用、培养费用和研究费用。

艾贝尔·史密斯对33个国家的卫生费用进行了比较分析。

美国卫生经济学家赖斯（D. P. Rice）在1966年发表了《计算疾病成本》一书，在1967年与柯柏（B. S. CooPer）合写了《人类生命的经济价值》一书，这两本书系统地总结了疾病经济负担的人力资本计算方法。

（二）卫生经济学在发展中国家的产生与发展

卫生经济学在发展中国家产生的时间晚于西方发达国家，大约在20世纪70年代。

发展中国家卫生经济学产生的社会和历史背景与发达国家相比有很大不同。与发达国家相比，发展中国家获得民族独立的时间较晚，经济文化落后，人民的健康水平相对较差，这在卫生保健方面表现出极大的供需矛盾：一方面，因为人们健康水平相对较差，所以，对卫生保健服务的需求量较大；另一方面，由于经济发展相对落后，国家拿不出更多的钱用于卫生保健领域，而且，发展中国家的投资重点往往是经济建设，大量资金用于发展生产，用于卫生保健服务的投入比例相对较小，导致卫生保健服务供给严重不足且供给水平较低。

发展中国家的上述情况决定了其开始卫生经济学研究的时间较晚，且开始卫生经济学研究的侧重点主要是如何最大限度的开发和扩大卫生资源、如何最优的分配和使用有限的卫生资源。当然，随着卫生经济学研究的深入，发展中国家关于卫生经济学研究的领域也有很大的扩展。

三、中国卫生经济学的产生与发展

卫生经济学在中国作为一门学科的形成只有近30年的历史。目前，中国卫生经济学界关于中国卫生经济学产生的时间一般确定在20世纪的70年代末、80年代初，党的十一届三中全会召开之后。

在党的十一届三中全会召开之后，全国上下展开了关于"真理标准"的大讨论，并确立了"实践是检验真理的唯一标准"。在这一时期，中国第一代卫生经济学家开始借鉴西方发达国家卫生经济学优秀研究成果，在社会主义基本经济理论指导下，针对长期以来存在的大量的卫生经济问题进行研究。这些早期卫生经济问题研究，为中国卫生改革做出了重要贡献，也促使中国卫生经济学的产生和发展。

1981年9月，在黑龙江省牡丹江市召开了"全国卫生经济学和医院经济管理学术会议"，接着成立了中国卫生经济研究会筹委会，并决定筹办《卫生经济》杂志。1983年在广州召开了中国卫生经济研究会成立大会和第一届年会，成立了中国卫生经济研究会（后改名为中国卫生经济学会）。从20世纪80年代起，卫生经济学开始被列入中国高等学校卫生事业管理及预防医学专业教学内容之一。这一系列划时代事件的发生，标志着中国卫生经济学作为一门经济学分支学科的诞生。

纵观中国卫生经济学的产生、发展历程，呈现如下两方面的特点：

1. 中国卫生经济学产生和发展，推动了中国卫生改革的深入和健康发展，而中国的卫生改革又促使中国卫生经济学的产生和日益成熟。

中国卫生经济学产生于20世纪80年代的中国经济体制改革的社会大变革之时。在这一时期，随着中国市场经济体制的逐步确立，卫生领域的改革日益深化，迫切要求加强对卫生经济问题的理论研究，以便为卫生改革与发展提供理论依据。正是在这样的社会需求中，中国卫生经济学产生并进行了大量的相关研究工作，研究的选题大多是根据中国卫生改革的实际要求来确定。随着中国卫生改革的深入，卫生经济学研究成果被日益关注并应用于卫生改革政策的制定中，对中国卫生改革做出了重要贡献。而随着中国卫生改革的不断深入，中国卫生经济学研究内容也进一步扩展和深入，其学科日益走向成熟。

2. 中国卫生经济学是以社会主义基本经济理论为基础，并注意汲取了西方发达国家优秀研究成果。

如前所述，卫生经济学首先是在西方发达国家产生和发展起来的。西方卫生经济学在其发展过程中，形成了一整套的概念、方法和体系。我国卫生经济学产生的时间晚于西方发达国家，在我国的卫生经济学产生与发展过程中，一方面，注意结合中国的具体国情来研究中国的卫生经济问题；另一方面，也认真研究西方卫生经济学的理论与方法，吸取其有益成分，发展和完善中国卫生经济学学科体系，促使中国卫生经济学的尽快发展和完善。

中国卫生经济学自产生以来进行了大量的理论和现实问题研究，解决了一系列卫生改革过程中面临的理论和实践问题，为中国卫生改革做出了贡献。

1. 关于卫生事业性质问题研究 在中国卫生经济学产生之初，就开始了对我国卫生事业性质问题的研究。在中国卫生经济学关于卫生事业性质的研究中,经历了从福利事业到生产性的福利事业,再到公益性的福利事业,最后到政府实行一定福利政策的公益性事业的认识过程。目前,关于卫生事业性质问题基本上达成了如下共识:

(1) 卫生服务具有生产性质,因此,卫生人员的劳动是生产性劳动,卫生行业属于第三产业。

(2) 对卫生保健服务的投资也是对人力资源的投资,这种投资不仅对人类生命质量的提高有贡献,而且对经济建设有贡献。

(3) 在市场经济条件下,很多卫生服务产品不同于一般产品,具有特殊性质,属于公共产品或准公共产品。一般情况下,这两类产品具有效果或效益的外延性,存在市场失灵。

(4) 即使是一些个人的医疗服务产品,也具有风险和不确定性。

正是基于上述认识,我国卫生事业的性质确定为政府实行一定福利政策的公益性事业,政府在这个领域承担相应的责任。

2. 关于卫生事业的地位与作用问题研究
卫生事业的地位与作用问题,实际上也是卫生保健服务与经济发展之间的相互关系问题。卫生经济学研究认为:卫生事业与经济发展之间呈现相互影响、相互促进、相互制约的关系。一方面,卫生保健事业的发展,依赖于经济的发展。因为经济发展可以为卫生保健事业的发展提供必要的物质基础,促使医药产业新设备、新材料、新药物、新技术的不断产生和应用,进而提高卫生保健服务的提供数量、质量和水平;同时,经济的发展又会带动人们收入的增长,支付能力增强,人们对卫生保健服务的消费能力增强,使卫生保健服务领域呈现供需两旺的局面。另一方面,卫生保健事业的发展通过对人们健康水平的促进作用而为经济的增长提供必要条件。卫生保健事业的发展,可以为经济建设提供更高质量的劳动力资源,有利于创造财富,减少疾病损失。

3. 关于医疗保障制度构建问题研究 自20世纪80年代以来,中国卫生经济学界在中国医疗保障制度的构建方面进行了大量的研究,并获得了许多有价值的研究成果。其研究历程经历了最初的对中国城镇职工公费医疗、劳保医疗,农村传统合作医疗制度存在问题及改革的研究,到市场经济体制下,对城镇职工基本医疗保险制度、农村新型合作医疗制度构建的研究,再到城镇居民医疗保险制度、医疗救助制度的研究等。

4. 关于区域卫生发展规划问题研究 随着我国计划经济向市场经济的体制转变,政府还要不要对卫生事业实行有计划的宏观指导和调控?

如果需要的话,在市场经济体制下,如何对卫生事业发展实行有计划的宏观指导和调控?类似的问题迫切需要从理论与实践上加以解决。多年来,中国卫生经济学界在这方面进行了深入的研究,明确了实施区域卫生发展规划的必要性和重要性,并为政府制订与实施区域卫生发展规划提供了理论和方法学依据。

5. 关于医疗机构分类管理问题研究 医疗机构分类管理,是中国卫生体制改革的核心,也是我国建国以来在医疗机构管理方面所进行的一次重大变革。中国卫生经济学界在对卫生事业性质以及医疗服务市场特性研究的基础上,阐述了医疗机构分类管理的必要性和意义,并根据国外医疗机构分类管理经验以及中国国情,提出了营利性和非营利性的医疗机构分类以及不同医疗机构在资金来源、经营目的、服务任务或对象、经营行为、经营收益的流向以及政府相关政策等方面的不同点。

6. 关于政府职能转变问题研究 我国经济体制从计划经济体制向市场经济体制转轨过程中,客观上要求政府职能发生相应的转变。为适应中国经济体制改革的这一要求,中国卫生经济学对市场经济条件下政府职能转变问题进行了一系列研究和探索,取得了一些基本共识。研究认为:市场经济条件下,政府应该在弥补市场失灵、组织和构建社会基本健康保障体系、规范和调控卫生保健服务市场、研究和制定卫生发展规划、对消费者教育和信息提供等方面发挥其职能作用。

7. 关于药品流通体制改革问题 药品费用是长期以来造成我国卫生费用急剧增长的重要因素之一,特别是在市场经济条件下,经济利益的驱动使得医药领域寻租行为和腐败活动泛滥,导致医药资源严重浪费。中国卫生经济学研究认为:中国"以药养医"政策以及药品流通环节的弊端,是导致药品领域诸多问题的重要根源,因此,迫切需要进行改革。中国卫生经济学还对如何进行药品流通体制改革进行了大量的研究和探索。

8. 关于卫生保健机构经济管理和市场经营问题 随着中国经济体制由计划经济转变为市场经济,我国在医疗领域开始引入市场机制的调节作用,于是,又提出了卫生机构的经济管理和市场经营问题,即卫生机构如何适应外部环境,建立有效的经济管理和市场经营机制,使卫生生产要素投入合理、组合状态达到最优,在满足市场需求的基础上,实现较好的经济效益和社会效益。中国卫生经济学针对这一问题进行了大量的研究,并在卫生机构产权制度改革、分配制度改革、成本管理与控制等方面取得了一定的研究成果。

另外,中国卫生经济学在医疗费用控制、卫生服务提供者行为规范、卫生改革模式等方面也进行了大量研究,并取得了研究成果。中国卫生经济学的上述研究成果为中国卫生事业管理与改革政策的制定提供了必要的理论依据。

四、世界各国卫生经济学研究的共同点及意义

综上所述,虽然各国卫生经济学产生和发展的过程各有不同特点,但都有一个共同点,即都是从本国的实际情况出发来研究卫生经济问题,并以其卫生经济研究成果作为制定卫生政策和决策的依据,从而,促使卫生资源的合理筹集、分配和使用。

1996年5月,在加拿大的温哥华召开了第一届国际卫生经济学学会大会。这次会议交流和报告的内容反映了当时各国卫生经济研究的重要领域,比如:卫生保健的机会成本研究、卫生经济计量学研究、健康效用指标应用研究、卫生改革与经济发展以及人群健康的微观模拟模型研究、药品政策及评价研究等。会议也提出了许多亟须研究的新领域和新课题,包括健康及卫生保健筹资问题、卫生保健界定问题、卫生保健提供者、支付者及消费者激励机制问题以及卫生体制改革问题。这次会议之后,在世界范围内卫生经济学研究得以更深入和广泛的进行,卫生经济学研究成果也日益得到各国政府和其他相关方面的关注,并被应用于很多政策和决策制定之中,为世界各国卫生事业的发展以及卫生改革做出了重要贡献。

第3节 卫生经济学的研究内容与方法

一、卫生经济学研究内容

卫生经济学是运用经济学的理论和方法来研究卫生领域中的经济问题的一门经济学分支学科,其研究目的就是揭示卫生经济活动和经济关系中规律性的联系,进而为实现卫生资源合理配置与使用提供依据。卫生经济学的研究内容归纳起来主要有以下几个方面:

(一) 卫生服务市场研究

从根本上讲,经济学是一门研究市场

(market)问题的学问。根据经济学理论,市场是由四个基本要素组成,即:市场需求、市场供给、以价格为核心的市场信号、市场主体。市场中,各种市场要素之间相互影响、相互制约的关系构成经济运行的内在机制,也称市场机制。在市场机制的作用下,社会资源以某种格局得到配置,因此,卫生服务市场需求和供给、市场价格和市场机制等问题,构成卫生服务市场研究的基本内容。

因为卫生保健市场具有与一般市场不同的特点,因此,卫生经济学关于市场问题的研究除包括上述市场研究的基本内容外,还要研究卫生保健市场各方面的特征、各种影响因素以及卫生服务领域特有的市场运行规律。

卫生经济学家在卫生保健市场研究中,对卫生保健服务需求(demand)与需要(need)之间相互关系以及卫生保健服务影响因素进行了分析,并在分析的基础上,提出卫生保健需要和需求两种卫生资源配置尺度;卫生经济学家在对卫生保健服务市场特点研究的基础上,提出了卫生保健服务市场供方诱导需求理论;在对卫生保健服务领域市场失灵现象进行分析的基础上,提出了政府对卫生保健服务提供者进行管制,以调控和规范卫生服务提供者行为的必要性。

(二) 卫生筹资研究

案例1-3

老人的医疗问题如何解决?

一老人孤身一人在某地以收废品为生。一天,老人在回收站里清理废品时,突然倒地,昏迷不醒。120把他送到医院。此后,老人长期被扔在医院没有家人照料,更没有人去医院结算医疗费或接老人出院。

据医院诊断:老人患高血压脑出血病,在被送过来的当天即做了脑部手术,手术比较成功,老人的生命得到挽救。在治疗期间,所有的医疗费和生活费用都是医院垫付的,已欠医院医疗费用13 800多元,老人还需继续治疗。如今,老人和医院都为是否继续治疗和如何进行下一步治疗而苦恼。

问题:

1. 老人是否应得到必须的治疗服务?

2. 如果老人应得到必须的治疗服务,那么,应接受什么样的服务?医院是否不应考虑成本而提供比较昂贵的检查、治疗手段?其医疗费用如何解决?

3. 如果老人是一个城市居民或是一个农村居民结论一样吗?

卫生筹资(health financing)研究内容包括卫生筹资水平、筹资方式和筹资渠道等方面的研究。在一定时期,一定社会经济条件下,社会经济资源都是有限的,那么,现实社会有多少经济资源用于卫生服务领域?如何使社会经济资源尽可能多的用于卫生服务领域?采取什么方式或渠道筹集卫生资源?诸多问题成为卫生筹资研究的具体内容。

在卫生筹资研究方面的一项重要研究课题就是卫生总费用(National Health Account)研究。卫生总费用研究的核心内容是一个国家(或地区)、在一定时期内对卫生服务方面总的投入情况,包括卫生投入的总量、构成、占国民生产总值或国内生产总值的比重、变动趋势、不同国家、地区之间、各个阶层之间的差异、卫生投入的公平性及其取得的健康效果等,并对投入不足、不公平、资源配置不合理等问题寻找相应的解决办法和对策。迄今很多国家已开展卫生总费用调查,我国自20世纪90年代开始在世界银行的帮助下,建立了卫生总费用的信息系统,进行卫生总费用的相关研究,并定期公布我国卫生总费用数据。根据相关数据:1978年,我国卫生总费用名义值为110.21亿元,占国内生产总值的比重为3.02%,人均卫生总费用11.45元;到2005年,卫生总费用名义值已达8 659.91亿元,占国内生产总值的比重为4.73%,人均卫生总费用662.30元。中国卫生总费用数据的分析评价对政府卫生经济政策的制订与评价,特别是卫生筹资政策的制订与评价具有重要作用。

在卫生筹资方式选择上,卫生经济学家提出了两个选择原则:

一是公平性原则,这一原则包含两方面的含义。

1. 不同收入水平的人群之间的风险(费用)分担,即高收入者要为低收入者分担费用风险。

2. 不同健康状况人群之间的风险分担,即健康的人要为低收入者分担费用风险。

二是效率性原则,即选择的筹资方式应有利于筹集到足够多的资金,有利于筹集到的资金的有效率的利用。在这两个原则的基础上,各国卫生经济学家对各种卫生筹资方式进行研究,其研

究成果为各国卫生筹资政策的选择提供了依据。

(三) 卫生资源配置方式研究

卫生经济学认为,卫生资源配置(health resource allocation)方式主要为两种:一种是通过市场机制配置,比如美国;一种是通过政府计划配置,比如英国、加拿大。一般认为,通过政府计划配置资源的优点是比较公平,但有两个缺点:一是缺乏激励机制;二是服务效率较低。通过市场配置资源的最大优点是效率较高,但公平性差。卫生经济学家在大量研究的基础上,提出了"内部市场(internal market)"理论,试图将政府计划和市场机制结合起来,发挥计划与市场的优点,克服计划与市场的缺点。

英国在20世纪90年代进行了"内部市场"的改革,其改革的核心是将卫生服务的购买者和提供者分离,主要改革内容包括:

1. 卫生部门进行职能转换,从管理者变成购买者,在对比价格和服务质量的基础上,通过合同的方式,从医院购买服务(包括公立医院和私立医院);采取"钱跟着患者走"的办法,地方卫生行政部门根据人口进行预算,为患者支付费用。

2. 鼓励和发展通科医生(general practitioner GP)并给予通科医生以很大的权利,通科医生可以有自己的预算资金,用以为患者提供服务和作为患者的代理人购买服务。

3. 建立医院联合体,医院联合体自主经营和决策,进而形成医疗服务供给市场。

上述改革的目的,就是要在卫生服务市场内部形成一种竞争机制,以提高服务质量和效率,确保资源的合理使用。

(四) 卫生资源利用效果和效益研究

因为卫生资源是有限的,因此,人们在使用有限卫生资源时,就必须讲求卫生资源的使用效果(effectiveness)和效益(benefit),以便尽可能满足人们的卫生保健服务需要。自卫生经济学产生以来,卫生经济学家进行了多方面的卫生经济学评价研究,比如,多种传染病预防措施的经济学评价、各种具体卫生保健项目的经济学评价、各种治疗方案的经济学评价等,这些卫生经济学评价研究,为合理利用卫生保健资源,提高卫生保健资源利用效果和效益提供了科学依据。

(五) 卫生经济政策研究

卫生经济政策(policy)是政府管理和调控卫生事业的重要手段,也是政府宏观经济政策的重要组成部分。虽然在市场经济条件下,经济活动

主要靠市场机制调节,但由于市场失灵的存在,政府仍然有必要对经济活动进行管理和干预,特别是在卫生保健领域,更需要政府的调控和干预。而政府对经济活动进行管理和干预的重要手段就是制定相应的经济政策。卫生经济学自产生以来,进行了大量的卫生经济政策研究工作,为提高各国卫生经济政策的科学性和合理性做出了重要贡献。

卫生经济学关于卫生经济政策研究的具体内容包括:政策目标、政策措施、政策分析和评价。

1. 政策目标 卫生经济学研究发现:尽管各种政策所要达到的具体目标可能不尽相同,但从根本上讲,一个国家的卫生经济政策必须满足公平、效率、稳定三大目标。其中,公平目标的涵义是:要保证每个社会公民在需要的时候,都能获得相应的卫生保健服务的提供。又分为可及性和可支付性等具体公平性目标。效率目标的涵义是:要实现卫生保健事业的更快发展和卫生保健资源更有效率的利用,进而向社会提供更多、更好的医疗服务,又分为生产效率、技术效率、分配效率等具体效率目标;稳定目标的涵义是:政府制定的卫生经济政策必须保证社会经济政治的稳定。

2. 政策措施 卫生经济学家研究认为:卫生经济政策措施主要有两大类:一是财政措施,比如:对基本医疗服务给予一定的财政补贴;环境卫生、食品卫生、疾病监(测)控(制)等属于公共卫生服务领域的费用主要由财政支出;一些外部效应比较明显的疾病防治费用由政府财政解决等。二是干预和规范措施。比如:很多国家实施的强制医疗保险,就是政府对医疗保险市场进行的一项重要干预措施,其目的是为了避免市场中的逆向选择行为;再比如:对医疗服务和药品价格进行的管制政策,也是政府对医疗服务市场和药品市场进行干预的一项重要措施。

3. 政策分析和评价 卫生经济政策的分析和评价,即是在既定卫生政策目标下,采用一定政策分析方法,对各种备选政策方案进行分析和评价。分析和评价的目的,是选择最优方案。

(六) 临床经济学和药物经济学研究

案例1-4

药物支架使用是否过热?

药物支架植入与搭桥是治疗心脏病的两种不同的治疗方案。在选择治疗方案时,治疗费用应是必须考虑的一个重要因素。

一些专家认为:如采用药物支架植入治疗简单病变,其费用与外科搭桥治疗复杂病变的费用相近;而复杂病变的介入治疗费用在我国则高于搭桥。在我国,目前采用搭桥治疗的95%以上为复杂病变,其费用一般在5万左右,而采用药物支架治疗,如果使用3个国产药物支架,需花费7万~8万元,进口的则需要10万元或更多。

另据美国卫生经济学最新研究资料:药物支架每降低一个百分点的心梗、死亡等心脏终点事件危险,要付出1.6万美元代价,如果想要提高1个百分点/年的生活质量指标,则需要增加5万美元的投入。

正是由于如此高昂的代价,以及药物支架应用于临床仅3~4年时间,疗效还有待长期观察,所以,欧美国家、新加坡、日本等,药物支架的使用率目前也只在30%以内。然而,在我国这样一个并不富裕的发展中国家,目前部分大医院药物支架的使用率达到60%~90%,个别医院甚至高达100%。

因此,有专家对我国目前的药物支架热表示担忧,他们提出,医生在心脏病治疗方案的选择上,需要树立循证医学的科学理念,关注卫生经济学研究。

(资料来源:健康报2006年4月25日"药物支架使用是否过热?")

问题:

在心脏病治疗中,对药物支架植入和搭桥这两种治疗方案的采用上,应如何进行选择和决策?

分析提示:

经济学选择方法是通过卫生经济学评价对不同治疗方案的成本效果(效益、效用)进行分析、评价,进而进行方案的最优选择,实现有限医疗资源的合理使用。

临床经济学(clinical economics)和药物经济学(pharmacy economics)研究,是近年来在卫生经济学研究的基础上发展起来的边缘学科,它是运用经济学和卫生经济学的理论和研究手段,结合流行病学、生物统计学、临床医学等原理和方法,对在临床使用的药物、设备、诊疗手段等技术干预措施进行分析和评价,其目的是在众多的治疗药物或诊疗手段中选择效果好、成本低的药物或诊疗手段,为相关卫生经济政策或临床决策提供依据。虽然关于临床经济学和药物经济学研究起步较晚,但其研究成果已开始运用于相关政策和决策过程中,比如,用于筛选基本诊疗技术和药物、医疗价格、补偿标准的制定等。

二、卫生经济学研究方法

（一）描述性研究方法

描述性研究也称实证研究或循证研究,其特点是:描述、观察和认识卫生经济的现象,并说明认识到的卫生经济现象"是什么样(what)"或"发生了什么(how)"。描述性研究的主要目的是收集资料、发现情况、提供信息,以便在复杂的卫生经济现象中发现规律和特征。在描述性研究中,常应用到四种具体的研究方法类型,见表1-1:

1. 调查研究。
2. 实验研究。
3. 实地研究。
4. 文献研究。

因为描述性研究主要是对现实现象的描述或解释,因此,倾向于避免个人价值判断的影响。

表1-1 描述性研究方法分类表

方法类型	子类型	资料收集
调查研究	普遍调查	统计报表
	抽样调查	问卷
		访谈
实验研究	实地实验	问卷
	实验室实验	访谈
		观察
实地研究	个案研究	观察
	参与研究	访谈
文献研究	统计资料分析	官方统计资料
	历史比较分析	他人原始数据
		历史文献

（二）分析性研究方法

分析性研究也被称为解释性研究,即对卫生经济现象进行解释和分析。如果说描述性研究方法仅限于对卫生经济现象的描述,说明是什么或怎么样(what, how)的问题,那么,分析性研究就是要进一步弄明白事物和现象为什么(why)是这样。分析性研究要运用一定的卫生经济分析技术,来进一步阐明在描述性研究中的各种卫生经济现象产生的原因以及现象发生和变化的内在规律。卫生经济研究中常用到的分析技术和方法包括个量分析和总量分析、定量分析和定性分析、经济模型分析和边际分析等。

1. 个量分析和总量分析 个量分析即研究微观卫生经济个体的经济问题。比如:研究各个医疗机构作为一个卫生服务的生产者或提供者,如何把有限资源在各种服务的生产或提供上进行分配,以获取较好经济和社会效益;再比如:研究各种卫生服务的需求、供给、价格等问题。总量分析是研究宏观卫生经济总体的经济问题。比如:卫生总费用研究、社会卫生筹资研究、区域卫生资源配置研究等。个量分析和总量分析的重要区别是:前者只见树木不见森林,而后者则只见森林不见树木。比如:个量分析研究个体医疗机构投入、产出问题时,不太考虑总体的结果是否最好;但总量分析时(比如从一个国家或地区宏观的角度研究投入、产出问题时),可能会不考虑或牺牲某个个体或某些个体的利益。

2. 定量分析和定性分析 因为任何事物都有量和质两个方面,所以,对事物的分析也存在着定量分析和定性分析两种不同的分析方法。定量分析主要依赖对卫生经济数据的测算和计算,发现和解释变量之间的关系。比如:是因果关系还是相关关系?而定性分析则侧重于对事物的含义、特征、性质、意义等进行归纳和理解。比如:在对医疗服务市场特征研究或对卫生事业性质研究时,常用到定性分析方法。在我国的卫生经济研究中,定量分析的方法运用十分广泛,但定性分析常常被忽视。

3. 经济模型分析 建立经济模型是卫生经济研究中常用到的分析工具。如果说卫生经济理论是对卫生经济现象和卫生经济活动的高度概括的话,卫生经济模型则是对卫生经济现象和卫生经济活动的更为简明的表述。卫生经济模型又可分为两大类:

（1）文字模型,如卫生服务供求规律。

（2）数学模型,如几何图形、数学方程式。

文字模型表述比较细腻,数学模型表述比较简明。在卫生经济分析中,经济模型更多用数学的方法。比如:假设卫生保健支出（E）与人们的收入（I）直接相关,即当人们收入增加时,卫生保健支出就趋向于增加;当人们收入减少时,卫生保健支出就趋向于减少。于是,在数学上就可以写出卫生保健支出的模型:

$$E = f(I) \tag{1-1}$$

数学函数模型(1-1)说明:卫生保健支出是人们收入的函数,卫生服务支出预期随着人们收入的增长而增长。

数学函数模型(1-1)只是表达了卫生经济学模型的一般数学形式,而在实际研究中,卫生经济学数学模型常常表现为一种特定的形式。比如:卫生保健支出与收入的关系可写成下面的线性函数:

$$E = a + bI \quad (1-2)$$

在数学模型(1-2)中,a 和 b 是模型的常数项,即固定参数。假定 a 等于 2000 元,b 等于 0.05,此数学模型(1-2)可写成:

$$E = 2000 + 0.05I \quad (1-3)$$

数学模型(1-3)说明:

(1)在经济收入为零时,卫生保健费用为 2000 元;

(2)卫生保健支出随着收入的增加而增加,但增加的幅度为:人们的收入每增加 1000 元,引起卫生保健支出增加约 50 元,如果人们的收入从 10000 元增加到 20000 元,卫生保健支出将从 2500 增加到 3000 元。

上述卫生保健支出函数模型还可以用图形表示:如模型(1-3)可以图 1-1 的形式表现出来。在图 1-1 中,横轴表示人们收入情况,纵轴表示人们的卫生保健支出情况。通过图中的支出曲线可清楚地表明卫生保健支出与收入之间的相互变动关系。

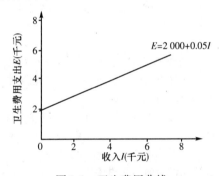

图 1-1 卫生费用曲线

有两点需要说明:

(1)卫生经济学数学模型都是建立在一定假设条件下,如上述数学模型是假设影响卫生费用支出的其他因素(如价格、消费者偏好等)保持不变。

(2)经济模型方法虽然简明,但有时并不准确,因为往往存在调查误差,而且现实情况也常常千差万别。

4. 平均分析(average)**与边际**(marginal)**分析** 平均分析是把总体各单位的差异抽象化,高低差异抵消,显示一般水平的分析方法。卫生经济分析中常用到的平均分析指标如,人均费用、人均床位、人均医疗设施、平均健康水平等。边际分析是指当一个或几个变量发生变化时,看因变量如何随之变化的方法,常用来分析各种卫生经济变量的增加量之间的关系,进而分析相关指标变动趋势。常用到的边际概念有边际成本、边际产出、边际收益、边际效率、边际效用等。卫生

经济学很注意边际分析方法的使用,比如:我们采用一种新的诊断技术,可以使诊断的准确率从 98.5% 提高到 99.0% ,但追加的投入却是原来的十几倍甚至几十倍,那么,是否值得为提高的这一点点的确诊率而投资呢? 这就涉及边际效率分析。再比如:国外的一些研究发现,随着卫生投入的增加,人们的平均健康水平增加"很多",但边际健康水平却有限。进一步的研究结论是卫生资源的合理使用就是边际生产率达到较低水平的时候,在这时,再增加投入也难以大幅度提高人们的健康水平。

(三) 规范性研究方法

如果说描述性研究方法和分析性研究方法主要研究各种卫生经济事务或现象"是什么样(what,how)"或"为什么(why)是这样"的问题,那么,规范性研究方法则主要研究各种卫生经济事务或现象"应该是什么样"或实际卫生经济问题"应该如何解决"的问题。比如:分析现实政府药品价格政策对药品价格的影响,涉及描述性研究和分析性研究方法,但这种影响是好是坏,应该建立怎样的药品价格形成机制,则涉及规范性研究方法。规范性研究因为带有研究者的价值判断,因此,规范性研究常常是有争议的。比如:在中国医疗保障制度的构建模式这个问题上,不同的卫生经济学家的看法可能不同。

(四) 评价性研究方法

所谓评价性研究,主要指对不同卫生服务项目、计划、干预措施和政策等进行的卫生经济学评价。进行卫生经济学评价研究的目的不在于获取某个项目、计划、措施或政策运转的现实数据,而是要知道这些项目、计划、措施、政策的运转效果如何,以便对项目、计划、措施或政策加以完善。卫生经济研究中最重要的评价技术或方法,就是成本效果、成本效益和成本效用评价方法。

(五) 其他学科研究方法

因为卫生经济学是一门涉及多学科的边缘性、交叉性学科,因此,在卫生经济学研究中,还常常涉及卫生经济学以外的相关学科的理论和方法。比如:医学、药学、管理学、政策学、伦理学、保险学、公共财政学、会计学和社会保障学等一系列学科的理论和方法。这也决定了学习和研究卫生经济学的同时,需要对相关学科的理论与方法有一定的了解和掌握。如果仅仅以单一的经济学思维和方法来研究卫生经济问题,不一

定能发现问题的本质和根源,实现卫生经济研究的任务。

需要说明的是:上述研究方法的划分并不是绝对的,而是相对的。在实际研究中,往往多种方法交替运用。比如,在分析性、规范性研究中,往往以描述性研究为先导;而描述性研究之后,往往还要进行分析性或规范性研究。另外,在卫生经济学研究中,还需要综合运用多学科的研究和思维方法,进而从不同的角度来研究和探索卫生经济活动和经济关系中的规律性的联系。

案例 1-5

某市居民健康状况与卫生服务利用情况的调查分析

一、调查地区居民健康状况

1. 两周患病情况 被调查居民的两周患病率为 26.7%,略高于 1998 年第二次国家卫生服务调查中大城市的 22.4%。在两周患病率构成中,大约 50% 以上患者的疾病是慢性病发作。两周患病率最高的前 5 种疾病系统是呼吸系统、循环系统、肌肉骨骼结缔组织、消化系统和内分泌、营养代谢免疫疾病;两周患病率最高的病种是急性鼻咽炎。

Logistic 回归分析表明,两周患病率随年龄增高而增加,随着学历的增高而降低;下岗、失业、无业人员的患病率较高,收入与两周患病率呈反方向变化关系,即收入高患病率较低。

2. 居民慢性病患病情况 被调查居民慢性病患病率为 23.4%,与 1998 年第二次国家卫生服务调查的结果基本一致(23.7%)。从性别和年龄别来看,女性慢性病患病率高于男性,35 岁以后,随年龄的增加慢性病患病率逐渐升高,65 岁以上人群慢性病患病率高达 50% 以上。下岗、失业、无业人员的慢性病患病率明显高于在职人员;低文化水平人群慢性病患病率较高,慢性病患病率有随着学历的增高而降低的趋势。

二、居民卫生服务利用情况

1. 两周患病就诊情况 调查两周内患者,患病后到医疗机构就诊的比例为 28.4%,也就是说,71.6% 的患者两周内没有到医疗卫生机构治疗,他们大多数采用自我医疗,6% ~7% 的患者未进行任何处理。

通过对 15 岁以上人群门诊服务利用影响因素的 Logistic 回归分析发现,医疗保障水平、健康状况和对社会经济地位的自我评价是影响门诊利用的主要因素。

2. 居民住院情况 被调查居民的住院率5.1%,平均住院天数为 19 天,70% 以上的患者在省和市级医院住院,因循环系统疾病、消化系统疾病和呼吸系统疾病住院的患者占住院患者的 2/3。

对住院影响因素的 Logistic 回归分析也发现,医疗保障制度对住院服务利用水平的影响最大,其次是健康状况。

3. 居民两周内对社区卫生服务的利用情况 居民两周内对社区卫生服务的利用率为6.4%,利用社区卫生服务站的主要服务内容是医疗服务(病伤诊断、出诊服务、家庭病床)和儿童计划免疫;其他类型的服务如健康咨询也有不同程度的被利用,但是利用水平不高。

(注:相关统计分析表略)

问题:

此项研究涉及的卫生经济学研究内容是什么?采用了哪些卫生经济学研究方法?其研究意义如何?

分析提示:

1. 此项研究涉及卫生保健市场研究内容。主要研究医疗服务市场上,居民医疗服务需要、需求或利用现状。

2. 此项研究主要采用描述性研究和分析性研究方法,通过描述性研究,说明居民健康和医疗需求状况。并依据调查数据分析居民卫生服务需求的影响因素。

3. 此项研究结果对了解居民医疗服务需要和需求的内容、结构、潜在需求以及需求影响因素等有参考价值,可以对医疗资源的合理配置提供依据。

第 4 节　应用于卫生经济学研究的经济学理论和分析工具

卫生经济学,是一门应用现代经济学的研究手段,对卫生服务过程中的经济活动和经济关系进行分析和评价的一门应用学科。因此,在卫生经济学的学习和研究过程中,涉及各种经济学理论和分析工具的运用。全面了解这些经济学理论和分析工具,是学习和研究卫生经济学的基础。本节介绍一些相关的经济学术语、理论和分析工具。

一、经济学基本问题

(一) 欲望的无限性和资源的有限性

按照经济学的划分，物品可以分为两大类：一类为自由品（free goods）；一类为经济品（economic goods）。所谓自由品，顾名思义即可以自由取舍的物品，比如，空气、大洋中的水等。因为自由品的取得不需要任何代价，所以，自由品没有价格。自由品的特点是数量丰富，取之不尽，用之不竭。而经济品与自由品正好相反，它是指不能自由取舍的物品。经济品的取得要付出金钱、劳动或其他的代价。人类生活所需的大多数物品都属于经济品。经济品相对人的欲望来说总是稀缺的。因为人们的欲望是无限的，再多的资源也无法满足人们无限的欲望。也正因为如此，再富的国家，也有物品或资源的稀缺问题。如此，也就形成了经济学的一条著名的法则，即物品的稀缺性法则。正是因为物品（或资源）的稀缺性，也才有了经济学研究的必要性。

(二) 经济学的基本问题

因为物品（或资源）稀缺性的存在，人们就不可能随心所欲的用其所需，所以，人们在利用稀缺、有限资源的时候，就面临着选择的问题，即如何选择最佳资源配置和使用方式，以尽可能满足人们各方面的需要。正是因为这种选择的必要，由此，也就产生了经济学的基本问题。经济学的基本问题主要有三个：

1. 生产什么？生产多少？ 在资源有限的情况下，对资源使用的选择方案具有排斥性。比如，用有限的资源是生产电视机，还是生产医疗服务？是生产粮食，还是生产小汽车？从人们的需要看，也许都应该生产，但资源是有限的，生产了这个，就不能生产那个；这个生产多了，那个的生产就要减少。因此，社会必须选择生产的产品或服务的数量与种类。

在卫生资源使用时，也要对生产什么，生产多少的问题做出选择。比如：将多少资源用于预防服务？多少资源用于医疗服务？即使是用于医疗服务的资源，也涉及进一步选择的问题。比如：多少资源用于基本医疗服务提供？多少资源用于特殊医疗服务的提供？

2. 如何生产？ 在生产什么，生产多少的问题确定后，还要进一步对如何生产的问题进行选择。如何生产的问题实际上也是生产要素如何组合的问题。比如：生产某一种产品或服务采用什么原材料？使用什么设备、技术、人力？如

何生产问题也是任何社会都要进行选择的问题，而选择的标准则是通过生产要素合理组合，实现最高的经济和社会效益。

同样，在生产和提供卫生服务产品时，也要对如何生产的问题加以研究和选择。比如：是使用高、精、尖设备生产或提供服务，还是采用常规设备或手段提供服务？

3. 为谁生产？ 为谁生产的问题实际上是一个分配问题，即生产出的产品给谁？或按什么方式分配给各个消费者？由于资源是有限的，不可能社会中每一个成员的愿望都能获得满足，那么，谁能够得到产品或服务？得到多少产品或服务？谁先得到产品或服务？根据什么方式分配产品或服务？根据人们的需要分配产品或服务还是根据人们的需求来分配产品或服务？这些问题都是为谁生产的问题，任何一个社会对这些问题都必须进行选择。同样，在卫生服务领域，也必须对卫生保健服务生产和提供的目的做出选择。

总之，任何社会都存在上述三个基本问题，都必须对这三个基本问题进行选择，而经济学就是研究这三个基本问题的学问。

二、经济学基本概念

(一) 需求、供给和价格

需求是指在一定时期，一定价格水平上，消费者愿意并能够购买的某种商品或服务的数量。形成需求有两个必要的条件：一是消费者的购买意愿；二是消费者的支付能力。同时具备上述两个基本条件的需求，是马上可以实现的需求，又称现实有效需求；而上述两个条件不能同时具备时被称为潜在需求。在处于潜在需求的情况下，一旦另一个条件具备，这种潜在需求就可以转化为现实有效需求。根据经济学理论：某种商品或服务的需求量受价格、支付能力和消费者偏好等多种因素的影响。

供给是指在一定时期，一定价格水平上，生产者愿意并且能够提供的某种商品或服务的数量。形成供给也有两个必要条件：一是生产者的生产意愿；二是生产者的供给能力。这两个条件也是缺一不可。市场供给也分为有效供给和潜在供给两种情况。根据经济学理论：某种商品或服务的供给量受价格、生产成本以及政府的产业政策等多种因素的影响。

价格是市场中的一个十分敏感和十分活跃的因素，它不仅反映市场的供求状况，又对市场的供求有着非常重要的影响作用。马克思在资

本论中对价格的定义是：价格是商品价值量的货币表现；价格总是围绕着价值上下波动，并以此调节着整个社会资源的配置。在西方经济学中，对价格的定义则是：顾客为得到一单位产品或劳务而必须支付的货币数量单位。这里，两种价格定义存在着明显的区别。马克思是站在揭示事物内在规律的高度，揭示了价格的本质，即价格是价值的货币表现。而西方经济学家对价格的概括则主要侧重于对交易过程中交易行为的概括。根据经济学理论，市场价格的形成主要受价值规律、供求规律和政府价格政策的影响。

（二）市场、市场机制和市场失灵

从不同角度，市场这个词可有多种解释。从经济学角度，市场是商品生产者和消费者之间相互关系的总和，即市场体现为一种经济关系。从经济学的角度看市场，市场是一个资源配置的工具。

市场是如何配置资源的呢？它是通过一种机制——即市场机制来实现资源的配置。所谓市场机制，即市场诸要素之间相互影响、相互制约的关系。经济学上的市场具有四大要素：需求、供给、价格和市场主体。市场的四要素并不是孤立存在的，它们之间存在着互相影响、互相制约的密切联系。而市场要素之间的这种互相影响、互相制约的密切联系，就是我们所说的市场机制（见图1-2）。

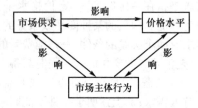

图1-2　市场机制运行过程

市场机制的运行过程可表述为：首先，市场供求状况决定市场价格。当供大于求时，价格下降；供不应求时，价格上升。其次，市场价格的变化会影响市场主体的行为。当价格上升时，消费者减少购买，生产者增加生产；当价格下降时，消费者会增加购买，生产者则会减少生产。再次，市场主体行为的变化，又会使市场供求状况发生变化，进而影响市场价格、并进一步影响市场主体行为的变化，如此循环往复。

从市场机制的上述运行过程可看出：在市场机制发挥作用的过程中，价格起着基础的和核心的作用。一方面，价格反映市场的供求状况；另一方面，价格又影响着市场主体的行为，并进而影响市场的供求状况。市场就是通过价格这只看不见的手实现资源的配置。

根据经济学观点，市场机制作为资源配置的工具，具有优化资源配置、提高效率的作用。但经济学还认为：只有在具备条件的情况，市场机制才能发挥它优化资源配置、提高效率的良性作用。这些条件主要有：市场信息应该是对称的；充分竞争的市场；市场主体的行为没有外部效应；没有第三方付费等。如果不具备上述条件，经济学称之为市场失灵或市场失效。在存在市场失灵或市场失效的情况下，就不能单纯依赖市场机制在资源配置上的调节作用。如果单纯依赖市场机制的调节作用，其结果可能不是优化资源配置，而是劣化资源配置。

（三）垄断和竞争

经济学上，将市场结构划分为两种最基本的结构，即完全竞争和完全垄断。完全竞争市场的特点有：

1. 市场上买卖人数众多。
2. 产品是同质的。
3. 生产要素可以自由流动。
4. 无人为限制，市场既不受政府干预，也不受厂商勾结的影响。

这是一种对消费者有利的市场结构，在这一市场上，消费者可以获得更多的选择机会，生产者难以获得超额利润，而只能获得正常利润，市场价格比较低廉。

完全垄断市场是与完全竞争市场相反的一种市场类型，其特点为：

1. 市场产品的供给者"只此一家，别无分店"，因此，它可以影响市场上某种产品的供给量和价格；
2. 产品不能替代，所以，不受任何竞争者的威胁；
3. 市场要素进入障碍，即由于各种限制，其他生产者很难进入；
4. 信息受到垄断，即其他人不能公平的分享信息或得不到正确的信息。

可见，垄断是一种有利于生产者或供给者的市场类型。

实际中，完全竞争市场或完全垄断市场并不多见，大多数市场类型是既有垄断因素，又有竞争因素，有的市场竞争性强一些，有的市场竞争性弱一些。这种既有竞争性，又有垄断性的市场类型，经济学上称之为垄断竞争市场。

经济学上，垄断又可分为两种情况：一种情况是经济垄断，即竞争引起的垄断。市场竞争往往是弱肉强食，少数大企业在竞争中取胜。为了避免竞争中两败俱伤，这些大企业往往相互勾结起来，达成某种协议，共同控制市场价格，从而形成垄断。另一种情况是自然垄断。引起这种垄断的不是竞争而是某种行业进入障碍，比如：经济上的障碍、管理行政上的障碍、技术上的障碍、法律障碍等。由于存在着上述进入障碍，导致行业进入的高门槛或商品或服务的提供者具有一定垄断特权，使其拥有了对价格的控制能力。

按照经济学的基本理论，竞争优于垄断。而对于具有明显供方垄断特征的市场，不能完全依赖市场机制的调节，政府往往需要加以干预。政府的干预措施主要有：

1. 通过法律手段，防止和制裁垄断的形成，增强竞争性，比如制定反托拉斯法。

2. 实行价格管制，比如政府规定垄断产品的国家计划价格或浮动价格。

（四）财政和财政活动

财政是一个经济学术语，其英语对应词是"public finance"，中文翻译为公共财政，简称财政，是指国家或政府为满足社会公共需要，以国家或政府为主体的分配活动。

财政存在的必要性主要体现在三个方面：一是纠正市场失灵；二是促进社会公平；三是作为政府宏观调控的手段，促进社会经济稳定和持续发展。

财政活动的总体由财政收入和财政支出组成。政府的财政收入主要来自国家的税收收入、国有资产收益、各种收费收入等。政府的财政支出主要用于国家基本建设支出、流动资产支出、支援农村生产支出、文教科学卫生事业费支出、抚恤和社会救济费支出、行政管理费支出、国防战备费支出等。

卫生保健服务的很大一部分属于社会公共需要，虽然表面上看，卫生保健服务似乎是某些人受益，实质上是对全体社会成员的一种保障，因此，卫生保健服务是政府财政支出的重要方面。政府在卫生保健方面安排一定的财政支出，以实现国民卫生保健公平和提高国民健康水平，这是大多数国家政府普遍的做法。

衡量政府卫生保健服务财政支出规模的指标有绝对数指标和相对数指标两大类。绝对数指标是指政府一定时期在卫生保健服务方面财政投入的额度；相对数指标主要采用政府卫生保健服务方面财政支出占整个财政支出的比重。由于相对数指标便于进行国际比较，也可进行纵向比较，所以，在分析中，较常采用的指标是相对数指标。从国际经验看，政府财政在卫生保健服务方面支出的比重应随着经济的发展逐步提高。

政府在卫生保健服务方面的财政支出按其经济性质可分为两种方式：即购买性支出和转移性支出。政府购买性支出的特征是政府一手付出资金，另一手相应获得卫生保健服务，并以这些卫生保健服务实现国家的职能。比如：政府开办非营利性医院，并在其经营中给予一定的经济资助，使其提供价格较为低廉的医疗服务，这方面的财政支出属于购买性卫生保健服务支出。政府转移性支出的特征是资金投入完全是无偿的、单方面的转移，政府不能从中获得相应的物品或服务。政府转移性支出体现的是一种非市场的分配活动，是政府调节收入分配的重要手段。比如：政府在医疗保障、医疗救济等方面的支出以及政府上级财政对下级财政的医疗卫生方面的拨款等。

（五）公平和效率

公平既是一个经济学的范畴，也是政治学或伦理学的范畴。经济学中对公平主要有如下解释：

1. 平均分配是公平 一般情况下，平均分配不是公平，特定情况下，平均分配是公平。比如：一个城市缺水，不论有钱没钱，每人定量供应一小桶水，这是公平的。再比如：在传染病流行时，对每个患病者给予基本的救治，这是公平的。

2. 机会均等是公平 犹如在运动场上，大家都站在一个起跑线上是公平的。但也有局限性。比如：在中国，人们接受高等教育的机会是公平的，但是一个北京的学生与一个贵州农村的学生相比，要考取北京的大学，后者要付出更大的努力。再比如：对城市公立医疗机构的利用上，穷人和富人利用可能不同，后者利用的更多一些，因此，更多地享受了国家对医疗机构补贴带来的利益。

3. 合理的差距是公平 比如：人们收入水平不能一样；人们享受的医疗服务水平也不能一样，即体现一定的差异是公平的，但差异应该合理。

效率是一个经济学范畴，是指投入与产出的比较。经济学讲究效率的目的在于以有限的资源尽可能地满足需要。在经济分析时，又常常把效率分为技术效率、生产效率、配置效率等不同层次。这些不同层次的效率有时并不一致。比如：有时有技术效率，生产效率却不理想；有时技术效率、生产效率都不错，但配置效率不理想，因此，常常需要权衡。

（六）基尼系数

基尼系数（Gini coefficient）是全球经济学家和社会学家为了分析和研究社会财富分配的公平性或判断贫富差距程度而建立的一套预警机

制,也是世界公认的衡量贫富差别是否适度的标杆。

按照人们理想的标准,社会财富分配最公平的状态应该是这样的:一个社会里,10%的人口,平均占有10%的社会财富;90%的人口,平均占有90%的社会财富。那么,以社会财富的百分比作为纵坐标,人口百分比作为横坐标时,这种理想的状态就是一条45°的直线(见图1-3)。但现实情况不可能存在如此绝对平均(公平)或理想的状态,总有一部分人占有的社会财富多一些,一些人占有的社会财富少一些,由此导致贫富差距。

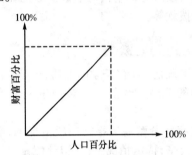

图1-3 绝对平等收入分配曲线

在20世纪初,意大利经济学家基尼在这个坐标系中,又根据实际收入分配画出一条曲线,将实际收入分配曲线和收入分配绝对平等曲线(即45°的直线)之间的面积设定为A,实际收入曲线右下方的面积为B,以A除以A+B表示不平等(公平)程度,这个比值就是基尼系数(见图1-4)。

$$基尼系数 = A/(A+B)$$

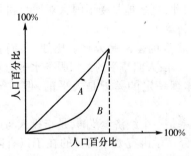

图1-4 绝对平等收入分配曲线和
实际收入分配曲线

基尼系数总是在0~1之间。基尼系数越小,说明社会财富分配越平均,为0,表示绝对平等,说明社会不存在贫富差距;反之,基尼系数越大,说明社会财富分配越不平均,社会贫富差距越大,若为1时,为绝对不平等,说明社会财富都集中在1个人手里。联合国规定:基尼系数在0.3~0.4相对合理,而0.4以上属于收入差距过大,0.6则属于差距悬殊。

基尼系数的提出,实际上给出了衡量和判定社会财富分配差异程度的量化标准,我们可以用其预警两极分化的质变临界点,是衡量贫富差距的可行方法,目前已得到世界各国广泛重视和普遍采用。据世界银行测算,我国改革开放前的1978年,城乡居民个人收入的基尼系数为0.16,在当时几乎是世界上最低的,从20世纪80年代之后开始逐渐升高,到2002年之后进入基尼系数合理值的上限,目前已达0.47,说明我国收入差距逐渐扩大,其差距已超过合理限度。

在卫生经济研究中,也常采用基尼系数来评价医疗服务资源配置或利用的公平程度(或不公平程度)。在利用基尼系数评价卫生服务资源配置和利用的公平程度时,其坐标中的横轴仍然是人口百分比;纵轴是卫生资源配置或利用百分比。根据相关研究表明:自1978年改革开放以来,我国在卫生服务资源配置和利用上,社会居民之间的差距拉大,不公平程度在提高。

(七)国民生产总值和国内生产总值

国民生产总值(GNP)是指一个国家,一定时期内所生产的产品或提供劳务的市场价值总额。国民生产总值一般不包括外国居民在本国生产的产值,因此,当侨居本国的外国居民较多或外商办的企业较多时,产值又较大时,用国民生产总值来反映本国市场规模显然是不够的,这时,采用国内生产总值(GDP)就比较合理。

国内生产总值(GDP)是指在一定时期内(通常为一年内),在一国范围内,所生产产品或提供劳务的市场价值总额。国内生产总值(GDP)与国民生产总值(GNP)的差别体现了生产要素在国际间的流动。

国民生产总值和国内生产总值都是用来衡量一个国家、一定时期社会收入的创造量以及市场规模的重要指标。但目前最常采用的是国内生产总值指标。

国内生产总值指标又分为名义国内生产总值和实际国内生产总值。名义国内生产总值是用现价计算的国内生产总值;实际国内生产总值是以不变价格计算的国内生产总值,即用基年价格来衡量现期的产出,也就是将现期的产出消除了物价变动因素。其计算公式为:

$$实际GDP = 名义GDP / 物价指数$$

(八)恩格尔定律

德国统计学家恩格尔在1875年研究劳工家庭支出结构时发现:当家庭收入增加时,收入用于多种消费品的比例会发生变化,其中,用于购买食品的比例下降,而用于教育、保健、交通、服装、娱乐、储蓄等方面的比例会上升。消费品支出比例的这种变动趋势,被称为恩格尔定律。而消费者用于食品支出占家庭总支出的比重,被称为恩格尔系数。用这个系数来衡量生活水平大体可有以下划分:

1.59% 以上称为绝对贫困。

2.50% ~59% 称为勉强度日。

3.40% ~49% 称为小康水平。

4.20% ~39% 称为富裕。

5.20% 以下称为最富。

我国的平均水平在 1985 年为 52.3%;1995年为 49.9%;2005 年为 36.7%(见表1-2)。

恩格尔定律和恩格尔系数对研究卫生保健需要变化趋势具有一定的应用价值。

表1-2 我国城乡居民家庭恩格尔系数和医疗保健支出情况

年份	城市居民家庭			农村居民家庭		
	恩格尔系数(%)	医疗保健支出(元)	医疗保健支出比例(%)	恩格尔系数(%)	医疗保健支出(元)	医疗保健支出比例(%)
1985	52.3	16.7	2.5	57.8	7.6	2.4
1990	54.3	25.7	2.0	58.8	19.0	3.3
1995	49.9	11.1	3.1	58.6	42.5	3.2
2000	39.2	318.1	6.4	49.1	87.6	5.2
2002	37.7	430.1	7.1	46.3	103.9	5.7
2003	37.1	476.0	7.3	45.6	115.8	6.0
2004	37.7	528.2	7.4	47.2	130.6	6.0
2005	36.7	600.9	7.6	45.5	168.1	6.6

数据来源:中国卫生统计年鉴(2006),中国协和医科大学出版社,2006.9:359

(九) 第三者支付

所谓第三者支付,就是由商品或服务的供需双方之外的第三方支付商品或服务的价格或费用。经济学研究中涉及的支付费用的第三方主要是政府。对于公共产品来说,往往通过政府支付的方式,对需求者实施帮助,实现社会收入的转移支付,并以此作为实现社会公平的工具或手段。在卫生保健领域,由于世界大多数国家建立了社会医疗保障体系,使得第三者支付几乎成为各国基本医疗服务产品购买或消费中的普遍支付特征。在存在第三者支付的情况下,一般市场规则具有一定的不适用性。

思 考 题

1. 卫生经济学的研究对象和研究任务是什么?

2. 说明不同国家卫生经济学产生的特点。

3. 找一篇卫生经济学研究论文,说明其采用的研究方法。

参 考 文 献

程晓明.2004.卫生经济学.北京:人民卫生出版社,1 – 12

樊明.2002.健康经济学.北京:社会科学文献出版社,2 – 3

胡善联.2003.卫生经济学.上海:复旦大学出版社,4 – 6

卫生部卫生经济研究所.2006.中国卫生总费用研究报告(2006 年),11 – 14

保罗·J·费尔德斯坦著.1998.卫生保健经济学.费朝晖等译.北京:经济科学出版社,393

雷克斯福特·E.桑特勒,史蒂芬·P.纽恩著.2005.卫生经济学——理论、案例和产业研究.程晓明等译.北京:北京大学医学出版社,北京大学出版社,3 – 6

舍曼·富兰德,艾论·C·古德曼,迈伦·斯坦诺著.2004.卫生经济学.王健,孟庆跃译.北京:中国人民大学出版社,3 – 22

(高丽敏)

第2章 卫生服务需求

本章提要

本章运用经济学的基本原理和方法,对卫生服务需求进行了系统分析与探讨。在介绍卫生服务需求与需要概念的基础上,对卫生服务需求的特点、变动规律以及消费者行为理论和卫生服务需求的主要影响因素进行分析。通过本章学习,要求掌握卫生服务需要、需求基本理论,了解卫生服务需求的特点、影响因素以及卫生服务需求分析的意义。

卫生经济学研究基于下述三个假设:卫生资源有限,人对卫生资源的占有欲望无限以及人对资源的使用具有选择性。如何使消费者公平有效地使用有限的卫生资源,是卫生经济学研究的目的。要实现这一目的,必须首先探讨卫生服务需求理论。

第1节 卫生服务需求概述

我们常说有某种"需要",或是说有某种"需求",但是,对这两个术语内涵的理解却往往模糊不清,本节试图对"需要"与"需求"给出准确的定义。

一、需求的基本理论

(一) 需求和需要

西方经济学中所说的需求(demand)是指消费者在某一特定时间内,在每一价格水平下愿意而且能够购买的某种商品(服务)的数量。消费者对商品(服务)的需求由两个基本条件构成:一是有购买愿望;二是有支付的能力。如果只具备其中一个条件,就不是经济学意义上的需求。

需求和需要这两个概念既有联系又有区别。例如:一个拥有 50 万户家庭的城市,居民对电视机的需要是每户一台,但在一定时期内,在一定价格水平上,该城市只有60%的家庭具有支付能力,那么,该城市居民对电视机的需求是 30 万台,而不是 50 万台。显然,需求不同于需要,如果说需要是指人们想要得到的商品(服务)的话,需求则仅仅是指有支付能力的那部分需要。

(二) 需求表、需求函数与需求曲线

需求表(demand schedule)是描述某种商品(服务)在每一可能的价格水平下其需求量的列表。它可以直观地用表格的形式表达商品(服务)价格与其需求量之间一一对应关系。

需求函数(demand function)是用函数形式来表示价格与需求量之间的关系。影响人们对商品(服务)需求的因素除了价格外,还有许多其他因素。假定影响某商品或服务需求的因素有价格、收入、相关商品或服务的价格、人们的偏好,则需求函数可表示为:

$$Q_D = f (P, I, P_0, T) \qquad (2\text{-}1)$$

式中,Q_D 是市场对某种商品或服务的需求量,P 是该商品或服务的价格,I 为收入水平,P_0 为相关商品或服务的价格,T 为消费者的消费偏好。

式(2-1)表示某项商品或服务的需求量与右侧一些影响因素之间存在联系。如欲了解相互间联系的性质和程度,则需要选择具体的函数形式。

需求曲线(demand curve)是用图形的形式表示商品(服务)需求量与其价格之间的关系。图 2-1 是描述每一可能的价格下需求量的曲线。图中,纵轴表示价格(P),横轴表示需求数量(Q_D),D 表示需求曲线。在坐标图中,需求曲线是一条向右下方倾斜的曲线,表示在其他情况不变的条件下,需求量与价格之间呈反向变化的关系。

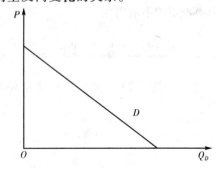

图 2-1 需求曲线

(三) 需求曲线的特征

在其他条件不变的情况下,某种商品(服

务)的需求量随着价格的上升而减少,随着价格的下降而增加,需求量与价格之间呈反方向变动关系。对此可以从两方面加以解释:

1. 收入效应　对消费者而言,商品价格降低等于其收入相对增加,可以增加购买量。

2. 替代效应　一种商品的价格下降时,人们会增加其消费以替代其他产品消费。

(四) 需求量的变化和需求水平的变化

商品或服务的需求受到许多因素影响。当其他因素不变时,价格变动所引起的需求量的变动被称为需求量的变动,在图形上,这种变动表现为价格-需求量组合点沿需求曲线的滑动。如在图 2-2 中需求曲线 D_1 上的 a 点到该曲线上其他点的变动就是需求量的变动(change in quantity demand)。

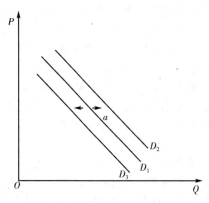

图 2-2　需求曲线的滑动与移动

当商品或服务价格本身不变时,其他因素的变动所引起的需求数量的变动被称之为需求的变动(changes in demand)。此时,需求量与需求价格间的数量关系发生改变,即在同一价格水平下,其他因素的变动将带来需求的升高或降低。在图形上,这种变动表现为整个需求曲线的移动。在图 2-2 中,D_1 是原始曲线。其他因素的变动将引起 D_1 向左右移动形成 D_2、D_3 曲线,在同一价格水平下,D_2 需求量增加,D_3 需求量减少。

二、卫生服务需求与需要

案例 2-1
对卫生服务需要与需求情况的调查分析

山东大学公共卫生学院社会医学研究室,2005 年对山东省威海市农村居民卫生服务需要与需求情况进行了调查,其调查情况如下:

(1) 卫生服务需要情况:研究采用两周患病率和调查前半年内慢性病患病率两个指标来反映卫生服务需要量。威海市农村地区居民的两周患病率为 105.8‰,远低于全国农村平均水平(139.5‰),差别具有统计学意义($P < 0.01$)。威海市农村居民调查前半年内慢性病患病率为 124.0‰,高于全国农村的平均水平(104.7‰),差别具有统计学意义($P < 0.01$)。

(2) 卫生服务需求情况:卫生经济学研究中,常用两周就诊率和调查前一年内住院率来反映居民卫生服务需求情况。威海市农村居民的两周就诊率为 53.5‰,远低于全国农村平均水平,差别具有统计学意义($P < 0.01$)。其中 52.6% 的患者去村卫生室就诊,15.1% 去街道卫生院就医,17.3% 去县或区医院就诊,三者合计共占 85.0%。在市或地医院就诊者占 9.2%,在县及县以上中医医院就诊者占 3.5%,其他就诊于省级医院、部队医院等为 2.9%。基本符合目前全国农村就诊单位分布情况。(引自:刘丽娜等. 威海市农村地区卫生服务需要与利用分析. 中国卫生经济. 2006:10,有删节)。

问题:

1. 你能总结出卫生服务需要与需求的联系与区别吗?

2. 威海市农村居民卫生服务需求存在什么问题? 应该如何来改变这种状况?

分析提示:

卫生服务需要是否能转化为需求,关键是看患者是否发生了卫生服务的实际利用。

(一) 卫生服务需要、需求的概念

卫生服务需要(need of health service)与卫生服务需求(demand of health service)是两个紧密关联,但又完全不同的概念。

1. 卫生服务需要　卫生服务需要是指从消费者的健康出发,在不考虑支付能力的情况下,为尽可能保持健康所应获得卫生服务的数量。通常是由医学专业人员判断消费者是否应该获得卫生服务及获得卫生服务的合理数量,主要取决于居民的自身健康状况,是依据人们的实际健康状况与"理想健康状态"之间存在的差距而提出的对医疗、预防、保健、康复等服务的客观需要。

广义的卫生服务需要包括由消费者个体认识到的需要、个人未认识到的需要和由医学专家判断的需要三部分。

消费者个人认识到的需要,是指人们主观上认为自己患了疾病或为了预防疾病应该获得的卫生服务。当一个人察觉到有卫生服务需要时,

才有可能去利用卫生服务。个人认识到的需要（perceived felt need）与医学专家判定的需要，两者有时是一致的，如表2-1中的A和D；有时是不一致的，如表2-1中的B和C。

个人未认识到的需要，是指当一个人实际存在某种健康问题或患有疾病时，但并未察觉或并不认为应该求医。对这部分人来说，就不会有寻求卫生服务的行为发生，这种情况对健康构成威胁。及时发现未察觉到的卫生服务需要的有效措施是开展健康教育和进行人群的健康筛检，以及早发现还没有被察觉到的潜在需求。这对于提高人群的健康状况有着积极的意义。

医学专家判定的需要，是指从消费者健康状况出发，在不考虑实际支付能力的情况下，由医学专业人员根据现有的医学知识，分析判断消费者应该获得的卫生服务的数量。有时医学专家判断人们需要获得某项卫生服务，但消费者自己尚未认识到。如表2-1中B为个体实际存在健康问题，尚未被个体所认知，但从医学的角度来看该个体需要得到医疗卫生服务。如某些疾病的早期，人们很难认识到自己是否需要获得卫生服务。

表2-1　个体与医学专家对卫生服务需要的确定

医学专家	个体	
	有卫生服务需要	无卫生服务需要
有卫生服务需要	A	B
无卫生服务需要	C	D

2. 卫生服务需求　卫生服务需求是指在一定时期内，一定价格水平下，人们愿意且有能力购买的卫生服务的数量。即消费者实际利用卫生服务的数量。其形成同样有两个基本条件：一是消费者有使用卫生服务的愿望，二是消费者具有支付的能力。如果消费者有购买卫生服务的愿望，却没有支付能力，或者虽然有支付能力，但却没有购买卫生服务的愿望，都不能形成对卫生服务的需求。

卫生服务需求可以从个人需求和市场需求两个方面来讨论，即卫生服务的个人需求与市场需求。个人需求是指一个人在一定时期内、在各种可能的价格水平下将购买的某种卫生服务数量，其实现类型及数量取决于服务的价格，消费者的医疗保障状况、收入水平、卫生服务的效果及消费偏好等。卫生服务的市场需求表示在某一特定的市场、在一定时期内、在各种可能的价格水平下所有消费者将购买的某种卫生服务数量。因此，卫生服务的市场需求是个人需求的

总和。

（二）卫生服务需求与需要之间的关系

卫生服务需要是卫生服务需求的前提。它们之间的理想状态是人们的卫生服务需要全部转化成卫生服务需求且所有的需求均为合理的满足居民健康需要的服务，即卫生服务的需要通过卫生服务的利用均得到了满足，同时又没有资源浪费的现象。但现实中并非全部如此，有时存在资源的不合理利用及部分卫生服务需要得不到满足的情况。

卫生服务需要与卫生服务需求两者之间的关系可以用图2-3表示。图2-3中，I区代表的是消费者愿意并且能够购买，从专业角度也认为有必要提供的卫生服务，这部分构成了卫生服务利用的主体。II区代表的是消费者没有购买愿望或没有购买能力，但从专业角度认为有必要提供的卫生服务，这部分是潜在的需求（potential need）。如果需求者没有获得这部分卫生服务，则对他们的健康状况不利，因此，需通过各种手段将这部分需要转换成为需求，成为卫生服务利用的一部分。III区代表的是没有需要的需求，这部分需求常与真正需要卫生服务的人群竞争有限的卫生服务资源，导致卫生资源浪费和缺乏，因此，应尽量减少和消除这部分过度的卫生服务需求。针对II、III区的问题，需要对其产生的原因进行分析，以利于政府做出相应的决策。

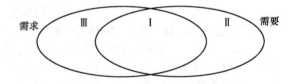

图2-3　需要与需求之间的关系示意图

（三）卫生服务需要、需求是制定卫生计划的重要依据

卫生计划是政府宏观调控的手段之一。因此，卫生计划无论是现在还是将来，都是卫生工作不可缺少的工作内容和工作方法。根据需要和需求制订卫生计划是卫生计划制订的重要方法之一。

卫生服务需求和需要的政策意义在于它们可以作为卫生资源配置的依据。依据卫生服务需要制定卫生计划，这样的计划具有较好的公平（equity）性。但是这种计划也存在不足。由于种种原因，很多健康需要不能转化为需求，就不可能利用卫生资源。如果完全根据需

要制订资源配置计划,就会导致卫生资源配置效率不高,即所配置的资源量大于实际使用量,资源呈过剩状态;而根据需求制订计划,可以把有限的卫生资源配置到效益较高的地方,提高卫生资源的使用效率,满足人们对卫生服务的需求,增强卫生机构的活力。但是卫生服务有其特殊性,它应该是社会保障的重要组成部分,保证公民不分民族、收入和地位,都能平等地享受到最基本的卫生服务。如果只根据需求制订计划,则部分低收入人群的卫生服务需要就不可能得到满足,公平性得不到很好的保证,影响到低收入人群的健康。而如果低于人们的实际使用量,则会呈现资源的短缺。因此,在我国现有的条件下,完全根据需求制订卫生计划是与卫生服务的性质和目标相悖的。此外,根据需求制订计划,往往还会将一些不必要的需求考虑进去,造成卫生资源的浪费。对于这样一些问题,可以通过对影响因素的分析,来采取相应的对策,降低不合理的卫生资源的利用,提高满足卫生服务需要的程度。总之,根据需要配置卫生资源有较好的公平性,根据需求配置卫生资源具有较好的效率。

由此可见,我们在制订卫生计划时要同时考虑需要和需求,既要保证广大公民获得基本的卫生服务,满足他们的基本卫生服务需要,又要提高资源的配置效率,兼顾需求。要做到这点,在制订计划时要对不同地区、不同领域以及不同类型和层次的卫生服务区别对待。

对于公共产品部分,需求弹性小,需方购买愿望不强,供方提供产品的积极性不高,而这部分产品通常是一些预防保健服务,对保护健康至关重要。应采取以需要为导向的计划调节,即以需要为依据来制订计划。对于医疗服务,在不同地区,不同服务内容等方面要具体问题具体分析。我国农村的贫困地区,群众支付能力差,部分需要没有转化为需求,因而制订计划时要把潜在的需求考虑进去,按需要制订计划。对于一些特殊人群或超出基本医疗服务的特需服务,可以根据需求制订卫生计划。此外,不同类型的计划制订依据也不相同。一般来说,短期计划可相对多地考虑需求,而长期计划则应更多根据需要。

(四) 卫生服务需要与需求的测量

通过对卫生服务需要及需求的测量,并结合卫生服务的利用情况,可反映人群的卫生服务需要和需求的水平及满足程度。

1. 卫生服务需要水平的测量

(1) 卫生服务需要水平及类型:人群卫生服务需要的产生是由于健康的缺乏,可通过对人群健康状况的测量来反映人们的健康需要水平及类型。

反映人群健康状况的指标有很多,包括死亡指标、残疾指标、疾病指标、营养及生长发育指标、心理指标、社会指标、人口指标,以及由这些指标派生出来的一些指标,如生活质量指数(physical quality of life index, PQLI)、无残疾期望寿命(life expectancy free of disability, LEFD)、伤残调整生命年(disability adjusted life years, DALYs)等。目前最常用的是死亡指标和残疾指标。

在死亡指标中,期望寿命、婴儿病死率是综合反映社会发展水平、人群健康水平及医疗卫生保健水平的指标;孕产妇病死率不仅能反映孕产妇的保健水平,在一定程度上也能综合反映整个人群的保健水平。因而,常用这三个指标来反映人群卫生服务需要的水平。如果某地区期望寿命较低,而婴儿与孕产妇病死率较高,说明该地区人群健康状况差,卫生服务需要量大。

死因顺位及构成比也是反映人群卫生服务需要的重要指标。通过对死因顺位及构成的分析,可以找出危害人群健康最严重的病种,从而确定人群的主要卫生服务需要;还可以结合对人群的死亡年龄、性别等的分析,确定不同特征人群各自的卫生服务需要量及类型。

与疾病指标相比,死亡指标稳定、可靠,资料易于收集且可获得连续性资料。但用该类指标反映人群健康问题不太敏感,还需结合疾病指标进行分析。常用来反映卫生服务需要量的疾病指标有:两周患病率、慢性病患病率、年人均患病天数、年人均休工天数、年人均卧床天数、年人均休学天数等反映疾病患病水平及严重程度的指标,以及反映卫生服务需要类型的疾病顺位与构成比指标,如两周患病疾病构成比、慢性病构成比等。

对预防保健的需要水平及类型可用疾病的发病率及构成比来反映。发病率高,说明对预防保健的需要水平高,反之则低。

(2) 卫生服务需要的满足程度:由于卫生资源有限,卫生服务需要难以完全得到满足。卫生服务需要未能得到完全满足主要有两个原因:一是需要不能转化为需求,包括未认识到的健康需要及由于种种原因难以转化成需求的健康需要。前者可用患者群中过去不知道自己患病的人所占的比例来反映,该指标可通过疾病普查或疾病调查获得;后者则用两周患病未就诊率及应住院而未住院率来反映,有关资料可通过卫生服务调查来获得。二是已转化为需求的卫生服务需要难以得到满足,其满足程度的测量将在后面"需求测量"的内容中阐述。

2. 卫生服务需求测量

(1)卫生服务需求水平:如何测量卫生服务需求水平?卫生服务有各种各样的定义,测量工具也是多种多样的,对卫生服务需求水平的测量,常用的方式有两种:一种是货币支出,即就医时的全部费用;另一种是卫生服务的自然(物理)单位。

1)以货币支出来测量卫生服务需求水平,其优点在于相对较容易获得,并且可以把不同类型的服务都转化为货币单位来相加,从而得到一个统一的需求量。但是,因为货币支出是数量和价格的乘积,并且在数量和价格中还包括了质量的因素,所以货币支出实际上是三者的一个复杂的组合。

2)卫生服务的自然单位包括:门诊服务利用、住院服务利用及预防保健服务利用等几方面。

A.反映门诊服务利用的指标主要有两周就诊率、两周就诊人数或年人均就诊次数及年患病急诊率和急救率。这些指标可用来说明对门、急诊卫生服务的需求水平。还可分病种计算上述指标,以反映对门、急诊服务的需求类型。

B.反映住院服务利用的指标主要有:用于说明居民对住院服务需求水平的住院率及住院天数,以及说明对住院服务需求类型的不同病种的住院率和住院天数。

C.预防接种、儿童保健、围生期保健等均属于预防保健服务的范围。评价预防保健服务利用,可根据评价内容的不同而选择不同的指标。常用的指标有:预防接种覆盖率、儿童体检率、产前检查率及次数、新法接生率、产后访视率及次数、住院分娩率等。

显然,不同类型的单位不能直接加总。并且这种测量并未涉及服务强度。虽然都是一次住院,心脏移植和阑尾炎手术显然难有可比性。

在估计卫生服务需求时,如何定义价格也是一个必须认真思考的问题。因为医疗保险存在,消费者并没有支付卫生服务的全价格(价目表上的价格),而是部分价格。并且,不同的保险计划使消费者支付的比例也不相同。这些因素导致了统计方面的复杂性。在估计卫生服务需求时,还要注意数据来源的影响。不同数据来源会得到不同的卫生服务需求数值。在我国,除了卫生部每年一度发布的"全国卫生统计资料"外,从1993年开始每5年卫生部组织开展的"全国卫生服务总调查"、"中国疾病预防与控制中心"的全国疾病监测资料和各级医疗保险中心的社保患者就医资料等,都是获得数据的重要来源。

(2)卫生服务需求的满足程度:卫生服务需求的满足程度主要通过需求中未得到满足的需求水平来衡量,但未得到满足的需求较难测量,一般用等待时间、等床率等指标来反映。

案例 2-2

需要与需求在制定卫生计划中的作用

某县属丘陵地区。全县有人口69.72万,全县年门诊人数464 793人次(县、乡分别是138 260人次、346 533人次),住院人次数12 929人(县、乡分别为6205人、6724人)。居民两周患病率130‰,两周患病就诊率161‰;年住院率3.26%,平均住院天数8.92天。两周应就诊而未就诊率24%,应住院而未住院率40%。出院者平均住院日8.92天(县级医院平均13天,乡卫生院4.9天)。

1. 卫生服务需求

(1)全县居民年就诊人次数:2周就诊率×人口数×26周=161‰×69.72万×26=291.85万人次/年。

(2)全县居民年住院人次数:年住院率×人口数=3.26%×69.72万=2.27万人次/年。

(3)全县居民年住院天数:住院人次数×住院天数/次=2.27万×8.92天=20.25万住院日。

2. 卫生服务需要

(1)应就诊而未就诊率:24%。

(2)应住院而未住院率:40%。

(3)居民需要年就诊人次数:(2周就诊率+2周就诊率×应就诊而未就诊率)×人口数×26周=291.85+291.85×24%=361.89人次。

(4)居民需要年住院人次数:(年住院人次数+年住院人次数×应住院而未住院率)×人口数=2.27+2.27×40%=3.18万人次。

(5)居民需要年住院天数:年住院人次数×住院天数/次=3.18×8.92=28.36万住院日。

问题:

通过以上分析,你考虑是依据需求还是需要配置资源呢?

分析提示:

卫生服务需要考虑了潜在的需求,因此在安排卫生资源时,要合理考虑卫生服务需要。不能单纯依据卫生服务需求来配置卫生资源。另外,也要兼顾卫生服务需要与需求,根据当地的现状和发展目标,进行卫生资源的配置。

三、卫生服务需求的特点

在一般市场条件下，经济学假设消费者可以根据自己的知识，按照自身的意愿购买商品或服务，多数情况下他们都会有目的、有针对性地消费各种不同的商品或服务，使自己能够用有限的资源获得最大的满足。但是由于卫生服务的特殊性，消费者在利用卫生服务时，并不能像消费其他商品那样，做出合理的选择，卫生服务需求的特点主要表现在以下几个方面：

(一) 消费者信息缺乏

消费者去商店购物，比如说买衣服，知道自己应该买什么衣服(包括式样、尺寸大小、颜色、面料)，同时还可以对衣服的质量和价格做出选择，甚至可以货比三家，最后做出选择。然而，由于卫生服务专业的复杂性，卫生服务消费者很难像消费其他商品或服务那样，对卫生服务需求的数量、质量和最终结果事先做出正确的判断，在利用卫生服务时往往带有一定的盲目性。消费者由于缺乏医学知识和信息，因此，在患病后，他无法判断自己患了什么病，需要接受何种医疗服务。他们一般都是在医生的安排下接受各种检查、服用各类药品等。至于这些检查、药品是否必要，消费者自身很难做出正确的判断，他们在接受医疗服务时必须依靠提供者。此外，消费者对卫生服务的价格水平也缺乏了解，无法判断患病后需花费多少医疗费用，无法与卫生服务提供者讨价还价，只能在医生的意见下接受卫生服务。另外，消费者也不能明确肯定利用卫生服务的质量和所能带来的效果如何。从这种意义上来说，卫生服务的供需双方的信息存在着明显的不对称，消费者没有足够的信息来做出自己的消费选择。

(二) 卫生服务需求的被动性

由于消费者对卫生服务的知识缺乏，消费者自己能察觉到的卫生服务需求总是有限的。在患者的就医愿望与医生的判断之间，以及在卫生服务的质和量方面都存在着一定的差距，因而在卫生服务的选择上，医生拥有主导地位，卫生服务的需求者与供给者之间存在着不平等的交换关系，消费者是在明显的被动状态下利用卫生服务。因此，卫生服务是一种特殊的，受医生判断影响而需求量随之变化的行业。

此外，患者之所以受医生支配，不仅是基于缺少医学知识，而且当患者因病到卫生机构就诊时，往往带有求助的心理，希望通过医生所提供的服务来维护和增进健康。由于医生可以帮助患者解除病痛，使之向健康转化，因此，两者之间的关系存在着救援与被救援的关系，患者对医生形成一种依赖，这也是导致卫生服务需求被动性的重要原因。

(三) 卫生服务利用效益外在性

卫生服务的利用不同于其他普通商品或服务的消费。消费者在市场购买一般商品并消费这种商品后，这种商品给消费者带来的好处或效益只有消费者本人能享受到，卫生服务的消费则有所不同。例如传染病的防治，当易感人群接种疫苗或者是传染病患者治愈后，就等于切断了传染病的传播途径，根除了传染源，那么受益者就不单纯是接受服务的个别人，而是与之有接触的人群。也就是说卫生服务的利用在消费者之外取得了正效益，即体现了卫生服务利用效益的外在性。当然，卫生服务利用的效益外在性不仅限于传染病的防治，诸如内、外、妇、儿科等常见临床科室提供的诊疗服务也会因恢复和增进健康使患者及其家属减少痛苦，从而取得外部效果。在这种情况下，如果消费者自身没有意识到疾病的严重性或没有支付能力，导致缺乏对卫生服务需求时，政府和社会就有责任采取一定的措施，确保这些患者得到必要的卫生服务，以保护其他人的健康状况。

(四) 卫生服务需求的不确定性

每个人发生病伤是偶发事件，因此，要想预测某个人是否会患病和是否要利用卫生服务将是非常困难的。而且由于个体差异的存在，即使是患有相同病症的人，所能获得的卫生服务也可能不一样，利用卫生服务后所产生的结果也有所不同。所以说，卫生服务需求存在一定的不确定性。

(五) 卫生服务费用支付的多元性

人人享有健康的权利，而卫生服务是保障居民健康的一种重要手段。为了获得基本卫生服务，保障全体居民的健康，卫生服务领域通常是医疗保险、社会救助、企业和政府的介入对象。这些介入使一部分人的收入部分转移给卫生服务的消费者，因此，卫生服务费用是通过政府、社会、保险公司和个人共同支付的，从而改变了卫生服务消费者的消费行为。卫生服务需求的数量和质量也随之发生改变。

第2节 卫生服务需求影响因素与需求模型

案例 2-3

卫生服务需求影响因素有哪些？

某市对流动人口卫生服务需求及利用情况进行调查和分析,其调查分析情况如下:

调查人群两周就诊率为 11.2%（106/948）,近一年来共有 35 人因病住院,年住院率为 3.7%（35/948）。门诊患者就诊机构分布及住院患者的住院分布情况见下表:

某市流动人口卫生服务利用情况[n(%)]

医疗机构	门诊	住院
县级卫生机构	40(37.7)	16(45.7)
区(市)级以上卫生机构	20(18.8)	18(51.4)
私人诊所	45(42.5)	0
其他	1(0.1)	1(2.9)
合计	106(100.0)	35(100.0)

调查显示:该市流动人口中 37.7% 的门诊患者和 45.7% 的住院患者选择社区基层卫生机构,门诊患者中 42.5% 选择私人诊所。分析原因:一方面,社区基层卫生机构方便可及、经济;另一方面到区(市)级以上医院看病,交通不便,距离是流动人口就诊考虑的因素,请假看病不但扣工资,还会损失全勤奖。调查人群中患病而未就诊者中 56.7% 采取了自购药物的措施,其药品来源 92.9% 来自药店,未就诊原因其次为自我感觉病情较轻和没有时间。

该市流动人口 2 周就诊率为 11.2%,分析影响流动人口就诊的主要因素是年龄、婚姻状况和打工时间。年长者、已婚人群生活的经历、家庭的责任可能影响着他们对健康的认识。而未婚的年轻人单纯、自信、无所谓、经济来源相对单一,影响着他们的就诊率。

问题:

哪些因素影响到就诊及卫生服务的利用情况?

分析提示:

居民的一般经济状况、受教育程度、卫生服务的价格、时间机会成本的大小以及居民本身健康状况等因素可能也会对居民的卫生服务利用状况产生一定影响。

一、卫生服务需求影响因素

(一)一般经济因素

根据传统经济学需求理论,卫生服务需求受到卫生服务的价格、个人主观偏好、收入、替代商品(服务)价格、对未来商品(服务)供应情况的预期,以及货币储存等经济因素的影响。

1. 卫生服务价格 如前所述,卫生服务的需求受卫生服务的价格影响,价格越高,需求量越少;价格越低,需求量越多。

2. 消费者收入与货币的储蓄 当消费者收入水平改变时,消费者的购买能力就会改变,这将会影响到消费者对卫生服务的需求。收入越高,消费者对卫生服务的购买力就越强,对卫生服务需求也越多;反之,收入越低,消费者对卫生服务的购买力越弱,对卫生服务需求也就越少。

同样收入的消费者,货币储蓄越高,则可用于消费的货币量就少,在价格不变的情况下,对商品(服务)的需求水平就相对低,反之亦然。货币储蓄水平与消费价值有关。例如:中国居民对未来的预期支出水平较高,因而更倾向于为今后需要在多方面(住房、子女教育等)支出的高额费用而储蓄。

3. 主观偏好 消费者对某种商品(服务)都会有自己的主观价值判断,对某种商品(服务)存在着偏爱心理,称为消费偏好。偏好心理产生的原因:一是商品(服务)客观上存在着实际差异,如在质量或性能上存在着较大差异;二是主观因素所致,如受广告、商标、服务态度以及地理位置等因素影响,从而使消费者宁愿购买某种商品(服务),而不愿购买另外一种商品(服务)。就卫生服务而言,消费者对各类卫生服务有各自的主观评价。如城市地区和农村地区的消费者对中医和西医服务的偏好就有所不同。在城市看西医的消费者比重就比农村要大;而在农村,则有更多的消费者利用中医服务。当然,消费者的这种偏好也会随着时间发生变化。

消费者对卫生服务存在着质量偏好。因为卫生服务的提供关系到人的健康和生命,任何低质量或不适宜的卫生服务都可能给人的健康带来不利影响,甚至危害生命。而且这种损害可能是永久性的,甚至是不可逆转的,是致命的。然而,卫生服务一经提供是不可退还的,患者接受了劣质的卫生服务即使存活下来并获得了经济赔偿,但对健康的损害是金钱不可替代的。所以卫生服务的性质决定了消费者对卫生服务的质量有着特殊的偏好。

4. 互补商品（服务）和替代商品（服务）的价格　一般来说，卫生服务商品（服务）的需求量与其替代品价格成正向变动关系。如维生素 A 缺乏症患者，当富含维生素 A 食品价格升高，消费者会更多的使用维生素 A 药品，卫生服务商品（服务）消费就会增加。卫生服务需求与互补商品（服务）的价格成反向变动关系。互补商品（服务）价格上涨，对卫生服务的需求量就会减少。例如：注射器作为注射液的互补品，注射器价格上涨，将会影响注射液的需求量。

5. 对未来商品（服务）供应情况的预期　对未来商品（服务）供应情况的预期也影响着现在的需求量。如果消费者预期到今后的医疗费用有可能上升，他们便会增加对现在的卫生服务需求。例如：在我国开展"个人账户加大病统筹"的医疗改革时，由于消费者预期到今后将要自付更多的医疗费用，因此，在改革之前的原有报销体制下，增加其对卫生服务的消费，把该治能治的病都先治了，甚至还要多开一些储备的药品，从而增加了卫生服务的需求量。

（二）人口社会文化因素

影响卫生服务需求的人口社会文化因素包括许多方面，如人口数量、人口年龄构成、性别、受教育年限、住房条件等。

1. 人口数量　从人口学角度考虑，在其他因素不变的情况下，人口数量是决定卫生服务需求最重要的因素之一。人口数量增加，必然导致对卫生服务的利用增加，也就是说卫生服务的数量随人口数量的增加而增加。但是，单纯从绝对人口数量变动来看对卫生服务需求的影响是不够的，还需要考虑年龄别的构成。

2. 年龄　年龄对卫生服务需求也会产生很大的影响。由于老年人患病率及患病种类与青壮年不同，老年人的患病率较高，慢性病较多，其卫生服务利用也相对较多。另外，人口构成中婴儿抗病能力低，发病率高于青壮年，对卫生服务利用也相对较多。特别要指出的是，老年人的收入较低，有些人仅拿退休费，有些人没有固定收入，虽然有利用卫生服务的愿望，但实际接受卫生服务的数量会受到支付能力的影响。

3. 性别　性别是卫生服务需求不确定因素。从男性从事职业的特点来看，有些危险性或有职业毒害的工作多由男性来从事，因此，男性遭受生产性灾害和职业病的机会较多。但从女性生理特点来看，养儿育女也会增加卫生服务需求，当然这主要是针对育龄妇女而言。仅就住院率来看，一些研究结果表明，男性住院率高于女

性，而女性平均寿命又高于男性，女性一生的卫生服务需求时间自然也会延长。在其他条件不变的情况下，由于女性寿命比男性长，因此，潜在的卫生服务需求也较多。另一些研究成果表明，由于女性对疾病的敏感性较强，因此，在同样的健康状况下，会比男性更多地利用卫生服务。

4. 婚姻状况　婚姻状况对卫生服务有一定的影响。独身、鳏寡、离婚者比有配偶者的卫生服务需求多。有研究表明一个已婚者对医疗服务的需求，尤其是住院服务的需求少于未婚者。另外，未婚者的心理健康状况整体水平要低于有配偶者，因此，比有配偶者更容易发生身心疾病，使得他们对卫生服务的利用增加。

5. 受教育程度　受教育程度对卫生服务需求存在着两方面的影响。一方面，受过较多教育的人，其预防保健和早期治疗的知识较多，对健康有更大的偏好，从而增加对卫生服务的需求。例如：受过高等教育的消费者更倾向于周期性做牙科检查。这表明文化程度和需求之间存在着同向的变化关系。另一方面，由于他们掌握了较多的预防保健知识，能有效的进行家庭卫生服务，从而减少了对卫生服务的需求。例如：个体可以更好地理解预防医学的价值（如控制饮食和增加锻炼），他们能认识到吸烟和长期暴露在阳光下的危害等。这意味着文化程度和卫生服务需求之间存在着相反的变化关系。所以，受过较多教育的人，对卫生服务需求的影响是两方面的。因此，受教育程度对卫生服务需求总的影响很难预测。

6. 住房条件　住房条件也会对卫生服务需求产生一定的影响。住房条件差，如背光、通气性差、潮湿等情况下的居住条件，消费者易患佝偻病、关节炎、哮喘及传染病等，这将直接引起对卫生服务需要的增加。但这部分人将卫生服务需要转化为需求的能力是有限的，因此，实际需求的增加可能是微弱的。

（三）健康状况

在其他变量固定不变的条件下，健康状况差的人群需要更多的医疗卫生服务。卫生服务需求来自基本的健康需求，消费者对健康的需求出于两个原因：一方面健康是消费商品，它可以使消费者感觉良好；另一方面健康是投资商品，健康状况将决定消费者可以利用的时间量。生病天数的减少，将增加用于工作和业余活动的时间，对于健康投资的报酬是生病天数减少的货币值。不健康的状况会使消费者感到不适，对消费者来说也面临着各种损失，无论金钱上，还是精神上。因此，健康不佳的人对卫生服务的利用会

增加。

疾病的发生对个人来说是一种偶发事件。但是,从整个人群来看,疾病的发生在很大程度上是可以预防的,有些疾病可以通过采取措施加以预防。比如:一些传染病可以通过预防接种加以控制;有些病伤事故可以通过采取必要的措施减少其发生。然而,不论采取什么措施,许多疾病仍然不可避免。因此,人群中各种疾病的发病率或患病率较高时,必然有许多健康状况处于不佳状态,从而直接影响到卫生服务的利用情况。当然,有时消费者自己患了病并不知道,有时即使有感觉也不去治疗,这种情况并不构成对卫生服务的需求。

(四) 时间价值

影响卫生服务需求一个很重要的因素是时间价值。消费者的时间可以被认为是对商品和服务的投入。时间是消费者的有限资源,在商品与服务的消费中,不仅要算财务成本,而且要把时间成本计算在内;这样才能使我们准确的解释和预测消费者的需求。

个人时间的机会成本表示当个人接受医疗服务时所放弃的个体活动的货币价值。在卫生服务方面,许多时间被用在往返途中和候诊室等待之中。例如:牙科诊所某项服务价格为 10 元,时间成本为 20 元,那么总的就诊价格为 30 元。如果从总的价格来说,这种服务价格弹性系数为 -1.0,即 10% 价格方面的变化可能导致 10% 该种服务利用方面的变化。如果货币价格降低 50% ,其结果是该种服务总的价格降低 16.7% ,因为总价格弹性系数为 -1.0,16.7% 总价格的变化将导致该种服务需求量的变化。所以,当货币价格下降 50% ,需求量仅增加 16.7% ,预测的价格弹性系数仅为 -0.33。因此,某种服务利用的时间成本占较大比例时,预测的需求价格弹性系数就会较小。这说明患者离就诊机构越远,候诊时间越长,他的机会成本就会增加,随着时间机会成本的增加对医疗服务的需求量就会下降(使得需求曲线向左移动)。

时间成本对卫生服务需求具有重要影响,这一发现具有三方面的政策意义:一是随着服务的货币价格减少,卫生服务需求将对时间成本更为敏感。如果提供的卫生服务量未能满足消费者的需求,其可能的配给方法就是把卫生服务分配给能够有时间候诊的人。低时间成本的人比高时间成本的人更有可能接受卫生服务。二是要想增加某些人口对卫生服务的利用,除了降低货币价格外,还要通过降低他们的时间成本以增加他们对卫生服务的利用。如将诊所或医院设在

更接近这些人群的地方,这样可以大大减少就诊时间;再如在诊所中多设诊室以减少候诊时间。三是在制定卫生服务体制时除了卫生服务收费价格,即货币价格外,还应把消费者的时间成本考虑进去。如医疗保险定点医院,至少应当选择离单位或家庭较近的医疗机构。否则,单从供方考虑或者仅从各个单位利益考虑,虽然有利于降低医院的成本,但给患者增加了往返的时间成本,必然影响到消费者对卫生服务的需求量。

(五) 卫生服务供给者

在非卫生服务市场中,具有不同知识程度的消费者,可以挑选他们所需要的商品或服务,但是在卫生服务方面,患者对卫生服务的消费是由医生来决定的。医生在提供卫生服务时,不仅要考虑到患者的利益,同时也会考虑到自己的经济利益,因此,在一定的条件下,可以诱导消费者更多地消费某种卫生服务。

目前在我国,医生无论从医院角度还是从个人收入角度来说,总希望在容许的范围内,尽可能为患者提供更多的价格高于成本的检查项目和药品,一方面可以增加收益,另一方面也可以避免一些误诊,防止不必要的医疗纠纷。在经济学中这被称为诱导需求或创造需求。

卫生服务中的诱导需求有两种结果,或增加了有益的服务,或增加了不必要的卫生服务并带来严重后果。目前抗生素的不合理使用及不必要的外科手术等是诱导需求导致的最为严重的后果。患者无从知道此种手术是否有必要,因为患者手术恢复以后,健康状况同原来一样,无从察觉。但不论其结果如何,诱导需求对卫生服务需求产生的影响是不可忽略的。

(六) 医疗保障制度

不同的医疗保障制度对卫生服务需求的影响不同,免费医疗、部分免费医疗与完全自费医疗患者相比较,前者由于不需要支付就医所需的全部医疗费用或只是部分支付医疗费用,因而,通常会更多的利用卫生服务。实际上不同的医疗保障制度是间接的通过改变卫生服务价格改变其卫生服务消费行为的,进而对卫生服务需求产生影响。

我国近几年在全国范围内广泛实施医疗保险制度。许多研究资料表明保险对卫生服务需求会发生影响。医疗保险常采用设置起付线、封顶线、按比例补偿或全额补偿等方式,对需方进行补偿,只是有的采用其中的一种方式,而大多数情况下是多种方式相结合。我国的城镇职工基本医疗保险采用设置起付线、封顶线、按比例

补偿相结合的方式,对需方进行补偿。下面分别对起付线、封顶线、按比例补偿三种方式对卫生服务需求产生的影响进行分析。

1. 起付线对个人卫生服务需求的影响 医疗保险公司在对需方所接受的卫生服务进行补偿时,只对其超过一定额度以上的费用给予一定的补偿,该限定额度称为起付线。假设起付线为800元,那么在800元内,个人支付全部卫生服务费用,800元以上全部由保险公司支付。若某项卫生服务的需求曲线为 D(图2-4),有了医疗保险后,若卫生服务的数量为 Q_1 时,个人已自费800元,个人的卫生服务需求曲线与自费的卫生服务需求曲线一致,见 AB 段,AB 表示个人自付范围内的卫生服务需求情况。超过起付线,如继续消费时,800元以上的卫生服务需求曲线成为一条价格为零的曲线,见 Q_1Q_2 段,因此,起付线改变了个人的卫生服务需求曲线,原来的需求曲线 D 变成了 AB、Q_1Q_2 两段的需求曲线,如图2-4所示。由此可见,起付线改变了卫生服务需求量与价格之间的变动关系。

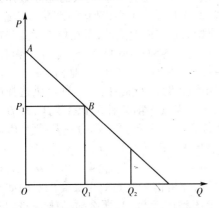

图2-4 起付线对个人卫生服务需求影响

2. 按比例补偿对个人卫生服务需求的影响 按比例补偿也称共付保险,是指消费者购买共付保险后,每次看病仅支付一部分医疗费,其他部分由保险公司支付。若某项卫生服务费为50元时,个人需求为 Q_1 个单位。如共付为50%,消费者只需支付25元钱,相对来说这种服务便宜了,消费者可以用同样的钱数利用更多单位的卫生服务,比如可以看 Q_2 数量的病而不是以前的 Q_1。此时从市场角度来看,价格为50元时,卫生服务数量不再是 Q_1,而是 Q_2。因此,有了共付保险后,改变了需方对卫生服务价格的敏感度,使个人卫生服务需求发生了变化,需求曲线发生了位移,需求曲线由 D_1 变成 $D_{0.5}$。共付率越低,即消费者使用卫生服务时自付比例越低,那么相对来说这种服务越便宜,对消费者卫生服务需求影响越大,见图2-5。

3. 封顶线对个人卫生服务需求的影响 封

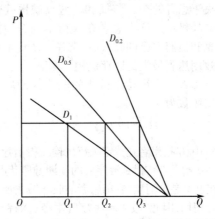

图2-5 按比例补偿对卫生个人服务需求的影响

顶线方式的补偿也称做限额保险,是指医疗保险公司对需方所接受的卫生服务补偿超过一定数额后,将停止对需方的补偿,超过的费用将完全由需方自付。假设医疗保险公司的最高补偿额为2万元,2万元之内全部由保险公司支付,2万元以上的费用就需自付,若某项卫生服务的需求曲线为 D(图2-6),当消费数量达到 Q_1 时,此时保险公司支付的费用达到了封顶线2万元,其需求曲线为价格为零的 OQ_1。如还需继续消费,其需求曲线与 D 相一致,为 BC 段,见图2-6。

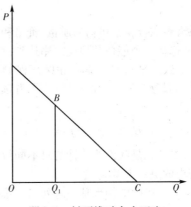

图2-6 封顶线对个人卫生
服务需求的影响

二、卫生服务需求模型

当一个人患病后,他首先考虑是否寻求卫生服务。消费卫生服务的目的是为了改善健康状况,同时由于医疗费用的开支会减少患者对其他商品的消费。因此,患者在决定是否寻求医疗的同时,还要决定去哪一级别的医疗机构接受治疗。因为有一系列可供他们选择的医疗机构(包括自我保健),每个医疗机构都有其质量和对应的价格,其中价格包括货币价格和非货币价格(诸如看病在路上和等待花费的时间)。这些机构对他们的健康有着不同潜在的影响,这个影响取决于患者的个人特征和一些反映医疗保健效用的随机项。所以患者在权衡不同医疗机构的信息和他们自己的收入后，选择一所使他们的预期效用达到最大的医疗机构就医。

让患者在获得待定机构的医疗保健后的预期效用函数为：

$$U = U(H, Y - P) \qquad (2-2)$$

式中，U 指患者在待定医疗机构获得治疗后的效用。H 指患者在得到治疗后的预期健康状况。$Y - P$ 在这里是指消费，它用患者的收入减去所支付的医疗费用，因此，收入和医疗费用经过消费概念进入效用函数方程，患者的收入在这里假定为外生变量。方程(2-2)代表患者到某一医疗机构接受治疗后得到的效用，可是当患者面前有许多可供选择的医疗机构时，他们就面对许多可能的效用，每个效用对应一个备择的医疗机构。假定某人面对 $J + 1$ 个可行的备择医疗机构(当 $J = 0$ 时是自我保健)，他要从中选择一个能使其预期效用最大的那个，这样最大预期效用函数为：

$$U^* = \max(U_0, U_1, \cdots, U_J) \qquad (2-3)$$

式中，U^* 指最大效用，U_J 定义为：

$$U_j = U(H_j, Y - P_j) \qquad j = 1, 2, \cdots, J \qquad (2-4)$$

患者在综合各个机构的质量、价格和自己的收入后，选择一个能使其预期效用达到最大的那个机构。效用来自对健康和除医疗保健外的其他商品和服务的消费。换句话说，患者选择机构 i，当且仅当

$$U_i > U_j \qquad j \neq i \qquad (2-5)$$

式(2-5)就是我们要估计的对不同级别医疗机构需求的决定因素。

式(2-5)产生的结果是一系列以被选择的医疗机构的概率形式出现的需求函数。某一医疗机构被选择到的概率等于该被选中的医疗机构在所有可被选择的医疗机构中产生的效用最高的概率。例如：在我们模型中有 5 种可被选择的机构，如果某人选择了第 2 种机构，那么该概率 $Pr(2) = P(U_2 > U_1, U_2 > U_3, U_2 > U_4, U_2 > U_5)$，对他来说第 2 种医疗机构能给他产生的预期效用最大。需求函数的形式取决于条件效用函数的形式和一些随机变量的分布。

由于我们在方程(2-6)中无法观察到与患者选择相关的所有因素，所以我们假定患者在某一医疗机构接受治疗后所获得的效用由可观察变量 V_j 和不可观察变量 μ_j 这两部分组成。

$$U = V_j + \mu_j + \varepsilon_j \qquad j = 1, 2, \cdots, J \quad (2-6)$$

式中，V_j 是选择医疗机构 j 所对应的可被观察到的那部分效用，如净消费 $(Y - P)$ 和个人特征，而决定个人健康状态的个人属性项 μ_j 则是一个观察不到的变量，诸如遗传性体质、个人的生活行为方式等，ε_j 是随机变量分布。

通过对以上的描述，我们可以发现不同人因为有不同的 μ_j 值而选择不同的医疗机构，但不同备择医疗机构其可被观察到的那部分效用是相等的。因此在方程(2-7)中，当患者选择医疗机构 i，我们用概率来观察这一事件就是：

$$\begin{aligned}
P_i &= Pr(U_i > U_j) \\
&= Pr(V_i + \mu_i > V_j + \mu_j) \quad j \neq i \quad (2-7) \\
&= Pr(\mu_i > \mu_j + V_j - V_i)
\end{aligned}$$

为了估计产生这些概率的未知参数，我们进一步设定 V_j, μ_j 和 ε_j。我们让 V_j 为：

$$V_j = \beta_j X + \alpha_1 (Y - P) + \alpha_2 (Y - P)^2 \\ j = 1, 2, \cdots, J \qquad (2-8)$$

式(2-8)是间接效用函数方程，其中净消费的二次方 $(Y - P)^2$ 是为了看收入的边际效用的变化；式(2-8)中的人口特征变量的系数 β_j 是随备择医疗机构的改变而改变的，而在经济学变量前的系数 α_1, α_2 在各种备择中是常数；除自我保健之外的选择的条件效用函数的分布是相互独立的。

用式(2-8)进行估计，在 5 种可供选择的模型中，多项变量 X 前共有 5 个系数 $\beta_1, \beta_2, \beta_3, \beta_4, \beta_5$，条件变量 $(Y - P_1, Y - P_2, Y - P_3, Y - P_4, Y - P_5)$，及 $[(Y - P_1)^2, (Y - P_2)^2, (Y - P_3)^2, (Y - P_4)^2, (Y - P_5)^2,]$ 前共有两个系数 α_1, α_2，被选择到的医疗机构一定是效用最高的。假如某人选择第 3 种医疗机构，那么对他来说，$V_3 > V_1$，$V_3 > V_2, V_3 > V_4, V_3 > V_5$。我们还假定联合分布 μ_j 和 ε_j 呈极端值分布特征，这样备择机构的误差项之间就互不关联了。我们把选择 0 定为自我保健，选择 1-4 为各种备择的医疗机构，McFadden 已证明了选择自我保健的概率公式为：

$$\text{Rrob}(Choice = 0) = \frac{\exp V_0}{\exp V_0 + \sum \exp V_j} \qquad (2-9)$$

选择各种不同医疗机构的概率公式为：

$$\text{Rrob}(Choice = i) = \frac{\exp V_0}{\exp V_0 + \sum \exp V_j} \\ i = 1, \cdots, 4 \qquad (2-10)$$

$$\sum \text{Pr}(Choice = i) = 1$$

这样我们就能用模型来分析消费者就医行为。通过对模型参数的估计，就可以知道影响消费者卫生服务需求的行为改变的因素是哪些，然

后再对这些因素进行具体分析,为政策制定者制定和修改政策提供可靠的参考依据。

第 3 节 卫生服务需求弹性分析

一、弹性的概念

经济分析中的弹性意指反应性,是经济学家对经济活动变化进行分析时常用的一个概念。它表示当两个经济变量之间存在函数关系时,因变量的相对变化对自变量的相对变化的反应程度。

弹性系数是衡量因变量的相对变化对自变量的相对变化灵敏程度的指标,弹性系数的计算公式为:

$$弹性系数 = \frac{因变量变动的百分比}{自变量变动的百分比} \quad (2\text{-}11)$$

由于弹性系数是两个百分比的比值,所以没有单位,不受分子、分母计量单位的影响,所以,不同商品(服务)的弹性系数可以直接进行比较。

需求弹性可分为需求的价格弹性、收入弹性和交叉弹性,它们分别说明需求量变动与价格、收入和相关商品(服务)价格变动之间的关系。其中最重要的是需求的价格弹性。所以,一般所说的需求弹性就是指需求的价格弹性。

二、卫生服务需求的价格弹性

(一) 卫生服务需求价格弹性的概念

卫生服务需求的价格弹性是指卫生服务需求量变动对价格变动的反应程度。若以卫生服务需求量变动率与价格变动率之比来表示,卫生服务需求的价格弹性系数(E_d)的计算公式为:

$$E_d = \frac{需求量变动的百分比}{价格变动的百分比} = \frac{\Delta Q/Q}{\Delta P/P} = \frac{\Delta Q}{\Delta P} \cdot \frac{P}{Q}$$

$$(2\text{-}12)$$

一般来说,弹性系数的数值,可以是正数,也可以是负数,这主要取决于两个变量的变动方向。按照需求定理(law of demand),需求量与价格呈反方向的变动的关系,故卫生服务需求价格弹性为负值。在经济学中,需求价格弹性更多的是用绝对值表示。如比较 $E_d = -5$,$E_d = -4$ 时,总是说前者的弹性大于后者。

(二) 卫生服务需求价格弹性的种类

不同的商品(服务)其需求价格弹性是不同的。经济学根据需求价格弹性系数绝对值的大小和特点,将其分为五种类型,见表 2-2。

国外卫生经济研究表明,医疗卫生行业的需求价格弹性系数低于其他行业商品(服务)的需求价格弹性,属于缺乏弹性。这与我国有关研究结果相类似。不同医疗卫生服务的需求价格弹性可以不同。如果个体对某种手术或者药物的医疗服务在很大程度上是影响生命的必须性医疗服务,也即维护生命的卫生服务,那么他对医疗服务价格的变化几乎是无弹性的,由于涉及生与死的选择,其需求弹性非常小。然而,这并不是说卫生服务需求量对价格变化是没有反应的,只是表示价格变化的百分比引起的卫生服务需求数量变化百分比比较小。对于一些诸如整形外科手术等特需服务的需求价格弹性就较大,因为大多数人认为它不是一种必需消费品,所以价格的变动对需求的影响较大。

表 2-2　需求弹性的种类

种类	价格与需求量之间的关系	弹性系数	需求曲线形状
富有弹性	需求量的变动率大于价格的变动率	>1	
缺乏弹性	需求量变动率小于价格变动率	<1	
单位弹性	需求量变动率等于价格变动率	=1	
完全无弹性	需求量对价格变动无反应	0	
完全弹性	价格的微小变动引起需求量的无限变化	∞	

（三）影响需求价格弹性的因素

影响卫生服务需求弹性大小的因素，可概括为如下几方面：

1. 卫生服务的可替代性 消费者是否很容易找到该类服务的替代性服务，如很容易找到，其需求弹性就大。因为如果某项服务价格上涨，消费者就会少利用该项服务而多利用其他的替代服务；反之则需求弹性就小。可替代性服务的数量越多，可供选择的机会就越大，弹性系数就越大。例如：相对于外科而言，内科服务更容易找到替代性的治疗措施，因此，内科服务需求的价格弹性往往比外科服务需求的价格弹性要大。

2. 卫生服务的消费水平在消费者总预算支出中所占比重 所占的比重越大，其需求弹性也越大，反之则越小。例如：挂号费在消费者预算中所占比重很小，故挂号费的变动不会引起很大的门诊量的变动。这主要是由于挂号费在预算支出中只占很小的比重，所以，消费者不太理会它的价格变动。又如：CT检查费在消费者预算中所占比重较大，故CT检查费的变动会引起该项检查需求人数较大的变动，所以这类服务是富有弹性的。

3. 卫生服务是必需品还是奢侈品 如是必需品，其需求弹性小，反之，需求弹性大。例如：一些涉及生死存亡的卫生服务，由于关系生与死的抉择，这类卫生服务需求的价格弹性比较小，而对于一些保健性的卫生服务，由于需求不十分紧迫，其需求的价格弹性比较大。

4. 卫生服务持续的时间长短 如持续时间短，消费者就很难在短期内找到替代性卫生服务，其需求的价格弹性较小，如急诊服务、急诊手术、紧急对症处理等；如持续时间长，消费者就较容易在长期内找到替代性卫生服务，其需求的价格弹性较大，如慢性病的治疗等。

（四）需求价格弹性与供给者总收入的关系

供给者的总收入等于价格乘以销售商品（服务）的数量。价格变动引起需求量变动，从而引起销售商品（服务）量的变动。由于需求弹性不同，价格变动引起的销售量的变动是不同的，总收益的变动也就会不同。

如某种服务是富有弹性的，$E_d = 2$，$P_1 = 500$元，$Q_1 = 100$

收入（TR_1）$= P_1 \times Q_1 = 500 \times 100 = 50\,000$（元）

现价格下降10%，$P_2 = 450$元 因为$E_d = 2$，所以销售量增加20%，$Q_2 = 120$

$$TR_2 = P_2 \times Q_2 = 450 \times 120 = 54\,000（元）$$

$$TR_2 - TR_1 = 54000 - 50\,000 = 4000（元）$$

这表明如果服务是富有弹性的，降价会导致总收入的增加；反之，总收入将减少。

如某种服务是缺乏弹性的，$E_d = 0.5$，$P_1 = 0.2$元，$Q_1 = 100$

$$TR_1 = P_1 \times Q_1 = 0.2 \times 100 = 20（元）$$

现P下降10%，$P_2 = 0.18$（元），因为$E_d = 0.5$，所以销售量上升5%，$Q_2 = 105$

$$TR_2 = P_2 \times Q_2 = 0.18 \times 105 = 18.9（元）$$
$$TR_2 - TR_1 = 18.9 - 20 = -1.1（元）$$

这表明缺乏弹性的服务，价格的下降会导致总收入的下降；反之，总收入将增加。所以，了解需求价格弹性，有利于供给者预测价格变动对其总收入的影响。

三、卫生服务需求的收入弹性

所谓需求收入弹性，是指需求量变动对于收入变动的反应程度。即需求量变动百分比与收入变化百分比的比率。在商品（服务）价格不变的条件下，消费者收入的变动会引起需求量的变动。

$$需求收入弹性（E_1） = \frac{需求量变化百分率}{收入变化百分率}$$
$$= \frac{\Delta Q/Q}{\Delta I/I} = \frac{\Delta Q}{\Delta I} \cdot \frac{I}{Q} \qquad (2\text{-}13)$$

在价格不变的条件下，消费者收入的变动会引起需求变动。在研究商品（服务）的需求收入弹性时，通常有下列几种情况：

一是需求收入弹性$E_1 < 0$。即需求收入弹性为负值。这种情况下，收入增加，需求量反而减少，这类商品（服务）为劣等商品（服务）。

二是需求收入弹性$0 < E_1 < 1$。在这种情况下，需求量的增加幅度小于收入增长幅度，这类商品（服务）称为必需品。例如：米、油、盐等。

三是需求收入弹性$E_1 > 1$。需求量增加幅度大于收入增长幅度，这类商品（服务）称为奢侈品。例如：金银首饰。

就卫生服务而言，不同收入水平的消费者其卫生服务需求的收入弹性有所不同。对收入较低的消费者，收入的增加被更多地利用于购买满足消费者最基本的生产和生活所必需的商品上，对卫生服务投入的增加量往往低于收入的增加量，因此，其收入弹性<1；对收入较高的消费者，由于其最基本的生产和生活所必需的商品已得到满足，因此，他们可以将更多的收入用于购买更多的高质量的卫生服务，购买更多的非治疗性的保健服务上，他们对卫生服务投入的增加量往

往往高于收入的增加量,因此,其收入弹性>1。

四、卫生服务需求的交叉弹性

所谓需求的交叉弹性,是指一种商品(服务)的需求量的变动对另一种商品(服务)价格变动的反应程度。卫生服务(H)需求的交叉弹性系数计算公式为:

$$E_{HX} = \frac{\text{卫生服务 } H \text{ 需求量变动率}}{\text{商品(服务)} X \text{ 价格变动率}}$$
$$= \frac{\Delta Q_H / Q_H}{\Delta P_X / P_X} = \frac{\Delta Q_H}{\Delta P_X} \cdot \frac{P_X}{Q_H} \quad (2\text{-}14)$$

要研究商品(服务)之间相互反应的敏感程度,必须考察它们之间的关系。不同商品(服务)相互间有三种关系:

一是互补性关系。互补商品(服务)是指某些商品(服务)必须共同使用才能满足消费者的需求。这类商品(服务)需求交叉弹性为负值,即 $E_{HX} < 0$,表示随着商品(服务)X 价格的提高(或降低),卫生服务 H 需求量也随之减少(或增加)。例如:验光服务的需求和眼镜价格之间的关系就是一种互补的关系。又如:青霉素针剂与注射针管的关系,这两种商品就是互补商品。它们的交叉弹性系数均为负值,弹性系数越大,互补性就越强。

二是替代性关系。替代商品(服务)是指那些可以通过相互替代来满足消费者同种需求的商品(服务)。这类商品(服务)需求交叉弹性为正值,即 $E_{HX} > 0$。表示随着商品(服务)X 价格的提高(降低),卫生服务 H 需求量也随之增加(减少)。例如:口服青霉素和青霉素针剂这两种商品就是互为替代品。其需求的交叉弹性系数为正值,替代性越强,弹性系数越大。

三是非关联性关系。这类商品(服务)间没有关系,即某种商品(服务)价格变化对另一种商品(服务)的需求量不发生影响,其需求交叉弹性为零,即 $E_{HX} = 0$。它表示随着商品(服务)X 价格的变化,卫生服务 H 的需求量并不随之发生变化,它们之间没有一定的相关性,是相对独立的两种商品(服务)。

五、卫生服务需求弹性分析的应用

弹性分析的用途广泛,在卫生经济学理论研究、政府和卫生机构的决策等方面发挥重要的作用。在研究卫生服务供求对价格形成以及有效利用价格调节等方面,弹性分析也是非常有价值的。

卫生服务需求弹性分析对于卫生服务机构的经营管理等方面有重要的用途。在当前社会主义市场经济的条件下,卫生服务机构在确定其服务价格时,先需根据服务的需求弹性的大小,将服务归类。然后,针对不同种类的服务实现不同的价格政策。在考虑调整服务的价格时,除了需考虑某项服务自身价格弹性外,还需考虑相关服务(替代品、互补品)的弹性。在考虑调整服务量时,还需考虑需求的收入弹性问题。弹性分析还被用于财务分析、收益平衡分析等方面。

卫生服务需求弹性分析对于政府政策的制定有重大影响。在考虑卫生服务筹资与补偿政策、制定卫生服务价格时,可以针对不同服务的需求价格弹性、需求收入弹性、需求交叉弹性等,对其采取不同的政策。例如:吸烟是卫生政策制定者关注的问题。研究发现吸烟是一种"理性嗜好",一般估计的价格弹性为 -0.4 左右,但青少年需求的价格弹性一般估计都超过了 -1.0。因而,若通过增加卷烟税收而提高卷烟的价格,会降低对卷烟的需求,尤其是对青少年的效果更好。对成年人而言,卷烟是缺乏价格弹性的,因而,若税赋的提高使价格增加,则既减少了吸烟又增加了政府的财政收入。

> **案例 2-4**
> ### 从需求弹性看城乡基本医疗状况
> 陈心广等专家,根据1993年全国卫生服务总调查获取的资料,运用经典的经济学模型,对全国基本医疗卫生服务进行定量研究。结果表明,我国农村基本医疗服务需求的收入弹性为0.1656,价格弹性为 -0.4779,城市基本医疗服务需求的收入弹性为0.33,价格弹性为0.4845。按照经济学有关弹性系数的评价标准,我国基本医疗卫生服务是缺乏弹性的,尤其是收入弹性。(引自:陈心广.中国农村基本医疗服务需求弹性经济学模型研究,中国卫生事业管理,1996.03)
> **问题:**
> 1. 什么原因导致城市与农村的基本医疗卫生服务需求的价格弹性近似?
> 2. 什么原因导致城市与农村的基本医疗卫生服务需求的收入弹性相差一倍?
> **分析提示:**
> 1. 基本医疗服务需求的价格弹性农村与城市几乎相等,都在48%左右。这反映出我国城乡人民对医疗服务价格变化做出反应的一致性,也可看做是基本医疗服务的市场变化的一条规律。这对我们认识我国医疗卫生服务的经济学特点有重要意义。当国家制定有关医疗卫生服务价格政策和对医疗卫生服务进

行宏观调控时,这一弹性系数是调整调控力度的重要参考指标。

2. 很小的基本医疗服务收入弹性告诉我们,在一定的经济水平、医疗服务条件和人群健康意识状态下,即使农民的收入有一定幅度的增长,由个人口袋里的钱支付医疗服务的量也不会有很大幅度的提高,因为医疗服务需求随收入的变化而变化反应十分迟钝。这一结果预示着改善农村医疗服务工作的艰巨性。一方面要设法提高农民的健康意识,让农民在收入增加时愿意花一定的钱进行医疗卫生服务;另一方面,要开展符合农民口味的,农民负担得起的各种服务项目,使农民的就医愿望能够实现。再一方面,国家要增加对农村医疗卫生的投入,增加农民对卫生服务的购买力,保障农民能够获得基本的医疗卫生服务。

第4节 卫生服务消费者行为分析

卫生服务利用(health services utilization)的结果,可以提高消费者的效用。通过利用卫生服务减轻疾病给患者带来的疼痛和不适,使患者感受到健康的恢复,得到心理的满足。但与其他商品的消费又有所不同,卫生服务的消费又是一种劳动力的投资。通过利用卫生服务,患者的健康得到恢复使其能从事更多的生产。从这样两个角度出发,本节重点分析消费者如何选择卫生服务消费以实现自身的最大满足。

一、效用的概念及分析方法

效用是用于衡量消费者在消费某种商品(服务)时所感受到的心理满足程度的指标。效用是消费者自身的一种主观评价,其大小取决于商品(服务)在多大程度上满足消费者的需要。由于效用是消费者自身的一种主观评价,因此即使是同一种商品(服务),其效用的大小也会因人因时因地而异。卫生服务作为一种特殊的商品,同样给消费者带来效用。患者通过享受卫生服务减轻病痛,得到满足,这就是一种效用。那么,卫生服务给消费者带来的效用如何衡量呢?经济学中有两种衡量效用的基本方法:基数效用分析法(边际效用分析法)与序数效用分析法(无差异曲线分析法)。下面分别介绍应用两种效用分析法分析消费者如何选择卫生服务消费以实现最大满足。

(一)基数效用分析法

1. 效用、总效用与边际效用的基本概念

基数效用分析法是假设卫生服务作为一种商品,消费者有能力判断这种商品消费的效用值的大小。我们把在一定时间内,消费者消费卫生服务总的满足程度之和称之为总效用。如果用 T_U 表示总效用,用 Q 表示卫生服务消费量,则可以用一个总效用函数来表示两者的关系,即 $T_U = f(Q)$。

表2-3 卫生服务的总效用与边际效用

卫生服务消费量(Q)	总效用 T_U	边际效用 M_U
0	0	0
1	12	12
2	18	6
3	21	3
4	22	1
5	22	0
6	20	−2
7	16	−4

从表2-3中数据可以看出,当所消费的卫生服务数量 Q 增加时总效用 T_U 也随之增加;当卫生服务消费增加到一定程度时,总效用 T_U 达到最大值,如果再增加卫生服务消费量,总效用 T_U 反而下降。我们可以用图2-7中的总效用曲线来表达这种关系。

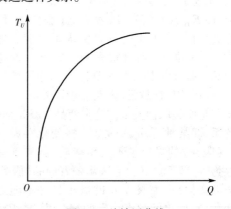

图2-7 总效用曲线

从表2-3中卫生服务消费增长幅度与总效用变动幅度看,两者是不同步的,这里就引入一个边际效用的概念。边际效用(marginal utility)是指卫生服务消费量每增加(减少)一个单位,所引起的总效用的增加(减少)量。总效用(T_U)和边际效用(M_U)是进行效用分析时最重要的两个概念,两者的特点和相互关系如下:

(1)总效用随着卫生服务消费量的增加而增加:当消费量增加到一定程度时,总效用达到最大值,此时若继续增加消费量,总效用则下降。

(2) 边际效用递减:从表 2-3 中的第三列数据可以看出,边际效用呈递减趋势。即在其他条件不变的情况下,消费者每增加一个单位商品或劳务的消费,其相应的总效用增量 ΔT_U 比前一个消费单位增加所引起的总效用增量 ΔT_U 要小,这就是经济学中的边际效用递减规律。该规律可以用边际效用曲线来表示,如图 2-8。

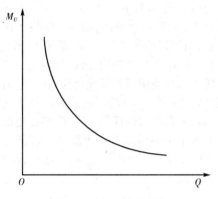

图 2-8　边际效用曲线

(3) 边际效用为零时总效用最大:边际效用小于零时,总效用开始减少。

(4) 边际效用是总效用曲线上各点切线的斜率。

分析效用的目的在于揭示消费者在卫生服务市场上的购买行为,消费者之所以愿意付出一定代价购买卫生服务,是因为卫生服务可以给消费者带来一定的效用。消费者愿意付出的代价取决于卫生服务给消费者带来的边际效用,边际效用越大,消费者愿意付出的代价也越大。

2. 边际效用递减规律　当不断增加一种物品的消费时(其他物品的消费量保持不变),商品的边际效用将最终趋于下降。消费量增长幅度与总效用变动幅度是不同步的,边际效用呈递减趋势,即每增加一个单位的消费,其相应增加的总效用比前一个消费单位增量所引起的总效用增量要小,即为经济学中的边际效用递减规律。

边际效用递减规律的特点:

(1) 边际效用的大小与消费者欲望的强弱成同向变化。

(2) 边际效用的大小与消费量呈反向变化关系。

(3) 边际效用的大小与特定时间有关,边际效用的递减是有时间性的。

(4) 边际效用为正值。正常情况下,消费者不会花钱购买给自己带来负效用的消费品。

3. 效用最大化原则　假设价格在一定时期内不变,那么消费者在固定的收入范围内,必须决定所购买商品或服务(包括医疗服务)的组合。根据微观经济学理论,每个消费者在选择商品或服务组合时总是遵循效用最大化(maximize utility)原则。即使不采用数学计算,从逻辑上也能确认,在消费者购买的所有商品或服务中,当消费者所消费的多种商品或服务的边际效用均相等时,消费者效用达到最大化。这就是众所周知的效用最大化原则。用数学术语表达,效用最大化的条件为:

$$M_Uq/Pq = M_Uz/Pz \qquad (2\text{-}15)$$

式中,M_Uq 表示购买的最后一个单位医疗服务 q 所获得的边际效用,M_Uz 相当于从所有其他商品 z 中的最后一个单位获得的边际效用。

(二) 序数效用分析法(无差异分析法)

尽管效用是一个很有用的概念,但是,它有一个很大的缺陷——效用作为心理上的满足程度,极难衡量。任何一个人在消费某种商品(包括卫生服务)时很难求出某单位消费量对自己产生多大效用值。因此,在比较不同消费者使用某种商品(服务)带来的效用时,很难以此为共同的衡量标准。为了解决这个问题,经济学家采用了序数效用分析方法,也叫消费者无差异曲线分析法。用这种方法时,不需要对不同商品(服务)的效用进行衡量,而只是用序数(第一、第二、第三、……)来表示满足程度的高低与顺序。

假设把消费者所有消费商品(服务)分为两类。一类是卫生服务 H,另一类为非卫生服务商品 X。卫生服务 H 的价格为 P_H,非卫生服务商品的价格为 P_X。如果在收入水平相同的情况下,让消费者选择这两类商品(服务)H 和 X,那么在一定时期内,可以列出消费者对两种商品(服务)购买的不同组合,而每一组合给消费者带来的总效用是相同的。

1. 无差异曲线　无差异曲线是反映在一定时间、一定资源和技术条件下,消费者消费不同组合的两种商品(服务)所获得的满足程度的曲线。无差异曲线上任意一点的斜率等于消费者愿意用一种物品代替另一种物品的比率。这个比率称为边际替代率(marginal rate of substitution, MRS)。

表 2-4 中,A、B、C、D、E 五种组合表示对消费者具有相同效用的消费组合。我们把两种商品(服务)的组合情况用曲线表达出来,就是某一收入水平下,两种商品(服务)的消费者无差异曲线,见图 2-9。

表2-4 H、X 两类商品(或服务)的无差异表

组合	H 商品	X 商品	H 对 X 的边际替代率
A	1	15	
B	2	11	4
C	3	8	3
D	4	6	2
E	5	5	1

无差异曲线有以下几个特征:

(1) 无异曲线是一条向右下方倾斜的曲线,其斜率为负值,表明在收入一定的条件下,为了获得同样的满足程度,增加一种商品(服务)的消费就必须减少另一种商品(服务)的消费,两种商品(服务)不能同时增加或减少。

(2) 无差异曲线是一条凸向原点的曲线,这需要用边际替代率来说明。消费商品(服务)的边际替代率是指消费者要保持相同满足程度时,增加一种商品(服务)数量与必须放弃另一种商品(服务)数量之比。如为了增加卫生服务 H 的消费,就必须放弃非卫生服务 X 的消费。增加的 ΔH 与放弃的 ΔX 之比就是边际替代率,用 MRShx 表示,MRShx = $\Delta H / \Delta X$。边际替代率呈递减的规律,这一规律说明连续增加某一商品(服务)时,消费者所愿意牺牲的另一种商品(服务)的数量是递减的。这是因为随着某种商品(服务)的增加,它的边际效用是递减的,而随着另一种商品(服务)的减少,它的边际效用增加,所以某种商品(服务)能替代另一种商品(服务)的数量越来越少。边际替代率实际上就是无差异曲线的斜率,斜率逐渐减小,形成了一条凸向原点的曲线。

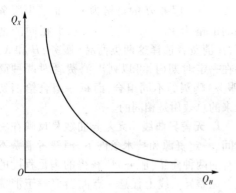

图2-9 无差异曲线

(3) 无差异曲线分析假设消费者可以有无数条无差异曲线,不同的曲线代表不同的满足程度,离原点越远的无差异曲线代表的满足程度越高,反之则满足程度越低。

(4) 同一曲线上,任意两条无差异曲线不能相交,否则与上述特征相矛盾。

2. 消费预算线 消费预算线(consumer's budget line)表示在消费者的收入与商品(服务)的价格既定条件下,消费者所能够买到的两种商品(服务)数量的最大组合点的轨迹。

在现实生活中,对某一消费者来说,在一定时期内的收入水平和他所面临的两种物品的价格都是一定时,他不可能超越这一现实而任意提高自己的消费水平。

假设卫生服务的价格为 P_h,非卫生服务的价格为 PX,我们用 M 表示总收入,那么,如果消费者把全部收入都用于购买 X 商品,他可以购买 $M/PX = X_1$ 量的 X 商品,如果全部用于购买卫生服务,则可以购买 $M/P_h = H_1$ 量的 H 服务。如图 2-10,将 X_1 与 H_1 相连成一线,这就是一条消费预算线。在这条消费预算线上任何一点,消费者购买两种商品(服务)的价格总和都等于其总收入。如在消费线右侧任意一点 E_1 都会超出消费者的收入水平。而消费者预算线左侧任意一点 E_2 的实际支出水平则低于总收入水平,此时,消费者尚有余力。

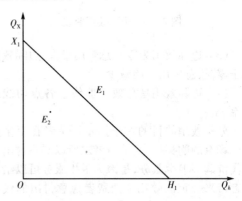

图2-10 消费可能线

当收入或商品(服务)价格变动时,消费者的购买数量也将随之变动,在坐标图上则表现为预算线的移动,其移动情况由图 2-11A ~ C 表示。

3. 消费者均衡分析 无差异曲线表示了消费者的消费愿望;消费者预算线表示了消费可能性。卫生服务需求的实现是以消费者拥有的支付能力为前提的。因此,无差异曲线分析的目的就是研究在一定的预算范围内,使所购买商品(服务)的组合给消费者带来最大的效用。如将两者放在一个图中,就可以确定预算内哪个购买组合才能给消费者带来最大的效用。

如图 2-12,X_1H_1 为消费可能线,I_0、I_1、I_2 分别为三条无差异曲线,表示不同的满足程度,即效用水平。就对消费者的满足程度而言,$I_2 < I_0 < I_1$,其中,E_0 点为 I_0 与 H_1X_1 切点。

从图 2-12 中可以看出,E_0 点是最佳点,在这一点上,消费者用现有收入,在现行价格水平下,获得了最大满足。除了这一点,其他点都不是最理想水平。比如:有 E_1、E_2 两点,在 E_1 这点,此时的商品(服务)组合虽然获得的满足程度与点 E_0 相同,但该点超出了现有收入水平,显然这种组

合达不到;再看 E_2 点,E_2 点是在 I_2 上,而 I_2 在 I_0 的下方,即满足程度不如 E_0。因此,只有 E_0 点是最理想的,达到最大效用,我们也称这点为消费者均衡点。

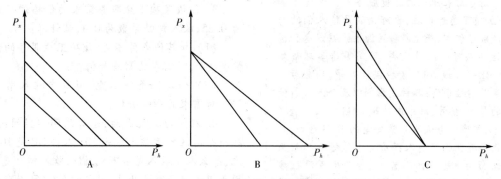

图 2-11　收入与价格变动对预算线的影响

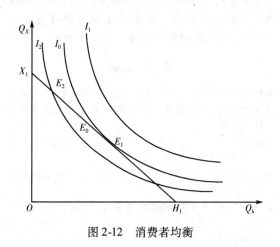

图 2-12　消费者均衡

二、诱导需求理论

以上是用一般消费者行为理论分析卫生服务需求,但因为卫生服务需求的特殊性,卫生消费行为可能与一般商品的消费者行为不同。下面介绍具有卫生服务需求特点的诱导需求理论。

在 20 世纪 70 年代,美国斯坦福大学的 Tuchs 教授和加拿大 R. C. Ecans 教授首先研究提出了诱导需求理论。该理论认为:在卫生服务市场中,由于消费者信息缺乏,供需双方存在明显的信息不对称,消费者没有足够的信息来做出自己的消费选择,只好把诊疗的决策权交给医生。医生既是顾问又是服务提供者,作为供方的医生对医疗服务的利用具有决定作用,能左右消费者的选择。这就导致了在卫生服务提供中,消费者需求的被动性。如果医生具有自身经济利益,就会向患者推荐额外服务,即诱导需求(induced demand)。

从经济学角度分析,传统经济学理论认

为,当商品市场中的需求量和供给量相等时的价格为均衡价格,供给的增加将导致价格下降以及需求量的增加。但在卫生服务市场中,由于对医生服务需求缺乏价格弹性,价格的下降会使医生的收入减少,而在患者缺乏有关治疗需要的知识的情况下,医生为了保证自己的经济收入,就可以利用患者的无知而推荐额外服务,诱导新的需求。因此,需求量随供给量的增加而增加,结果保持了医生的经济收入,甚至有所提高。

诱导需求使患者得到了更多的卫生服务,这些服务有些是有益于患者的健康的,如建议患者复诊,以判断病情恢复是否令人满意。但在更多情况下,这些服务是一种浪费,因为对患者来说,预期费用超过了预期收益。更为严重的诱导需求可能在判断是否需要外科手术时发生,这种诱导需求通常带来严重的后果,如不必要的扁桃体摘除、阑尾切除、子宫切除等。

医生诱导需求的程度可以通过两种假设来解释:一种是假设医生存在目标收入,随着供给量的增加,价格的下降,这时医生往往会通过诱导需求来维持自己的目标收入;另一种假设医生的诱导需求是会有一种心理成本,他们诱导需求使自己的收入增加越多,其心理成本越高,因此,限制了可以发生的诱导需求量,如太多诱导需求会使医生得到滥开处方的坏名声,获得坏名声的惩罚会限制医生的诱导需求。

解决供方诱导需求的关键在于创造一种多方利益相容的激励制度结构。这种制度能够引导人们在追求自身利益的同时,也有意识、无意识地满足他人的利益。事实上,医疗服务领域所涉及的主体——患者、医生和政府之间博弈的本质问题也就是激励。其中,政府制定的满足医患激励相容的医疗服务制度至关重要。

案例 2-5

诱导需求的危害

诱导需求的危害之一,是医源性疾病增加。诱导需求产生的过度服务不仅浪费了资源,加重了患者负担,更可怕的是给人们的身体造成了伤害,产生各种医源性疾病。这种医源性疾病可以通过检查、用药等诸多环节发生。比如 X 线、同位素扫描检查等,均会对人产生放射性损伤;各种造影剂以及介入诊断使用的导管、插管、纤维内镜等,都可对人体造成伤害;就连普遍认为非常安全的 B 超检查,目前医学界也已经有人提出它可能给人体带来负面影响。就用药而言,也会产生医源性疾病,甚至导致死亡。据世界卫生组织公布的资料,在全球每年的患者死亡病例中,约有 1/3 是因药物不良反应引起的。《青年时报》2005 年 11 月 3 日消息说,我国每年 5 000 多万住院患者中,至少有 250 万人是因药物不良反应而入院治疗,其中 50 万人属严重不良反应,因此,致死人数每年约有 19.2 万人,比各种传染病致死人数高出数倍,是每年交通事故死亡人数的 2 倍。总之,供给诱导需求不仅使医疗费用持续猛涨,并严重地损害了社会公平,给我国医疗服务保障体系的建设工作带来了巨大阻力。[引至:朱生伟.供给诱导需求:医疗改革中被忽视的问题.中国民族大学学报(人文社会科学版)2006.26(3).]

问题:

请你分析一下诱导需求的危害。

分析提示:

1. 诱导需求一个直接的后果是卫生费用的上升。

2. 诱导需求产生的过度服务不仅浪费了资源,加重了患者负担,更可怕的是给人们的身体造成了伤害,产生各种医源性疾病。

是什么? 卫生服务需求具有哪些特点?

2. 某种卫生服务和另一种服务的需求交叉弹性为 4.4 是什么意思? 你认为它们是替代品还是互补品?

3. 假设某项卫生服务需求的价格弹性系数为 -0.25,收入弹性系数为 0.4,试计算:

(1) 如其他条件不变,该项卫生服务的价格提高 3%,对需求的影响如何?

(2) 如其他条件不变,消费者收入增加了 2%,对需求的影响如何?

4. 在学习完此章后,当你的同学提问:假设在一个地区的常住人口是 100 人,GDP 是 100 万元,那么人均收入是 1 万元,假设收入弹性是 1.2,用于卫生服务的支出占 GDP 的 5%(50 000)。现在,如果在人口数量不变的情况下,人均收入增加了 20%,这时卫生服务的支出预计将增加到多少呢? 将占 GDP 的比重又是多少呢?

参 考 文 献

程晓明.2007.卫生经济学.北京:人民卫生出版社,14 - 34

黄亚钧,姜纬.1995.微观经济学教程.上海:复旦大学出版社,42 - 50

李秀娟,张鹭鹭,吴洋.2002.论卫生服务需求与社会供给能力.中国卫生事业管理,1(4):199 - 201

孟庆跃,徐凌中,陈宁姗.1997.卫生经济学.济南:南海出版公司,77 - 85

邱鸿钟.2005.现代卫生经济学.北京:科学出版社,14 - 25

王龙兴.卫生经济的理论与实践.1998.上海:上海交通大学出版社,15 - 25

吴明,李睿.1995.健康需要与需求的概念及测量.中国卫生经济,14(1):44 - 46

吴明.2002.卫生经济学.北京:北京大学医学出版社,15 - 28

雷克斯福特·E·桑特勒,史蒂芬·P·纽恩著,2005.卫生经济学——理论、案例和产业研究.程晓明等译.北京:北京大学医学出版社,北京大学出版社,109 - 114

(梁维萍)

思 考 题

1. 卫生服务需要与需求之间的联系与区别

第3章 卫生服务供给

本章提要

本章阐述卫生服务供给的基本理论和方法。要求学生掌握卫生服务供给的概念、供给弹性、供给影响因素及供给特点，了解卫生服务生产函数与供给模型，并能运用经济学的供给理论与模型分析卫生服务供给者行为。

没有供给，需求将永远无法得到满足。充分而合理的卫生服务供给是解决卫生服务需求的必要条件，也是保障人民群众身体健康的重要途径。研究卫生服务供给的基本理论，其目的在于探讨如何有效地利用有限的卫生资源，为广大人民群众提供数量大、质量优的卫生服务，减轻患者的疾病痛苦和经济负担，促进公民健康，提高人群生命质量，保护人力资源。

第1节 卫生服务供给概述

一、供给的概念

经济学上所指的商品或服务的供给（supply）即生产者或服务提供者在一定的时期内，在各种可能的价格水平上，愿意而且能够提供的商品或服务的数量。根据该定义，供给必须同时具备两个条件：第一是供给意愿，即商品或服务的提供者有提供该商品或服务的意愿；第二是供给能力，即商品或服务的提供者有提供该商品或服务的能力。二者缺一都不能构成有效的供给。其中，供给意愿决定供给者是否采取某种供给行为，供给能力决定供给者的供给数量和质量。

供给可分为个别供给和市场供给。个别供给主要是就单一厂商而言，即单一厂商在每一价格水平上愿意且能够出售的某种商品或提供服务的数量；由若干个单一厂商所集合而成的总体供给量就构成市场供给，即全体同类企业在每一价格水平上愿意且能够出售的某种商品或提供某种服务的数量。

二、卫生服务供给及形成条件

卫生服务供给（supply of health care）是指卫生服务的提供者在某一特定时期内，在一定价格水平（收费水平）上愿意且能够提供的某种卫生服务的数量。同样，它也需要具备两个基本条件：一是有提供卫生服务的愿望；二是有提供卫生服务的能力。

卫生服务供给也可分为个别供给和市场供给。个别供给是指单个卫生服务机构在一定时期内，在特定价格水平上能够且愿意提供的某种卫生服务的数量。市场供给是指在一定时期内，在特定价格水平和特定的市场范围内，所有卫生服务机构能够提供的卫生服务量，它是单个卫生服务机构供给的总和。可见，卫生服务供给总是离不开时间、空间、价格三个条件。卫生服务供给又可分为医疗、预防、保健和康复等几个方面。

卫生服务供给首先取决于卫生服务资源的实际拥有量，卫生服务资源的实际拥有量越大，卫生服务供给保障程度则可能越高。例如，医院的数量、医生和护士的数量、病床及设备的数量等；其次取决于医疗资源的利用率，医疗资源的利用率越高，卫生服务供给也越大，如病床的利用率、医生诊疗人次、手术人次等；最后，还取决于卫生服务的提供者在一定价格水平下是否愿意提供医疗卫生服务。

三、卫生服务供给的特点

卫生服务供给既具有一般商品或服务供给的特点，也具有其自身的特点，具体包括：

（一）专业技术性

卫生服务供给是依靠医务人员运用医学专业知识为人的生命及健康服务的过程，而卫生服务供给是一项技术性、专业性很强的工作，因此，世界各国均对卫生服务提供者有严格的学历、技术要求。1999年5月1日起施行的《中华人民共和国执业医师法》第十四条明确规定："未经医师注册取得执业证书，不得从事医师执业活动"。只有经过专门的医学教育与培训并取得资格证书，具备良好的技能和职业道德，并且获得卫生行政部门认定的准入资格者才能成为卫生服务的提供者。同时,为了避免由于提供者提供了低质量和不适宜的卫生服务而损害患者健康或危及患者的生命,对卫生服务供给的专业技术质量也有很高的要求。

(二) 垄断性和主导性

与一般商品或服务提供不同,卫生服务提供存在市场的进入障碍。我国能够提供卫生服务的机构大多为政府的公立性机构,是按区域规划设置并进行卫生资源分配,承担一定的社会职能。在一定程度上,这些机构卫生服务的供给并非可以完全由其他机构所替代,因此,卫生服务供给者具有一定的供给特权和区域垄断性。此外,医疗定点单位的选择,同样也具有垄断性。比如:一家单位一旦选择了某一医疗机构为本单位医疗定点,则对这家单位的职工而言,只能到该医疗机构就诊才能报销,如果职工选择其他医疗机构就诊,单位将不承担医药费,因此,该医疗机构对这家单位的职工,就具有垄断性。

由于卫生服务供需双方存在信息严重不对称,卫生服务的消费者对医药专业知识缺乏,无法对卫生服务的消费做出合理有效的选择,只有将选择权委托给供方,卫生服务的供方则成了需方的代理人,两者构成了特殊的委托—代理关系,其直接后果是供方主导。在卫生服务项目和服务方式的选择上,供方在利益机制的驱动下,会利用其决策者的主导地位诱导患者需求,多向患者提供服务或提供高利润的服务,甚至提供不必要或者有负效用的服务,从而导致了卫生服务供给和需求的增加。

案例 3-1
半分钟的对话:心里装的全是不踏实

一位北京的朋友因怀疑自己有糖尿病,去某大医院看病,找到了赫赫有名的权威求助。第一次,那权威一共接待了他 10 分钟左右,其中对话的时间大概 30 多秒,只是很简单地问了些问题,然后在剩余的近 10 分钟时间里,该权威共填写了 23 张化验单,最后关照他怎么去做这些化验,什么时候再来找他。第二次,求诊时间大约 12 分钟,权威用了近 10 分钟一张张看化验单,一边看一边自言自语,然后有约 1 分半钟在写处方,开了 4 种药,又用半分钟简单介绍了服用方法,整个治疗便结束了。两次总共对话不过 10 来句,而费用却近 2 000 元(不含药费,专家号加检测费)。(引自《健康报》2006 年 5 月 22 日第 3 版)

问题:

1. 为什么患者相信大医院尤其是大医院的权威医生?

2. 该医院或该权威人士是否在诊疗方面具有一定的垄断性?

3. 如何理解案例中该权威对该患者诊疗的主导性作用?

分析提示:

大医院、名医师属于稀缺资源,即供给不足,其名气、"权威"无疑具有一定垄断性,患者选择大医院或权威,图的就是一个安全、放心。

(三) 确定性和不确定性

在特定的时间和空间上,卫生服务机构、人员、设备、房屋等的数量是确定的,其所能提供卫生服务的能力具有一定的确定性。但是,具体到每一服务对象的每一次或每一项卫生服务供给,则是不确定的。因为卫生服务对象的个体差异和致病因素不同,所以,他们的疾病发生、发展具有较大的随机性和不可预见性。即使相同类型的疾病,因病情不同,也不可能采取相同的治疗手段和方法;甚至同一个人在不同的时间,患同一种疾病,也可能有不同的治疗方案和手段。因此,卫生服务不可能像一般商品或服务那样标准化、规范化的批量生产,独立的第三方也很难通过有效的手段对卫生服务质量进行监督、检验或评价。此外,卫生服务的结果同样难以确定,没有一个医生会对患者承诺其治疗效果有绝对的把握,因为有很多可变因素难以预期。

(四) 即时性

一般商品在出售之前就已经生产出来了,厂商可以对其进行检验、包装、测试和评价,而卫生服务供给在消费之前不能单独存在,卫生服务机构也不可能事前对卫生服务的供给质量进行检测、评价。卫生服务的生产行为与消费行为同时发生,医生为患者诊疗的过程也是患者消费的过程,因此,卫生服务不能储存、运输、批发或零售,也不能提前生产。患者生病一旦到医院就诊,医疗机构就必须即刻提供服务,不得延误治疗。

(五) 福利性

卫生服务供给是一种向人群提供基本卫生服务和非基本卫生服务的生产过程,其目的是改善人民的健康状况,促进经济发展和社会进步。卫生服务供给通过提供医疗、预防、保健、康复和健康促进来实现卫生事业的社会责任。在我国,政府对卫生事业实行一定的福利政策。比如:中央和地方政府对卫生事业经费的投入,要随着经济的发展逐年增加,增加幅度不低于财政支出的增长幅度;公立卫生机构,享受税、费优惠政策;政府举办的各类卫生机构的基本建设及大型设备的购置、维修,由政府按区域卫生规划的要求给予安排等;医疗机构的经常性支出通过服务取得部分补偿,政府根据医疗机构的不同情况及其承担的任务,对人员经费给予一定比例的补助;乡镇卫生院及贫困地区的卫生机构的补助水平要适当提高;对农村卫生、预防保健、中医药等重点领域,中央政府继续保留并逐步增加专项资金,地方政府也要相应增加投入。因此,卫生服务供给不能完全等同于一般商品或服务的供给,从某种意义上讲,不具有足以刺激生产者进行生产以实现利润最大化目的的价格。

(六) 外部性

外部性是指那些生产或消费对其他社会集团强征了不可补偿的成本或给予无需补偿收益的情形。可分为正外部性和负外部性,其划分的依据是个人是否享受了额外的收益但并没有付出成本或者额外付出了成本但没有获取收益。卫生服务的正外部性是指卫生服务提供者的生产行为对他人产生了积极有利的影响,但自身并没有从中获得相应的收益(如传染病的预防);负外部性是指那些卫生服务供给者的生产行为对他人产生了不利的影响,使他人付出了代价而并没有得到补偿。如果缺乏政府的有效干预,具有负外部性的卫生服务可能出现过量供给。

四、卫生服务供给的影响因素

一个国家或地区的卫生服务供给根本的决定因素是该国或地区的生产力发展水平以及经济条件,即以经济因素为主,当然,也有其他非经济因素。若从市场的角度加以分析,其影响因素主要有如下几个方面:

(一) 卫生服务价格

卫生服务价格与卫生服务供给量呈正相关。当其他条件不变时,卫生服务的价格上升,供给量就相应上升;价格下降,卫生服务供给量则相应下降。比如:为了提高我国医疗机构的技术设备水平,我国曾出台了鼓励医疗机构购买高技术含量、高科技水平的技术设备的政策。在定价上,将高新科技设备使用价格定在高于成本的水平上。由于价格较高,导致各医疗机构争相购买CT、磁共振等高科技设备,同时也诱导了医疗机构的滥用检查,增加了患者的诊疗负担。近年来,为了对高新科技设备的购买和使用加以控制,我国对一些医疗技术设备的使用价格进行了调整。

> **案例 3-2**
> ### 经典廉价药正在流失
> 天津市第一中心医院药剂科徐彦贵指出,药品短缺已经成为普遍现象,主要是那些廉价药都买不到了。医院也曾多次向药厂和供货商反映,但是没有改善。厂家回答也实在,定价太低,没有利润空间,甚至要赔本儿。一些经典药很难用其他药物代替,如心内科常用的毒毛花苷K注射液,价格很便宜,一支不到一块钱,临床疗效很好,目前还没有可替代品。但是,近年生产该药的厂家越来越少,医院采购也越来越艰难。(引自《健康报》2006 年 3 月 14 日第三版)
>
> **问题:**
> 1. 为什么厂家不愿意生产该类药品? 药品价格与供给量之间有何关系?
> 2. 这类药品有必要继续生产吗? 如果有必要,国家应该采取什么政策?
>
> **分析提示:**
> 在市场经济条件下,药品生产厂家为了自身的生存与发展,必然考虑利润问题。药品价格太低,在没有销售规模的情况下,会影响到企业总收入。因此,即使有需求,厂家也不愿意生产。为保证市场必需的供给,增加供给量,减少厂家损失和降低患者负担,国家应对某些低价格、少或无利润的药品生产厂家给予保护或补贴。

(二) 卫生服务目标

经济学上,通常假定生产者追求的目标是利润最大化。在该假定下,生产者供给量的大小往往取决于这些供给量能否给生产者带来最大利润。若生产者的目标并非利润最大化,而是产量最大或效用最大,将产生不同的供给水平。卫生服务供给者服务的目标不同,其卫生服务供给的项目、数量、质量和方式也可能不同。

如果卫生服务供给者提供卫生服务的目标是利润最大化(比如营利性医疗机构),就会尽可能多地提供高利润的卫生服务项目,减少或不提供低利润、无利润甚至亏损的服务项目,导致高利润卫生服务项目供给的增加,而低利润、无利润、亏损的卫生服务项目供给减少。

如果卫生服务提供者以社会效益最大化为目标,如国外的一些慈善基金开办的非营利性医院,他们将会尽量增加其卫生服务的供给量,而不在意是否有利可图,如果亏损,则由慈善基金或社会捐赠补充。

如果卫生服务提供者以提高卫生服务质量为目标,比如非营利性医药研究机构,由于其主要创造和应用一些高新技术治疗手段,因此,可能会增加如肿瘤、癌症以及艾滋病等新型、高技术难度的卫生服务项目。

(三) 卫生服务成本

当一种物品的生产成本低于市场价格时,对于生产者来说,大量供给这种物品就会盈利;当生产成本高于价格时,生产者就会减少生产,而转向其他产品的生产或者可能停产。以追求利润最大化为目标的卫生服务提供者,当其他条件不变时,降低卫生服务成本就意味着其利润的增加,将会促进卫生服务供给的增加;若以社会效益最大化为目标的卫生服务提供者,降低卫生服务成本,则意味着在现有卫生资源总额不变的前提下,可增加卫生服务供给的数量或者质量。相反,卫生服务成本增加,卫生服务供给会相应减少。

(四) 卫生服务技术

随着人类对疾病的认识和战胜能力的提高,卫生服务技术水平在不断改善,新的诊疗方法的不断产生,这不仅有利于提高诊疗的准确率,提高服务质量,而且有利于发现或诊疗过去未能发现或无法诊疗的疾病。因此,新科学和新技术的运用增加了卫生服务供给的数量,同时也改善了卫生服务的供给质量。

(五) 卫生服务需求

与其他商品或服务的供给和需求的关系一样,卫生服务供给是以卫生服务需求为基础,没有卫生服务需求,就无卫生服务供给的必要。就人类疾病与医学发展史看,先有疾病,之后才出现人们与疾病的斗争,并随之而产生了卫生服务供给。不同数量和质量的卫生服务需求,会引导着不同数量和质量的卫生服务供给。过量的卫生服务供给不会有人利用,过少的卫生服务供给同样会带来低效率。市场经济条件下的理性的卫生服务供给者会根据不同的需求水平调节供给量。

(六) 卫生服务机构的设置与布局

在卫生资源总量既定的情况下,卫生服务机构在区域间是否合理布局,将直接影响到地区间卫生服务供给的差异。我国目前医疗卫生服务供不应求与供过于求并存,在城市特别是大城市存在着供给过剩现象,在广大的农村尤其是老、少、边、穷地区供给不足的情况很严重,贫困地区

缺医少药状况突出。城乡卫生服务供给的不平衡也成为导致群众"看病难,看病贵"问题的一个重要原因。

五、卫生服务供给曲线及曲线的移动

(一) 卫生服务供给曲线

如前所述及,影响卫生服务供给的因素很多,如果用函数来表示卫生服务供给与其影响因素之间的关系,则可表示为:

$$Q_s = F(a,b,c,d,\cdots,n)$$

式中,Q_s 表示卫生服务供给,$a,b,c,d,\cdots,n$ 分别表示影响卫生服务供给的各独立因素。假定其他条件不变,仅分析卫生服务供给量与卫生服务价格之间的函数关系,则上式可简化为:

$$Q_s = F(p)$$

式中,p 表示卫生服务价格。当其他条件不变时,卫生服务价格上升,卫生服务供给量就增加,卫生服务价格下降,则卫生服务供给量减少。

卫生服务供给曲线(supply curve)是用来表示卫生服务产品供给量与价格之间关系的一种几何图形。它是一条光滑的曲线,是建立在价格和供给量的变化是连续的假设的基础上。卫生服务供给曲线可以有很多种,最常见的供给曲线是向右上方延伸,斜率为正,表明卫生服务价格与卫生服务供给量之间存在同方向的变化关系。

卫生服务价格与卫生服务供给之间的函数关系既可为线形,也可为非线形。当卫生服务价格与卫生服务供给量为一元一次线形函数时,二者为线性关系,供给曲线为直线型;当供给函数为非线形关系时,供给曲线为曲线型。为研究方便,这里我们常假设二者是线性关系。

在图 3-1 中,横轴 OQ 代表卫生服务供给量,纵轴 OP 代表卫生服务价格,S 为卫生服务供给曲线,在该曲线上的任何一点都有相对应的卫生服务价格与卫生服务供给量。从图 3-1 可以看出,卫生服务供给曲线表明卫生服务价格与卫生服务供给量之间存在着同方向变动关系,即当其他条件不变时,卫生服务供给量随着卫生服务价格的上升而增加,随着价格的下降而减少。

卫生服务供给量与卫生服务价格之间的关系也可用供给表来表示,如表 3-1。

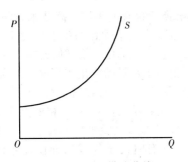

图 3-1　供给曲线

表 3-1　卫生服务供给表

卫生服务价格（P）	卫生服务供给量（Q）
1	8
2	12
3	15
4	16

从表 3-1 可见，卫生服务价格越高，卫生服务提供者收入就越多，就越愿意增加供给量，卫生服务供给量就越大。

（二）卫生服务供给曲线的移动

卫生服务供给增加使供给曲线向右移动，如图 3-2 中 S_2；卫生服务供给减少使供给曲线向左移动，如图中 S_3。卫生服务供给量的变化是指在其他条件不变时，卫生服务的价格变化引起卫生服务供给数量的变化。供给量的变化为在一条固定的供给曲线上由一点移动到另一点；而供给的变动在几何图形上表现为整条曲线的移动，如图 3-2 所示由 S_1 向左移动到 S_3 或向右移动到 S_2。

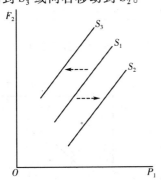

图 3-2　卫生服务供给曲线

第 2 节　卫生服务供给弹性

一、供给弹性的概念

供给弹性（supply elasticity）是指某一商品或服务的供给量对于该商品或服务价格的敏感程度。供给的价格弹性与需求的价格弹性类似，它表示某种商品或服务的供给量与价格变化之间的相对关系，而不是绝对关系。供给弹性分为价格弹性、交叉弹性、成本弹性，分别表示了供给量对价格、相关商品或服务的价格、成本的敏感程度。通常将供给的价格弹性简称为供给弹性。

卫生服务供给弹性可用卫生服务供给弹性系数来表示。卫生服务供给弹性系数是反映卫生服务供给数量对价格变动反应程度的指标。与需求弹性系数不同，供给弹性系数为正，即供给量和价格通常按照同方向变化。卫生服务供给弹性计算公式如下：

$$\text{卫生服务供给弹性} = \frac{\text{卫生服务供给量变化的百分比}}{\text{卫生服务价格变化的百分比}}$$

卫生服务供给弹性分为点弹性和弧弹性。如果卫生服务供给函数为 $Q_s = F(P)$，用 E_s 表示卫生服务供给弹性系数，P 表示价格，卫生服务供给的点弹性计算公式为：

$$E_s = \frac{DQ_s/Q_s}{DP/P} = \frac{DQ_s}{DP} \times \frac{P}{Q_s}$$

卫生供给弧弹性的计算公式为：

$$E_s = \frac{\Delta Q_s}{(Q_1 + Q_2)/2} + \frac{\Delta P}{(P_1 + P_2)}/2 = \frac{\Delta Q_s}{\Delta P} \times \frac{P_1 + P_2}{Q_1 + Q_2}$$

如图 3-3，假设某项手术服务价格 P_a 为 200 元，卫生服务供给量 Q_a 为 35 人/次，现价格由 $P_a = 200$ 元上涨到 $P_b = 300$ 元，卫生服务供给量由 Q_a 变为 $Q_b = 45$ 人/次，则由 P_a 到 P_b 或由 P_b 到 P_a 的弧弹性计算如下：

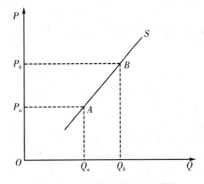

图 3-3　卫生服务供给的弹性

$$E_s = \frac{Q_b - Q_a}{P_b - P_a} \times \frac{P_a + P_b}{Q_a + Q_b} = \frac{45 - 35}{300 - 200} \times \frac{300 + 500}{35 + 45} = 0.625$$

A 点的弹性为：

$$E_a = \frac{Q_b - Q_a}{P_b - P_a} \times \frac{P_a}{Q_a} = \frac{45 - 35}{300 - 200} \times \frac{200}{35}$$

$$= \frac{4}{7} \approx 0.57$$

B 点的弹性为：

$$E_b = \frac{Q_b - Q_a}{P_b - P_a} \times \frac{P_b}{Q_b} = \frac{45 - 35}{300 - 200} \times \frac{300}{45}$$

$$= \frac{2}{3} \approx 0.67$$

二、卫生服务供给弹性的特点

不同商品或服务的供给数量对价格的敏感程度不同，因而它们的供给弹性也各不相同。一般情况下，如果价格上升 1% 引起供给增加在 1% 以上，则认为供给曲线是有弹性的；如果价格上升 1% 引起供给增加在 1% 以下，则认为供给曲线是缺乏弹性的。

总的来说，与一般商品或服务相比较，卫生服务供给是缺乏弹性的，卫生服务供给量对价格的敏感程度较低。这主要是因为卫生服务行业的特殊性，如过多的行政管制、医学职业的高进入壁垒、高退出成本、高专业技术性质和与其他行业的低兼容性等。不同类型的卫生服务供给项目，其供给弹性也有所不同。高技术含量、资金密集型卫生服务供给项目的供给弹性相对较低，如心脏移植手术，即使价格增加或减少，并不会对心脏移植手术数量的变化产生较大影响，也就是说，人们并不会因心脏移植手术价格的下降而大量要求心脏移植，也不会因价格的上涨而大量拒绝心脏移植，这是因为心脏移植手术的需求价格弹性很小（有时甚至为零），即使在零价格上，消费者也不愿多消费；而在很高价格上，消费者也拒绝消费更少。因此，价格的变动对这类卫生服务供给量的变化影响很小。另外，一般感冒、注射、一般护理、常规体检、健康教育、环境卫生监测等，由于需求弹性相对小，因此，属于缺乏供给弹性的卫生服务。此外，某些卫生服务价格的变动将对其需求量和供给量的变动产生相对大的影响，如与急救医疗卫生服务相比较，一般性医疗卫生服务的供给弹性相对大。

三、卫生服务供给弹性的种类

根据卫生服务弹性系数的大小，可将卫生服务供给弹性分为 5 种类型：完全弹性、富有弹性、单位弹性、缺乏弹性和完全无弹性，如表 3-2。

表 3-2　卫生服务供给弹性的种类

弹性系数	弹性类型	价格上升 1% 对供给量的影响
$E_s = \infty$	完全弹性	无限上升（价格变化导致供给量的无限变化）
$E_s > 1$	富有弹性	上升大于 1%（供给量的变化率大于价格的变化率）
$E_s = 1$	单位弹性	上升等于 1%（供给量的变化率等于价格的变化率）
$E_s < 1$	缺乏弹性	上升小于 1%（供给量的变化率小于价格的变化率）
$E_s = 0$	完全无弹性	零（价格变化对供给无影响）

如果我们将上述表格用图形来表示，则如图 3-4，反映了五种供给弹性的几何特征。

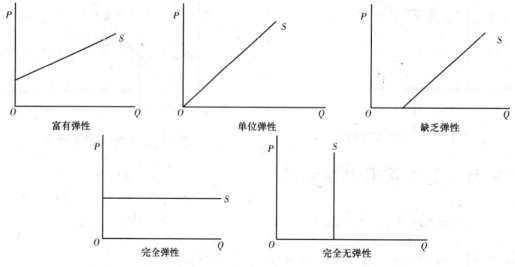

图 3-4　供给弹性的类型

四、卫生服务供给弹性的影响因素

既然卫生服务供给弹性的系数有几种类型，那么，其大小是如何决定的呢？经济学上认为供给弹性的系数主要由三方面决定：某种产品或服务调整的难易程度、时间因素以及该产品或服务的替代性。

(一) 卫生服务供给量调整的难易程度

一般情况下，容易调整卫生服务供给量的卫生服务供给项目的供给弹性比较大，而难以调整供给量的卫生服务项目的供给弹性较小。这种调整供给量的难易程度主要是受卫生服务工作者的培养周期、卫生服务项目的边际成本、卫生服务技术水平等的影响。卫生服务工作者培养周期越长、卫生服务项目的边际成本越高、技术水平要求越高，卫生服务供给量就越难调整，其供给弹性就越小。

(二) 时间因素

时间也是决定卫生服务供给弹性的一个很重要的因素。如果能够在短期内增加卫生服务供给量，则供给弹性就大；相反，如果短期内不能有效增加卫生服务供给量，则供给弹性小。比如：创伤的简单包扎、消毒处理、注射以及一些公共卫生服务，只需经过在短期内的简单培训即可增加供给量，其供给弹性就比较大；而那些技术含量比较高，需要较长时间培训或严格考核的卫生服务项目如心脏移植、开颅手术等卫生服务项目，在短期内不可能增加供给规模，其供给弹性就比较缺乏。当然，从长时期看，随着时间的推移，卫生服务规模的扩大或缩小、卫生服务人员增加或减少、卫生服务设备的更新与淘汰都是可以实现的，供给量可以对价格做出较大的反应，因此，卫生服务供给富有弹性。

(三) 卫生服务的替代性

卫生服务涉及项目很多，有些项目是可替代的。卫生服务项目供给的替代性可分为可替代数量和可替代程度。当某一卫生服务项目的替代项目越多时，则该卫生服务项目的供给弹性就越大，如普通感冒有很多种治疗方式，如果其中一种治疗方式成本上升，就可以选择其他治疗方式，短期内可增加供给量，其供给弹性较大。相反，有些卫生服务项目的治疗手段或治疗药物都很稀缺，替代性很小，即使该治疗手段或药物价格很高，其供给量也很难提高，因此，这类卫生服务项目的供给弹性就很小。比如：对艾滋病毒感染者的治疗手段和药物。同时，可替代程度越高，供给弹性就越大；反之，供给弹性就越小。

另外，卫生服务项目替代品的使用也与时间有关。一般来讲，卫生服务提供者不可能因为某一卫生服务项目的价格上涨而很快使用其他项目来代替，然而，时间长了，供给者用其他项目代替的可能性就越大。

第3节 卫生服务供给者行为理论

供给以生产为基础，没有生产，供给则成了无水之源。在卫生服务供给中，价格是其核心要素，而价格与资源的投入、生产状况、生产效率等紧密相关。因此，研究卫生服务供给者行为，必须以卫生服务的生产为始点。

一、生 产 函 数

(一) 生产要素

生产者要实现利润最大化，则必须最佳配置和使用各种生产要素，尽可能增加合格产出品。从经济学上讲，生产过程无非就是由生产要素的投入到产品的产出的过程。卫生服务投入的生产要素不外乎三种：劳动、资源、资本。劳动，是指在生产过程中人们为了进行生产或获取收入而提供的劳务，是人的脑力和体力耗费的总和；资源，除了传统经济学中所指的土地资源外，还包括地上、地下一切可供人类生产使用的自然资源；资本，包括实物资本和货币资本。除上述三种要素外，现代经济学理论认为供给者的才能、信息等也构成了生产要素。如供给者才能，它将直接影响到生产过程中各种要素的组合、生产活动的组织与管理，进而影响到生产效率；信息也是当今社会的一种重要资源，没有及时、准确的信息，生产者将增大生产风险甚至导致重大损失。

在卫生服务的生产过程中，生产要素的投入主要包括不变投入（fixed input）和可变投入（variable input）。不变投入是指病房、设备、仪器、其他建筑、土地等，不变投入的数量不易调整；可变投入主要包括医生、护士、药师、技师等劳动力的投入，其数量、规模可根据需要而增减。不变投入和可变投入的划分是以短期而言的。若从长期看，所有的投入都是可变的。

(二) 生产函数

在经济学中，生产函数（product function）是一个非常重要的概念。研究生产函数有助于回答在生产过程中商品或服务提供者"生产或服务什么"、"生产或服务多少"、"如何生产或服务"等问题。

所谓生产函数,是指在一定时期内,在技术水平不变的情况下,生产要素的投入数量与所能生产的产品或所能提供的服务的最大量之间的关系,它揭示各生产要素投入与产出之间的量的关系。例如:创建一所医院,就需要购买设备、新修房屋、场地、聘请医生、护士等,这些构成了该医院提供医疗服务的生产要素的投入,其投入所能生产的最大产量就是医疗服务的产出。当技术水平发生变化时,就会形成新的生产要素的投入组合与产出的关系,从而产生新的生产函数。

如果用 $X_1, X_2, \cdots, X_n$ 表示生产过程中各种要素投入量,用 Q 表示产出最大量,则该生产函数可表示为:

$$Q = F(X_1, X_2, \cdots, X_n)$$

通常,保持其他要素的投入量不变,只考虑对产出影响最大的两种生产要素即劳动(L)和资本(K),则上式表示为:

$$Q = F(L, K)$$

应用最广的生产函数是柯布-道格拉斯生产函数。该函数是由美国数学家 C·柯布(Charles Cobb)和经济学家 P·道格拉斯(Paul Douglas)于 20 世纪 30 年代提出的。他们根据 1899～1922 年美国工业生产统计数据,提出了这个著名的模型。该模型具体表达为:

$$Q = AL^{\alpha}K^{\beta}$$

式中,Q 表示产出,A 为常数项,L 为劳动力的数量,K 为资本的数量,α 和 β 分别表示劳动和资本的产出弹性系数。劳动产出弹性系数是指产量变化对劳动量变化的反应程度,即当劳动量增加 1% 时所引起产量变化的百分比;资本产出弹性系数则为产量变化对资本变化的反应程度。通常,劳动在产出中的重要性要大于资本的重要性。

利用 α 和 β 之和可以判断卫生机构的规模收益情况,为卫生机构增加要素投入提供决策依据。

假设某卫生机构卫生服务劳动力(L)和资本(K)分别为原来的 λ 倍,产出量为 Q_1,则

$$Q_1 = A(\lambda L)^{\alpha}(\lambda k)^{\alpha+\beta}L^{\alpha}K^{\beta} = \lambda^{\alpha+\beta}Q$$

当 $\alpha + \beta > 1$,$Q_1 > \lambda Q$,表示规模收益递增,即增加卫生机构劳动力和资本的投入量是有益的;

当 $\alpha + \beta = 1$,$Q_1 = \lambda Q$,表示规模收益不变,即在现有技术水平下,卫生机构的生产效率已达到最高,增加投入既不会有额外的收益也不会有额外的损失,产出量按同比增长;

当 $\alpha + \beta < 1$,$Q_1 < \lambda Q$,规模收益递减,即目前卫生机构的规模已经过大,此时,每单位投入的产量随着生产规模的扩大反而减少,增加投入会导致生产效率降低,因此,不宜再增加生产要素的投入。

(三)一种可变投入的生产函数

实际上,卫生服务的供给过程也是卫生服务的生产过程。在该过程中需要有多种要素的投入,我们可以通过假设技术条件和其他要素的投入不变,来研究某一要素变化对卫生服务产出的影响。对此,必须首先明确几个相关概念。

1. 总产量、平均产量、边际产量

(1)总产量(total product,TP):是指在既定时间内,在其他要素不变的情况下,某一可变投入量所生产的产品或提供的服务量的总和。随着可变投入量的变化,总产量也将发生变化。

(2)平均产量(average product,AP):是指在其他要素投入不变的情况下,单位要素的投入量所提供的产品或服务量。在计算上,是用总产量除以生产这一总产量使用的该种可变投入的数量,反映单位可变投入的总产量。假设可变投入为劳动,当生产者使用的劳动量为 L 时,总产量是 TP,劳动的平均产量为:

$$AP = \frac{TP}{L}$$

(3)边际产量(marginal product,MP):是指在其他要素投入不变的情况下,每增加或减少 1 单位某可变要素投入量所提供的产品或服务的增加或减少量。如果用 ΔL 表示可变投入增加的一个单位,用 ΔTP 表示产量的增加量,则增加的这一单位劳动的边际产量为:

$$MP = \frac{\Delta TP}{\Delta L}$$

总产量、边际产量、平均产量之间的关系如图 3-5。

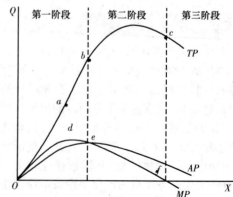

图 3-5 一种可变投入生产函数的产量曲线

从图 3-5 可见:

1) 当总产量曲线(TP)以递增的增长率上升时,边际产量曲线(MP)和平均产量曲线(AP)均呈上升状态。

2) 当总产量曲线(TP)开始以递减的增长率上升时,边际产量曲线(MP)达到了最高点(d)之后开始下降,平均产量曲线(AP)继续上升。

3) 当总产量曲线(TP)继续以递减的增长率上升,边际产量曲线(MP)和平均产量曲线(AP)相交(e)时,平均产量曲线(AP)达到最高点,此时,$AP = MP$。

4) 当总产量曲线(TP)达到最高点时,边际产量曲线(MP)与横轴相交(即 $MP = 0$),而平均产量曲线(AP)继续下降。

5) 当总产量曲线(TP)下降时,边际产量曲线(MP)达到横轴的下方(边际产量为负),平均产量曲线继续下降。

由此,我们可见 AP 与 MP 的关系:当 AP 上升时,$MP > AP$;在 AP 达到最大时,$MP = AP$;当 AP 下降时,$MP < AP$。AP 与 MP 相交的 e 点为平均产量的最大值,e 点之后,平均产量开始下降;d 点则表示边际产量达到了最大值,过了 f 点之后,边际产量为负。

2. 边际收益递减规律　根据卫生服务总产出的变化特征,可以将其分为三个阶段:

第一阶段:收益递增。可变投入的平均产量递增。此时,每增加一单位的可变投入都能够提高总产量和平均产量,因此,该阶段边际产量高于平均产量,在该阶段增加产量是有利的,增加可变投入是有益的。

第二阶段:收益不变。虽然总产量仍然在增加,但增加幅度减缓,而且可变投入的平均产量达到最大值(e)AP = MP 后开始下降,其终点是 $MP = 0$,总产量达到最大。理性的生产者或服务提供者会选择该阶段,即最佳选择阶段。

第三阶段:收益递减。在该阶段,可变投入的边际产量为负,总产量呈下降趋势,意味着每减少一个单位投入可增加总产量。在该阶段减少可变投入是有利的。

边际收益递减规律(the law diminishing return):根据上述分析可见,在保持技术不变和其他要素投入不变的情况下,总产量在达到某一点后,继续追加该生产要素的投入将带来产量增加额的递减,即边际产量递减,这种趋势即边际收益递减规律。

边际收益递减必须有三个前提:

(1) 假设至少有一种要素的数量是保持不变的,不适用于所有要素的数量都等比例增加的情况。

(2) 假定技术不变,不能预测技术发生变化的趋势。

(3) 要求所使用的各生产要素之间的比例必须是能够改变的,只有这样才能实现一种要素数量不变的情况下增加其他要素的数量,从而改变固定要素和可变要素的比例。如图 3-6。

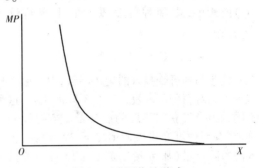

图 3-6　边际收益递减

为更进一步理解边际收益递减规律,下面用某医院 B 超检查的投入与产出为例。表 3-3 反映了一种可变投入的生产函数所表示的投入(B 超技师)与产出(B 超检查次数)的关系。

表 3-3　卫生服务供给一种可变投入的生产函数表

B 超技师数(L)	总检查次数(TP)	平均检查次数(AP)	边际检查次数(MP)	服务的三个阶段
1	5	5	5	
2	22	11	17	
3	42	14	20	第一阶段
4	56	14	14	
5	65	13	9	
6	72	12	7	第二阶段
7	72	10	0	
8	64	8	-8	第三阶段

根据上表见:当该医院的 B 超技师由原来的 1 名逐渐增加到 3 人时,随着技师(L)投入的增加,总服务量(TP)递增,平均检查次数(AP)和边际检查次数(MP)均呈递增状态,但当(L)增加到 5 名时,虽然总服务量仍在增加,而平均检查次数(AP)和边际检查次数(MP)却出现下降,甚至边际检查次数(MP)出现零或负值。由上表还可发现:当技师增加到 4 人时,AP = MP,平均检查人数(AP)达到最大值(14);当技师增加到 6 人时,总服务人数达到最大值(72),之后,随着技师人数的增加,总检查人次(TP)停止增加并出现下降。

(四) 两种可变投入的生产函数

两种可变投入的生产函数,是表示在技术条件不变的情况下,一定时期内各种生产要素的组合与产品或劳务的最大产出之间的数量关系,即最大产出量取决于两种要素的最佳组合。

假设在技术水平不变,保持其他要素投入不变的情况下,只考虑卫生服务供给过程中使用两种投入(X_1 和 X_2)对卫生服务总量(Q)的影响,则两种可变投入的生产函数可表达为:

$$Q = F(X_1, X_2)$$

按照两种可变投入的生产函数,卫生服务供给者可以对两种可变投入进行不同的组合,这种不同的组合将获得不同的服务量。需要说明的是,在有两种可变投入的情况下,要分析一种投入的边际产量(服务量),就必须以另一种投入的数量不变为前提。

1. 等产量线　由于两种生产要素可以相互替代,即减少一种投入的使用可以通过增加另一种投入的使用来达到同样的产出或服务量,这样,同一数量的卫生服务可以有两种生产要素投入量的不同组合。可用等产量线表示。

等产量线(equal-product curve),表示在技术不变和其他生产要素投入量不变的情况下,提供同一数量卫生服务的两种生产要素投入的各种不同组合的轨迹。现用图 3-7 加以分析。

如图 3-7 所示,图中 X_1、X_2 为两种不同的投入要素,Q_1、Q_2、Q_3 为不同的产量水平,等产量线有如下特点:

(1) 同一坐标体系中有无数条等产量线,表示不同的产量水平。

(2) 等产量线向右下方倾斜,斜率为负。表明在生产者或服务提供者的资源与生产(服务)要素价格既定条件下,为达到相同的产量或服务量,如果减少一种要素,要维持原

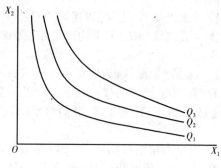

图 3-7　等产量线

有产量或服务水平,就必须增加另一种要素的投入。

(3) 等产量线凸向原点,斜率递减。这是由边际技术替代规律决定的,表示在维持产量水平不变的条件下,连续减少一单位某要素的投入量,要求增加另一要素的投入量越来越大。所谓边际替代率,是反映当劳动的投入变化时,单位劳动的变化量引起的资本的变化量。边际替代率等于劳动的边际产量除以资本的边际产量,随着劳动对资本的替代,边际技术替代率一定下降。假设以劳动(L)替代资本(K),则边际技术替代率为:

$$\mathrm{MRIS}_{LK} = \frac{\Delta K}{\Delta L}$$

式中,ΔK 代表资本的减少量,ΔL 代表劳动的增加量,MRIS_{LK} 表示劳动替代资本的边际技术替代率。边际技术替代率反映了边际收益递减规律,随着劳动量的增加,其边际产量在递减,也就是说,每增加一定数量的劳动所能代替的资本数量越来越小,即 ΔL 不变时,ΔK 将越来越小。对边际技术替代率的研究,有助于对卫生服务供给中选择不同投入组合提供决策参考。

(4) 在同一坐标平面上,任何两条等产量线不能相交。如果相交,两条等产量线所代表的是相同产量。

2. 等成本线　为了尽可能降低生产或服务成本,生产者在选择生产要素或投入组合时,总是要将成本作为重要的选择依据。同样,卫生服务提供者在生产经营过程中,要力求达到投入成本最小化、产量最大化,不仅需要关注要素投入的数量,而且更关注要素的价格。

等成本线(equal-cost curve)又称企业预算线,表示在既定成本和要素价格的条件下,生产者购买两种不同生产要素数量的组合轨迹。等成本线反映了生产者进行生产的限制条件,即它所购买的生产要素的花费不能大于或小于所拥有的既定成本。大于既定成本

是不现实的,小于既定成本又难以实现产量最大化。

假设两种投入要素分别为 X_1、X_2,则等成本线如图 3-8。图中各等成本线分别表示在成本约束条件下的两种要素不同数量组合选择。在图中可有很多条等成本线,不同的等成本线代表不同的成本;每条等成本线都向右下方倾斜,斜率为负,表示在既定成本下,每增加一种要素的购买必须放弃部分另一要素的购买;离原点越远的等成本线所表示的成本越大,且同等产量线相同,在投入要素单价不变时,各不同成本线互相平行,永不相交。

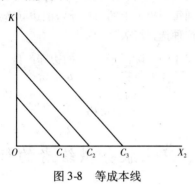

图 3-8　等成本线

3. 生产要素的最优组合　前面研究的一种可变投入和两种可变投入的生产函数实际上也没有解决最优选择问题,生产者的最优选择不仅取决于生产函数,还取决于成本函数。因此,在研究等产量线和等成本线的基础上,还需要研究生产要素的最优组合问题。

为了获得最大利润,生产者总是想以最小的成本来生产最大的产量。由于投入要素是可替代的,当产量一定时,要使成本最小,应选择其投入最优的组合,当成本一定时,要达到产量最大化,应选择使其能够实现最大产量的投入组合。无论是哪种最优组合,在图形上都表现为等成本线和等产量线的相切点,该点即为最优要素(投入)组合。

(1) 既定产量下成本最小的要素组合:如图 3-9,因假设产量既定,所以,图中只有一条等产量线 Q_2,它只与一条等成本线相切,在三条等成本线中,C_3 成本太高,不经济,C_1 不可能,只有 C_2 既经济,也能实现。图 3-9 中,等成本线和等产量线的切点 E 称为生产者均衡点,表示产量既定时的最小成本组合,生产者选择的投入组合既在等产量线上,又在可能的最低成本线上,是用最小成本获得最大产量的最优组合。

(2) 既定成本下产量最大的组合:假设生产者可以得到两种要素:资本和劳动。要使既定成本下产量最大,如何组合资本与劳动? 我们假定单位资本的价格为 P_K,单位劳动的价格为 P_L,既

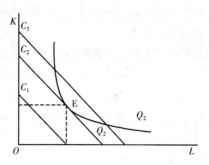

图 3-9　产量既定成本最小的要素组合

定成本为 R,则

$$R = P_L L + P_K K$$

式中,L 为劳动投入量,K 为资本投入量。

如果成本既定,即只有一条等成本线 C_2,它可以与若干等产量线相交,但只与一条等产量线相切。如图 3-10 中,E 点为等成本线与等产量线的切点,该点所表示的投入组合就是总成本支出为 R 时产量最大化的要素组合,即用成本 C_2 进行产量 Q_2 的生产时最经济的,也是可实现的。

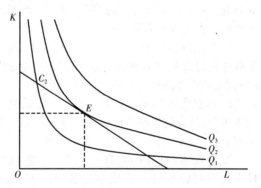

图 3-10　成本既定产量最大的要素组合

4. 扩展线　在现实中,无论从长期或短期看,生产要素的投入和产出总是在不断变化的,卫生服务机构的规模根据市场的需要也在不断调整,必然导致生产要素投入的最优组合发生变化。这种变化轨迹可用扩展线来反映。所谓扩展线,就是连接各生产者均衡点的曲线,又称规模曲线。它是在生产要素价格不变的条件下,生产者扩大生产规模的途径,反映了生产要素价格不变时使产量发生变化的两种生产要素的比例。

假定某医疗机构为了达到营利最大化,希望以最少的成本获得既定的 B 超检查服务数量。若以 TC 代表服务的总成本,w 为技师成本,r 为提供服务过程中所需要的仪器设备成本,则

$$TC = wL + rK$$

式中,L 为劳动(技师)投入,K 为资本(机器设备、仪器)投入量。

该医疗机构 B 超检查服务投入要素的总成本发生变化时,选择投入要素最优组合如图 3-11。

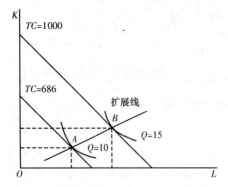

图 3-11　扩展线(成本最小化或产出最大化)

二、成本理论

卫生服务成本理论主要是揭示卫生服务成本与卫生服务供给量之间的关系。对此,必须首先明确几个基本术语及内涵。

1. 固定成本(fixed cost,FC)　即短期内卫生服务机构投入的不随卫生服务量变化而变化的成本,如病房、场地、大型设备等。

2. 可变成本(variable cost,VC)　指无论长期或短期,随着卫生服务机构供给量的变动而变动的成本,如医生、护士、技师、常用材料等。

3. 总成本(total cost,TC)　卫生服务机构投入的固定成本与可变成本之和,即 $TC = FC + VC$。

4. 平均成本(average cost,AC)　指卫生服务机构一次卫生服务所需的投入,即 $AC = TC/Q$,其中 Q 为特定时期内的总服务量。

5. 边际成本(marginal cost,MC)　反映卫生服务机构增加一诊疗人次额外增加的投入,即 $MC = \Delta TC/\Delta Q$,其中 ΔTC 表示增加的成本,ΔQ 表示增加的服务。

6. 平均固定成本(average fixed cost,AFC)指平均每一诊疗人次所耗费的固定成本,即 $AFC = FC/Q$。

7. 平均可变成本(average variable cost,AVC)　指平均每一诊疗人次所耗费的可变成本,即 $AVC = VC/Q$。

如果卫生服务机构为了获得成本最小化,就必然在相互替代的两要素之间做出选择,以实现生产要素的最优组合。假设某医院有两种选择可以提供 30 人次的卫生服务,在这两种选择情况下,医生(A)的成本为每小时 20 元,护士(B)

的成本为每小时 10 元,在第一种选择下,投入组合为 $A = 3$ 人和 $B = 9$ 人;第二种选择下,投入组合为 $A = 4$ 人和 $B = 8$ 人。在市场价格下,第一种选择下的总成本为:$20 \times 3 + 10 \times 9 = 150$ 元,而第二种选择下总成本为:$20 \times 4 + 10 \times 8 = 160$ 元。相比之下,第一种选择是较好的成本组合。实际上,医院还可在多种选择中做出选择,而不是仅有两种选择。另一方面,卫生服务机构在供给过程中也有多个要素投入组合而不是两个,卫生服务机构要在多种要素组合中找到最小的成本组合,可用每一投入的边际产量除以该要素的价格。卫生服务机构可以通过购买各种生产要素,直到每一投入上的每一元钱的边际产量相等为止,这种选择可表达为:

$$\frac{A\ 的边际产量}{A\ 的价格} = \frac{B\ 的边际产量}{B\ 的价格}$$

$$= \frac{C\ 的边际产量}{C\ 的价格} = \cdots\cdots$$

三、卫生服务供给者的行为

在卫生服务机构中,以医院的供给为主体,而医院中又以非营利性医院为最多。因此,本节内容主要研究非营利性医院的供给行为。

国外卫生经济学在研究非营利性医院行为过程中,主要提出了效用最大化模型、利润最大化模型以及医生控制模型。

(一) 效用最大化模型

效用最大化模型是 1970 年由美国卫生经济学家 Joseph P·Newhouse 提出的,主要用于分析非营利性医疗机构的供给行为。

该模型假设医院追求的是服务数量与服务质量最大化,即决策者以效用最大化为目标;医院选择保本经营,在此,平均成本(AC)=平均收益(AR)=价格(P)。

医院的效用受工资、信誉、工作是否舒适等因素影响,在医院注重服务的数量与质量的情况下,医院决策的效用最大化模型为:

$$U = U(N,S)$$

式中,N 为诊疗的患者数,S 为服务质量。

如图 3-12,当医院提供一定质量的卫生服务时,其相应的平均成本在 E_1 点,实现短期均衡。医院服务质量影响到医院声誉,高质量的服务给医院带来高声望,而声望的提高则使需求增加,需求曲线向右移动。医院可提供任何水平的服务质量,但质量越高,服务成本就越高,平均成本曲线(AC)向上移动,一直移动到 E_2 点达到新的均衡。E_2 点比原有均衡点提供了数量更大($Q_2 > Q_1$)、质量更高的卫生服务,消费者满意度上升,需求又增加,需求曲线又向右移动。但是,不可能一直这样持续下去。因为质量的提高必须带来成本和价格的上升,且上升速度超过服务质量提高速度(边际报酬递减规律作用),当成本与价格增加到一定高度时,医院再无力承担,消费者也不愿购买更高质量、更多费用的卫生服务(边际效用递减)。因此,在更高的均衡点 E_3,均衡价格增加($P_3 > P_2$),相反,均衡数量下降($Q_3 < Q_2$)。此时,医院必须在服务数量与服务质量之间做出选择,医院要提高质量,就必然减少卫生服务数量,要提高数量,就必须以牺牲质量为代价。如图 3-13。

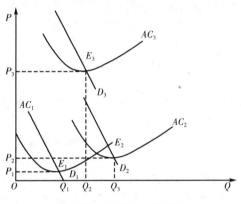

图 3-12 效用最大化模型

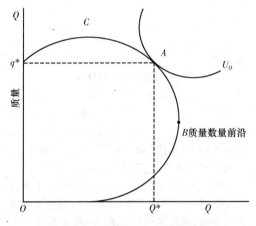

图 3-13 医院质量与数量的权衡

在图 3-13 中,A 点为医院效用最大化,如果医院追求数量最大化,则达到 B 点;若医院追求质量最完美,则达到 C 点。

(二)利润最大化模型

该模型是假定医院追求利润最大化,而经济学原理告知,利润最大化的原则是边际收益等于边际成本。为了获得利润最大化,医院应选择的价格在需求曲线上,即边际成本曲线与边际收益曲线相交点的价格。如图 3-14 所示,医院为了获得最大利润,付出最小成本,就必须选择边际成本等于边际收益的相交点提供数量为 Q_1 的卫生服务,在此点,利润为 $(P_1 - P_m)Q_1$。

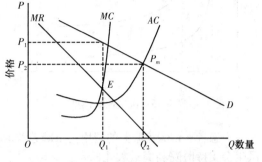

图 3-14 利润最大化模型

对于那些非营利性医院(利润不能用来分配,只能用于社区或壮大医院),既可选择营利,也可以选择不营利。如果选择营利,则提供的卫生服务量将介于 Q_1 与 Q_2 之间,若选择保本经营则选择提供 Q_2 卫生服务量,如果亏损经营,收取低于成本的价格,供给量将超过 Q_2,亏损部分由其他环节补充。

医院自身的特点决定了它不能以追求利润最大为目标,即不能完全遵循成本最小、产出最大的原则。但是,医院之间也存在竞争,为了医院的生存与发展,也要有自身的经营目标,选择最节约的成本,或者选择产出最大化。

(三)医生控制模型

该模型由 Mark Pauly 和 Michael Redisch 于1973 年提出。它假定:①医院被医生所控制;②医生追求的目标是个人净收入最大化;③医院总收入的最终受益人是医生。

医院的收入由消费者需求决定,而消费者需求则取决于医生提供的服务数量,医生服务的数量与医院决策层选择的投入数量分不开。如果将医院投入分为医生投入和医院投入,且二者可相互替代,则在一定产量条件下,医院投入量与医生投入量有不同组合,如图 3-15。当卫生服务需求增加时,等产量线向右上方移动,产量增加,无论哪种投入选择的增加都可以增加产量。当然,作为控制人和收益人的医生会认为选择增加医院投入而保持现有医生投入对提高他们的收入最划算。医院净收入的增加和医生人数的减少同样可以增加医生净收入,增加实习医生、护士的投入,可以降低经营成本,带来医院净收入的增加,另一方面,医院设备的增加或改善可以提高医院的服务效率,从而满足更多的卫生服务需求。

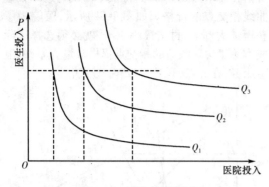

图3-15 医生控制模型

当患者支付医疗服务的费用呈下降趋势时,医生会支持医院利润最大化的定价策略。因为以利润最大化为目标的价格会给医院带来更多的收益,医生也可以根据自己的偏好进行医院的再投入。

医生控制模型的一个直接后果是医院生产技术的低效率。因为过多购置医疗设备以及盲目的扩充医院设施,会导致资源配置的失当。在医生控制模型中,医生是医院的真正决策者,医院的非营利形式对医生是有利的。因为医生无需用自己的资产进行投资,却能够拥有并控制医院的权力,而且非营利医院还能够获得政府的补贴、社会的捐赠,可以大大降低经营成本;相反,营利性医院却必须支付各种税收、股东的股息等,其经营成本与风险较非营利性医院大。

以上模型主要以西方发达国家的卫生服务供给为研究背景的,至于我国卫生服务供给行为能否采用这些模型加以分析,应该结合我国的卫生服务特点进行研究。

案例3-3
很多病是被"治"出来的

在上海务工的叶某夫妇二人,被上海某民营医院分别诊断为"男性不育"和"女性原发性不孕",诊疗5天,医药费用高达3.5万元。但此后,叶某妻子在另一家医院检查时发现,她20多天前已经怀孕了。如今,即将临盆的叶某妻子最担心的是:吃了那么多治不孕症的药物,又做了各种治疗,对肚子里的孩子会不会有影响?上海市卫生局认定此家医院的做法为过度检查、过度治疗。

像此类"孕妇被当作不孕症治疗"的荒唐事件,其实并非个案。以静脉点滴为例,医疗上有个原则,能口服,不肌注;能肌注,不静脉点滴。但在一些医院或诊所,患者来就诊时,医生往往不管三七二十一,先把吊瓶给挂上。

原因是医院可以通过输液,收取手续费;医生则通过静脉给药,从中赚取灰色收入。而静脉点滴的过多使用,不仅增加了患者的经济负担,也增加了患者的医疗风险以及多种不良反应等。(摘自《健康报》2006年2月24日第5版)

问题:

1. 上述事件或感受在你身上或你身边是否曾有过?你认为正常吗?

2. 医院过度诊疗行为的目的是什么?

分析提示:

在市场经济条件下,可能出现医院追求利润的最大化,医生追求净收入最大化。医生利用患者对自己的信任,在利益驱使下,尽量为患者提供高价格甚至是不必要的卫生服务,从而增加医院供给总量。

思 考 题

1. 与一般商品或服务比较,卫生服务供给有什么特点?

2. 举例分析影响卫生服务供给的因素。

3. 什么是卫生服务供给弹性?卫生服务供给弹性有什么特点?

4. 营利性医院与非营利性医院的目标有何差异?这种差异对医院的经营行为会产生什么影响?

5. 案例分析

案例3-4
医院为何劲吹"豪华风"

近年来,医院劲吹"豪华风":城市大医院的楼房越来越高,医疗设备越来越先进,装修越来越豪华。在"看病贵,看病难"问题日益突出的今天,医院"豪华风"引起人们的思考,医院为何热衷于走"豪华"之路?

某市的一个大医院今年6月投入使用的综合医疗大楼,3层VIP病房可根据患者需要提供套间、单人间和双人间病房,套间床位费每天1 000～1 200元,单人间床位每天660元。其中,套间面积约为100平方米,配有进口的全自动电子病床,价值人民币4万余元。

大医院购买大型设备,新建大楼,改善"硬环境";中型医院也纷纷跟进;最后,连县级医院也不能免俗。谁先跟进,谁就抓住了快速发展的机遇。而一些基础薄弱的医院因无力跟进,患者日益减少,从而陷入恶性循环。

问题：

1. 利用供给弹性理论对上述卫生服务项目的供给弹性进行分析。

2. 医院"豪华风"将导致医院何种经营成本增加？

3. 上述医院追求的是利润最大化还是效用最大化？

4. 医院"豪华风"的直接后果是什么？与我国现行的卫生资源状况及卫生政策是否吻合？

参 考 文 献

程晓明. 2003. 卫生经济学. 北京: 人民卫生出版社, 33 - 58
胡善联. 2003. 卫生经济学. 上海: 复旦大学出版社, 30 - 45
邱鸿钟, 袁杰. 2005. 现代卫生经济. 北京: 科学出版社, 29 - 46

（唐贵忠）

第4章　卫生服务领域市场与政府的作用

本章提要

本章介绍卫生服务市场的相关内容。通过本章学习,要求掌握卫生服务市场的基本概念、卫生服务领域市场机制的作用以及市场失灵的原因和表现,了解卫生服务市场的特点、卫生服务产品的特性以及卫生服务领域政府发挥作用的必要性。

在市场经济体制下,卫生事业建设与发展过程中,卫生服务市场逐渐形成。由于卫生服务本身的特殊性,卫生服务市场又表现出与一般商品市场不同的特点。

第1节　卫生服务市场概述

案例4-1
健康体检市场的形成

2000年以前,中国的健康体检还没有市场,仅开展强制性专项体检,比如:就业、参军、升学等,其实施单位通常是行政指定的非营利性医疗机构。

随着经济的发展,生活水平的提高,大众保健意识的提升,对健康体检的需求逐年增加,健康体检市场在民营机构的进入和社会资本的投入下逐渐形成。机关、企事业单位、私营企业给员工福利性定期体检;个人自费体检;买房赠体检卡;送长辈体检卡等。"花钱看病不如花钱买健康"的消费取向催生和促进了健康体检市场形成的发展。

中国人口众多,且进入老龄化,若按老年人口达10%计算将有1.3亿老年人。若每年有10%的人体检,则消费者就有1 300万人,加上其他年龄的人口,可见其消费群体的数量之大,市场潜力巨大。

目前,我国的医疗资源仍集中于治疗疾病,特别是中晚期患者在治疗上付出的精神与经济更多,中晚期的疾病治疗难,时间长、费用高,目前的看病贵问题也主要是看大病、重病贵。而定期的健康体检可防患未然,亦可早发现、早诊断、早治疗,尽可能避免酿成重病,减少治疗困难与费用。

问题:

由健康体检市场看卫生服务市场的存在及构成。

分析提示:

中国的健康体检产业处于成长期,政府导向和市场需求对其健康发展至关重要,其发展模式应把健康体检与健康管理结合;健康体检服务与医疗服务结合;健康体检与健康保险结合。健康体检机构进入准入管理,保险资本融入管理式健康体检业务,将作为一种新的合作模式被接纳而形成市场,健康体检行业与健康保险行业合理整合而惠顾大众。

一、卫生服务市场概念及构成

(一)卫生服务市场概念

人类的生产活动是为了满足自身的消费需要,通过对人、财、物等要素的投入组合和有目的消耗,最终创造某一使用价值的过程。卫生服务的提供过程也是生产活动的三要素有机结合并创造使用价值的过程,其产品就是以服务形式存在的卫生服务。

卫生服务这种劳动所提供的特殊使用价值是服务过程。通过卫生服务提供,保障劳动者的健康,使之能更有效地创造社会财富。因此,卫生服务劳动是生产性劳动。社会对公众健康的投资又可以看做是与经济安全、公共安全相联系的投资。在市场经济条件下,这种经济联系必然通过等价交换来实现。当投资卫生服务用于大规模防控危害人群健康的疾病和改善公共卫生状况方面,则可获得极高的社会与经济效益,也是最有效的一种健康投资。

卫生服务市场,是卫生服务产品按照商品交换原则,在卫生服务的供给者和需求者之间相交换的关系总和。卫生服务的供给者包括各类医疗、卫生、保健和康复机构以及各类卫生技术人员,而卫生服务的需求者是各类患者和健康者,他们也是卫生服务的消费者。

（二）卫生服务市场构成

一个人生病看医生，医生为其提供医疗服务，一直被认为是个人行为，医学问题，与其他关系不大。但实际上，却隐含着一个卫生服务和市场的问题。卫生服务市场是客观存在的。人们实现卫生服务过程是以"购买"卫生服务的方式，遵循效用最大化的定律。有些"购买"有时是被动的，如发生意外伤害需要急救时，无法事先选择。但绝大多数的卫生服务是可以选择的：如高血压病，是否治疗、治疗的时间、选择供方、选择用药的价格等；同时供方也有选择，如医生为患者提供治疗方案，指导患者合理选择。而对一个患者而言，实现一次卫生服务的过程其影响因素主要是"购买价格"，价格往往决定人们的就医取向与行为，同时也影响卫生服务提供方的行为。可见，卫生服务市场是客观存在的：

1. 有卫生服务产品交换的时间和地域。

2. 有卫生服务产品的交换活动，既提供者提供的服务，消费者付费获得。

3. 卫生服务市场与整个市场体系密切关联，是许多交换关系的总和。

卫生服务市场可分为广义和狭义两类。广义的卫生服务市场包括卫生筹资市场、卫生服务市场和卫生服务要素市场。这三个市场是相互联系、相互制约的关系，其中，卫生服务市场是核心，卫生筹资市场是前提，卫生服务要素市场是基础。通常又把卫生筹资市场和要素市场称为卫生服务的相关市场。狭义卫生服务市场主要包括预防、保健、康复和医疗服务等市场。

（三）卫生筹资市场

卫生事业的政府支出或筹资能力应与其自身的发展相适应。我国公共卫生服务方面的资金投入不足，滞后于经济发展，与其他部门相比，特别是与国民经济的支柱行业相比，筹资能力与水平的差距明显，与其他国家社会事业筹资情况相比，差距也十分明显。因此，反映在卫生服务方面的突出问题是"看病难，治病贵"。如何建立积极、稳定、有效的资金筹集和保障机制，是卫生事业发展面临的一个重要课题。卫生服务筹资市场在我国尚在培育和完善中，卫生支出除政府外，社会、居民和商业医疗保险等构成了其筹资的主要方面。其中，保险市场应是筹资市场的主体。通过卫生服务筹资市场筹集的资金只有转入卫生服务要素市场才能发挥作用。

（四）卫生要素市场

卫生服务要素市场即卫生服务投入市场，主要包括卫生人力市场，药品市场，保健品市场、材料市场，设备市场等。其市场的卖方是医药企业或学校，买方是卫生部门。我国卫生服务要素市场的供方以市场调节为主，市场价格主导要素市场，但政府对卫生部门提供医疗服务价格标准限制严格，使卫生服务市场与卫生要素市场出现了不协调。卫生要素市场价格波动，医院成本波动；物价上涨，医院要对应涨价，否则医疗部门会出现亏空，政府补偿不足，医疗技术服务价格限定，亏空就会转嫁给消费者。较高的收费水平患者难以承受，导致看不起病的情况。

"市场化"的要素市场，也给需方带来配置资源选择空间，选择自己合适的、需要的。要素市场也可利用市场机制进行资源的配置和生产，但仍有失灵之处，如卫生人力资源问题还不能靠市场调节解决，特别是专业人员还必须靠政府的宏观调控。

案例 4-2

医院违规配置伽马刀

在 2001 年 3 月，某市的 × 医院在无审批，无《大型医用设备配置许可证》和《大型医用设备应用质量合格证》的情况下，与深圳某公司签订了合作开展头、体部伽马刀项目的合同，并约定各出资 1 090 万元开展其临床业务，利润按比例分成。同时，该院原院长通过传真个人签字，医院财务科将首笔 545 万元资金汇出，致使合同正式生效。之后，该市卫生局对该院通报批评。2002 年 11 月，医院又与某公司以租赁的名义，签订伽马刀租赁合同。公司给该院支付 1 635 万元，买断两部伽马刀的所有权，并约定合作经营，利润按比例分成。2007 年，以监察部驻卫生部监察局为主的三方调查认为，该院除了擅自引进、使用伽马刀外，未进行放射诊疗科目登记，擅自设立"××伽马刀治疗研究中心"，超诊疗科目开展放射诊疗活动。加上该院违反医院财务管理规定，与公司合作开展伽马刀项目，对利润按比例分成，并置当地卫生主管部门提出的整改要求于不顾，是典型的违规行为。

问题：

1. 医院配置伽马刀的行为错在何处？

2. 政府对卫生服务要素市场应发挥什么作用？

分析提示：

1. 医院应依法执业、行医，强化对法制和纪律的遵从，摆正权力与利益的位置。

2. 政府主管部门要建立、健全对医疗机构及管理者的科学考评标准和制度，加强监督与制约，依法管理。

1. 医疗设备市场　由上述案例可见医疗设备是个大市场，提供卫生机构的设备配置。创新研发的新仪器、设备是卫生机构医疗设备更新的主要方面，为改善医疗水平和质量发挥了重大的作用。但如果设备配置不合理、使用不合理，不仅造成资源的严重浪费，也给患者带来健康损害与经济负担。如果医院超规模配置高、精、尖的诊疗设备，甚至配置超过市场需求，在经济收益驱使下会产生诱导需求。此外，如果医疗机构为了以高新设备创收而在购置设备资金不足的情况下使用贷款、集资等筹资方式，增加了医疗机构的经济负担，容易导致医疗费用的上涨和卫生资源的浪费。可见，合理、合法的配置与有效使用大型医用设备是实施区域卫生规划，控制卫生费用过快增长，维护患者合法权益，促进卫生事业持续、稳定、健康发展的一项重要工作。

目前，个人消费医疗器械的市场潜力巨大。英国威灵堡 2008 年 2 月 InMedica 公司在出版的《全球针对一般消费者的医疗器械：生产年鉴》中指出，由于糖尿病、高血压、呼吸道疾病以及肥胖症患者人数的日益增长，全球针对一般消费者的医疗器械产品市场在 2011 年将达到 50 亿美元，年增长率为 10%。例如：在 2006 年，糖尿病和高血压类的针对一般消费者的医疗器械产品占有最大的市场份额。血糖计和血压计的销售额占市场总额的 21.5% 和 23.4%，并且预计至 2011 年这两种产品都将有可能超过 10% 的年增长。分析促进市场增长的因素发现：除了患者人数增长的因素外，用户自我监测意识的普遍提高以及锻炼方式的变化都促进了产品的销售，而一些著名零售商开始销售针对一般消费者的医疗器械产品也促进了这种增长。

另外，在远程医疗（telehealth）系统环境下，个人的健康信息如血压、心率、血糖含量以及体温等都能通过通讯网络安全地传输给医疗专家进行分析，并指导患者检测和制订治疗方案。如果患者能够将针对一般消费者的医疗器械产品（如家用的数字化血压计）用于慢性疾病的监测，而不用去医院，节省的费用将是巨大的。

案例 4-3

医药代表："专业行贿人"？

医药代表是正当的职业。医药代表介绍药品的安全性、有效性，指导合理用药，是国际通行的做法。我国医药代表出现在 20 个世纪 90 年代，当时形容医药代表为：手拎名牌皮包，腰揣百元大钞，见人说话点头哈腰，远看像归国华侨，近看像港澳同胞，仔细一看，原来是医药代表。

之后，由于国内医药市场的不规范，行业内竞争激烈，医药代表通过贿赂医生推广药品的现象开始出现，医药代表名声"恶化"——只要能打通医院的"关节"，就是医药代表。导致一些企业也放弃原有的推广方式，以更有诱惑力的条件来争市场，医药流通领域出现混乱。一种药品在流通环节中价格不断演变，一般其中间环节代理商到经销商之间有 50 ~ 60 个点的利润空间。这几十个点的利润到哪里去了？为了使临床增加用药量，其利润的大部分用来刺激医院、医生，除了回扣，还有感情投资。于是，有些医药代表的作用就转变为"公关人员"，成为"专业行贿人"。

2000 年实行药品招标制后，行业开始整合，政府介入，首先出台了一系列关于限制医药代表在医院活动的规章制度，并随着老百姓看病难、看病贵的问题的突出，医药代表成为药价虚高、药品回扣、医药贿赂等的代名词，一些医院相应打出"医药代表不得入内"的标语。

问题：

1. 医药代表本是正当的职业，为什么在药品市场中却会出现违规行为？

2. 分析我国药品市场的特点。

分析提示：

为进一步整顿和规范药品流通秩序，国家食品药品监督管理局市场监督司制定了《医药代表行为准则》，其中，把医药代表的基本职能规定为科学地向医生和医疗机构推介药品，正确宣传药品的安全性、有效性，辅助医疗机构合理用药；收集所推介药品的不良反应，及时向生产企业反馈，提出有效措施及处置办法，认真了解临床需求，提供科学的药学服务。

2. 药品市场　药品市场是一个特殊的市场。以我国国内药品市场为例，化学药品的销售额约是中成药的 3 ~ 4 倍，同时，医院又占据整个药品市场销售额的 70% ~ 80%。医院和基层卫生院的药品销售受益于就诊人数的增加，尤其是住院人次的增加。有研究者综合考虑医院和卫生院的门诊人次、住院人次的变化以及药品费用的变化等参数,预测 2006～2011 年药品市场销售增长幅度介于 13%～20%,2011～2016 年由于药品消费能力的显著提升,年均增长速度将接近 19%。可见,药品市场空间之大,利润之高,更凸显药品市场的如何规范经营运作问题。

值得一提的是在药品中有一种药品比较特殊,就是"医院制剂",是指医院根据临床需要自行配制、自用的固定处方制剂。2000 年确立国家食品药品监督管理局(State food and drug administration SFDA)拥有药品审批注册权,只有 SFDA 批准的"国字号"药是国内合法药品,但医院制剂可以例外,只须所在地方卫生部门和药品管理部门批准即可。批准与审核分离,使有些医院制剂可不用通过临床试验甚至无有效期;有些医院制剂超出院内使用范围而变相上市流通。因为医院制剂批准的前提是市场无同类药,也就无参考价格,"自主定价"其利润可观。

由案例 4-3 的医药代表的行为可见,我国药品市场仍需建设与完善,特别是规范化经营。专家认为,要由中央政府制定国家基本药物目录,建立基本药物生产供应体系,实行招标定点生产或集中采购直接配送等方式,确保基本药物的生产供应,规范基本药物的使用。完善药品储备制度,保障群众基本用药。政府要对药品市场进行规划和监管,政府调控和市场调节相结合。建立合理的药品管理体制;实行药品价格管理;规范药品流通秩序;对药品营销管理,取缔非法药品市场,制裁药品购售活动中回扣等违法行为。

要对药品广告加以限制。因为药品广告费用加入到成本里,使药品价格上涨。有的药品的广告费用已占到药品成本的 60%。同时,一些缺乏监管的虚假药品广告或扩大疗效的广告欺骗诱导消费者,使消费者不仅遭受经济受损,甚至耽误治疗。

二、卫生服务产品分析

(一) 卫生服务产品

从促进健康角度看,卫生服务可被认为投入的是服务过程,产出的是消费者健康状况的改善。从卫生服务过程看,卫生服务是作为"商品"提供给消费者的,卫生服务是卫生服务过程的产出,是以服务形式存在的无形商品。

卫生服务的生产行为和消费行为同时发生才有产品的提供和消费,因此,卫生服务产品不同于一般生产产品,有其特殊性:

1. 生产性　卫生服务消费获得的"产品"是健康,其投资的经济收益可通过劳动者生产效率

的提高和工作时间的延长,直接拉动物质生产产出的增长,特别是对严重危害社会主要劳动力的职业病防治的投资,其带来的直接与间接的经济效益不仅巨大而且可以计量估算。据研究,1950～1982 年内,我国人口的平均预期寿命从 35 岁增加到 69 岁,由此而创造的经济价值共 24 730 亿元,相当于 GNP 的 22%;婴儿死亡率从 200‰降到 35‰,为社会带来的经济效益约为 2.6 亿美元。但美国的有些卫生经济学家的研究认为,人口平均寿命的延长、死亡率的下降,卫生保健所起的作用不大。因此,美国政府增加对效果研究的财政拨款,以调查各种专门的医疗措施对患者的有效性及适当性,致力于减少医疗措施普遍的不确定性。但通过延长人的预期寿命可刺激人们在社会等许多方面的人力资本投资,如以教育来提高劳动者素质与技能,则更有效地推动经济增长。特别是在低收入的发展中国家,贫困与疾病是两个孪生的互强因素,而保护和促进对健康的投资,是减少疾病危害的最经济的途径。因此,当投资卫生服务用于大规模防控主要危害人群健康的疾病和改善公共卫生状况方面时,可获得极高的社会与经济效益,也是一种有效的人力资源投资。

2. 外部性　也称外溢性,是指一个人对某种产品的消费对其他不消费这种产品的人产生影响。又分为正、负外部性。免疫接种不仅保护接种者,未接种者由于减少了感染机会同样受益,表现了预防接种的正外部性。院内感染则表现的是医疗过程中的负外部性。而院内感染控制服务则表现出医疗服务过程中的正外部性。

3. 排他性　是指消费者对产品的消费需通过购买或者其他特定的机制获得。

4. 竞争性　是指甲消费了某种产品,会导致乙对这个产品的消费减少或不便。例如:在医院同一时点,甲获得某项医疗服务就会影响乙的获得;非竞争性物品的典型例子是"公共场所禁止吸烟"的促进健康干预措施,大家在此公共场所共同享受控烟的环境,没有彼此。社会资源的总量是有限的,医疗卫生的资源更甚,若少部分人占有大部分资源,大部分人的获得将减少。

(二) 卫生服务产品分类

1. 公共产品　纯粹的公共物品如国防、公路、桥梁等具有共享性,再者是非排他性,即产品一经提供,均可以获得。例如:环境质量的改善,空气净化了大家都可免费呼吸新鲜空气。因为不花钱者也可以享受改善环境带来的益处,个人

没有主动购买这种"产品"的欲望,并将对这类公共产品的需求降至最低,但却希望无限度免费消费。因此,提供这类产品的供给者利润有限。公共产品没有自由市场,公共产品亦不会随消费人数的增加而增加成本。同样,人们没有购买"看病"这种卫生服务的欲望,但越来越多的人却意识到投资健康的益处。由于地方病防治、传染病控制等公共卫生的改善,控制了危害健康的危险因素,可减少个人的健康损害及诊疗费用。当公共卫生作为卫生服务的产品能极大满足时,卫生服务的正外延性发挥作用使所有人免费受益。因此,卫生服务的发展应该致力于减少大众对医疗服务的需求,通俗的讲就是重预防、不生病或少生病、少就医、多保健。这种保健理念本身也可以看做是"公共产品"。

2. 准公共产品 福利产品可谓准公共产品,这类卫生服务一般要由政府提供。具有正外部效应的准公共产品使直接消费者的消费效益小于社会效益,社会效益显著这一特点具有很重要的卫生经济学意义。在自由市场机制下,由于消费者低估消费效益。比如:人群接种流感疫苗后未发生流感,个人则会认为没有流感发生,没必要接种疫苗,但隐性的效益是大家都接种疫苗而预防了流感的发生,而隐性的效益大家意识不到。因为消费者对准公共产品的需求量总小于社会最佳需求量,对准公共产品的需求不积极,影响了供给,因此,对于准公共产品只靠市场调节来提供,无法实现资源的优化配置,甚至会产生需求与供给的不足,造成卫生资源配置的低效率。

3. 个人产品 基本医疗、非基本医疗或特需医疗服务大多属于个人物品。因为这类服务与提高个人健康水平和生活质量密切相关,不仅应该由个人付费,且应发挥市场机制的调节作用。个人产品一般分为必需消费品和特需消费品或奢侈品。

必需消费品具有排他性,而且没有外部性。作为卫生服务的必需消费品是指人人都需要而应该得到的卫生服务。其特点为:

(1)价格弹性比较小,消费者对价格波动的影响是被动接受,需求变化不明显,如急救医疗、突发公共卫生事件;

(2)医疗疗效显著,成本—效益好,一般为首选"购买"。特需消费品也可称非必需消费品,又可被看做是奢侈品,如医学整容、减肥等。

个人需求量的变化受其经济水平或个人收入弹性以及消费意识的影响。个人收入增加带来更大的购买力。收入弹性通过弹性系数来衡量,见表4-1。

表4-1 不同研究中几种卫生服务产品的收入弹性

研究	自变量	收入弹性
总费用:	费用	
Silver(1970)	费用	1.2
Rosett and Huang(1973)	费用	0.25~0.83
医院服务:	费用	
Newhouse and Phelps(1976)	费用	0.02~0.04
牙医服务:	费用	
Silver(1970)	费用	2.4~3.2
Anderson and Benham(1970)	费用	0.61~0.83
医生服务:	费用	
Silver(1970)	费用	0.85
Anderson and Benham(1970)	费用	0.22~0.41
Fuchs and Kramer(1972)	平均就诊	0.2~0.57
Newhouse and Phelps(1976)	就诊	0.01~0.04

资料来源:Folland,Goodman and Stano. The Economics of Health and Health Care. 2004, Pearson Education, Inc, New Jersey.

4."医疗服务包" 对医疗机构而言,医疗服务产品是要满足患者身体康复的需求,可以用"医疗服务包"来诠释或定义它的特点。"医疗服务包"是指具有患者可以感知医疗服务的一系列特征,如医疗设施、服务环境、态度、质量、技术水平、药品供应、价格、医院品牌等。"医疗服务包"的服务特征表现为:

(1)显性服务:是指那些可以被患者确切感知及收益明显的,如治疗后症状消失、合理的医疗费用等。

(2)隐性服务:是患者在接受医疗服务的过程中感到的态度和蔼,环境温馨,服务人性化,就医安全感,心理满足等。

(3)辅助服务:包括医院的建筑、仪器、设备等。

(4)支持性服务:包括药品、服务用品等。由此构成医疗服务一个完整的医院服务资源体系。

也就是说,医疗服务是多个"医疗服务包"的有机结合。设计良好的系统,可提高卫生服务产品的质量及消费者的满意度。因此,设计良好的"医疗服务包"本身就是一个高质量的产品。

三、卫生服务市场的特点

卫生服务市场作为市场体系的有机构成部分,也具有一般商品市场的共性:

从市场构成要素看,卫生服务市场具备一般商品市场的五大要素:①存在市场交换的场所或区域;②有供给者和需求者;③有交换的商品或服务;④以货币作为交换媒介;⑤商品或服务具有价格。

从市场主体看,随着我国市场经济体制以及卫生改革,卫生服务供给机构的经营自主权逐渐形成,与社会其他经济组织的市场关系不断加强,逐渐形成了市场主体地位。

从市场机制的作用看,价格机制、竞争机制和供求机制在卫生服务市场中同样发挥作用。比如:价格机制对各类卫生服务机构具有调整服务项目和经营规模的作用;竞争机制对促进卫生服务机构发展和调整卫生资源配置的作用;供求机制伴随竞争,通过价格发挥市场调节作用。

但是,卫生服务市场又不同于一般的商品市场,其特点为:

1. 卫生服务市场经济主体的多元性 卫生服务市场是由前述三个市场有机组合的综合市场。卫生服务的经济主体由原来的医患双方构成发展为目前的医疗—保险—患者三方构成。供需双方直接的商品交换转为必须通过医疗保险机构进行的间接、三方的商品交换活动。使得供需双方对市场价格的变动及调节不灵敏,价格约束变弱。

2. 消费者卫生服务需求的被动性 卫生服务消费者很难在消费前像消费其他商品那样,对卫生服务需求的数量和种类做出明确的判断,通常带有盲目性、被动性、求助性,对卫生服务的价格常常是被动接受。

3. 消费者卫生服务需求的不确定性 疾病和事故伤害的发生不确定,无法提前"购买"医疗服务。另外,急症医疗又容不得"缺货",表现了医疗服务需求特殊性。

4. 专业技术垄断性 提供卫生服务需要专业知识与技术,只有获得相应资质的专业部门和人员才有资格提供,而合格的卫生人员培养周期相对较长,专业性、技术性强,其他人员是无法替代的,这形成卫生服务提供的特权,也有可能产生地区性、行业性的垄断。其显著特点是提供者供给的产品量也就是市场上的全部供给量,并可以决定市场的价格。

5. 信息不对称 因为消费者无专业能力完全判断到自己所需的医疗服务,例如:诊疗方案、措施、药品等,其提供者是掌握专业技能的医务人员。消费者往往被侵权,如知情同意权等。因卫生服务产品的交换条件是单边的而产生不公平。

6. 卫生服务需求的社会因素制约性 卫生服务领域是一个政府、社会、个人多方介入的领域,这些介入影响卫生服务形式与费用的支付方式,而不同的支付方式又影响卫生服务的消费行为和需求状况。同时,卫生服务市场受地理条件限制,因为卫生服务的生产和消费是同时发生,"产品"不能运输、流通、"易地销售"。因此,提供卫生服务的机构是根据就医者的方便程度确定的。其覆盖范围从供给方面来看是医疗服务实际能力所能达到的供应范围。卫生服务在缺乏地理或交通方便时,则会产生缺医缺药或延误急诊的现象。

7. 价格机制的局限性 在卫生服务中,由于消费者本身存在个体差异,同一类患者即使是同类卫生服务供给,产出有可能是"好转"、"临床治愈"、"康复"等不同的"产品",使价格不能完全依靠市场竞争形成,特别是急症医疗等,其价格只能由有限竞争形成,即同行议价或协议议价或指导定价,一般需政府控制,甚至法律保障。

8. 供求机制的局限性 由于卫生服务供给的垄断性和不确定性,卫生服务提供者存在决定需求、扩大需求、诱导需求的单边现象。如开"大处方"、过度医疗等,使卫生服务供给有时会脱离价格的约束。

9. 供给者利润适度 卫生服务的供给虽然是市场活动,也以满足消费需求为经营目标,但这种供给必须以社会效益和消费者利益为前提,不能以利润最大化为经营目标,否则就偏离了卫生事业的宗旨。

第2节 卫生服务领域市场机制的作用与市场失灵

一、卫生服务领域市场机制的作用

(一)市场机制的概念与构成

1. 市场机制概念 指市场体系内的供求、价格、竞争、风险等要素之间的互相联系及作用机制。也是市场运行的实现机制。具体市场机制是指各类市场上特定的并起独特作用的市场机制。比如:金融市场上的利率机制、外汇市场上的汇率机制、劳动力市场上的工资机制等。由此构成的市场运行机制是市场经济的总体功能,是经济成长过程中最重要的驱动因素。

工业革命的发动是建立在市场运行机制基础之上的,或者说,以工业化为核心的现代生产力的成长过程是在市场运行机制的驱动下进行的。市场运行机制是经济社会化乃至经济全球化发展不可缺少的重要方面。

2. 市场机制的构成 市场机制是一个有机

笔记栏

的整体,主要由市场价格机制、供求机制、竞争机制和风险机制构成。

(1) 价格机制:是指在市场竞争过程中,市场上某种商品市场价格的变动与市场上该商品供求关系变动之间的有机联系的运动。它通过市场价格信息来反映供求关系,并通过这种市场价格信息来调节生产和流通,从而达到资源配置。另外,价格机制还可以促进竞争和激励,决定和调节收入分配。

(2) 供求机制:是指通过商品、劳务和各种社会资源的供给和需求的矛盾运动来影响各种生产要素组合的一种机制。它通过供给与需求之间的在不平衡状态时形成的各种商品的市场价格,并通过价格、市场供给量和需求量等市场信号来调节社会生产和需求,最终实现供求之间的基本平衡。供求机制在竞争性市场和垄断性市场中发挥作用的方式是不同的。

(3) 竞争机制:是指在市场经济中,各个经济行为主体之间为着自身的利益而相互展开竞争,由此形成的经济内部的必然的联系和影响。它通过价格竞争或非价格竞争,按照优胜劣汰的法则来调节市场运行。它能够形成企业的活力和发展的动力,促进生产,使消费者获得更大的实惠。但过度竞争、利益驱使会产生恶性竞争与市场违规行为,甚至违法乱纪行为,又会扰乱市场秩序,干扰社会正常的经济活动。

(4) 风险机制:是市场活动同企业盈利、亏损和破产之间相互联系和作用的机制。有市场就有风险存在,在产权清晰的条件下,风险机制对经济发展发挥着至关重要的作用。

市场机制作为商品经济运行的内在调节,其形成是由商品经济关系本身决定的。并不意味着市场可实现社会资源合理配置,而对经济运行起着全能的调节作用。市场是否存在,市场机制是否能发挥对经济运行的调节作用,与当时的经济体制直接相关,受经济体制的制约。

(二) 卫生服务领域市场机制的作用

我国的卫生服务市场客观存在,也不可能游离于社会主义市场经济之外,同样是社会主义市场经济的一部分,虽有其特殊性,但本身具备了一定市场的条件,同样会遇到市场活动中的各种问题,甚至是严重的问题。

1. 效率与竞争 卫生服务的效率来自于人们必须为得到卫生服务支付的费用,这些费用是否公平、合理?在一个竞争性市场中,每个人面临给定的价格并在自己的经济负担能力的条件下选择效用最大化消费方式。一些经济学家研究认为竞争市场可以解决这类问题,如果完全竞

争市场可以实现,那么市场本身的自发运作就能带来有效的结果。然而,卫生服务市场能够成为完全竞争市场吗?会不会使太多的人无法获得足够的卫生服务?

完全竞争市场应当具备以下条件:市场有大量的买者和卖者;各种生产资源可以在市场自由进退;产品同质、无差别;供需双方信息充分。农产品市场被认为是典型的完全竞争市场。而卫生服务市场对完全竞争性市场却有偏离,其表现为:

(1) 存在市场进入壁垒:如国家计划对卫生服务设施结构的控制、私营机构的准入制等。

(2) 供方在数量上的垄断性和质量、形式上的不统一性。

(3) 信息不对称:如医生比患者更了解治疗方案和技术的有效性和恰当性,潜在的信息与效率问题的产生,对医生是有利的。

(4) 卫生服务利润之外的其他动机。如我国要体现卫生服务的社会效益,社会公益性。

(5) 公共卫生及健康问题的不确定性。

可见,促进卫生服务市场的竞争,增强卫生服务市场的竞争因素往往是有益的,但还需更深刻的理论研究和市场运作实践。因为,我们无法将所有的医疗卫生服务都实行完全竞争的市场模式,特别是公共卫生的改善无法由市场竞争提供。所以,政府特定的竞争性政策也许会改善卫生服务市场的效率,增进大众的受益,但政策本身的价值却并不仅是促进竞争,甚至会超出医疗卫生服务行业,产生社会效益。因此,折射出市场机制对卫生服务市场的调节局限。

2. 卫生服务的外部性 当市场交易以外的人(非买卖双方)直接受到交易的影响而没有得到或进行相应的补偿时,就会产生外部性。当一项卫生保健的政策能够发挥出正外部性的效益时,卫生服务的公益性才能得到充分的体现。例如:2007年卫生工作会议中决定,我国卫生事业的发展要着力建设四项基本制度,其中包括,"建立科学、规范的公立医院管理制度",实行"政事分开"、"管办分开","医药分开"。特别是"医药分开"的改革,需要对以往的"以药补医"机制进行改革,逐步取消药品加成政策,政府财政对医院给予相应的经济补贴,并实行药品收支两条线管理,切断药品收入与医院的经济联系。科学界定非营利性医疗机构的标准,实行不同的经济政策,维护非营利性医疗机构的公益性质。如此,大众将是政策的直接受益者,而非医疗服务本身。同时也体现了政府在社会主义市场经济条件下宏观调控的特点和能力。

如前所述,各市场之间存在联系,卫生服务

亦不例外,因此会受到外环境变化的影响,客观地讲会受到社会诸因素的影响,如政治、经济体制,社会改革等都会直接影响到卫生服务的体制、改革和发展。

3. 需要与公平　卫生保健服务可视为一种特殊的商品,对任何社会而言,如何有效地分配卫生保健服务,是任何社会都要关注的基本问题之一。

如何在需要的基础上兼顾公平?首先讨论卫生服务需要问题。哲学家诺曼·丹尼尔斯(Norman Daniels,1985)提出卫生保健需要的定义,可概括三个要素:

(1)卫生保健是特殊的:可以从其他目标中独立出来,得到优先考虑。

(2)特有物种功能:人类有一系列功能是特有的,并与人类的生存相适应。疾病意味着不健康,健康就意味着使该物种有生存水平的特有能力。

(3)公平的机会均等性:社会中每个人都有一系列的机会,而每个人获得机会的能力有异,但每个人都应被赋予公平的份额。

社会医学的观点认为,卫生服务需要取决于居民的健康状况,是依据人们的实际健康状况与理想健康状态之间存在差距而提出的对医疗、预防、保健、康复等服务的客观需要。其中,包括个人察觉到的和被专业人员判定的需要,有时两者是不统一的。因此,对需要来讲有主动和被动之分。

近年来,如何满足大众对医疗卫生服务的需要,特别尽可能为大众提供机会均等的"份额",即卫生服务公平性的问题日益突出。由于现实中卫生服务市场存在着不确定性、信息不对称性、外部性等特性而与完全竞争市场不同。因此,在社会公平性上无法用市场机制来调节。有学者认为,以需要来强调卫生服务的公平性,会使医疗卫生服务公平性陷入"无底洞"的麻烦,隐含着对市场分配结果的否定。而大众的卫生需要得不到基本满足,或治疗只是使患者延长生存时间而降低了生存质量,并且这种治疗方案的费用特别昂贵以至使其他人陷入贫困的境地,也就意味着医疗市场的失灵。世界卫生组织2000年对191个成员国的卫生绩效进行的评估排序中,中国居144位,在卫生负担公平性的排序中,中国居188位。

(三)相关市场对卫生服务领域的影响

除上述讨论的问题,卫生服务市场又会受相关市场的制约和影响。

1. 卫生筹资市场　由于医疗保险的介入,使卫生服务需方对价格的变化被动,信息滞后,缺乏选择性。医疗保险介入对卫生服务供方的影响表现为:

(1)对供方具有监督、管理作用,使供方在服务质量,效率方面有所改善。

(2)对供方缺乏约束力,特别是对供方在价格上缺乏制约而使其占主动。例如:一例阑尾切除手术中,对医生的手术技术如何定价?

2. 卫生服务要素市场

(1)卫生人力市场:随着社会主义市场经济建立,卫生人力市场发生了变化,由计划经济体制下的政府计划提供转变为市场调节下的由人力市场提供。其特点为:报酬和用人部门的社会保障制度逐渐成为人力市场供求调节的条件,为人力市场提供了客观流向选择。正由于此,人力资源的配置发生了倾斜,用俗话形容即"有的越有,没的越没",出现了有些部门人力资源过剩,而有些部门人力资源不足以及结构不合理的现象,特别是经济欠发达地区更明显。因此,供求机制在卫生服务市场的局限性,使其无法完全解决卫生服务领域内卫生人力资源的合理配置问题。

(2)材料与设备市场:市场化对卫生服务领域产生的最大影响是使卫生服务成本大幅度上升。特别是科学技术的发展促进医疗材料和设备的不断更新,同时也刺激了科学技术与相关市场的进一步发展,新的药品、材料、诊断治疗设备的不断创新和大量的投入使用,提高了卫生服务的能力,但也使卫生服务的技术构成发生变化而提高了卫生服务的成本;再者,计划体制下存在的卫生服务(药品、材料和设备)供给不足,在市场经济条件下,当要素市场放开后,价格不断提高,导致了卫生服务成本的上升,成为"治病贵"的主要原因。

(3)资金市场:在市场经济条件下,我国政府实际上减少了过去计划经济体制下对卫生部门的财政投入。资料显示:我国公共卫生经费投入占GDP的比例长期徘徊在0.4%~0.5%之间,而在卫生医疗总费用的构成中,政府投入的比例由1990年的25.1%降至2003年的17%,个人医疗支出由36%上升到56%(见表4-2),个人医疗费用总支出同期增长了12.8倍。由于卫生机构的实际资金需求与投入之间的差距拉大,政府的投入不足以及私营者的加入,逐渐发展起了资金市场,在卫生部门获得了资金的同时抬高了卫生服务的成本。

为了弥补卫生部门成本增长造成的缺额和亏空,就需增加政府投入与提高卫生服务收费标准。尽管政府也在不断追加卫生事业投入,但其增长的速度滞后于卫生服务成本增长的速度。政府对卫生投入相对减少的后果之一,是使公立卫生机构失去了稳定的经费来源。比如:两次国家卫生服务调查的结果显示,政府资金投入占卫生防疫站收入的比重逐年下降,1997 年与 1994 年相比,城市卫生防疫站的该比重由 46.2% 下降到 38.8%,农村卫生防疫站的该比重从 40.2% 下降到 34.8%。因此,公立卫生机构主要通过各种创收方式增加收入来维持运转。其内部分配制度也相应调整。普遍的做法是将创收收入与小集体或个人收入挂钩,并不断强化。卫生服务体系商业化、市场化运行,使卫生服务体系的总体格局、结构、服务等,逐步偏离了社会公益性的方向。由此带来了一系列的问题。

二、卫生服务领域市场失灵

案例 4-4
"天价"医药费

有一 74 岁的男性患者,被诊断患上了恶性淋巴瘤。病情恶化,于 2005 年 6 月 1 号,被送进了某医院的心外科重症监护室直到去世,共住院 67 天,住院费用总计 139.7 万元。另外,在医生建议下,该患者及家属自费购买了 400 多万元的药品作为抢救急用,合计医药费用达 550 万元。

由医院提供的收费单可见在住院期间产生的费用情况:各种检查化验总计 2 000 多次,包括做了 588 次血糖分析、299 次肾功能检查、血气分析 379 次、化验血糖 1 692 次。去世后两天,还出现了两次检查,收化验费 64 元。自己花钱买的抢救急用药,并未如数使用,有的药不知去向。在收费单中能反映出一天输液达百斤以上,如 7 月 25 日输液 78 604ml 折合 157 斤。共输血 968 次,最多的一天 94 次。ICU 仪器监护分解收费,每天 1 248 元。而根据卫生部规定,全部四项收费是每天 240 元。

问题:
1. 根据案例分析卫生服务市场化的问题。
2. 卫生服务市场失灵的表现。
3. 此案例对我们的启示是什么?

分析提示:
有关部门对该问题的查处后通报指出:这是一起典型的严重损害群众利益的违纪违法案件。究其原因,主要是医院的办院宗旨发生严重偏差,公益性质淡化,片面追求经济利益。

> 目前的医疗费用支出模式等于将医疗服务提供方对患者的信息定价优势发挥到最大,专业信息的严重不对称,令患者对医疗费用丧失了基本的议价权利。

(一)市场失灵概述

1. 市场失灵(market failure) 通常是指市场无法有效率地分配商品和劳务的情况。另外,市场失灵也常被用于描述市场力量无法满足公共利益的状况。市场失灵的两个主要原因为:

(1)成本或利润价格的传达不确切,进而影响个体经济市场决策机制。

(2)市场结构次佳。市场失灵在卫生服务市场存在,通常引起究竟应否由市场力量引导运作的争论,以及产生用什么来取代市场的争议。最常见对市场失灵的反应是由政府部门产出部分产品及劳务。然而,政府干预亦可能造成非市场的失灵。

2. 市场失灵的表现 市场机制配置资源的缺陷主要反映在以下几个问题方面:

(1)收入与财富分配不公平:这是因为市场机制遵循的是资本与效率的原则。资本与效率的原则又存在着"马太效应"。从市场机制自身作用看,这属于正常的经济现象,资本拥有越多在竞争中越有利,效率提高的可能性也越大,收入与财富积累增加,同时则会使缺少资本的人更趋于贫困,造成了收入与财富分配的差距。这种差距的拉大又由于影响到整体消费水平而使市场相对缩小,进而影响到生产,制约社会经济资源的充分利用,使社会经济资源不能实现最大效用。

(2)竞争失败和市场垄断的形成:竞争是市场经济中的动力机制。竞争是有条件的,一般来说竞争是在同一市场中的同类产品或可替代产品之间展开的。由于分工的发展使产品之间的差异不断拉大,资本规模扩大和交易成本的增加,阻碍了资本的自由转移和自由竞争。另一方面,由于市场垄断的出现,减弱了竞争的程度,使竞争的作用下降。造成市场垄断的主要因素:技术的进步,市场的扩大,企业为获得规模效应而进行的兼并时。当企业获利依赖于垄断地位时,竞争与技术进步就会受到抑制。

(3)产生负外部性:即一市场主体在其生产和消费中,对其他主体造成损害。负外部性实际上是生产和消费过程中的成本外部化。市场主体为了追求更多利润或利差,往往会放任负外部性的产生与蔓延。比如:生产企业进行生产的内部动因是利润,为了减少成本,对环境产生污染而不治理,减少治污成本,相应增加企业利润。

但对环境产生的污染给居民的生活带来危害,再治理就会增加社会负担。

(4)公共产品供给不足:从本质上讲,生产公共产品与市场机制的作用是矛盾的,生产者是不会主动生产公共产品的。而公共产品又是全社会成员所必须消费的产品,它的满足状况也反映了一个国家的综合国力和福利水平。

(5)信息不对称:市场经济行为主体的独立性和分散性,使之不能在任何时候、任何情况下都获得充分和全面的信息,这将导致市场活动的盲目性。常见的现象是交易主体的一方(往往是卖方)掌握更多的信息,从而使交易的另一方陷入不确定的环境中。尤其是在最终消费品市场上,消费者对商品不具有充分知识时,往往不能实现效用最大化。

(6)存在风险和不确定性:市场经济是以人们自发的产品交易活动为基础的,是通过市场机制的自发作用而实现社会资源配置的,市场存在风险与各种不确定的需求,造成某种类型的投资活动不能达到社会所要求的状态。也会出现区域经济发展不协调,缺乏可持续发展的能力,公共资源使用过度甚至导致某些资源的枯竭,失业等问题。

(二)卫生服务领域市场失灵的表现

1. 公共物品缺失 一般卫生服务,从理论上讲属于准公共产品或私人产品,即可以由政府直接提供或由市场提供。而公共卫生服务,主要包括疾病预防与保健服务、妇幼保健和家庭计划生育、健康教育、环境卫生等。其作用在于公平、高效、合理地配置卫生资源,保障人民健康,降低公共健康风险,类似国防一样具有显著的正外部性,属于典型的公共产品(public goods)。公共产品对每个人的消费量都是相同的,或者说,每个人的消费量都是该公共产品的总量。这是因为公共产品的消费不具有排他性。假定一个消费者要在疾病的"医疗"和"预防"之间做出选择,若两者的价格相同,产生的社会效用相同,甚至预防疾病的社会效用可能大于治疗疾病,但后者带来的直接效用明显。在这种情况下,追求个人效用最大化的消费者必然会在生病时无论花多少钱也要治好病,却忽视无病防病的健康投资。

从社会的角度看,医疗服务所增加的社会福利仅限于患者使用时得到的便利和满足。预防所产生的社会福利则包括给患者本身带来的好处和其他许多人由此而增加的福利。比如:预防接种者在做出接受决策时并不将其他人可能得到的好处作为一种收益考虑,尽管在增进他人福利时,不必增加自己付出的成本。因此,配置于公共卫生以及其他公共物品的资源可能少于合理的水平。这是因为如果在公共物品是由私人提供的条件下,其公共物品的提供者要负担提供这种物品的全部生产成本,而收益也就是这种公共物品所带来的效用,是由所有使用这种物品的人共同分享,产生"搭便车"的现象。在这种情况下,人们会意识到提供公共物品是不合算的,也不会自愿地为生产这种公共物品做出任何贡献,但却希望"搭便车"地使用别人生产并提供的公共物品,如果所有的人都这样想,公共物品则无人提供。前面我们所说的帕累托最优状态就得不到满足,社会资源就得不到充分地利用,导致市场失灵!

公共物品的非竞争性也同样会导致市场的失灵。有些物品是非竞争性的,但却可以实现排他性使用。在这种条件下,公共物品的提供者可以收回提供这种公共物品所付出的成本,如此,可以运用市场机制,以调动提供这种产品的积极性。但是由于其不能让公众免费使用,使用的人就会减少,也就是说它的社会效用得不到充分的实现,资源的配置的效率比较低,即市场机制不能促进资源的最优配置。由于利用的不充分而损害效率,因此,禁止未付费者使用会减少使用者的满足感,这不符合我们前面所说的帕累托最优,也会造成市场失灵。

在卫生服务市场公共物品的缺失主要表现在公共卫生的缺失上。

2. 垄断 垄断势力是市场失灵的经典例子。卫生服务市场具有形成垄断的潜在可能。比如:当某一地区的某些医疗机构不足时,现有者就有可能形成市场势力,当它提高服务价格时,也不会像完全竞争市场的提供者那样失去全部的消费者,当消费者无选择时,只能以降低满意度来获取所需要的服务;而当无能力获取时,只有选择放弃。

垄断被认为是经济效率最低的市场。因为垄断厂商可以通过控制产量和价格使其利润最大化。垄断会造成供求双方的不平等,反过来会破坏市场机制,排斥竞争,导致该市场扭曲失真,甚至市场失灵,从而阻止了资源配置的优化。

3. 外部性 外部性的存在与公共物品的属性是市场机制难以处理的。人类的交易活动并不能自发地形成有效的规则来处理这些问题。这就需要理论研究,特别是需要规则与体制的设计。卫生服务具有明显的外部特性,特别是公共卫生具有正外部性。

第3节 卫生服务领域政府的作用与政府失灵

案例 4-5

SARS 的暴发流行对我们的启示

发生于 2002 年 11 月广东佛山市的严重呼吸道传染性疾病，即严重急性呼吸综合征（Severe Acute Respiratory Syndromes，SARS）病毒或非典型性肺炎（Atypical Pneumonia）的流行，不到半年时间已蔓延到包括香港和台湾在内的全国 20 余个省、市、自治区，并影响到加拿大、美国、欧洲等 30 个国家。至 2003 年 5 月 20 日，感染 SARS 病毒的全球人数达到 8 000 人以上，其中，中国内地 5 248 人，死亡人数 294 人，近 2 000 例疑似患者。

为控制这场灾难，包括中国在内的世界各国和世界卫生组织耗资巨大。通过全球性合作，遏制住了发病的高峰。同时，在我国 SARS 流行的过程中，人们的经济、生活秩序、社会安定、发展等受到了严重影响，也经历了一次严重的社会危机，对卫生部门的考验和挑战更为严峻。

问题：

1. 由 SARS 危机制解公共卫生的建设。

2. 公共卫生服务领域中政府的作用。

分析提示：

SARS 危机之后，凸显了我国公共卫生和医疗服务体系的诸多不足与缺陷，特别是公共卫生和公共卫生应急反应机制的建设问题得到了政府与国人的高度关注。2003 年 7 月 28 日在全国卫生工作总结会议上，兼任卫生部部长吴仪同志明确提出：公共卫生是社会全体成员预防疾病促进身体健康的事业，公共卫生建设是一项社会系统工程。并首次提出了政府对公共卫生的有限责任概念，界定了政府在公共卫生方面的职责。

一、卫生服务领域政府的作用

从目前各国卫生服务体系来看，比较典型的有：①以市场机制为主导的卫生服务体系，如美国。但存在卫生公平性差、医疗费用高的问题；②中央集权的国家卫生服务体系，如英国。主要由政府通过税收政策全部免费提供卫生服务，卫生公平性解决得较好，但服务效率较低。因此，引发两国对卫生体制进行改革，其改革趋势是：①美国发展有规则的市场与政府宏观调控相结合，以促进卫生公平；②英国则是建立内部市场，

引入竞争机制，改善与提高服务效率。我国卫生服务体系引入市场机制的改革，是希望通过竞争来提升效率，增加社会福利，但由于卫生服务领域存在市场失灵，因此，卫生服务领域哪些事可交由市场机制调节？哪些事该由政府做？这是我国深化卫生改革所需要研究和解决的重要问题。

（一）政府的主导作用

在卫生服务领域，政府的功能主要是提供和购买部分医疗卫生服务、监管医疗行业（包括价格、信息披露、医疗质量等方面）。当市场失灵出现时，政府在建立规范、高效、平等的卫生服务和医疗保险市场方面发挥着不可替代的作用。通过政府干预使医疗卫生行业的运营更加公平和高效率，让医疗服务的费用经济、合理，使人人都能享有基本保健。因此，政府应该是卫生事业的建设者、卫生服务的组织者、卫生服务的宏观调控者。通过政府的调控，保证卫生服务市场的合理组织和有效运转，实现卫生服务的规模经济、结构经济、布局经济和时序经济。政府主导作用的实现可通过以下几个手段：

1. 规划 区域卫生规划是政府对卫生发展实行宏观调控的重要手段，它对卫生资源的合理配置和充分利用，提高卫生资源的利用效率具有重要意义。

2. 经济 主要包括政府价格管制和政府投资两种手段：

（1）政府对卫生服务价格管制包括两方面的内容：其一，合理规定价格水平。其二，严格价格监督。不允许擅自提高价格牟取不正当利益，更不允许漫天要价，搞价格欺诈。对违规者必须依法予以严厉打击，以保护正常的市场秩序。

（2）政府投资：政府投资可以分为两大类：其一，直接投资。政府以一定的方式对卫生机构进行财政补贴，以保证卫生服务价格保持在较低的水平上。其二，政府对卫生机构实行免税政策。这实际上是政府对卫生机构的一种间接投资，是国民经济收入再分配的一种形式。

3. 行政 完善卫生行业的行政管理制度：建立医疗卫生从业人员资格证制度、开业许可证制度、药品和医疗器械管理制度；严格对医疗延伸服务的管理。

4. 法律 通过各种法律、法规来支持、纠正或否定各种经济行为，引导和控制市场运行。我国相继制定了一系列卫生法规和各项管理条例、管理制度，健全了管理机构。各级卫生管理部门依法加大了对卫生服务市场的管理力度，尤其是

对乱办医、乱做医疗广告，假劣药品泛滥等问题进行专项治理，收到了较好的效果，使一度混乱无序的卫生服务市场得到了净化，促进了我国卫生服务市场的健康发展。

（二）政府的职责

1. 对垄断的管制　主要是对价格进行管制。所谓价格管制，就是要使处于管制之下的垄断厂商制定的价格反映生产的边际成本。也就是说，要使其按边际成本来定价。这样可以将垄断所造成的社会福利损失减少到最低程度，可以实现帕累托最优条件，从而，实现社会资源的优化配置。问题是按边际成本定价，由于垄断厂商的成本曲线是递减的，因此，与边际成本相等的价格将会低于平均成本。也就是说，由于价格管制，将使垄断厂商在亏损的条件下运营，因此

$$利润 =（价格 - 平均成本）\times 产量$$

任何厂商都不可能长期在亏损的条件下运营，这就使执行价格管制的政府机构陷入两难：或者放弃边际成本定价目标，或者不断地向垄断厂商提供补贴。

对此，西方经济学家提出两种解决问题的思路：一是实行双轨制价格。就是在实行边际成本定价的同时，允许垄断厂商对一部分消费者收取高价，同时对"边际"消费者保持低价。部分消费者所支付的高价可对由于另一部分消费者实行低价所造成的损失进行补贴，从而解决了垄断厂商在价格管制下的亏损问题。二是实行公平收益率规则。即允许垄断厂商收取高于边际成本的价格，使其得到一个"公平"的投资收益率。制定反垄断法进行法律约束。

2. 在公共卫生领域的职责　政府在公共卫生领域的职责具体包括：

（1）政府主要通过制定相关的法律、法规和政策促进公共卫生事业的发展。

（2）对社会、民众和医疗卫生机构执行公共卫生法律法规实施监督检查，维护公共秩序。

（3）组织社会各界和广大民众共同应对突发公共卫生事件和传染病流行。

（4）教育民众养成良好的卫生习惯和健康文明的生活方式。

（5）培养高素质的公共卫生管理和技术人才，为促进人民健康服务。

在卫生服务市场失灵的情况下，公共物品的供给不足，低于有效数量，甚至无法提供，产生的是公共卫生问题。因此，公共物品的需要可以理解为是社会需要，而有别于医疗卫生保健服务的个人消费。而市场经济的公共财政政策取代计划经济的国家财政政策。

市场经济的公共财政是指市场经济条件下政府按公众意愿提供市场机制无法有效提供的公共产品和劳务，以满足社会公共需要的经济活动或分配活动。公共财政的基本特征主要表现在三个方面：一是满足社会大部分人对公共产品或服务的需要，调节收入分配差距，对经济生活进行宏观调控；二是立足于非营利性，它必须提供公共物质保障，但不能直接介入市场，参与市场竞争，以避免以权谋私与腐败行为；三是政府收支行为规范化，以健全法制为前提。因此，政府要做的事情，更多的是在提供公共服务、建立法律法规上面。公共服务包括信息的收集和发布。政府有强制手段，它可以做出全方位、强制性的要求，要求参与医疗服务的所有机构提供信息，然后公开出来，增加透明度。政府并不直接进行干预，但要把信息公之于众，减少医疗服务市场上信息的不对称，打破垄断、保障消费者应有的权益，让消费者有选择卫生服务自由度。并在行业中鼓励竞争、创新，达到资源的有效配置。

3. 公共卫生政策　公共卫生政策属于公共政策的重要组成部分，其根本目的是使有限的卫生资源更好地造福于人民的健康。公共卫生政策如健康促进政策、疾病预防和控制政策等，要按照公共财政和分级财政体制的要求，增加公共卫生经费投入，保证疾病监测、传染病防治、突发公共卫生事件和重大灾害防疫处置、卫生执法业务运行经费和公共卫生项目建设费用。探索建立多渠道筹措公共卫生事业发展资金机制，形成多元化投入的格局。

4. 医疗卫生改革　目前，如何满足国民日益增长的健康需求，对于世界各国政府来说都是个难题，普遍存在医疗卫生费用快速增长和医疗卫生服务公平性不足的问题。各国都在努力从加大政府责任、创新体制机制、完善国民卫生保健制度等方面探索解决问题的方法和途径。中国亦没有成熟的完善的制度，实现制度创新、建立符合中国国情的全民基本卫生保健制度是现实的必然选择。在建立覆盖城乡居民的基本卫生保健制度这个大方向的基础上，建立多层次的医疗保障体系、国家基本药物制度、科学规范的公立医院管理制度，需要各级政府的合力，也是对各级政府的执政能力与管理能力的考验。

（三）不同国家政府在卫生服务领域的实践

1. 美国　美国的卫生服务是以市场调节为主的多层次、多元化的市场。预防保健机构主要由政府开办，医疗服务的提供和医疗资金的筹集主要通过市场来调节。美国的医疗资源丰富，医院大多私有，分营利性和非营利性两种。医生大多是独立行医，少数受雇于医院。美国的医疗资源地理分布不均衡。政府主要对卫生人力教育（医生护士的培养）、医院建设提供补贴，通过退伍军人管理局和州及地方政府医院对医疗服务的提供进行补贴，对非营利性的医院给予免税及所在州对医院发行债券以经济支持等。美国的医疗保险机构以私立为主，居民以购买健康保险的方式参保，政府通过老年医疗保险计划、穷人医疗救助计划对其进行补贴，在妇幼保健及一些公共卫生等方面，政府给予直接补贴。美国的卫生总费用增长迅速，2003 支出 16 790 亿美元，占国内生产总值的 15.6%，其中公共部门的投入（联邦、州、地方政府）占 46%。私有保险部门投入占 36%，个人直接支付为 16%，政府投入占主要。

2. 英国　英国实行国有卫生体系即国家卫生服务体系（national hellenic standards，NHS）和全民免费医疗制度。在 NHS 之外，英国还有一个私有卫生服务系统，大约 10% 的英国人购买私人健康保险。医疗附带的消费需自付超支部分或与提供者按比例共付，如住单人病房、院外买药、牙科、配眼镜等。英国卫生服务中的全科医生占重要地位。卫生服务领域的筹资主要依靠国家一般税收，政府控制卫生总预算，以保证居民卫生服务的公平性。同时在卫生服务机构的运作上，通过引入竞争机制提高资源配置的效率。

3. 德国　德国卫生组织体制分联邦、州和基层三级管理。德国卫生服务系统注重平等（solidarity）、共济（subsidiarity）和自行管理（sell-governance）。卫生服务筹资是通过法律手段强制雇主为雇员购买健康保险，资金由雇主和雇员共同负担，其中雇主付大约 50%。每个行业都有一个或几个健康保险基金，共有健康保险基金约 400 余家，这些基金独立运作并实行自我管理。许多健康保险基金组成的筹资模式被称为社会保险，由于是通过立法手段强制雇主和个人参保，又被称为法定医疗保险系统（statutory health insurance system，SHI）。收入较高者可以自行选择参加社会保险或私人保险。如 2002 年大约 92% 的德国人参加了社会保险，约 7% 的人参加私人健康保险，其余的人由于各种原因而享有免费的医疗。中央政府在筹资领域的作用基于政策的立法和判定上。地方政府的作用表现在对区域医院数量和规模的计划以及一些公共卫生项目的组织上。2003 年，其卫生费用占 GDP 的比例为 10%。为了解决高费用的问题，政府的作用正在逐渐增强，通过一系列法律，试图运用付费方式变化的手段对卫生费用进行控制。

总体而言，重点在于制度创新与体制改革，充分说明政府在卫生服务中的不可替代的作用和责任。也可以视为政府干预的必要条件。世界各国政府大量干预卫生经济领域，如 29 个经济合作与发展组织（organization for economic co-operation development，OECD）的成员国中，有 24 个拥有全民性的健康保险。但问题的关键是政府介入的程度和形式，特别是政策的选择及价值观的判断。

二、卫生服务领域政府失灵

政府失灵是指政府的活动或干预措施缺乏效率，或者说，政府做出了降低经济效率的决策或不能改善经济效率的决策。

（一）政府失灵主要表现

1. 过剩或短缺　如果政府的干预方式是把价格固定在均衡水平之上，将导致生产过剩。如果把价格固定在均衡水平之下，就会产生短缺。

2. 信息缺失　政府不一定知道其政策的全部成本和收益，也不十分清楚其政策的后果，难以进行政策评价。

3. 产生官僚主义　政府决策过程中也许高度僵化和官僚主义严重，可能存在大量的重复劳动和繁文缛节。

4. 缺乏市场激励　政府干预消除了市场的力量，或冲抵了它们的作用，干预就可能消除某些有益的激励。

5. 政策变化频繁　如果政府干预的政策措施变化得太频繁，行业的经济效率就会蒙受损失，企业难以规划生产经营活动。

（二）政府失灵的主要原因

公共选择理论认为，政府活动的结果未必能校正市场失灵，政府活动本身也许就有问题，甚至造成更大的资源浪费。主要原因：

1. 政府决策的无效率　民主程序不一定能产生最优的政府效率。

2. 政府机构运转的无效率 主要表现在缺乏竞争、激励两个方面。

3. 政府干预的无效率 为了确保正常而顺畅的社会经济秩序,政府必须制定和实施一些法律法规。比如许可证、配额、执照、授权书、特许经营证等,政府人为地制造出一种稀缺,形成垄断或特许,产生赚取超常利润的行为。

(三) 卫生服务领域政府失灵

在卫生服务领域政府失灵主要表现在政府职能的不到位,甚至缺位、错位。

1. 对公共卫生服务监督职能"缺位" 以药品集中招标采购的问题为例,由于招标机构是政府相关部门委派的,和卫生主管部门有直接利益关系,无法保证招标程序的公平、公正;再者,一些招标后的降价药品又无缘患者,使药价虚高不下。在医院逐利的同时,医生凭借其处方权及信息的不对称开大处方,使医疗费用不断上涨,加重了患者负担,导致大众对卫生服务满意度的下降,医患关系恶化。

2. 对公共卫生服务管理职能"错位" 政府既是卫生机构的所有者,又是管理者,导致政府公共卫生服务管理职能与运营职能界定不清。政府既要履行公共卫生服务的规划、调节与监督职能,同时,作为医院的所有者,直接干预医院的微观经营活动。因此,政府在公共卫生服务领域中监督与被监督者、调节与被调节者角色混淆,职能偏离,而成为医院的"代言人"。

总之,政府并不是完美无缺的。在补救"市场失灵"时政府也会由于自身的缺陷而有所不能,甚至发生失误。我们都希望政府把事情办好,但有时是事与愿违。因此,绝对的政府干预,同样不可能实现资源最优配置。此外,政府制定政策时还会受到一些利益集团的影响,很难做到完全公正无私,分配公平。

第4节 卫生服务领域政府与市场的有机组合

政府主导并非不要市场,没有市场作用的政府调控,势必恢复到计划经济时代的模式。要求市场调节,也不是要弱化政府的作用,没有政府调控下的市场运行,趋利倾向将是以群众的健康利益为代价。市场作用与政府主导两种机制并不矛盾,它们应该而且完全可以分别在不同性质的卫生服务领域或机构中,各自发挥相应的作用,促使整个医疗卫生系统协调发展,满足不同人群的医疗保障需求,从而提高卫生服务的公平性、效率性、可及性。

一、完善筹资体系

目前,我国的卫生服务的筹资体系仍处在发展完善阶段。有专家建议,改革对医疗服务供方(医院)的支付方法,逐步从目前的现金支付、患者付费过渡到预付和集资形式;引入总量控制、人头预算,取消按服务收费的支付办法;尽量减少患者自费比例到20%乃至更低;加强政府、保险公司作为卫生服务购买方的作用。同时,医疗保险应该逐步强制化,并普及到流动人群等更多的社会成员身上。政府筹资机制的健全主要反映在以下几个方面:

(一) 强制性资金保障

政府资金是社会事业发展的重要保障。20世纪七八十年代,我国政府投入占医院收入的比重平均为30%以上。2000年,这一比重下降到7.7%。2003年抗击非典,政府投入大幅度增加,也仅占8.4%。2003年,在全国卫生总费用中,政府投入仅占17%,企业、社会单位负担占27%,其余56%由居民个人支付,见表4-2。在欧洲发达国家,卫生费用约占GDP的10%,其中的80%~90%由政府负担。即使是美国市场经济高度发达,医疗卫生服务高度市场化的国家,政府卫生支出占整个社会医疗卫生支出的45.6%(2003年)。与我国经济发展水平相近的国家,如泰国,政府投入占56.3%(2000年),墨西哥占33%(2002年),均高于我国的水平。由于政府投入不足,医院运行带有明显的自筹资金现象,从机制上出现了过度市场化。群众医疗付费,除医药成本外,隐含了部分医院的运行成本。若医院贷款、融资购买高级医疗设备、进行基本建设,同样会转嫁部分成本给患者负担。

(二) 整体资金动员能力

改革开放以来,我国社会事业经费总量持续增长。2004年,教育、科技、文化和卫生事业经费总额合计达19 863亿元,是1995年的3.8倍,年均增长16%。卫生事业筹资,1980年占GDP的比例为3.17%,直到1990年上升到4.03%,1995年又下降到了3.54%,2004年回升到4.75%。2004年,我国卫生支出占GDP的比例比国外低收入国家、中等收入国家和高收入国家分别低0.5个、1.9个和7.1个百分点。见表4-2。

表4-2　卫生总费用及构成

年份	1980	1990	1995	2000	2003	2004	2005
卫生总费用(亿元)	143.2	747.4	2 155.1	4 586.6	6 584.1	7 590.3	8 659.9
政府预算卫生支出	51.9	187.3	387.3	709.5	1 116.9	1 293.6	1 552.5
社会卫生支出	61.0	293.1	767.8	1 171.9	1 788.5	2 225.4	2 586.4
个人卫生支出	30.3	267.0	1 000.0	2 705.2	3 678.7	4 071.4	4 521.0
卫生总费用构成(%)	100.0	100.0	100.0	100.0	100.0	100.0	100.0
政府卫生支出	36.2	25.1	18.0	15.5	17.0	17.1	17.9
社会卫生支出	42.6	39.2	35.6	25.5	27.2	29.3	29.9
个人卫生支出	21.2	35.7	46.4	59.0	55.8	53.6	52.2
卫生总费用占GDP%	3.17	4.03	3.54	4.62	4.85	4.75	4.73
人均卫生总费用(元)	14.5	165.4	177.9	361.9	509.5	583.9	662.3
城市	…	158.8	401.3	828.6	1 108.9	1 261.9	1 122.8
农村	…	38.8	112.9	209.4	274.7	301.6	318.5

资料来源:2007年中国卫生统计提要,www.moh.gov.cn中国卫生部官方网站

(三) 合理城乡配置

卫生服务惠及大众,若资源配置不合理,亦难满足需求。以表4-2中2005年为例,全国卫生总费用为8 659.9亿元,2005年农村人均卫生费用为318.5元,城市为1 122.8元,农村约占城市的34%,此数据显示政府财政支出的城乡差异。政府对医院建设投入不平衡,主要投向城市医院。2005年,在财政投入的经费中,城市医院占86%,县级医院占23%,其余的极少部分投向乡镇卫生院等基层机构。因此,导致农民的卫生服务问题突出。

(四) 社会资金的政策引导与激励

公立医疗机构存在垄断而数量相对不足,配置不合理,难以满足大众多层次、多样化、特殊性的医疗保健需求,需要其他形式的医疗机构的补充。据不完全统计,目前我国私营、中外合资合作、股份制等医院数量占全国医院总数的10%,数量较少,发挥作用有限。医疗市场发展潜力大,竞争相对较少,投资回报稳定,但社会、国外资本对医疗领域投资积极性又会受医疗领域中的政策环境、行业环境和商业准则的影响,如公共卫生负担、医院的税收、土地政策、财政补贴、医疗保险、服务价格等,而有关政策多倾向于非营利性医院的。因此,要调动社会各界捐资兴办各类非营利性卫生事业,以满足大众对卫生服务的需求,需要政府有完善的政策及激励机制,建立市场化筹资体系。

二、卫生服务市场的规划

政府可以通过制定区域卫生规划、卫生经济政策等来引导卫生服务市场,避免卫生资源配置的低效、混乱、短期行为以及结构性失衡。政府在卫生服务市场的责任是制定明确的规则,提供市场所需要的确定性。同时避免"错位"。新的卫生经济结构使市场机制成了配置资源的基础机制,同时又出现自由放任局面。如近年来卫生服务市场出现的高、精、尖诊疗仪器设备无序竞争,大处方、过度医疗、重复检查、药品回扣等现象的产生。卫生资源利用的不合理、保护的不充分性,是市场自身无法解决的,必须通过政府规划来调控。

三、健全机制

强化政府在提供公共卫生和基本医疗服务中的责任,建立各级政府间规范的责任分担与资金投入机制,逐步建立投资主体多元化、投资方式多样化的办医体制。完善公立医疗机构运行机制、激励机制和补偿政策。整合医疗卫生资源,大力提高农村、中西部地区和基层公共卫生资源的比重。加强对医疗卫生服务行为、服务质量和药品市场的监管,降低药品虚高价格,控制医疗费用过快上涨。

四、强化政府在医疗卫生服务中的责任

在医疗卫生服务中政府的责任主要体现在确保基本卫生服务(包括基本药物)能够使大众公平的获得;通过财政转移来确保对卫生服务提供支持;确保建立针对脆弱和贫困人群的卫生服务体系;加强监管保障卫生服务的安全和质量;建立私营机构和市场有效参与的卫生服务结构等。为此,各级卫生管理部门要实现观念的转变,即从"办"卫生到"管"卫生、从经验管理到依

法行政、从微观管理到宏观调控,依据经济社会卫生规律制定法律、政策、制度、规范等,维护卫生服务市场秩序,形成统一、开放、竞争、有序和高效的卫生服务市场体系。

1997年颁布的《中共中央、国务院关于卫生改革与发展的决定》中明确:"卫生事业是政府实施一定福利政策的公益事业",揭示了卫生事业的社会属性和福利政策性。卫生事业是公益事业,全社会都有支持卫生事业的义务。卫生福利政策的受益者是社会全体居民,而卫生服务机构又是政府福利政策的一个实施载体。政府投资卫生机构,通过扩大和改善卫生机构的规模和条件,使公民有从政府那里获得必要健康保障的社会权利。2007年我国公布的《国民经济和社会发展第十一个五年规划纲要》将卫生事业定位为"推进社会主义和谐社会建设"的一部分。中国共产党十六届六中全会通过的《决定》中指出:"坚持公共医疗卫生的公益性质,建设覆盖城乡居民的基本卫生保健制度,为群众提供安全、有效、方便、廉价的公共卫生和基本医疗服务"。也就是说,卫生服务机构承担的是一种社会职能,也是政府职能的体现。

思 考 题

1. 医疗卫生服务能否完全市场化?

2. 政府在卫生服务市场中的作用是什么?

3. 如何认识卫生服务领域的市场失灵与政府失灵?

4. SARS危机带来的启示。

参 考 文 献

黄晓光等.2006.卫生经济学.北京:人民卫生出版社,57-66

舍曼·富兰德等.2004.卫生经济学.王建等译.北京:中国人民大学出版社,103-112

王俊.2007.公共卫生政府的角色与选择.北京:中国社会出版社,6-26

魏颖,杜乐勋.1998.卫生经济学与卫生经济管理.北京:人民卫生出版社,67-85

中华人民共和国卫生部.2006.中国卫生统计年鉴,www.moh.gov.cn

(付 云)

第5章 卫生总费用

■ **本章提要** ■

本章介绍卫生总费用及测算的相关理论和方法。通过本章学习,要求掌握卫生总费用的基本概念、测算方法和指标体系,了解卫生总费用的影响因素以及中国卫生费用的现状及存在的主要问题。

卫生总费用研究是从卫生资金运动角度分析卫生资源的筹集、分配与使用的数量与结构、效率和公平等方面的问题。据卫生部统计信息中心最近发表的《2003～2007年我国卫生发展情况简报》显示,到2007年,我国卫生总费用已经达到10 488亿元,占GDP的4.82%,人均卫生费用781元。与此同时,我国关于"看病难,看病贵"的讨论热火朝天。那么,我国的医疗费用到底是贵不贵?要回答这个问题,需要从卫生资源筹集分配与使用的角度,在合理的方法与指标体系下进行深入细致地分析,如此,才能得出一个较为客观、公正的结论。

第1节 卫生总费用概述

一、卫生总费用的概念

(一) 卫生筹资和卫生资金

卫生机构要提供各类卫生服务,就必须使用和消耗各种卫生资源,进而必然要进行卫生筹资。卫生筹资有狭义与广义之分。狭义的卫生筹资仅指卫生资金的筹集,包括筹资的来源、渠道、内容、数量、比例等;广义的卫生筹资则不仅包括资金的筹集,还包括资金的分配和使用,比如:资金的去向和数量,使用的效率与公平性等问题。

需要注意的是卫生筹资筹集的是资源,而不是货币本身。货币只是作为一种经济学上的计量工具,把不同资源用价值符号连接起来。因为要计量各种不同种类卫生资源的筹集数量,需要有一个公认的计量工具,货币就是这样一个大家公认的计量工具。卫生资金是卫生资源的货币表现形式。

卫生资源是卫生机构在提供卫生服务过程中所使用和消耗的各种生产要素的总称。主要表现为人力资源和物力资源两种基本形式。卫生资源有多种多样的具体形式,卫生经济学的研究任务,是利用货币这样一种特殊的综合手段,总括计量、分析、评估卫生资源的筹集、配置、利用与补偿,研究卫生资源循环与周转的运动过程,即研究卫生资源的存量与流量、流入与流出,研究卫生资源的投入与卫生服务产出之间的关系。

卫生资源以货币形式流入卫生机构,通常表现为卫生机构的收入,包括上级拨款和业务收入。卫生资源在卫生领域中通过各种形式的卫生服务,实现其消耗和使用,又使卫生资金流出卫生领域,表现为卫生机构的费用支出,包括业务活动支出和基本建设支出。

货币在卫生领域的流入与流出,形成了卫生资金运动,表现为卫生资金的循环和周转。卫生资金循环是指货币从时间序列上依次经过资金的筹集、分配、使用和补偿这样一个连续不断的运动过程。在资金运动的各个阶段上都会发生资金的流入与流出,表现为资金的流量。

卫生资金在循环过程中又会表现为货币、药品、卫生材料等各种生产要素形式以及各种卫生服务产品形式。从一定的空间和时间上看,又表现为资金的存量,反映着不同地区、不同机构卫生资源的分布状况。卫生领域的资金,从筹资阶段开始,流入卫生领域,经过分配与使用流出卫生领域,再经过要素市场、融资市场又回到它的起点,重新开始经历再筹资与补偿阶段。卫生服务消费者为消费卫生服务而筹集资金,卫生服务提供者因提供卫生服务而要求补偿。这种周而复始进行的卫生资金循环,就形成了卫生资金周转。

(二) 卫生总费用

卫生总费用(national health expenditure, NHS)是指一个国家或地区在一定时期内(通常为一年),全社会用于卫生保健支出的货币总和,也就是政府、社会各界和居民个人对卫生投入的总和。当特指一个国家时,也称为国家卫生账户(national health account, NHA)。

卫生总费用研究是从全社会的角度反映卫生资金运动的全部过程,分析与评价卫生资金的筹集、分配与使用效果。卫生总费用的测算与分析结果,不仅为政府调整和制定卫生经济政策提供依据,同时也是评价社会对人群健康的重视程度,分析保健体制公平与效率的重要依据。

为了全面反映卫生资金的筹集、分配与使用的全部运动过程,可以从不同层面和角度对卫生费用进行测算与分析。一般可以通过筹资来源、机构流向和分配使用三个相应的核算体系和测算方法进行测算,形成三个数据资料:卫生费用筹资总额、卫生费用分配总额、卫生费用使用总额。由于测算期限、资金的流动等原因,这三个数据之间往往存在数量上的差别。

卫生费用筹资总额是指某地区在一定时期内(通常为一年),为开展卫生服务活动从全社会筹集到的卫生资源的货币总和,它从卫生筹资角度分析与评价卫生资金运动。

卫生费用分配总额是指某地区在一定时期内(通常为一年),从全社会筹集到的卫生资金在各级各类卫生机构分配的总额,它反映卫生资金在不同部门、不同地区、不同领域和不同层次的分配状况。

卫生费用使用总额是指一个国家和地区在一定时期内(通常为一年),各级各类机构为提供各种卫生服务而实际支出的费用总额。它从资金的使用角度测算和分析卫生总费用,反映各级各类卫生机构对资金的使用情况。

二、卫生总费用的来源

20 世纪 80 年代以来,我国卫生事业的管理体制从集中统一领导模式转为"宏观指导,分级管理,地方为主,条块结合"模式,筹资政策由原来的中央政府集中筹资向多元化筹资模式转变,非政府筹资形式成为增加卫生资金投入的主要手段。我国已经形成了多层次、多渠道、多形式的筹资模式。从筹资主体角度看,卫生总费用的来源主要包括三个部分:政府预算卫生支出、社会卫生支出和个人现金卫生支出。

(一) 政府预算卫生支出

政府预算卫生支出是指各级政府用于卫生事业的财政拨款。按其来源划分包括上级财政拨款和本级财政拨款。按其投入方向划分,政府预算卫生支出包括卫生事业费、中医事业费、食品和药品监督管理费、计划生育事业费、预算内基本建设经费、医学科研经费、卫生行政和医疗保险管理费、行政事业单位医疗经费、基本医疗保险基金补助经费等。

由于卫生领域存在着严重的"市场失灵"现象,不可能通过市场机制实现卫生资源筹集与配置的公平和有效性,因此,政府要维护社会的安定祥和与经济的繁荣昌盛,履行其增进和维护人民健康的职责,就必须通过财政预算拨款的形式向卫生领域提供一定的资金保证。

(二) 社会卫生支出

社会卫生支出是指政府预算外社会各界对卫生事业的资金投入,包括社会基本医疗保险费、社会其他保险医疗卫生费、商业健康保险费、非卫生部门行政事业单位办医支出、企业医疗卫生支出、农村居民医疗保障经费、卫生预算外基本建设支出、私人开业医初始投资、公共卫生机构预算外资金投入、村集体经济卫生投入等。

(三) 个人现金卫生支出

个人现金卫生支出是指城乡居民用自己可支配的经济收入,在接受各类医疗卫生服务时的现金支付,包括城镇居民个人现金卫生支出和农村居民个人现金卫生支出。

三、卫生总费用研究进展

(一) 国外卫生总费用研究

卫生总费用研究最早开始于 20 世纪 50 年代。1959 年世界劳工组织出版《医疗保健成本》一书,首次将 14 个实施社会保险国家的支付情况和美国自愿保险的支付情况进行比较。1963 年,英国卫生经济学家艾贝尔·史密斯受 WHO 委托,率先在国际上进行跨国卫生总费用研究,第一次用标准化的调查表对 6 个国家的卫生筹资与支出状况进行比较全面的调查,分析了一些发达国家与发展中国家的卫生费用。1967 年,艾贝尔·史密斯又完成了更大规模的卫生费用研究,他出版的《卫生保健支付》和《卫生费用的国际研究》两本书,对卫生经济学的发展和国际间卫生费用研究发挥了重要作用。

1976～1977 年,日内瓦桑多兹卫生与社会经济研究所和世界卫生组织合作,在小规模调查研究的基础上,制定和检验了一种简单、快速、经济的卫生费用调查方法,并得到世界卫生组织的验证与推广。1983 年,艾贝尔·史密斯与麦克共同撰写了《卫生事业筹资计划的编制》一书,详细讨论了卫生费用的概念、调查方法和评价指标。同年,法国的彬弟尔出版了《评价和分析卫生费用的方法》,深入讨论了卫生费用的评价原则,统计信息的收集和处理,以及如何从卫生服务管理角度去分析和利用这些信息。

目前,经济合作与发展组织(OECD)国家已经建起了稳定的卫生费用数据收集制度和卫生费用数据库,系统地收集和整理卫生费用数据,定期发表卫生费用测算结果,并进行国际比较。

在世界银行、世界卫生组织等机构的推动下,对卫生费用的研究还在继续深入。在 1993 年关于"投资于健康"的世界发展报告中,世界银行对全球卫生总费用进行了大规模的系统研究,估算出 1990 年全球卫生总费用占全球 GDP 的 8% ,其中,市场经济国家的卫生费用占全球卫生费用的 87% ,仅美国就占 41% ,发展中国家和地区仅占 10% 。全球卫生费用结构中,公共部门卫生支出占 60% ,私人卫生支出占 40% 。

(二) 中国卫生费用研究

中国卫生费用研究始于 20 世纪 80 年代初期。1981 年世界银行派专家对中国卫生事业进行考察,与中国政府合作,采用筹资来源法对中国卫生总费用进行测算。同年,在美国专家的帮助下,上海市卫生局和上海医科大学调查了上海县的卫生费用。随后,哈尔滨医科大学对黑龙江安宁县、北京市通县、大连市金县、辽宁省康平县等农村地区以及长春、沈阳、哈尔滨等城市、地区的卫生费用进行了调查研究。

1987 年,世界银行对中国卫生事业进行了第二次考察,再次对中国卫生总费用进行了估计和测算。1991 年,中国卫生经济培训与研究网络成立后,推动了中国卫生总费用研究的发展,逐步形成了适合中国特点的中国卫生总费用研究的理论体系和方法学基础,完成了《卫生总费用研究指导手册》。

1995 年,世界银行与中国政府合作,进行了"中国卫生筹资政策研究",专门派代表团对中国卫生总费用测算方法和测算结果进行全面系统、深入细致的考察,完成了"中国全国性卫生费用核算的评估"报告,建议继续完善筹资来源法,并将筹资来源法与实际使用法的测算结果进行综合平衡,逐步完成矩阵表的综合平衡,争取与国际卫生总费用核算体系接轨。

1996 年,中国卫生总费用研究取得突破性进展,卫生总费用筹资来源法在方法学上更加完善。目前,中国卫生总费用研究已经从理论研究阶段进入到实际应用阶段,卫生总费用已经成为卫生事业发展和卫生事业宏观管理的重要手段,其测算结果已经被中国政府所采用,在制定和评价中国卫生政策方面发挥了重要作用。

第 2 节 卫生总费用测算

一、卫生总费用测算方法

卫生总费用测算反映全社会用于卫生保健资金的全部运动过程,它涉及卫生资金的筹资来源、分配流向和使用消耗三个不同层次,因此,卫生总费用可以用筹资来源法、分配流向法与使用消耗法三种测算方法进行测算(见图 5-1)。

(一) 卫生费用筹资来源法

卫生费用筹资总额测算是卫生总费用核算体系的第一个层次,是按照资金的筹集渠道与筹资形式收集、整理卫生总费用数据,测算卫生总费用的方法,简称筹资来源法。

卫生费用筹资总额测算以卫生服务活动为主线,根据卫生资金来源进行分类,测算全社会卫生资源投入总量及其内部构成,从宏观上反映一个国家或地区在一定时期内卫生筹资水平和主要筹资渠道,分析与评价在一定经济发展水平条件下,该国家或地区政府、社会和居民个人对健康的重视程度和费用负担状况,以及卫生筹资模式的主要特征与卫生筹资的公平程度。

(二) 卫生费用分配流向法

卫生费用分配流向法是卫生总费用核算体系的第二个层次,是按照卫生服务提供机构进行分类,对卫生总费用进行测算的方法,简称机构流向或分配流向法。它测算的是卫生服务的最终产品的价值。卫生服务的中间产品价值(如药品与医疗器械生产企业、医院的制剂部门的产品价值)在最终产品价值中已经包括,在测算时不能重复计算。

卫生费用分配总额测算范围包括各级各类医疗机构、公共卫生机构、药品零售机构、卫生行政和医疗保险管理等机构的费用,它反映卫生资金在不同部门、不同地区、不同领域和不同层次的分配状况。

(三) 卫生费用使用消耗法

卫生费用使用消耗法是根据各级各类卫生机构在提供服务过程中,由实际消耗与支出的费用总额汇集的卫生总费用数据。这个数据是各级各类卫生机构为提供各种卫生服务而实际支出的费用总额,具体表现为卫生机构的人员经费、设备购置费、修缮维护费、业务费、公务费等各项费用支出,可用来分析与评价卫生资源利用的经济合理性。

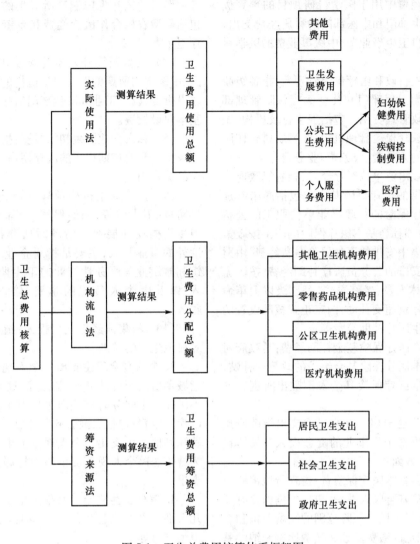

图 5-1 卫生总费用核算体系框架图

二、卫生费用核算指标体系

（一）筹资来源法指标体系

从筹资角度看,卫生总费用指标体系分为四个部分:政府预算卫生支出、社会卫生支出、个人现金卫生支出和其他卫生支出。

1. 政府预算卫生支出 政府预算卫生支出指各级政府用于卫生事业的财政拨款。根据其投入方向划分,具体包括以下 9 个方面:

（1）卫生事业费:指各级政府用于卫生部门所属医疗卫生机构的财政预算拨款。包括用于卫生部门所属各类医院、疗养院、城市社区卫生服务中心、乡镇卫生院、独立门诊部的补助经费;疾病控制与防治防疫机构、卫生监督机构、妇幼保健机构、干部培训机构及其他卫生事业机构的事业费;新型农村合作医疗政府补助经费及其他各项经费。

（2）中医事业费:指各级政府用于卫生部门所属的各类中医机构的财政预算补助。包括各级中医医疗机构的补助经费、中医干部培训机构、科研机构等中医事业单位的财政预算补助。

（3）食品和药品监督管理费:指各级政府用于食品、药品监督管理部门的财政预算补助。包括食品、药品、医疗器械抽检费用,食品药品检验机构经费和食品药品监督管理部门的管理人员、监督执法人员、技术人员的专业培训费,以及其他监督管理经费。

（4）计划生育事业费:指各级政府用于计划生育咨询、技术服务、宣传教育的财政预算补助。

（5）预算内基本建设经费:指各级政府社会发展部门用于卫生和中医的基本建设支出。不包括卫生和中医事业费中用于固定资产建设的资金。

（6）医学科研经费:指各级政府科学事业费中用于医学科研及信息机构的财政预算拨款,以及科技三项经费中用于医学科研项目的预算拨款。包括卫生部门和中医部门的科研经费支出，但不包括来自卫生事业费、中医事业费的医学科研经费。

（7）卫生行政和医疗保险管理费：指各级政府财政预算为卫生部门和社会医疗保险管理部门支付的行政管理费用。包括卫生行政机构、城镇职工基本医疗保险管理机构、新型农村合作医疗管理机构的人员费、公务费、业务费等。

（8）行政事业单位医疗经费：指各级政府为部分人群提供的医疗保障基金。包括尚未参加社会基本医疗保险的行政事业单位职工的公费医疗经费，参加社会基本医疗保险的职工按政策规定由财政集中安排的医疗保险缴费经费，由财政部门集中安排的公务员医疗补助经费，按国家规定享受离休人员、老红军、二等乙级以上革命伤残军人医疗费超支补助，国家正式核准设置的大专院校学生医疗补助经费等。

（9）基本医疗保险基金补助经费：是政府对城镇职工基本医疗保险基金给予的政策性补贴，主要用于基本医疗保险基金入不敷出时进行的风险补救。

2. 社会卫生支出 社会卫生支出指政府预算外社会各界对卫生事业的资金投入。具体包括以下 10 个方面：

（1）社会基本医疗保险费：指现行城镇职工基本医疗保险基金收入总额，包括根据国家有关规定，由纳入基本医疗保险范围的缴费单位和个人，按国家规定的缴费基数和缴费比例缴纳的基本医疗保险基金，以及通过其他方式取得的形成基金来源的款项，如利息收入等。为避免重复计算，需要在社会基本医疗保险基金收入总额中，扣除行政事业单位缴纳的基本医疗保险基金和基本医疗保险基金补助基金。

（2）社会其他保险医疗卫生费：指在社会失业保险、工伤保险、生育保险的社会统筹基金中，按规定支付的医疗卫生费用。

（3）商业健康保险费：指城乡居民家庭成员自愿参加的各种形式的商业健康保险，当年所缴纳的保费总额。

（4）非卫生部门行政事业单位办医支出：指卫生部门以外的行政事业单位主管的医疗卫生机构在开展医疗卫生服务时，由该部门筹集和投入的资金，经费主要来源于政府行政事业费和单位自筹资金。

（5）企业医疗卫生支出：包括企业离退休职工医疗卫生费、尚未参加城镇职工基本医疗保险企业在职职工的医疗卫生费和企业办医支出。

（6）农村居民医疗保障经费：指农村开展的

各种形式的医疗保障制度所筹集的资金。主要包括新型农村合作医疗经费和乡镇企业职工医疗卫生费。

（7）卫生预算外基本建设支出：指卫生部门、中医部门所属的医疗卫生机构的预算外基本建设投资，以及工业和其他部门医疗卫生机构的基本建设投资。

（8）私人开业医生初始投资：指城乡私人开业医生在开业初期投入的医疗用房、医疗器械和药品等费用。

（9）公共卫生机构预算外资金收入：指防治防疫、卫生监督、妇幼保健、干部培训等公共卫生机构在开展业务活动时所获得的政府补助外的事业收入，主要是指对企业、餐饮业、旅馆和旅游业等服务性行业的卫生监督、罚没收入，以及由个人负担的学费、培训费等资金收入。

（10）村集体经济卫生投入：指村集体经济对村卫生室的补助。

3. 个人现金卫生支出 个人现金卫生支出指城乡居民用自己可支配的经济收入，在接受各类医疗卫生服务时直接向医疗卫生机构支付的医疗卫生费，包括保健服务费、医疗费、医疗器械费和其他卫生支出。个人现金卫生支出可以分为城镇居民个人现金支出与农村居民个人现金支出。

4. 其他卫生支出 其他卫生支出指除上述几个部分之外的卫生支出。比如：政府对外援助卫生支出等。

（二）机构流向（分配流向）法指标体系

按照卫生服务提供机构进行分类，卫生费用分配总额测算指标分为以下六个部分：

1. 医院费用 指流入某地区各级各类医院的卫生资金总额。

2. 门诊机构费用 指流入某地区各级各类门诊部、诊所、护理站、医务室、卫生室等机构的卫生资金总额。

3. 药品零售机构费用 指流入某地区药品及其他医用品零售机构的卫生资金总额。

4. 公共卫生机构费用 指流入某地区各级各类公共卫生机构的卫生资金总额。公共卫生机构指提供疾病控制、预防保健、监督监测、妇幼保健、药品检验、计划生育、健康教育等公共卫生服务的各级各类机构。主要包括专科防治机构如，结核病、职业病、口腔病、眼病、寄生虫病、地方病、精神病、麻风病、性病等防治所、站、疾病控制中心（防疫站）、卫生监督所、卫生监督检验机构、妇幼保健监督机构（包括妇幼保健院、所、站)、采供血机构、健康教育机构、食品和药品监督管理机构、计划生育机构、其他卫生机构(如临床检验中心、麻风村、精神病收容所、乡防保站、农村改水中心等)。

5. 卫生行政和医疗保险管理机构费用 指流入某地区卫生行政和社会医疗保险管理部门的卫生资金总额。

6. 其他卫生费用 指上述项目未包括的卫生机构费用。在我国主要包括各级各类卫生机构的固定资产增加值(资本形成)、干部培训机构费用和医学科研机构费用。

(三) 卫生总费用使用消耗法指标体系

卫生费用是指在卫生服务过程中已经消耗掉的经济资源,而不是指卫生部门实际占用的经济资源。而且这种资源消耗还是通过卫生机构或卫生人员的卫生服务活动来实现的,否则不能计入卫生费用。卫生总费用使用消耗总额具体表现为卫生机构的人员经费、设备购置费、修缮维护费、业务费、公务费等各项费用支出。

第3节 卫生总费用分析与评价

一、卫生总费用分析与评价指标

(一) 卫生总费用筹资水平指标

1. 卫生筹资总额 卫生筹资总额是指一个国家或地区在一定时期内,从全社会筹集到的卫生资金总额。它从筹资来源角度测算卫生总费用,用于评价全社会卫生投入水平,反映不同筹资渠道对卫生总费用的贡献程度。一般分为政府预算卫生支出、社会卫生支出、居民个人现金卫生支出三个部分,可以用当年价格或可比价格来表示。

2. 人均卫生总费用 人均卫生总费用等于某国家或地区的卫生总费用除以该国家或地区的人口数。该指标消除了人口数量因素对卫生总费用绝对值的影响,一般可以用当年价格或可比价格来表示,是分析与评价不同地区、不同人群享有卫生保健服务公平性的重要指标。

3. 卫生总费用占GDP的百分比 卫生总费用占GDP的百分比等于某国家或地区卫生总费用除以该国家或地区GDP。该指标通常反映一个国家或地区在一定时期一定经济发展水平下对卫生事业的资金投入力度,反映该国家或地区对卫生工作和居民健康的重视程度,也可以反

映一个国家或地区的卫生费用是否符合当地经济发展以及居民的卫生服务需要。

(二) 卫生总费用筹资结构指标

1. 政府预算卫生支出占卫生总费用百分比 该指标可反映一个国家或地区的政府各部门对卫生事业发展的支持程度和投入力度,体现政府在卫生领域中的财政职能。

2. 社会卫生支出占卫生总费用百分比 该指标反映一个国家或地区社会各界对卫生事业的贡献程度,也反映多渠道筹集卫生资金的作用程度。

3. 居民个人现金卫生支出占卫生总费用百分比 该指标反映一个国家或地区居民个人对卫生总费用的负担水平,各地区不同人群对卫生保健服务的自付比例可以反映不同地区居民卫生筹资负担和享受卫生服务的公平性。

4. 卫生事业费费用占卫生总费用的百分比 该指标反映一个国家或地区财政部门对本国或本地区卫生事业发展的支持和重视程度。

5. 公共卫生服务经费占卫生总费用的百分比 公共卫生服务经费是政府预算卫生支出的重要组成部分,是各级政府为防病治病、保障人民健康,由国家财政预算向社会全体成员提供的卫生保健服务资金,是反映国家财政对卫生事业发展的支持程度以及该国或地区居民享受卫生服务公平性的重要指标。

(三) 卫生总费用分配流向指标

资金的分配是资源分配的表现形式,资金的分配间接地反映了资源的配置状况,反映卫生总费用分配的公平、效率与合理性。

1. 部门结构 主要分析卫生部门与非卫生部门,中央、地方(省、市、地区)、军队等部门卫生费用的分配,可反映资金分配的合理性。

2. 城乡结构 我国政府一再强调,卫生工作的重点在农村。利用卫生费用数据评价城乡结构有着重大意义。但是,利用卫生总费用数据划分城乡之间卫生资源的分配,取决于正确的划分城乡界限。最近几年,由于城乡行政区划变动很大,许多农村居民的工作生活是在城乡之间流动,这些都给卫生费用城乡结构的划分带来困难。

3. 防治结构 人们通常把医院划归为治疗机构,将疾病控制与卫生监督机构划为预防保健机构,并用卫生防疫与预防保健费用的分配比例评价卫生资源分配的合理性。这种评价方法有一定的参考价值,但也有其不尽合理之处。因为在实际中,许多卫生防疫工作是由村卫生室、乡镇

卫生院、各类门诊部(所)以及基层医院的防保科完成的。另外,评价妇幼保健工作也离不开医院的妇产科、儿科,且几乎全体医务人员都在进行健康教育与老年保健工作。总之,预防为主是一个全方位的工作,而不仅限于疾病控制、卫生监督与妇幼保健院。因此,评价预防与治疗的资金流向,不能简单地以机构划线,而应该具体分析实际提供的服务以及这些服务所消耗的费用。

4. 医疗服务与药品消耗 在我国医疗费用中,药品费用占很高比例,1990～1992年期间,药品费用占医疗费用的比例达到62%左右,医疗服务费用仅占到38%左右。自1993年医保制度改革以来,随着各项医疗费用控制措施的出台,药品费用占医疗总费用的比例已经逐年下降,1998年下降为58%左右,2003年下降到52%左右。但与国际水平相比,仍然显得太高。不过,如果对我国医务人员劳动报酬严重偏低这一因素进行必要的调节,我国药品支出占医疗费用的比例与世界平均水平相比的差距可能会大大缩小。

(四) 卫生总费用使用消耗指标

1. 卫生总费用利用的公平性 分析不同地区、不同人群卫生服务利用是否公平,可分析不同层次人群之间消费的医疗卫生资源的差距。

2. 卫生总费用利用的效率 常用投入与产出的比值作为评价指标。投入与产出比值越大,说明单位投入所获得的产出越多,或者说明单位产出所耗费的资源越少,意味着卫生费用的使用效率越高。

3. 卫生总费用利用的效益 指以货币价值形式对一定卫生资金投入使得人群健康得到改善所产生的效益和社会影响的综合评价。常用疾病经济负担加以评价。疾病经济负担的减轻就是卫生资金使用效益的增加。

4. 卫生总费用利用的效果 指卫生资源利用后对人群健康水平的影响。健康效果的评价指标有发病率、病死率的下降。期望寿命的延长,生活质量的提高或改善等。

(五) 卫生总费用变化趋势指标

1. 卫生总费用年增长速度 是反映一个国家或地区各年卫生总费用变动趋势和发展程度的重要指标。一般应该消除物价因素的影响,采用可比价格进行测量。

2. 卫生总费用年均增长速度 是衡量一个国家或地区卫生总费用各年平均增长变化程度和卫生总费用变化趋势的重要指标。

3. 卫生总费用对GDP的弹性系数 主要用于比较卫生总费用变动与GDP增长速度之间的关系。弹性系数大于1,说明卫生总费用增长快于GDP的增长速度;弹性系数小于1,说明卫生总费用增长慢于GDP的增长速度;弹性系数等于1,说明卫生总费用增长与GDP的增长速度完全一致。

4. 政府预算卫生支出与政府财政支出的弹性系数 反映政府预算卫生支出变动与政府财政支出增减之间的关系。弹性系数大于1,说明政府预算卫生支出增长快于政府财政支出增长的速度;弹性系数小于1,说明政府预算卫生支出增长慢于政府财政支出增长的速度;弹性系数等于1,说明政府预算卫生支出增长与政府财政支出增长的速度完全同步。

二、卫生总费用影响因素分析

(一) 社会经济因素

随着经济社会发展,人们的生活水平与文化层次不断提高,人们更加关注自己的身心健康,另外,居民的健康投资意识也随着经济水平的提高而增强,从而对卫生服务的需求增加,最终直接导致卫生总费用的上升。

(二) 人口因素

人口数量的增加和结构的变化是导致卫生总费用增加的重要影响因素。人口老龄化是人口类型从高出生高死亡向低出生低死亡转变的必然结果。据统计资料,我国已经步入老龄化社会。老年人口慢性病患病率高,就诊或住院率高于其他年龄组人群,且住院时间长,因而医疗费用就高。

(三) 物价上涨因素

卫生领域中房屋、设备、材料、药品、技术、劳务等各种生产要素的价格上涨,会直接导致医疗卫生费用的增长。

(四) 医药科技进步因素

随着医学科技的不断进步,诊疗手段不断增多,高新医疗仪器设备不断应用到医疗卫生领域,在提高人们的诊疗能力的同时,也导致医疗卫生服务成本不断攀升。同时,大量新药的研发和应用,一方面提高了疗效、减少了毒副作用,另一方面也大大增加了药品费用支出,导致卫生总费用的快速增长。

(五) 疾病谱变化因素

随着经济社会发展水平的提高,影响人群健

康的主要问题由原来的传染性、流行性疾病为主转为肿瘤、心脑血管疾病等慢性非传染性疾病。这些慢性非传染性疾病的特点是：病因复杂、病程长、难治愈、服务强度高，从而导致医疗卫生费用上升。

（六）管理体制因素

目前，我国对医院提供服务的支付方式主要是按服务项目付费的后付制，这造成一些医疗机构为追求经济收入而尽可能多地提供医疗卫生服务；加上对医疗机构补偿机制不合理，导致医疗机构往往倾向于提供那些补偿高于成本的服务（主要是高新仪器设备检验、检查等）；再加上"以药补医"的卫生经济政策，又导致卫生机构和医务人员更愿意为患者提供新药贵药，开大处方等。这些管理体制上的弊端也会导致卫生总费用的增加。

另外，由于交通通讯条件的改善、医疗社会保障制度的建立健全、社区卫生服务机构的建立，使得医疗卫生服务的可及性与可支付性增强，也会在一定程度增加对医疗卫生服务的消费，使卫生总费用增长。

三、中国卫生总费用分析

（一）卫生总费用筹资水平分析

从表5-1可以看出，从1980年至2005年，我国卫生总费用的绝对数量不断增长。按当年价格计算，1980年卫生总费用为143.2亿元，到2005年增长到8 659.9亿元，增加了60多倍，而同期GDP仅增加了40倍多一点。从增长的相对量来讲，从1980年至2005年，我国GDP年平均增长率为15.95%，而同期卫生总费用年平均增长率为17.78%，显示我国卫生总费用增长速度快于GDP的增长速度。卫生总费用占GDP的比重也从1980年的3.17%提高到2004年的5.55%，到2005年由于经济普查这一比例调整为4.73%。

从表5-1还可看出，人均卫生总费用从1980年的14.5元增加到2005年的662.3元，增幅接近46倍，稍快于同期GDP的40倍的增幅，远快于同期财政支出27.4倍的增幅。

表5-1　中国卫生总费用筹资来源

年份	1980	1990	1995	2000	2001	2002	2003	2004	2005
卫生总费用（亿元）	143.2	747.4	2 155.1	4 586.6	5 025.9	5 790.0	6 584.1	7 590.4	8 659.9
占GDP的百分比（%）	3.2	4.0	3.5	5.1	5.2	5.5	5.6	5.6	4.7
其中：政府预算卫生支出（亿元）	51.9	187.3	387.34	709.5	800.6	908.5	1 116.9	1 293.6	1 552.5
社会卫生支出（亿元）	61.0	293.1	767.81	1 171.9	1 211.4	1 539.4	1 788.5	2 225.4	2 586.4
居民个人现金卫生支出（亿元）	30.3	267.0	999.98	2 705.2	3 013.9	3 342.1	3 678.7	4 071.4	4 521.0
人均卫生总费用（元）	14.5	65.4	177.9	361.9	393.8	450.7	509.5	583.9	662.3

注：①本表为调整后的测算数；②按当年价格计算；③2001年起卫生总费用不含高等医学院校教育经费；④数据来源于卫生部卫生统计信息中心《2006年中国卫生统计年鉴》

（二）卫生总费用筹资结构分析

从全球角度讲，我国卫生总费用占GDP的比重并不高，到2005年人均卫生总费用也只有660多元（不到100美元），而1990年全球人均卫生费用已达329美元。可正是在这个阶段，我国医疗卫生领域的问题，从20世纪80年代的"看病难、住院难、手术难"转向了如今的"看病贵"。为什么会出现这种转变？原因很复杂，从卫生费用的筹资结构分析可以看出某些端倪。从表5-2可见，我国自1980年到2005年，卫生总费用增长了60倍，而同期居民现金卫生支出竟增加了149倍；居民现金卫生支出占卫生总费用的比重从1980年的21.2%增加到2005年的52.2%；政府预算卫生支出由36.2%下降到17.9%，政府预算卫生支出在这25年间增加了近30倍，虽然稍高于财政支出增加27倍多的增幅，但远远低于卫生总费用以及居民现金卫生支出的增长幅度。换句话说，这个阶段卫生总费用增长主要是由居民用自己的收入在支撑，尤其是对于那些社会保障大门之外的农村居民、城市无业或失业下岗人员家庭而言，当然会产生"看病贵"的感受了。

在2000年WHO进行的对世界各国卫生系统绩效排名中，卫生筹资公平性居前20位的国家，政府卫生支出占卫生总费用的比例，最低为54.2%，最高为99.3%；居民直接现金支付占卫生总费用的比例均低于50%，最低为0.7%，平均为17.08%。相反，卫生筹资公平性排名在后20位的国家，居民直接现金支付占卫生总费用的比例大多高于50%，最高达90.6%，平均为71.14%。由此可见，提高政府卫生支出的比重对于提高卫生筹资与卫生服务利用的公平性都是非常重要的。

表5-2 中国卫生总费用构成 单位:%

年份	1980	1990	1995	2000	2001	2002	2003	2004	2005
卫生费用占 GDP 的%	3.17	4.03	3.54	5.13	5.16	5.51	5.62	5.55	4.73
其中:政府预算卫生支出的%	36.2	25.1	18.0	15.5	15.9	15.7	17.0	17.0	17.9
社会卫生支出的%	42.6	39.2	35.6	25.5	24.1	26.6	27.2	29.4	29.9
个人卫生支出的%	21.2	35.7	46.4	59.0	60.0	57.7	55.8	53.6	52.2

注:①本表为调整后的测算数;②按当年价格计算;③2001年起卫生总费用不含高等医学院校教育经费;④数据来源于卫生部卫生统计信息中心《2006年中国卫生统计年鉴》

(三) 城乡卫生总费用分析

从表5-3、表5-4可以看到,自1990年有统计数字发布到2005年,城乡居民人均卫生费用呈快速增长之势,15年增长了10.1倍,其中,城镇居民人均卫生费用增长了7.1倍,农村居民人均卫生费用增长了8.2倍。同期城镇居民消费性支出增长了6.2倍,农村居民消费性支出增长了4.4倍。可见,农村居民医疗保健支出增幅相对于其消费性支出的增长要快速的多,而城镇居民相应指标则要温和许多。

城乡居民卫生保健支出比例,除了在2000~2002年间有所降低外,基本保持在4倍以上,这还是在没考虑城乡居民社会保障覆盖率、保障水平及就医条件等方面差距的情况下的比值,即使是在城乡卫生费用差距有所缩小的2000~2002年期间,城乡卫生费用的绝对差额以及农村卫生费用与全国平均值之间的绝对差额也是在不断拉大的。虽然城镇居民卫生保健支出占其消费性支出的比重在1995年后一直高于农村,但并不能说明城镇居民医疗卫生费用负担就高于农村居民,因为我国城乡居民的消费层次完全不在同一个水平线上,不能以统一标准、指标作比较,更何况城乡居民享有社会保障的范围与水平及就医条件上还存在很大的差别。

表5-3 城乡卫生费用比较

年份	人均卫生费用(元)	城市人均卫生费用(元)	农村人均卫生费用(元)	城乡人均卫生费用比	城乡卫生费用绝对差(元)	农村卫生费用与平均值的差(元)
1990	65.4	158.8	38.8	4.09	120.0	26.6
1995	177.9	401.3	112.9	4.02	288.4	65.0
2000	361.9	812.9	214.9	3.78	598.0	147.0
2001	393.8	841.2	244.8	3.44	596.4	149.0
2002	450.7	987.1	259.3	3.81	727.8	191.4
2003	509.5	1 108.9	274.7	4.04	834.2	234.8
2004	583.9	1 261.9	301.6	4.18	960.3	282.3
2005	662.3	1 122.8	318.5	3.53	804.3	343.8

注:资料来源于卫生部卫生统计信息中心《2007年中国卫生统计年鉴》

表5-4 城乡居民消费支出与卫生费用比较

年份	城镇居民人均年消费性支出(元)	城镇居民人均医疗保健支出(元)	医疗保健支出占城镇居民消费支出的比例(%)	农村居民人均年消费性支出(元)	农村居民人均医疗保健支出(元)	医疗保健支出占农村居民消费支出的比例(%)
1990	1 278.9	25.7	2.0	374.7	19.0	5.1
1995	3 537.6	110.1	3.1	859.4	42.5	4.9
2000	4 998.0	318.1	6.4	1 670.1	87.6	5.2
2001	5 309.0	343.3	6.5	1 741.1	96.6	5.5
2002	6 029.9	430.1	7.1	1 834.3	103.9	5.7
2003	6 510.9	476.0	7.3	1 943.3	115.7	6.0
2004	7 182.1	528.2	7.4	2 184.7	130.6	6.0
2005	7 942.9	600.9	7.6	2 555.4	168.1	6.6
2006	8 696.6	620.5	7.1	2 829.0	191.5	6.2

注:资料来源于卫生部卫生统计信息中心《2007年中国卫生统计年鉴》

（四）政府卫生支出

政府卫生支出是指各级政府用于卫生保健事业的财政预算拨款，政府预算卫生投入主要用于履行政府职能，弥补市场缺陷等方面。从表5-1可以看出，从1980～2002年间，我国卫生总费用中政府预算卫生支出所占比重呈明显下降趋势，从36.2%降到了15.7%。2003年SARS暴发之后，政府预算卫生支出又开始逐步上升，到2005年上升到17.9%。而发达国家卫生总费用中政府投入比重平均在80%以上，就是在市场化程度最高、政府投入比例最低的美国，政府投入的比重也达到45%左右。

1997年初，中共中央、国务院发布了《关于卫生改革与发展的决定》（以下称《决定》），《决定》中明确规定：中央和地方政府对卫生事业的投入，要随着经济的发展逐年增加，增加幅度不低于财政支出的增长幅度。据表5-5测算，《决定》发布10年来，我国政府基本做到了卫生投入逐年增长；但是卫生费用的增长幅度低于财政支出的增长幅度。如按照与财政支出的增长幅度同步计算，从1997年到2006年，卫生事业费支出累计欠账1 268.19亿元，政府预算卫生支出累计欠账2 163.58亿元。

表5-5 中国财政支出与政府预算卫生支出和卫生事业费支出比较

年份	财政总支出（亿元）	比上年增长百分比（%）	政府预算卫生支出（亿元）	比上年增长百分比（%）	卫生事业费支出（亿元）	比上年增长百分比（%）
1996	7 937.55	100.0	461.61	100.0	187.57	100.0
1997	9 233.56	116.3	523.56	113.4	209.20	111.5
1998	10 798.18	116.9	590.06	112.7	225.05	107.6
1999	13 187.67	122.1	640.96	108.6	247.89	110.1
2000	15 886.50	120.5	709.52	110.7	272.17	109.8
2001	18 902.58	119.0	800.61	112.8	313.52	115.2
2002	22 053.20	116.7	908.51	113.5	350.44	118.8
2003	24 649.95	111.8	116.94	122.9	439.28	125.4
2004	28 486.89	115.6	1 296.58	115.8	474.19	107.9
2005	33 930.28	119.1	1 552.50	120.0	601.50	126.8
2006	40 213.16	118.5	1 774.13	114.3	734.10	122.0

注：数据来源于卫生部卫生统计信息中心《2006年中国卫生统计年鉴》、《2007年中国卫生统计提要》、财政部《关于2006年中央和地方预算执行情况与2007年中央和地方预算草案报告》和卫生部《2003～2007年我国卫生发展情况简报》

（五）公共卫生投入

从表5-6可见，与1980年相比，政府财政公共卫生支出增长了27倍，但是占卫生总费用的比重却从27.3%，最低降到2000年的9.9%，2003年SARS暴发之后，政府逐步加大卫生投入，到2005年也仅上升到12.6%。同时，我国防疫防治机构总收入中，政府预算拨款所占比重从1990年的59.1%下降到2002年的42.1%，妇幼保健机构预算拨款所占比重从55.8%降到26.6%，近几年投入虽有所增加，但仍然不足以保证其履行职能的所需。承担了大量卫生防疫工作的乡镇卫生院、村卫生室，几乎没有政府预算拨款。从表5-7可见，2004年，我国政府财政对公共卫生机构的投入占财政支出的比例仅为0.74%，而美国2005年的相应指标为4%，是我国的5.4倍。

表5-6 中国财政预算卫生总费用支出情况

年份	政府预算卫生支出		财政公共卫生支出			公费医疗支出	
	总额（亿元）	占财政支出的%	总额（亿元）	占财政支出的%	占预算卫生支出的%	总额（亿元）	占预算卫生支出的%
1980	51.91	4.22	39.16	3.19	75.44	12.75	24.56
1990	187.28	6.07	115.45	3.74	61.65	71.83	38.35
1995	387.34	5.68	236.03	3.46	60.94	151.31	39.06
2000	709.52	4.47	453.77	2.86	63.95	255.75	36.05
2001	800.61	4.24	519.43	2.75	64.88	281.18	35.12
2002	908.51	4.12	609.23	2.76	67.06	299.28	32.94
2003	1 116.94	4.53	759.34	3.08	67.98	357.60	32.02
2004	1 293.58	4.54	887.28	3.11	68.59	406.30	31.41
2005	1 560.80	4.60	1 089.83	3.21	69.83	470.97	30.17

注：资料来源于卫生部卫生统计信息中心《2007年中国卫生统计年鉴》

表 5-7　中美两国财政对公共卫生机构的投入情况

	公共卫生机构		财政补助收入		占当年财政支出的比重(%)	
	中国	美国	中国 (亿元)	美国 (亿美元)	中国	美国
防治防疫机构	疾病预防控制中心（防疫站）	疾病控制中心	109.6	62.10	0.38	0.30
卫生监督检查机构	卫生监督局（所）	食品和药品管理局	26.0	8.01	0.09	0.08
	卫生监督检验监测站		0.3			
卫生科研培训机构	医学科学研究机构	国立卫生研究所	11.7	205.00	0.06	0.91
	医学在职培训机构	卫生保健科研和质量管理中心	4.4	3.10		
	健康教育所（站、中心）		1.4			
	以上三大类机构合计		153.4	288.21	0.53	1.29
其他公共卫生机构	急救中心（站）	儿童与家庭服务管理局	2.2	487.00	0.01	2.00
	妇幼保健院（所、站）	印第安人卫生保健局	32.3	31.30	0.11	0.10
	社区卫生服务中心	卫生资源与服务管理局	6.3	74.00	0.020	0.30
	采供血机构	药物滥用与精神卫生局	11.1	32.70	0.04	0.14
	其他公共卫生机构	老年人保健局	6.5	13.90	0.020	0.08
总计			211.8	927.11	0.74	4.00

资料来源：①《2006 年中国卫生统计年鉴》；②《2005 年中国卫生总费用研究报告》；③美国健康与人类服务部网站 www.dhhs.gov；④中国为 2004 年数据，美国为 2005 年数据，2005 年美国财政支出为 2.4 万亿美元

（六）卫生支出弹性分析

表 5-8 显示了 1980～2005 年间我国各项卫生支出对 GDP、财政支出的弹性变化情况。卫生总费用对 GDP 的弹性均大于 0，说明随着 GDP 的增长，卫生总费用也在不断增长，这是符合经济社会与卫生事业发展规律的。2000 年以后，卫生总费用的增幅较为平稳，大都稳定在1.0上下，也就是说卫生总费用的增长并不快于 GDP 的增长。卫生总费用对财政支出的弹性除 1980 年外，都是大于 0 的，呈不规则的上下波动，但基本是小于 1 的，说明我国政府财政支出增幅快于卫生总费用的增幅，这与卫生总费用中政府卫生支出比例下降趋势相符（见图 5-2，图 5-3）。

政府预算卫生支出从 1990 年到 2002 年间，增幅稳定在 12% 左右，2000 年前低于 GDP 的增长幅度，2000 年后稍快于 GDP 的增幅。

在 2000 年前，财政公共卫生支出是慢于政府预算卫生支出和政府财政支出的增幅的，2000 年后，快于政府预算卫生支出和政府财政支出的增幅。这和 2000 年世界卫生组织《世界卫生报告》出台后，我国政府逐步加大政府投入尤其是公共卫生投入的实际相符合。

表 5-8　卫生支出弹性分析

年份	1980	1990	1995	2000	2001	2002	2003	2004	2005
GDP 增幅(%)	11.89	9.86	26.13	10.64	10.52	9.74	12.87	17.71	15.00
财政支出增幅(%)	-4.13	9.20	17.80	20.46	18.99	16.67	11.77	15.57	19.11
卫生总费用增幅(%)	13.50	21.43	22.36	13.32	9.58	15.20	13.90	15.18	14.12

续表

年份	1980	1990	1995	2000	2001	2002	2003	2004	2005
对 GDP 弹性	1.14	2.17	0.86	1.25	0.91	1.56	1.08	0.86	0.94
财政支出弹性	-3.27	2.33	1.26	0.65	0.50	0.91	1.18	0.97	0.74
预算卫生支出增幅(%)	27.73	11.59	13.16	10.70	12.84	13.48	24.11	15.21	20.15
对 GDP 弹性	2.33	1.17	0.50	1.01	1.22	1.38	1.87	0.86	1.34
对财政支出弹性	-6.71	1.26	0.74	0.52	0.68	0.81	2.05	0.98	1.05
财政公卫支出增幅(%)	33.38	0.05	11.34	10.82	20.07	17.29	26.38	15.95	22.08
对财政支出弹性	-8.08	0.01	0.64	0.53	1.06	1.04	2.24	1.02	1.16

注:①本表为调整后的测算数;②按当年价格计算;③2001 年起卫生总费用不含高等医学院校教育经费;④数据来源于卫生部卫生统计信息中心《2006 年中国卫生统计年鉴》

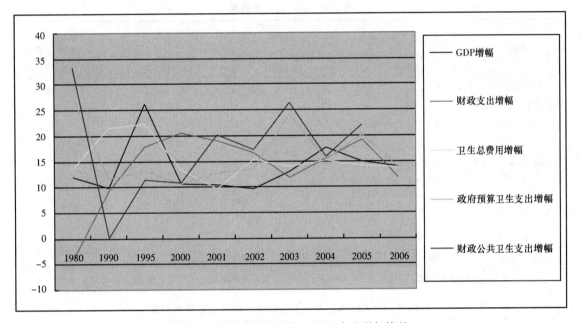

图 5-2　1980～2006 年各项卫生支出增长情况

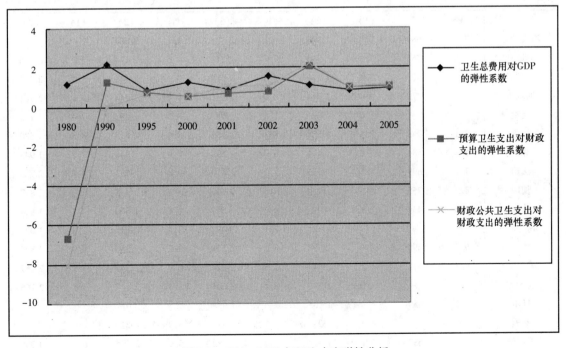

图 5-3　1980～2005 年卫生支出弹性分析

（七）卫生总费用的国际比较

根据1993年世界银行报告《投资于健康》，1990年全世界用于医疗卫生的总费用为17 000亿美元，约占全球GDP的8%。但是不同国家和地区之间卫生费用的差距极大。市场经济国家（发达国家）以占全球15%的人口，消费了全球87%的卫生费用，人均卫生费用达1 500美元，仅美国一个国家就消费了全球卫生总支出的41%，约占其GDP的14%。而占全球78%人口的发展中国家，仅消费了全球卫生费用的10%，人均只有41美元，与发达国家相比人均费用差距达到36.6倍（见表5-9）。

从卫生费用占GDP的比重看，与OECD国家平均7%～9%的比例相比（见表5-10），我国卫生总费用占GDP的比重不算高，到2005年不足5%，但需要指出的是，我国卫生总费用支出中，居民个人现金支付比例太高，而且是在短时间达到如此高比例的，这对于经济困难人口就会造成极大的经济负担，进而影响了卫生服务利用的公平性。

表5-9 全球卫生总费用

地区	占世界人口%	卫生总费用（10亿美元）	占全球卫生总费用%	公共部门卫生费用%	卫生费用占GDP%	人均卫生总费用（美元）	人均卫生总费用（SSA=1）
市场经济国家	15	14 830	87	60	9.2	1 860	78.9
欧洲前社会主义国家	7	490	3	71	3.6	142	6.0
拉丁美洲	8	470	3	60	4.0	1.5	4.5
中东地区	10	390	2	58	4.1	77	3.3
其他亚洲及岛屿国家	13	420	2	39	4.5	61	2.6
印度	16	180	1	22	6.0	21	0.9
中国	22	130	1	59	3.5	11	0.5
非洲	10	120	1	55	4.5	24	1.0
发展中国家	78	1 700	10	50	4.7	41	1.7
全球总计	100	17 020	100	60	8.0	329	13.7

注：SSA指撒哈拉以南非洲地区。资料来源：世界银行《1993年世界发展报告——投资于健康》

表5-10 OECD国家人均卫生总费用与卫生总费用构成

年份 国家	1980 (1)	1980 (2)	1990 (1)	1990 (2)	2000 (1)	2000 (2)	2001 (1)	2001 (2)	2002 (1)	2002 (2)
澳大利亚	7.0	684	7.8	1 300	9.0	2 379	9.1	2 504	–	–
奥地利	7.6	762	7.1	1 344	7.7	2 147	7.6	2 174	7.7	2 220
比利时	6.4	627	7.4	1 340	8.8	2 288	9.0	2 441	9.1	2 515
加拿大	7.1	770	9.0	1 714	8.9	2 541	9.4	2 743	9.6	2 931
捷克	–	–	5.0	553	7.1	977	7.3	1 083	7.4	1 118
丹麦	9.1	943	8.5	1 554	8.4	2 351	8.6	2 523	8.8	2 580
芬兰	6.4	584	7.8	1 414	6.7	1 698	7.0	1 841	7.3	1 943
法国	7.1	699	8.6	1 555	9.3	2 416	9.4	2 588	9.7	2 736
德国	8.7	955	8.5	1 729	10.6	2 640	10.8	2 735	10.9	2 817
希腊	6.6	434	7.4	838	9.7	1 617	9.4	1 670	9.5	1 814
匈牙利	–	–	–	–	7.1	847	7.4	961	7.8	1 079
冰岛	6.2	698	8.0	1 598	9.2	2 559	9.2	2 680	9.9	2 807
爱尔兰	8.4	511	6.1	791	6.4	1 774	6.9	2 059	7.3	2 367
意大利	–	–	8.0	1 397	8.1	2 001	8.3	2 107	8.5	2 166
日本	6.5	559	5.9	1 105	7.6	1 958	7.8	2 077	–	–
韩国	–	–	4.4	328	5.1	778	5.9	931	–	–
卢森堡	5.9	637	6.1	1 533	5.5	2 682	5.9	2 900	6.2	3 065
墨西哥	–	–	4.8	290	5.6	493	6.0	535	6.1	553

续表

年份 国家	1980		1990		2000		2001		2002	
	(1)	(2)	(1)	(2)	(1)	(2)	(1)	(2)	(1)	(2)
荷兰	7.5	750	8.0	1 419	8.2	2 196	8.5	2 455	9.1	2 643
新西兰	5.9	488	6.9	987	7.9	1 611	8.0	1 710	8.5	1 857
挪威	7.0	659	7.7	1 385	7.7	2 747	8.1	2 946	8.7	3 083
波兰	–	–	4.9	298	5.7	578	6.0	629	6.1	654
葡萄牙	5.6	283	6.2	661	9.2	1 570	9.3	1 662	9.3	1 702
斯洛伐克	–	–	–	–	5.5	591	5.6	633	5.7	698
西班牙	5.4	363	6.7	865	7.5	1 493	7.5	1 567	7.6	1 646
瑞典	9.1	924	8.4	1 566	8.4	2 243	8.8	2 370	9.2	2 517
瑞士	7.3	1 031	8.3	2 040	10.4	3 111	10.9	3 288	11.2	3 445
土耳其	3.3	76	3.6	165	6.6	446	–	–	–	–
英国	5.6	472	6.0	977	7.3	1 839	7.5	2 012	7.7	2 160
美国	8.7	1 055	11.9	2 738	13.1	4 538	13.9	4 869	14.6	5 267

注:表中(1)代表卫生总费用占GDP的比重(%);(2)代表人均卫生总费用(美元)

资料来源:OECD HEALTH DATA 2004,第一版

案例5-1

通过数据分析中国的"看病贵"现象

材料1:2003年全国卫生总费用为6 598亿元,占GDP的5.6%,达到发展中国家的较高水平。但其中政府投入仅占17%,企业、社会单位负担占27%,其余56%由居民个人支付。而在欧洲国家如德国,至少有80%左右的公共卫生支出由国家负担,即使是美国,政府也承担45%左右的支出。

材料2:据世界银行一份报告显示,2003年,我国药品费用占全部卫生支出的52%,这一比例在大多数国家仅有15%~40%。由于大处方,我国卫生费用的12%~37%都被浪费掉了。

材料3:全国80%的医疗资源集中在大城市,其中30%又集中在大医院。占全国人口三分之二的农村居民所花费的医疗费用,不到城市居民的三分之一。

问题:

1. 我国卫生总费用到底是多还是少?为什么会出现"看病贵"现象?

2. 要解决"看病贵"问题仅靠增加政府预算卫生支出就万事大吉了吗?应该如何提高卫生资源的使用效率?

分析提示:

1. 医疗费用贵与否,既要横向比较,更要纵向比较,主要看不同社会群体的医疗卫生支出占其收入的比重以及与其收入增长幅度的弹性。

2. 增加政府投入只是解决第一层面的问题,政府还必须要进行体制改革、机构改革,以寻求在公平、效率和质量诸方面的平衡。

参 考 文 献

陈共,王俊.2007.论财政与公共卫生.北京:中国人民大学出版社

胡善联.2004.卫生经济学.上海:复旦大学出版社

邱鸿钟,袁杰.2005.现代卫生经济学.北京:科学出版社

魏颖,杜乐勋.1998.卫生经济学与卫生经济管理.北京:人民卫生出版社

吴明.2002.卫生经济学.北京:北京医科大学出版社

周寿祺.2008.《决定》发布十年来政府卫生投入的分析研究.中国卫生资源杂志,(1):3-5

(康　军)

第6章 医疗保险制度

本章提要

本章介绍医疗保险的相关内容。通过本章学习,要求掌握医疗保险的基本概念、理论和方法,了解医疗保险费用分担与补偿方式,熟悉世界各国医疗保险的模式,了解我国医疗保险制度的产生和发展过程。

在社会保险的各项制度中,医疗保险制度是涉及面最广,内容最为复杂,实施难度最大的一项社会保险制度。医疗保险又称健康保险(health insurance),它是保险的一种,是补偿因疾病造成经济损失的一种保险。

第1节 医疗保险概述

一、基本概念

(一) 风险和保险

常言道:"天有不测风云,人有旦夕祸福"。在自然界中,常常会有不幸的事件发生。比如:洪水、虫灾、雷击、车祸、工伤、疾病、死亡等事件的发生,这就是风险。

1. 风险的概念(risk) "风险"一词的由来最为普遍的一种说法是:在远古时期,以打鱼捕捞为生的渔民们,每次出海前都要祈祷,祈求神灵保佑自己能够平安归来,其中,主要的祈祷内容就是让神灵保佑自己在出海时能够风平浪静、满载而归。渔民们在长期的捕捞实践中,深深地体会到"风"给他们带来的无法预测的危险,他们认为,在出海捕捞打鱼的生活中,"风"即意味着"险",因此就有了"风险"一词。显然,风险是在某一个特定时间段里,人们所期望达到的目标与实际出现的结果之间产生的距离。风险是指某种事件发生的不确定性。保险中的风险是指某种损失发生的不确定性。因此,风险是与损失相连的一种状态。

2. 风险的特点 风险具有普遍性、必然性、不确定性、损失性、规律性和发展性等特点。

(1)风险具有普遍性:人类为了生存与发展,不得不与各种各样的风险进行斗争,虽然一些风险得到控制,但同时又会产生新的风险。风险时时处处可见,随时随地都可能发生。风险渗入到社会和个人生活的各个方面。比如:个人面临着失业、意外事故、疾病、死亡等方面的风险;企业面临着自然风险、市场风险、技术风险和破产风险等。

(2)风险具有必然性:风险是一种不以人的意志为转移的客观存在。无论人们是否意识到风险的存在,它总是客观存在且必然会发生。人们总是想认识自然客观规律和控制风险,但也只能是在有限的时间和空间内改变风险的存在和发生,降低风险发生频率和减少损失,但却不能完全消灭风险。比如:自然界中的地震、洪水、台风,还有一些意外的传染病、意外事故和死亡,都是不以人们的意志为转移的客观事实。

(3)风险具有不确定性:风险虽然是客观存在,但就某一具体风险或对某一个体来说,它的发生是不确定的,风险发生后造成多大损失也是不确定的,这也是它的随机性,我们无法预测出某一具体风险或风险发生的时间以及会带来的后果。如果能够预测到风险在某一时间发生及风险所带来的损失,那么,人们就会采取应对风险的措施,使风险不会发生。因此,只有风险的发生是不可预料时,才有风险的存在。

(4)风险具有损失性:风险与损失是密不可分的。不幸一旦发生,都会给人们带来损失。比如:火灾带来的财产损失、意外事故带来的人身伤亡、患病就医带来的经济损失等。一般来说,风险涉及的损失大多是经济损失,但也存在一些无法用经济计算或表示的损失。比如:患病以后给人身带来的躯体上的痛苦和精神上的损害,就是无法用货币来估价的。保险中所涉及的风险损失通常是指经济损失。

(5)风险具有规律性:虽然风险对于个体具有不确定性,但大量风险却呈现出一定的规律性。从总的趋势上,对许多个体的风险事件进行统计学处理,则可准确地反映风险发生的规律,从而使人们可以对风险进行预测,这将会在保险费用的测算中起到重要作用。

(6)风险具有发展性:现代科学技术的发展和应用,给人们带来了更多的新的风险。比如:原子能的应用,出现了核污染及核爆炸的巨大风险;汽车的出现促使交通肇事的风险加大。因此,风险也是随着社会发展而发展的。

3. 风险的程度　风险的程度反映了损失发生的不确定性和严重程度的大小。损失的不确定性与风险程度呈正比相关关系,即风险越大,损失越大;反之,风险越小,损失越小。当损失发生的概率相同时,损失严重程度大表明风险的程度高。因此,风险的程度就是损失发生的可能性和损失一旦发生的严重性,构成人们对风险的重视程度,即所谓的风险的程度。

当风险发生的概率在50%时,导致损失发生的不确定性最大,即损失发生概率最大,因而风险也就最大。例如:当某一种疾病发生的概率接近0时,人们会因为疾病发生的概率较小而不愿意参加医疗保险;当该种疾病发生的概率接近1时,人们会因为疾病发生的概率较高而愿意购买医疗保险。在这两种情况下,无论是购买医疗保险还是不购买医疗保险,给人们带来很大经济损失可能性并不大。但当该种疾病发生的概率为50%时,人们很难把握自己是否患病,是否因为患病而带来经济损失,因而愿意参加医疗保险者不仅愿意支付医疗保险费用,而且愿意支付更多的保险附加费;而不愿意参加医疗保险者,又因疾病发生的概率相对较大,支付医疗费用的可能性也就较大,因此,发生损失的可能性较大,风险程度较高。

4. 风险的类型　根据风险的损害对象不同,可将风险分为人身风险、财产风险、责任风险和信用风险等;根据风险的起源与影响不同,可将风险分为基本风险和特定风险;根据风险所导致的后果不同,可将风险分为纯粹风险和投机风险。

（1）人身风险、财产风险、责任风险和信用风险:人身风险是指因人的死亡、疾病、残疾、失业或年老没有依靠而遭受损失的不确定状态。因此,这些与生命现象有关的风险称为人身风险。

财产风险是指因财产发生损毁、贬值或灭失而使财产的所有者遭受损失的不确定状态。如厂房、机器设备、家庭个人的房屋、财产等遭受火灾、洪水等风险,都会使财产遭到实质性损失。

责任风险是指人们因过失或侵权行为造成他人财产毁损或人身伤亡后,在法律上必须负有经济赔偿责任的不确定状态。如驾驭车辆不慎撞伤行人、产品质量不符合标准引起消费者的财产毁损或人身伤害等,都是带来需承担经济赔偿责任的风险。

信用风险是指由于各种信用活动所导致损失的风险,如商业信用、进出口信用等均为信用风险。它是指因义务人不能履行合同,而使权利人遭致损失的风险。

（2）基本风险与特定风险:基本风险是由非个人的或至少是因个人难以阻止的因素所引起的、且通常带来较大范围损失的不确定状态。如失业、通货膨胀、战争、地震、洪水等。

特定风险是指由特定因素引起的,通常是由某些个人或家庭承担损失的不确定状态。如失窃、交通肇事、产品质量等引起的风险。

（3）纯粹风险与投机风险:纯粹风险是指只有损失机会而无获利机会的不确定状态。纯粹风险所导致的结果只有两种:或者损失,或者无损失,而没有获利的可能性。如房屋不幸遭受火灾,房屋主人遭受损失,但若无火灾发生,也无利益可得。

投机风险是指既存在损失可能性,也存在获利可能性的不确定状态。它所导致的后果有三种:损失、获利和无变化。如购买股票和基金就存在着投机风险。

5. 保险　保险(insurance)是以契约形式确立双方经济关系,以缴纳保险费的方式建立保险基金,对保险合同规定范围内的灾害事故所造成的损失,进行经济补偿或给付的一种经济形式。保险的实质就是对风险所造成意外损失的一种经济补偿制度或办法。通过保险的方式,把风险转移给保险机构,由保险机构来承担风险损失。保险的功能主要有:融资功能、补偿损失、风险转移、社会功能。

（二）疾病风险与医疗保险

1. 疾病风险　疾病风险是指由于患病或意外损伤而引起的风险。因为疾病风险所危害的对象是人,导致对人体健康的损害甚至死亡,因而它是一种人身风险。

案例 6-1

医疗保险可降低疾病风险吗?

　　张颖今年25岁,2004年7月1日毕业于某高校,应聘到一家外企人力资源部工作,担任行政干事。刚进企业的时候,她第一年的实际月均工资为2 500元。随后每年7月,老板都给她加薪500元,现在不算年终奖她的月收入已达到3 500元。张颖身体一直都很好,三年来都没看过病,感觉经济还很宽裕。然而,就在上个月,张颖突然小腹和胃部疼痛难忍,朋友把她送到医院,经医生诊断为急性阑尾炎,需要马上手术治疗。她住院的手术费和西药费合计花了1 975.5元。由于这家外企给每个职工都办理了医疗保险,张颖出院时保险公司给她报销60%的医药费。

问题:

1. 为什么企业给每一个职工都办理医疗保险?

2. 如何规避疾病所带来的经济负担?

分析提示:

疾病风险是不可预测的,每个人都可能遇到。虽然案例中张颖得的不是大病或重病,但是如果没有医疗保险作为保障,她可能难以承受这笔医药费。正是由于企业给每个职工办理医疗保险,才为患病职工减少了经济损失,降低了疾病所带来的风险。

疾病风险除了具有风险的一般特点外,与其他风险相比,具有下述特殊性:

(1)风险的严重性:疾病风险的主要危害不仅带来经济上的损失,还会危及人的生命,而人的生命是金钱无法弥补的,因此,这种风险的严重性要大于其他风险。

(2)风险的复杂性:大千世界里疾病的种类是多种多样的,病情也不尽相同。由于疾病的复杂性,决定疾病风险损失的复杂性。疾病风险主要是指疾病治疗费用。不同的疾病的治疗费用可能是不一样的,就是同一种疾病,由于个体差异,治疗费用也可能不同。另外,疾病的治疗费用与医疗服务提供者的水平和技术也有较大关系。疾病风险的复杂性,决定对风险损失测算的困难,有些无法测算。

(3)风险的多样性:引起疾病风险的因素是多种多样的。自然因素、人为因素、心理因素、社会环境因素、生活方式等都可能导致疾病的发生,因此,要防范疾病风险是困难的。

(4)风险的普遍性:疾病风险涉及每个人和每个家庭,是所有人都要面临的共同的风险。

(5)风险的社会外溢性:个人和家庭发生疾病风险不仅直接危害个人或家庭,而且会涉及整个人群、社区、乃至社会。尤其是传染病,若不采取有效措施会迅速蔓延,危害巨大。

2. 医疗保险 从广义上讲,医疗保险是为了分担和补偿疾病风险带来的经济损失而设立的一个险种。每个人都不可避免的发生疾病或碰到意外伤害,即遭遇疾病风险,需要预防性或治疗性的医疗服务,并负担一定的医疗费用。当病情或伤势严重,医疗费用较高时,就会给家庭或个人带来巨大的经济损失,给生活带来极大的影响。而通过医疗保险的方法,可以使人们在遭遇疾病风险,需要医疗服务和经济补偿时,能够获取一定的物质帮助,进而有效地抵御疾病风险。

二、医疗保险的产生与发展

早在中世纪的欧洲就出现了有关医疗互助的做法。当时,为了防范疾病风险,手工业者自发地成立了"行会",由"行会"来筹集互助资金,对会员中患者予以资助,以帮助他们渡过难关。随着工业化的推进,人们越来越重视互助对化解劳动者风险的作用。至18世纪末19世纪初,这种"行会"互助在欧洲已相当普遍。

现代意义的医疗保险立法首先诞生在19世纪末的德国。1883年,德国政府颁布的《疾病保险法》是世界上第一部疾病保险法,也是最早的一部社会保险法。该法开创了强制性医疗保险立法之先河,以强制性的方式要求工资收入低于一定数额的工人必须参加到医疗保险中。规定对全体工业劳动者统一实行疾病保险制度,医疗保险费按工资的一定比例缴纳,由劳动者缴纳2/3,由雇主缴纳1/3。对于参加保险的劳动者,患病时医疗费和药费均实行免费制,医生与患者的关系是一种非金钱关系。

继德国之后,许多国家也颁布了相关法令,如奥地利、捷克、匈牙利、丹麦、比利时、卢森堡、挪威、英国、瑞士、爱尔兰、意大利、法国、俄罗斯等国,都相继颁布法令实施了医疗保险制度。至1935年,通过社会立法建立疾病或生育保险项目的国家已有30多个。

与此同时,国际劳工组织为推动各国医疗保险制度的实施也做了不懈的努力,制定和颁布了多个有关医疗保险的国际劳动公约,为各国制定医疗保险制度提供相关依据和指导。比如:1927年国际劳工组织通过了《工商业工人及家庭保险公约》(第25号公约),规定在工商业中实行强制性疾病保险。1944年国际劳工组织还通过《医疗保健建议书》(第69号公约),呼吁各国政府满足公民对医疗保健和设施的需要,以此来恢复健康和预防病情进一步恶化,以及减轻疾病所带来的痛苦,并进一步保护和改善健康状况。该建议将医疗保险从疾病治疗进一步扩大到预防和保健上,使医疗保险从观念上有了一个质的飞跃,为各国制定和修改医疗保险法提出了新的目标。1952年国际劳工大会通过了《医疗保健和疾病补助公约》(第130号公约),对其公约做了个别的修订,为医疗保健和疾病补助提供了重要的国际标准。

自19世纪80年代德国颁布第一个疾病保险法以来,医疗保险制度已经有了很大的发展,世界许多国家都建立了医疗保险制度,据有关资料统计,至1995年,全球共有105个国家实行了医疗保险制度,其中,12个国家的制度仅针对生育保险,其余93个国家建立了既有疾病保险又有生育保险的医疗保险制度。

从各国实行的医疗保险来看,主要有两种类型:一是保健服务型,即所有国民,不论贫富均可以享受政府提供的医疗和保健服务;二是医疗保险型,是指当劳动者及其家属生病时,由社会医疗保险体系提供医疗服务和承担费用。从医疗保险费用给付方式和医疗保险基金管理模式来看,医疗保险制度主要有四种类型。

1. 免费型国民医疗保险,典型者如英国、瑞典 英国于1946年制定《国民健康保健法》,对全体国民实行免费医疗。国民保健服务以全民为对象,包括预防、医疗和康复等服务,没有最低条件的限制。医疗服务由与国民健康服务局签订合同的医生或牙医提供,由国民健康服务局提供费用或由公共医院支付。国民没有任何条件限制,均可免费享受国民保健服务。

2. 现收现付型医疗保险,典型者如德国、日本 德国现行医疗保险法律依据的是1989年1月1日起生效的《社会法典》第5卷的医疗卫生改革法,该法主要规定了法定医疗保险制度。德国约90%的人口属于法定医疗保险范围,保险费由雇主和雇员来承担,费率大约是雇员工资的13.5%,由雇主和雇员各承担50%,保险费实行现收现付,被保险人的年龄、性别和健康状况与缴费水平无关,享受的医疗待遇也不受缴费多少的影响。医疗保险待遇包括:预防疾病、疾病的早期诊断、治疗疾病、医学康复、支付医疗津贴、支付丧葬补贴等。

3. 个人积累型医疗保险,典型者如新加坡 新加坡于1955年开始实施中央公积金计划,其中就包括医疗保险。该制度完全实行个人积累的模式,由雇主和雇员按月按工资的一定比例缴纳公积金,并存入不同的账户。公积金分别有三个不同账户:普遍账户、医疗储蓄账户和特别账户。医疗储蓄账户的存款最高限额为19 000新元,超出限额的缴费自动转入普遍账户。医疗储蓄主要用于支付雇员及其家人的住院费用,其中包括病房费、医疗费、手术费、检查费等。

4. 混合型医疗保险,典型者如美国 美国实行了国家医疗救济与商业医疗保险制度相结合的模式,即对一部分人实行国家医疗救助,而对一部分人实行商业医疗保险制度。具体来说,对于在职的雇员实行商业医疗保险制度,而对于65岁以上的老年人、贫困者和严重的残疾人员,实行政府资助的国家医疗救助。

第2节 医疗保险模式

纵观世界上医疗保险发展的历史,各国医疗保险的形式、类型复杂多样。但可以从不同角度和不同侧面对其进行不同的分类。本节主要从医疗保险基金筹集方式的角度分别阐述世界不同的医疗保险模式。

一、国家医疗保险模式

(一) 国家医疗保险定义

国家医疗保险亦称政府医疗保险,又称为国家卫生服务制度(national medical service),是指政府直接建立医疗保险与医疗事业,通过税收形式筹措医疗保险基金,采取预算拨款形式给国立医疗机构;医生及有关人员均接受国家统一规定的工资待遇;向国民提供免费或低收费服务,保障公民享有规定范围的医疗服务。

(二) 国家医疗保险模式的特点

1. 医疗保险基金来源是税收,其主体是政府,筹集渠道依赖财政预算拨款。

2. 医疗服务具有国家垄断性。医疗保险基金通过国民收入再分配的预算拨款形式划拨给政府举办的医疗机构,或政府通过合同购买民办或私人医生的医疗服务。

3. 医疗保险覆盖本国全体公民,公民享有保险范围内的免费或低收费的医疗服务。

4. 实行计划配置并调节医疗资源与医疗保险基金的管理体制,政府卫生部门直接参与医疗服务机构的建设与管理。

这种模式的优点:一是由于资金是政府提供,因此政府可以控制医疗费用的总量;二是向居民提供免费医疗服务,公民可公平地获得基本的医疗服务,使他们健康有所保障;三是覆盖面较为广泛,享受到的医疗福利水平较高。

这种模式的缺点:一是由于公民看病是免费或低费,医疗服务供方提供服务所消耗的费用是政府的财政拨款,双方缺乏费用意识,政府负担过重;二是由于政府计划配置医疗资源,完全由政府干预,市场机制对卫生资源、医疗服务价格没有调节作用;三是计划管理体制,束缚了医疗机构的手脚,使它们缺乏活力,难以更好地满足卫生服务需求。

因此,实行国家医疗保险,一定要有雄厚的经济实力,同时,要引入市场竞争机制,在公平的前提下,提高服务质量和效率。

二、社会医疗保险模式

(一) 社会医疗保险定义

社会医疗保险（social medical insurance）是国家通过立法形式强制实施，由雇主和个人按一定比例缴纳医疗保险费，建立社会医疗保险基金，支付雇员医疗费用的一种医疗保险制度。

(二) 社会医疗保险模式的特点

1. 通过国家立法强制公民参保和筹集医疗保险基金。

2. 基金由社会医疗保险管理机构统一筹集、管理、核算、给付，不以营利为目的。

3. 社会医疗保险基金管理的基本原则是，以支定收、以收定付、现收现付、力求当年收支平衡。

4. 合同医院提供约定范围的免费医疗或收费服务。

5. 保险机构分别向合同医院结算付费或给参保患者偿付、垫付医疗费用。

这种模式的优点：一是医疗保险基金的筹集法制化，基金来源稳定且多元化，体现了政府、社会、个人对健康的经济责任；二是基金的使用实行社会统筹，互助共济；三是保险机构同医疗机构合同契约关系，促进医疗机构服务质量和效率提高，有效控制供方垄断行为；四是管理体系以分权为主要特征分散职责。

这种模式的缺点：一是由于合同医院提供约定范围的服务，对医疗用药行为监管不力，会出现双方的道德风险；二是社会医疗保险基金实行现收现付，当年平衡，虽然实现横向共济，却不能保证纵向积累，这随着人口的老龄化进程的加快，矛盾将会出现。

案例 6-2
德国医疗保障制度概览

德国是世界上第一个按照福利国家理论建立起社会医疗保险制度的国家。德国通过社会法典确立了以"法定医保为主，私人医保为辅"的医保体系。在德国，法定医保的成员数到 2005 年底已达到 7 050 万人；而根据私人保险协会的统计，到 2004 年底完全私人医保参加者也突破了 800 万人，另有 790 万法定医保人员选择私人医保作为附加险种。"双元并立，结构互容"的特点使德国医保体制具有较高的稳定性和一定的灵活性。2005年德国大选后，将竞争机制引入法定医保领域。从 2009 年 1 月 1 日起建立联邦范围内统一的健康基金，并统一全国范围内的法定医保费率。该基金由雇主与法定医保投保人缴纳的保费和国家补贴组成，形成一个具有个人、社会和国家背景的医保大账户。最终目标是在减轻投保人经济负担的前提下，以医保费用的有效利用率作为效率杠杆来调配公共医疗资源，保持在公平的大框架内引入部分市场运作机制，在法定医保领域一定程度上实现公平与效率之间的均衡。

问题：

1. 德国为什么要采用双元并立、结构互容这种模式？

2. 德国为什么要建立健康基金？

分析提示：

尽管德国多次提高法定医保的保险费率和削减医保服务项目，但是法定医保机构一直处于入不敷出的境地。从 2004 年起，德国政府开始以联邦补贴方式向社会公共医保账户注资 10 亿欧元以填补账户赤字，2005 年注资 25 亿欧元，2006 年补贴金额达到 42 亿欧元。为了解决资金问题，在整个法定医保领域引入统一的竞争机制，建立健康基金，统一法定医保费率。最大程度满足医疗需求，促进法定医保领域一定程度上实现公平与效率之间的均衡。

三、商业医疗保险模式

(一) 商业医疗保险的定义

商业医疗保险（commercial medical insurance）是指商业保险组织根据医疗保险合同约定，以人的身体为保障对象，向投保人收取保险费，建立保险基金，并根据合同约定对参保人的医药费损失承担给付保险金责任的一种合同行为。商业医疗保险是以被保险人身体健康状况为基本出发点，以对被保险人因疾病或意外伤害造成的医疗费用和收入损失进行补偿为目的的一类保险。商业保险属于健康险。它不仅包括补偿由于疾病带给人们的直接经济损失，还包括补偿疾病带来的间接经济损失，且对分娩、伤残、死亡等也给予经济补偿。

(二) 商业医疗保险模式的特点

商业医疗保险不同于社会医疗保险，它是按市场法则进行经营，医疗保险作为一种特殊商品自由买取，因此，商业医疗保险也称为自愿医疗保险。商业医疗保险的卖方是民间团体或私人的非营利性医疗保险公司以及营利性商业保险公司;买方可以是企业、民间团体、政府或个人。商业性医疗保险以追逐利润为目的,并通过对投保人的风险选择,防止资金流失以确保商业利润。商业医疗保险与具有社会保障性质的社会医疗保险相对应,并行不悖、各司其职,可以互为补充,但不能互相替代。商业医疗保险主要是根据医疗保险市场的需求设计推出医疗保险的商品品种,并且这种需求量还要达到一定规模。商业医疗保险也普遍被各国采用。

商业医疗保险模式的特点:

1. 筹资方式　主要依据社会人群通过自愿入保,缴纳保费,共同分担因患病而造成的经济损失。

2. 办医模式　以私立医疗机构为主,私营性医疗保险机构均以营利为目的,也有少数机构不以营利为目的。

3. 运营机制　现收现付,由保险人与被保险人签订合同,缔结医疗保险契约关系,双方履行权利和义务。

4. 医疗保险作为一种特殊商品　根据社会不同需求,设计不同的医疗保健或疾病险种,开展医疗保险业务,其供求关系由医疗保险市场调节。

这种模式的优点:一是满足消费者对不同层次的医疗服务的需求;二是有利于健全社会保障体系;三是充分发挥市场机制的作用,促进商业医疗保险组织在价格和质量上进行竞争,提高质量,降低价格,有效配置卫生资源并提高服务效率。

这种模式的缺点:一是这种医疗保险主要靠市场调节,医疗服务的供需双方信息不对称,供方常常利用技术优势进行诱导需求;二是这种医疗保险机构大多是以营利为目的的,对于投保人进行选择,很多体弱多病者和老年人就被拒之门外。

四、储蓄医疗保险模式

(一) 储蓄医疗保险的定义

储蓄医疗保险(medisave)是依据法律规定强制性地以家庭为单位储蓄医疗基金,通过纵向积累以解决患病就医所需要的医疗保险基金的一种医疗保险制度。其资金流向为:

(二) 储蓄医疗保险的特点

储蓄医疗保险的主要特点是采用了纵向积累的方法,与社会医疗保险的横向共济模式(现收现付制)有所不同,并有其独到之处:

1. 由于是以储蓄为基础,患者要用自己的钱支付医疗费用,因而有利于提高个人的费用意识和责任感,促使人们更谨慎地利用医疗服务,避免对医疗服务的过度利用,从而减少浪费,控制医疗费用的增长。

2. 由于采取的是纵向积累的方法,因而能够解决老龄人口筹集医疗费用的问题,即每一代人的医疗保健费用问题由本代人来解决,从而避免出现医疗费用的代际转移问题。

这种模式的优点:一是个人对自己的疾病风险有了更大的责任感,并为自己将来的医疗费用需要做好准备;二是较好地解决了医疗负担的代际转移问题,对费用的约束机制也较强。

这种模式的缺点:大病风险的保障有问题,它的社会共济程度较差。

第 3 节　医疗保险费用分担与偿付

一、医疗保险费用分担

医疗保险费用分担是指医疗保险费用由被保险人和保险人共同分担。它在医疗保险体系中,具有十分重要的地位。医疗保险费用分担主要有扣除保险(deductibles)、共付保险(co-insurance)、最高限额(limits and maximums)三种形式。

(一) 扣除保险

在保险学中,医疗保险费用的起付线方式也称扣除保险。在扣除保险方式下,被保险人在接受医院门诊或住院治疗时,需要自己先支付一定数额的医疗费用,起付线以下的医疗费用被保险人个人负担,超出部分由保险机构和被保险人共同担负。

扣除保险有三种类型:

1. 以每次服务额度为统计单位,被保险人在每次就医时需要自己先支付部分费用后,保险机构才给予补偿。

2. 以一段时间内累计数额为统计单位,当个人支付的医疗费用达到规定的数额时,保险机构才给予补偿。

3. 以个人账户为统计单位,在就医时先使用个人或家庭账户中已储蓄的医疗资金,当账户的资金用完之后,保险机构给予补偿。

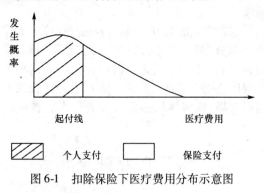

图 6-1　扣除保险下医疗费用分布示意图

扣除保险的优点主要有三:一是可以有效控制消费。因为起付线以下部分是个人担负的,如果自付部分高于所需的医疗费用,被保险人会选择较为便宜的医疗服务,限制了不必要的医疗需求,减少浪费;二是可降低管理成本。因为在扣除保险下,排除了大量的低费用补偿,这减少了保险结算和偿付的工作量,从而降低了管理费用;三是确保基金用到高费用的医疗服务中,体现保险分担风险的功能,增强保险的作用。图 6-1 中可见扣除保险制度下医疗费用分布情况。

案例 6-3

扣除保险下赔付额的计算

假如医疗保险的偿付制度规定:被保险人因疾病或意外所发生的门、急诊医疗费用,符合社会医保规定,自付 400 元以上(含医保个人账户金额)的费用,按 70% 的比例赔付。假设某被保险人在当年发生门急诊费用 2 042 元(符合医保规定)。

问题:

1. 上述医疗保险费用中的起付线是多少?

2. 医疗保险公司赔付和个人自付的数额各是多少?

分析提示:

1. 此案例中医疗保险费用的起付线为 400 元。

2. 医疗保险公司赔付额和个人自付额的计算如下:

保险公司赔付:[2 042 元 - 400 元] × 70% = 1 149.4 元。

个人自付:400 元 + [2 042 元 - 400 元] × 30% = 892.6 元

(二) 共付保险

共付保险又称按比例支付,它是指保险机构和被保险人按一定比例共同支付医疗费用(见图 6-2),"一定比例"又称共付率。共付率既可是一个固定的比率,也可是变动的比率。例如:当被保险人的住院费用在 3 000 元以下时,共付率为 20% ;费用为 3 000～5 000 元时,共付率为 15% ;5 000 元以上则为 10% 。

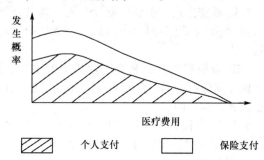

图 6-2　共付保险制度下医疗费用分布示意图

共付保险对门诊服务的利用影响比较明显,门诊的利用随着共付率增高而减少,但对住院服务利用影响不明显。但不同人群和不同收入状况采用一个共付率,也有公平性问题存在。

(三) 最高限额

最高限额是与起付线相反的费用分担方式,它是对被保险人规定一次性或一年医疗费用补偿最高的保险限额的方法。在最高限额下,保险机构只支付在这个限额以下的医疗服务费用,超过限额以上部分则由被保险人自己支付或通过补充医疗保险支付。

最高限额的优点是:

1. 有利于实现低水平、广覆盖的目标,将有限基金优先保障基本医疗,使更多的被保险人受益。

2. 有利于提醒被保险人重视预防保健和早诊断、早治疗,以免小病不治而酿成大病和重病。

3. 有利于抑制需方高额医疗服务的过度需求和供方对高额医疗服务的过度提供。

二、医疗保险偿付

(一) 医疗保险偿付中的经济关系

医疗保险费用的偿付是指医疗保险机构作为付款人,在被保险人获得医疗服务后,对被保险人在接受医疗服务时所消耗的经济资源(医疗费用)进行补偿和支付的行为。

医疗保险费用偿付最开始只是一种简单的保险人和被保险人之间的双向经济关系,即被保险人向保险人(保险机构)缴纳保费,在发生疾病风险且发生损失(医疗费用)时,被保险人向医疗服务者(医院或医生)缴纳医疗服务费用,保险人(保险机构)向被保险人提供赔偿或报销。

随着技术和经济的发展,以及人们对医疗服务市场认识的加深,医疗保险费用的偿付发生改变,形成了医、患、保三者之间的三角经济关系。随着政府对医疗保险的介入,在医疗保险费用的偿付关系中又出现了第四方——政府。

(二) 医疗保险偿付方式

1. 按项目付费 按项目付费(fee for service)是指医疗保险机构根据医疗服务提供方提供的医疗服务的项目和数量,按照每个服务项目的价格向医疗机构提供补偿的方式。按服务项目支付的支付单元是服务项目。它属于后付制,即根据医疗服务供方报送的记录患者接受服务的项目(手术、化验、药品等),向医疗机构直接付费,或者由患者先垫付,然后患者从医疗保险机构获得部分或全部补偿。

按项日支付是在医疗保险支付中应用最为广泛的一种支付方式。这种支付方式的优点:

(1) 操作简单,根据医疗服务项目价格和数量计算和支付,适用范围较为广泛。

(2) 被保险人对医疗服务的选择性大,并对医疗服务的各种要求易于满足。

(3) 调动医疗服务提供方开展新的服务项目积极性,提高服务能力。

这种方式也存在缺陷:

(1) 易于刺激医疗服务的提供方过度提供服务,导致医疗费用的增长。

(2) 由于服务项目的繁多和复杂,必须逐一登记、审核和支付,加大工作量和管理成本。

2. 按病种付费 按病种支付(diagnostic related groups, DRGs)是根据疾病分类方法,将住院患者的疾病按诊断分为若干组,每组又根据疾病轻重程度及有无合并症、并发症的等级分别制定付费标准并进行支付或补偿。

按病种支付的最大特点是医疗费用的支付根据事先规定的疾病分类的定额支付标准,与患者实际花费的医疗费用无关。这种支付方式优点:

(1) 有利于促进医院降低诊疗成本,提高工作效率。

(2) 有利于促进医疗质量的提高,促进医院努力提高诊断水平,选择合理的治疗方案。

(3) 偿付费用的方法简明,成为一种标准化的管理过程,促进医院整体管理水平的提高。

这种方式也存在缺陷:

(1) 按病种费用支付标准的制订比较困难,因为确定每一类疾病的偿付金额需要大量的统计数据和很高的判断技术,操作难度大。

(2) 容易攀升支付费用。由于疾病的轻重与复杂程度与病种支付的费用成正比,医疗服务提供方往往将患者的疾病诊断提升到高费用组,从中获取更多补偿。

(3) 影响医疗服务质量,它往往提高患者的疾病等级,推诿高费用患者,分解病种或分解住院,或让患者提前出院等做法,这些都不同程度上影响了医疗质量,降低服务水平。

(4) 按病种偿付的标准需要经常调整,由于医疗服务是技术密集型行业,医疗技术更新异常迅速,价格指数不断变化,因此,需要不断调整偿付的标准,这将带来很大麻烦。

3. 按人头付费 按人头付费(capitation)是指根据合同规定的时间(年、季、月),由保险机构按照医疗服务提供方服务的人口数和规定的每个人的定额标准,预先向医疗机构支付一笔固定的费用,而无论是否为患者提供了医疗服务和提供了多少服务。

按人头付费是一种预付制。其特点是:对医疗机构的付费与服务人数成正比,服务人数越多,付费也越多。这种付费方式的优点:由于按人头费用包干制,超支不补,结余归己,同时,它是按标准预先支付给医疗机构,这就意味着将经济风险转移给提供方,因此,增强提供方费用意识和经济责任,控制过度提供行为,减少费用,控制诱导需求的产生。

这种方式主要存在两方面缺陷:

(1) 医疗提供方优先选择较为健康人群从而降低成本。

(2) 医疗服务提供方通过减少医疗保健服务来节约费用,服务质量会受到极大影响。

4. 按住院日付费 按住院日付费(per day)是指按照事先测算的住院床日的支付标准,按被保险人实际住院床日,由保险机构向医疗机构支付医疗费用的方式,支付单元是每个住院床日。

这种付费方式的优点主要为:

(1) 方便易行,管理成本较低。

(2) 医疗服务提供方有降低成本和提高效率的动力。

其缺陷主要是:可能会刺激医疗服务提供方延长住院日,来获得更多补偿。

5. 总额预算制 总额预算(global budget)是指由医疗保险机构和医院协商共同预先制定

某一医院的年度预算总额进行支付。这种方式特点是:医院预算额度一旦确定,医院收入就不随服务量的增长而增长,有亏损保险机构也不会增加费用,但是预算会适时调整。

其优点:

(1)激励医院控制费用,限制住院人次数、床日数和每项服务的成本。

(2)医疗机构也可有效地控制医疗费用。

其缺陷:

(1)这种方式支付适用性较差,只有医院把一年所有的患者都纳入医疗保险计划,才能准确无误确定预算总额,这是很难达到的。

(2)阻碍高新技术的发展,降低医疗服务提供者的积极性和主动性。

(3)医疗服务数量会降低,从而导致服务质量下降。

第4节 医疗保险需求与供给

一、医疗保险的需求

(一) 医疗保险需求的概念

医疗保险需求(medical insurance demand)是指医疗保险消费者在一定时期内,一定保险费(价格)水平上,愿意并且能够购买的医疗保险数量,也就是用货币作为计量单位的医疗保险金额(见图6-3)。

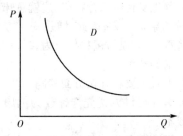

图6-3 医疗保险需求曲线

形成医疗保险需求必须具备两个条件:一是消费者意愿;二是消费者购买能力。两个条件缺一不可。

(二) 医疗保险需求经济理论

医疗保险是商品,同样适用于经济学中分析消费者行为理论。

1. 财富边际效用递减规律 人们对财富是偏好的,随着拥有财富数量的不断增加,财富给人们带来的总效用在不断增加,但增加的财富给人们带来的边际效用是递减的。如图6-4,这是效用和财富曲线,通过总效用曲线可以看出,随着财富的增加,总效用也不断地增加,但增加的速度是越来越慢。

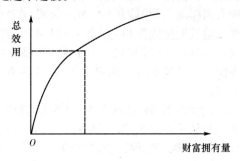

图6-4 总效用曲线

2. 消费者追求效用最大化 由于疾病是不可预测,消费者不能预测自己什么时候患病,患何种病以及患病的严重程度和疾病所带来的经济损失等,为了在疾病发生时保持效用最大化,他们可在两种方案中进行选择:

(1)自我保险:自我保险会面临两种可能性:一是患病而蒙受较大的经济损失,这种概率很小;二是不患病而没有任何经济损失,这种概率很大。假设消费者原有财富 W_3,效用 U_3,一旦生病,而没有购买保险,他的个人财富从 W_3 下降 W_1,其效用也将从 U_3 下降 U_1。实际上患病概率在 0~1 之间,消费者的效用:

$$E_u = P_i U_1 + (1-P_i) U_3$$

式中,E_u 为预期效用;P_i 为患病概率;U_1 为患病造成经济损失后的效用;U_3 为未患病时期拥有的财富所带来的效用。

图6-5 中,预期效用表示为一条直线 AB,它反映了总效用、预期效用与财富之间关系。

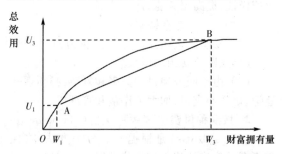

图6-5 总效用与预期效用关系曲线

(2)购买保险:如果消费者购买保险,需向医疗机构缴纳一笔保险费,消费者需要先损失一部分财富,其效用也相应有所下降,这样消费者会在患病时获得相应的补偿,避免更大的经济损失。图6-6表现了总效用和预期效用与财富的关系。

图6-6 中,当消费者现在所拥有的财富为 W_3,效用为 U_3,支付纯医疗保险费后的财富下降至 W_2,效用为 U_2,预期效用为 E_u,A 点是投保的

预期效用水平,从 A 点一直线与实际效用相交于 B 点,实际效用水平等于预期效用。AB 间的距离所对应的财富大小,即 W_2 与 W_4 之差就是消费者愿意在纯保费之上支付的最高附加费金额。支付保险费后虽然财富有所下降,但购买保险所带来的效用大于自我保险的预期效用。

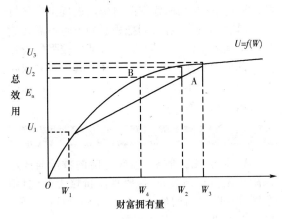

图 6-6　总效用和预期效用与财富的关系

案例 6-4

医疗保险需求经济理论的应用

在经济快速发展的时代,人们财富的拥有量也在随之增加。有这样一位老人,他的初始财产为 50 万元,但他将要面临遭受疾病等风险侵袭。如果风险发生可能损失 20 万元,风险发生的概率 10%,财产损失期望值为 2 万元。老人不同疾病风险处理方式与财富的关系见下表:

不同疾病风险处理方式与财富的关系

单位:万元

	风险发生	风险不发生	财产期望值
不购买保险	30	50	48
购买保险	48	48	48

问题:

1. 购买保险后是否能降低经济损失?

2. 不购买保险老人的收入会有怎样的变化?

3. 保险公司为什么要接受这项业务?

分析提示:

由表中可以看出,老人购买保险,他支付保险金为 2 万元,那么,无论他有病与否,扣除保险金后他都持有稳定的收入 48 万元。如果老人不购买保险,在疾病来临时,老人的收入会急剧下降。因此,老人购买保险是将损失不发生时的收入转移到损失发生时收入中去,可以提高总效用。考察医疗保险的供给方即保险公司,它追求利润的最大化。如果老人没有

疾病,保险公司不需要支付补偿费,收益为 2 万元;如果发生疾病时,保险公司需支付补偿费用为 20 万元。而保险公司的期望收益为: $I = p(S - L) + (1 - p)S \geq 0$ (其中 I 为保险公司的期望收益,p 为疾病发生的概率,S 为向保险公司支付的保险费,L 为消费者的损失。),因为保险公司的收益大于零,所以保险公司会愿意接受这项业务。

(三) 影响医疗保险需求的主要因素

1. 疾病风险　风险程度越大,给人们带来的经济损失越大,则保险的需求也就越大。疾病发生的概率是近于 0 ~ 1 之间,当疾病发生的概率为 0.5 时,消费者对医疗保险的需求越大,往往更倾向于选择疾病风险分担的方式。

2. 消费者收入　消费者的收入直接影响购买能力,不同的收入水平对医疗保险的需求也是不同的。收入越高,医疗保险需求越大;相反,收入越低,医疗保险需求越小。高收入者不仅愿意参加医疗保险,而且愿意购买一些价格高并可获得更多、更好医疗服务的保险项目。无论社会发展到什么程度,人们在收入上总是存在差异的,因而对医疗保险也会存在着不同层次的需求,对医疗保险机构而言,能否提供可以满足不同层次的医疗保险需求的保险业务,是提高医疗保险需求的关键。

3. 医疗保险价格　一般商品或服务,价格与需求呈反方向变动,同样的需求规律也适用于医疗保险。价格越高,医疗保险的需求越小,反之,价格越低,医疗保险的需求越大。如果降低医疗保险价格,可以刺激医疗保险需求增加;同理,医疗保险价格上涨,医疗保险的需求也会随之降低。

4. 医疗费用负担方式　医疗费用的负担方式影响着人们对医疗保险的需求。自付的费用越高,人们参加医疗保险的积极性会越低,反之则越高。

5. 医疗服务的提供　保险的需求还受到医疗服务价格、种类、质量以及医疗费用水平的影响。如果医疗服务的种类和质量不能满足人们对医疗服务的需求,则会影响到人们对医疗保险的需求。另外,医疗服务价格及医疗费用水平的提高,医疗支出占收入比例增加,则人们对医疗保险的需求就会变得更加高。

6. 其他因素　消费者的年龄、性别、职业、文化程度、保险意识及健康状况等都会对医疗保险的需求有一定影响。

二、医疗保险的供给

（一）医疗保险供给的概念

医疗保险供给（medical insurance supply）是指在一定时期内，一定医疗保险费（价格）条件下，医疗保险供给者愿意并且能够提供的医疗保险服务的总量。同样形成医疗保险供给也有两个基本条件：一是医疗保险机构有供给的愿望；二是医疗保险机构有供给的能力，两者缺一不可。

图6-7中，S：医疗保险供给曲线；Q：医疗保险供给量；P：医疗保险价格。

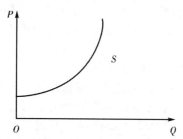

图6-7　医疗保险供给曲线

（二）医疗保险供给经济理论

市场经济条件下，商业性医疗保险供给者行为与其他产品供给者行为是一致的，目的就是追求利润的最大化。就一般商品而言，供给者利润是总收入与总成本的差额，而总收入取决于产品的销售量与产品的价格，总成本取决于生产要素投入量及其价格，因此，供给者的经济行为就是在各种限制条件下，为追求利润最大化而采取的行动，由于保险产品的特点，保险供给者在追求利润最大化过程中表现出特有的经济行为。

1. 在保险产品的生产成本中，除了投入的生产要素外，很大一部分是用于补偿被保险人的医疗费用。保险供给者通过"风险选择"的方式（即尽量吸收收入高、支付能力强且身体健康的人群参保），扩大保费收入与医疗费用补偿之间的差额，从而获得更大的利润。

2. 在医疗保健系统中，医疗保险市场与医疗服务市场是不可分割的整体。保险成本中最重要的部分，即医疗费用的补偿金的多少主要取决于医疗服务的运营情况。现代医疗保险系统是医疗费用第三方付费的模式，在这种模式下，医患双方往往缺乏费用意识，导致保险机构的成本上升。为此，医疗保险机构会采取多种形式提高医患双方的费用意识。比如：对需方采取多种费用负担机制和对供方采取多种费用支付方式，

以此控制医疗费用的上升。

3. 由于人们对医疗服务的需求不断增长，医疗服务的手段和技术不断进步，现有的资源无法满足向人们提供所有的医疗服务需要。因此，医疗保险机构往往对承保内容加以限制。

4. 保险机构除了经济补偿职能外，还有融资的职能。因此，医疗保险机构还表现出金融机构所具有的行为规范，即把积累的暂时不需要偿付的保险基金用于短期贷款、流动性较强的投资和一部分中长期投资，以此来降低其积累的保险基金的机会成本，增加盈利；同时，也为降低保险费提供了物质条件。

（三）影响医疗保险供给的主要因素

1. **医疗保险价格**　医疗保险的供给与医疗保险价格呈正向关系，医疗保险价格上升，会刺激医疗保险供给增加；反之，医疗保险价格下降，医疗保险供给也会随之下降。

2. **承保能力**　承保能力是指医疗保险机构能够提供医疗保险商品的能力，相当于企业的生产能力。承保能力也是决定医疗保险供给的重要因素。承保能力要素包括：

（1）保险经营成本。因为医疗保险机构为了开展业务，需要一定的物质基础，有限的资金将会制约医疗保险机构规模。

（2）保险机构数量及分布。保险机构数量多，分布均匀，业务开展较为便民，则承保能力较强。

（3）医疗保险机构人员数量和质量。从业人员数量和质量直接影响保险机构的管理水平及提供医疗保险服务的数量和质量，从而影响医疗保险机构的承保能力。

（4）参保人缴费能力。参保人缴费能力越强，收缴的费用越多，医疗保险机构承保能力越强。

（5）保险业的工作效率。若工作效率非常高，补偿速度非常快，消费者会首选该项保险业务。

3. **医疗保险成本**　医疗保险成本是指承保过程中的一切货币支出，包括医疗保险的偿付费用、医疗保险管理费用，医疗保险其他运行费用等。医疗保险成本高，意味着保险支出大，经济效益相对较差，供给相对较小。另外，成本高也意味着保险费率高，参保人需缴纳较高的医疗保险费用，这样也会影响医疗保险需求，进而影响供给。

4. **保险机构的信誉度**　医疗保险机构通过理赔的速度和合理性来反映其信誉程度。高信誉度的医疗保险机构就会吸引更多参保人，因

此,医疗保险供给也会增加。

5. 医疗保险专业性和技术性 医疗保险也是专业性和技术性很强的业务,有些险种很难设计,就是市场有需求,也难以实现,所以,医疗保险是一门综合性学科,这也可能制约医疗保险的供给。

6. 其他因素 医疗服务的数量和质量、合理检查、合理用药、保险基金的运用等都会影响医疗保险的供给。

三、医疗保险的供给 与需求平衡

在分别分析了医疗保险的需求和供给之后,还有必要对医疗保险的需求和供给进行综合分析,这样才能把握二者的经济关系,找其规律,发挥医疗保险的补偿功能和保障功能。

(一) 医疗保险供求关系的表现形式

1. 医疗保险供给与需求的平衡 医疗保险供给与需求的平衡是指在一定的费率水平上,医疗保险的供给量与医疗保险的需求量相等。准确的说,不是绝对相等,而只是相近。

2. 医疗保险供给大于需求 医疗保险市场的供求平衡受到市场竞争程度的制约。市场的竞争程度决定了保险市场费率水平的高低。若达到平衡状态后,市场费率高于均衡费率,则保险需求缩小,原有的供需均衡被打破,出现供给大于需求的状况,承保能力过剩。因此,这时市场要求必须降低费率,刺激需求增加,重新达到新价格水平下的供求均衡。

3. 医疗保险供给小于需求 若市场达到平衡状态后,市场费率低于平衡费率,则供给缩小,原有的供需平衡就被打破,出现供给小于需求的状况。此时,在市场竞争中,医疗保险的费率必然升高。当其费率升高时,在较高的费率刺激下,医疗保险的供给会增加,与保险需求逐渐达到新的平衡。

(二) 医疗保险的供求平衡

医疗保险的供需平衡是医疗保险供给与需求关系的理想形式,实际生活中供给和需求往往是一种动态平衡,时间、地点和条件改变,它们都会随之改变。如果供需平衡关系被打破,对双方都会产生不利的影响。

如图6-8,当医疗保险价格为P_0时,医疗保险的供给量与需求量相等,均衡量为Q_0,这一保费水平双方都愿意接受,医疗保险供需双方实现均衡。

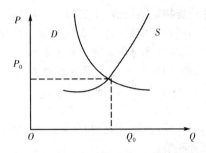

图6-8 医疗保险供给与需求的均衡

医疗保险决策是医疗保险运作、实现平衡的条件和基础。医疗保险决策包括三个环节:医疗保险供求调查、医疗保险供求预测和决策。

1. 医疗保险供求调查 医疗保险供求调查是指搜集、记录、统计和整理有关医疗保险需求、供给、社会覆盖人群和市场占有率等情况的资料。

2. 医疗保险供求预测 是指在调查的基础上,对加工整理的资料进行分析研究,判断医疗保险未来发展的趋势。医疗保险供求预测是制定医疗保险发展规划的重要依据。

3. 医疗保险决策 医疗保险决策是在医疗保险供求调查和预测的基础上,确定医疗保险发展的具体目标,选择医疗保险运作最佳活动方案的过程。医疗保险决策对医疗保险的供给与需求有着重要的影响,是医疗保险实施的根据和成果评价的标准。

第5节 我国医疗保险 制度及改革

一、我国城镇医疗保险 制度及改革

(一) 我国城镇传统医疗保障制度

1. 劳保医疗制度 劳保医疗制度是根据1951年公布的《中华人民共和国劳动保险条例》建立起来的。该制度主要适用于国有企业和部分集体企业职工,即对企业职工实行免费,对职工家属实行半费的医疗保健制度。劳保医疗经费主要由企业负担,按职工工资的一定比例提取,并计入成本。

2. 公费医疗制度 创于20世纪50年代,实际上是一种政府保险的医疗制度。公费医疗享受范围,主要是国家工作人员。到了1953年,又扩展到乡干部和大专院校的学生。公费医疗制度的经费来自国家财政拨款。国家根据职工对医药方面的实际需要和国家的财力,以及医药卫生事业所能提供的资源,确定每人每年享受公费医疗待遇的预算定额,将经费拨交地方财政管理使用,实际超支部分由地方财政补贴。

传统的劳保和公费医疗制度随着我国经济体制改革不断深入,其缺点日益显现,主要表现为:

(1)医疗经费由国家和企业包揽,个人的权利与义务脱节。

(2)缺乏有效的制约机制,造成卫生资源严重浪费。

(3)缺乏合理的医疗经费筹措机制和稳定的医疗费用来源。

(4)医疗保险覆盖面狭窄。

(二)城镇医疗保险制度的改革

1. 城镇职工基本医疗保险制度的建立　早在20世纪80年代初,我国卫生经济研究的先行者们就率先提出,要改革城镇职工的劳保医疗制度和公费医疗制度,建立具有中国特色的社会主义医疗保险制度,各地也自发进行了一系列的改革尝试。

1992年,国务院成立了职工医疗制度改革领导小组,提出了对我国城镇职工传统医疗制度改革的主要思路,即实行社会医疗保险,统一筹集资金,现收现付,当年收支平衡,实现互助互济、社会统筹。

1993年11月,中国共产党十四届三中全会中提出,城镇职工医疗保险要实行社会统筹医疗基金与个人账户相结合的新制度。并从1994年开始,在我国的镇江和九江两地试点。

1996年5月,在总结镇江和九江试点经验的基础上,国务院办公厅转发了国家体改委等四部委《关于职工医疗保障制度改革扩大试点意见》的通知,决定从1996年下半年起,扩大医疗保险制度改革的试点城市。至1998年1月,全国先后有40个城市进行了医疗改革试点,为全国范围内建立城镇职工基本医疗保险制度积累了经验。

1998年12月,国务院发布了《关于建立城镇职工基本医疗保险制度的决定》(以下简称《决定》),提出要在全国范围内建立城镇职工基本医疗保险制度。《决定》明确了建立城镇职工基本医疗保险制度的原则:一是基本医疗保险的水平要与社会主义初级阶段生产力发展水平相适应;二是城镇所有用人单位及其职工都要参加基本医疗保险,实行属地管理原则;三是基本医疗保险费由用人单位和职工双方共同负担;四是基本医疗保险基金实行社会统筹和个人账户相结合。

2004年,基本医疗保险覆盖了城镇所有机关、事业单位、各种类型企业、社会团体和民办非企业单位的职工和退休人员。基本医疗保险覆盖的范围已经延伸到城镇所有从业人员。据统计,1997～2006年全国参加基本医疗保险人数年均增长28%。到2006年底参加基本医疗保险人数达15 732万人,其中:在职职工11 580万人,退休人员4 152万人。

城镇职工基本医疗保险制度的内容主要可概括为如下几个方面:

(1)低水平、广覆盖,保障职工基本医疗需求。

(2)基本医疗保险费用人单位和职工共同缴纳,使基金来源稳定,基本医疗有保障,也有利于增强职工的自我保障责任和节约费用意识。

(3)建立统账结合的基本医疗保险制度。

(4)合理确定基本医疗保险统筹的范围,加强基金管理。

(5)加速医疗卫生体制改革,降低成本,规范行为,提高医疗服务质量和水平。

2. 多层次的补充医疗保险体系的建立　补充医疗保险是解决超出基本医疗保险范围以外的医疗费用负担的各种社会性医疗保障措施的总称。基本医疗保险具有国家立法强制、政府承办、普遍保障、体现公平、政府承担最终责任等特征。补充医疗保险是根据特殊需要设立,自愿参加、独立承办、自负盈亏。比如:地方补充医疗保险、公务员医疗补助和企业补充医疗保险、商业性医疗保险、社会医疗救助、离休人员医疗保障等。

3. 城镇医疗保险制度的改革　城镇职工基本医疗保险制度本身的局限性造成广覆盖的目标难以实现,政府未能承担医疗救助责任,很多真正困难人员没有享受到社会医疗保障,基本医疗保险费用的个人负担过重,供方诱导需求现象十分严重。因此,针对上述问题的改革势在必行,其改革的基本点可概括为:

(1)全覆盖:就是要在全社会实行基本医疗保险,让所有公民都享受健康保障。医疗保险遵循大数法则,也就是说,参保人员越多,基金的互济性越强,人们保障会越大。要实现全覆盖,必须根据不同地区和同一地区的不同收入情况做多层次的安排,在基本医疗保险的险种上设置统账结合的医疗保险、住院医疗保险、合作医疗保险等不同缴费标准来满足各层次人们的需求。

(2)保基本:根据医疗保险保障范围,将责任分清。基本医疗保险不能包揽过多,但也不能强调低水平。

(3)多补充:由于基本医疗保险制度只能保障基本医疗,这就决定了它的局限性。由于不同收入人群有着不同的医疗保障的需求,这就要求有多种医疗保险形式作补充。

（4）重救助:为了构建和谐、稳定的社会关系,社会医疗救助是必要的。要以政府财政预算为主、社会力量参与、家庭个人部分分担的形式筹集资金,帮助困难人群参加基本医疗保险。

（5）监管型:医疗保险可持续发展的关键是优质的医疗服务、低廉的医疗费用。为了规范医疗卫生服务,避免产生诱导需求,政府必须下大力气加强监管,在扩大覆盖面的同时,建立合理的补偿机制,控制医疗服务费用。使供需双方改变观念,提高基金的使用效率,实现三方共赢。

（6）社会化:实行全覆盖后,要求我们必须重视和大力发展社会化服务体系,积极搭建平台,将管理和服务深入到老百姓身边,提高效率、方便群众。

二、我国农村医疗保险
制度及改革

（一）传统的农村合作医疗制度

传统的农村合作医疗制度（cooperative medicine plan）产生于20世纪50年代,它是在各级政府支持下,按照互助共济的原则,在农村一定的村屯范围内筹集资金并为村民提供基本医疗卫生保健服务的医疗保障制度,属于一种农村社区初级医疗保险模式。

1. 农村合作医疗制度的特点

（1）保障对象是农村居民,是农民自发形成的解决农村居民医疗保健的一项制度。

（2）实施的原则是自愿和互助共济,所有参与者通过互助合作,共同承担医疗风险。

（3）运行机制主要是民办。农民要缴纳一定的保险费,集体经济的资助也是主要的基金来源,再就是生产队财政补贴。这种制度实质上是一项低补偿的农村集体福利事业。

（4）政府支持并提供福利是其发展壮大的前提。政府培养农村医生,禁止私人开设诊所和服务,控制药物流通和价格,并对一些地方病进行资助,制定相关政策和文件。

总之,农村合作医疗是在政府的大力支持下,依靠农民集体的力量,在自愿和互助共济的原则下建立的一种合作制度。

2. 农村合作医疗的发展、解体和重建 农村合作医疗制度自20世纪50年代建立以来,发展顺利,增强了农民对社会主义优越性的认识。20世纪80年代,世界银行和世界卫生组织派专家来考察,称中国的农村合作医疗制度,是发展

中国家群众解决卫生经费的成功范例。此时已经有80%人口的农村地区,发展了基层卫生保健系统和三级预防保健网,基本上满足了大多数农村的基本卫生需求。然而,随着中国经济体制的改革,以农村集体经济为依托的合作医疗制度,出现了不适应并全面萎缩,甚至解体。据1989年统计,拥有合作医疗的村占全国的4.8%。虽然20世纪90年代后几经重建,但发展缓慢,农民"看病难、看病贵"问题日益突出。

（二）新型农村合作医疗制度

案例6-5

新型农村合作医疗制度见闻

一次下乡回老家,刚好遇上村干部来收新型合作医疗保险费,我马上让母亲交了钱,因为那是件好事啊,该支持的。但婶婶说村里人都不交。我无法理解他们。国家这么做不是为农民好吗? 解决他们的看病问题,他们为什么不接受?

不久,村里一个邻居婶婶得了乳腺癌,将左侧乳房完全切除,花了近3万元,因为交了新型合作医疗保险费,相应的保障已经正式生效,村干部积极主动为其报销医疗费,按照规定报销了18 000元。

这件事使得村里的所有人看到了新型合作医疗给农民带来的好处。很快,几乎全村人都交了10元钱医疗保险费。现在,村里的农民都争着参加新型合作医疗,他们说尽管是外出打工,也要参加新型合作医疗,因为在城里也有新型合作医疗的定点医院为他们服务,他们不必再为有病困惑了。

问题:

1. 什么是新型农村合作医疗制度?
2. 此项制度的意义何在?

分析提示:

在农村新型合作医疗推行初期,农民对其心存疑虑。因此,我们应一方面要加大宣传力度;另一方面让农民减少繁琐报销手续,让农民相信国家是下大力气为百姓做实事,而且,国家给农民每人的补助也逐渐增加,农村新型合作医疗的保障能力将大大提高,对促进农村经济持续稳定发展发挥了重要作用。

经过多年的研究和探索,在2003年,国务院发布《关于建立新型农村合作医疗制度的意见》,对新型农村合作医疗制度作了明确阐述:新型农村合作医疗制度（new rural cooperative medical plan）是由政府组织、引导、支持,农民自愿参加,个人、集体和政府多方筹资,以大病统筹为主的农民医疗互助共济制度。

1. 建立新型农村合作医疗制度的意义 建立新型农村合作医疗制度是经济发展大环境的需要,也是适应农村经济体制改革的需要,对统筹城乡经济和社会的协调发展,加强农村卫生建设,提高农民健康水平,切实解决三农问题,促进农村经济持续稳定和谐发展具有重要意义。具体表现在如下三个方面:

(1) 建立新型农村合作医疗制度是提高农民健康水平的需要。

(2) 建立新型农村合作医疗制度是解决农民因病致贫、因病返贫问题的需要。

(3) 建立新型农村合作医疗制度是实现小康社会的需要。

2. 建立新型农村合作医疗制度的原则 即自愿参加、多方筹资、以支定收、保障适度、先行试点、逐渐推广。

3. 新型农村合作医疗的制度内容

(1) 统筹层次和管理机制:为了提高基金互助共济和抗风险的能力,原则上以县为单位进行统筹,考虑地区间差异,也可采取以乡(镇)为单位进行统筹,逐步向县过渡。

(2) 筹资机制:实行农民个人缴费、集体扶持和政府资助结合。

(3) 费用补偿机制:基金主要补偿参加新型农村合作医疗农民的大额医疗费用和住院医疗费用。按省级制定农村合作医疗报销基本药品目录,对农村合作医疗用药范围、支付范围、支付标准和额度进行规定,尽量做到科学合理。

(4) 基金管理机制:即实行以收定支、收支平衡、专款专用、专户储存、不得挤占挪用。基金由农村合作医疗管理委员会及其经办机构进行管理。

(5) 基金监督机制:可根据当地实际情况,成立基金监督委员会。基金监督委员会应有农民参加,或者由政府、人大、参合人员共同组成,对基金进行监督管理。

(6) 医疗服务管理机制:加强县、乡、村三级医疗卫生服务网络建设,定点服务、动态管理,农民在一定范围内就医,各自履行合同的责任和义务。加强药品管理,保证服务质量,有效控制医疗费用。

总之,由于我国现阶段生产力水平还不是很高,地区之间的经济发展不平衡,社会成员居住的地域不同、经济收入不同、身体条件不同,加之疾病的严重程度及医学科普知识水平不同,人们对健康的认识水平和医疗需要层次也就不会相同。因此,应当构建多层次医疗保障体系,从农村到城镇全方位建立各种医疗保障形式来满足人们不同层次的需求。

思 考 题

1. 当前国际医疗保险改革趋势是什么?

2. 我国医疗保障模式有哪几种? 特点是什么?

3. 如何理解医疗保险费用偿付方式在医疗保险中的作用?

参考文献

蔡仁华. 1998. 医疗保险培训实用教材. 北京:北京医科大学出版社,21-59

陈佳贵. 2001. 中国社会保障发展报告(1997—2001). 北京:社会科学文献出版社,45-80

程晓明. 2007. 卫生经济学. 北京:人民卫生出版社,223-246

程晓明. 2003. 医疗保险学. 上海:复旦大学出版社,49-58

王保真. 2005. 医疗保障. 北京:人民卫生出版社,74-94

吴明. 2003. 医疗保障原理与政策. 北京:北京大学医学出版社,65-73

吴仪. 2004. 扎扎实实做好新型农村合作医疗试点工作. 人民日报

武广华. 2006. 病种质量管理与病种付费方式. 北京:人民卫生出版社,13-97

(白 丽)

第7章 卫生资源配置

本章提要

本章主要阐述卫生资源及其优化配置的相关理论和方法,分析中国卫生资源配置现状及存在的问题。通过本章学习,要求掌握卫生资源的概念、基本形式、特点以及卫生资源配置的原则、方式,掌握卫生资源评价指标和评价方法,了解中国卫生资源配置现状及存在的问题。

卫生资源(health resource)是重要的国民健康资源。相对于日益增长的健康需求来说,卫生资源是一种稀缺资源,任何一个社会都需要考虑如何利用有限的卫生资源提高人民的健康水平。合理分配与有效利用稀缺的卫生资源,关系到一个国家或地区居民的健康水平和资源利用效率,是当今世界各国共同关心的战略问题。世界卫生组织指出,经济发展水平是健康的一个必不可少的条件,但要达到较高的健康水平,仅靠经济发展是不够的,重要的不仅是国家在卫生事业上投入多少钱,还有这些钱怎样花的问题。也就是说,可得到的卫生资源数量固然重要,但是如何根据健康需要,合理、公平、有效地配置这些资源更为重要。

第1节 卫生资源与卫生资源配置

案例7-1

农村医疗人才缺、水平低、农民看病难

2003年4月初,山西省太原市静乐县发现山西省第一例农村"非典"病例,全县找不到救护车,只好借用县计生委的流动手术车才把患者送往太原治疗。记者在神池县人民医院看到,病房的窗户玻璃破损,门诊楼内地面坑坑洼洼,办公室内桌椅破旧。医院院长说:"县医院设备落后,医疗水平差,一旦发现非典疫情,只能是有准备而没办法。"

乡镇医院的状况更让人揪心。在静乐县城关卫生院记者看到,卫生院的房子建于清朝,墙上裂出几道麻绳粗的裂缝,房顶露出碗口大的窟窿,使用的医疗器械是血压计、温度计和听诊器三大件。记者了解到,晋西北静乐

等8个县80%卫生院的现状是"50年代的房子,60年代的器械,70年代的大夫"。大部分乡镇卫生院已是人去窑塌。全乡38个行政村虽然村村有乡村大夫,但大部分是20世纪70年代的赤脚医生,没有学历,年龄老化,半医半农。乡村医务人员工资待遇很低,县财政只拨工资总额的60%,大多数人每月工资在34.8~66元之间,已经20年没有调过工资,每人每年仅能增加0.6元的工龄工资。

(资料来源:瞭望2003年6月9日"中国卫生资源严重失衡")

问题:

1. 为什么这位患者不在当地就近、及时治疗而要被送往市级医院?

2. 在该案例中,集预防、医疗、保健功能于一身的三级(县、乡、村)医疗卫生组织是否健全?

分析提示:

卫生资源包括卫生人力资源、财力资源和物力资源等,是开展医疗卫生活动的基础和保证,是医疗事业持续健康发展的基本条件。卫生部门只有占用和消耗一定数量的卫生资源,才能开展医疗卫生服务活动。卫生部门有了足够的卫生资源,才能加快医疗卫生事业的发展,更好地实现经济和社会发展的重大目标。但我国农村卫生资源匮乏,质量不高现象很普遍,医疗机构房屋破旧,设备简陋,医务人员技术水平低下,严重影响了卫生服务的提供。

一、卫生资源

(一) 卫生资源的概念

从广义上讲,卫生资源是人类开展卫生保健活动所使用的社会资源;从狭义上讲,卫生资源是指社会在提供卫生服务的过程中,占用或消耗的各种生产要素的总称。

一个国家或地区拥有的卫生机构数、床位数、卫生技术人员数、医疗仪器设备数、人均卫生费用以及卫生总费用占国内生产总值的比值等,

是衡量一个国家或地区在一定时期内卫生资源水平的重要指标。同样,我们可以用卫生资源量与服务人群数的相对比值来表示卫生资源的可获得性,如每千人口的医生数、每千人口医院床位数、每千人口卫生技术人员数等。

(二) 卫生资源的基本形式

1. 卫生人力资源 卫生人力资源是以卫生技术人员的数量和质量来表示的资源,具体是指已经接受或正在接受某种卫生技术专业或卫生管理教育和训练,从而具有或可能具有某种卫生专业或卫生管理知识、技术和能力的人员。在卫生服务乃至卫生发展过程中,卫生人力资源始终是起决定性作用的资源。

2. 卫生物力资源 卫生物力资源是卫生服务生产赖以进行的各种物质资料的总称,指医疗机构在提供医疗卫生服务(直接或间接)过程中需要消耗的各种物质资料,包括医疗卫生部门的基本建设、器材设备、药品及卫生材料等,是卫生机构从事卫生活动的物资保证。

3. 卫生财力资源 卫生财力资源是指国家、社会和个人在一定时期内,为达到防病治病、提高健康水平的目的,在卫生保健领域所投入的经济资源。卫生财力资源是以货币形式表现出来的用于医疗卫生事业的经济资源,通常以卫生总费用来表示。

4. 卫生技术资源 卫生技术资源是卫生领域的科学与技术的总称,在医疗卫生领域,医疗卫生技术的发展推动了医疗卫生事业的发展,所以,我们必须高度重视科学技术资源在卫生事业发展中的作用。

5. 卫生信息资源 充分、准确的信息资源,是保证医疗卫生服务市场良性循环的重要前提,是卫生事业制定计划和决策的重要依据,也是协调医疗卫生事业单位经营活动的有效手段。

6. 卫生管理资源 在现代经济学看来,制度就是资源,组织就是资源,管理人才也是重要的资源。

(三) 卫生资源的特点

1. 有限性 卫生资源总是有限的。社会可提供的卫生资源与居民卫生保健实际需要之间总有一定的差距。在我国,卫生资源短缺状况更为突出,现有服务实施条件同发达国家和一些发展中国家相比均存在明显的差距。

2. 选择性 卫生资源有各种不同的用途,如医务人员可以开展各种不同的卫生保健服务活动,卫生经费也可以有不同的投向。因此,制

订卫生发展战略目标和计划,配置卫生资源,都应依据卫生资源使用的成本与效果、效益及效用,按照卫生事业总体结构发展的需要,把有限的卫生资源投入到效益、效果或效用最大的项目,使现有卫生资源发挥最大的作用。

3. 多样性 提高广大人民群众的健康水平是卫生工作的总目标。但实现这一总目标又有许多具体的目标,如医疗、预防、保健、康复、计划生育、环境保护、医学教育与科研等。由于人们的卫生服务需求具有多样性,因此,应合理配置与有效利用卫生资源,以有利于促进卫生部门内部各个系统之间的协调发展,满足不同层次人民群众的多种多样的卫生服务需要。

二、卫生资源配置

(一) 卫生资源配置的概念

卫生资源配置(health resource allocation, HRA)是指卫生资源在不同用途之间的分配。卫生资源根据时序分为存量和增量两部分。存量是指以前所拥有的卫生资源总量,增量是指即将拥有的卫生资源补充量。

(二) 卫生资源配置包含的内容

1. 卫生资源的存量调整 又称卫生资源的存量再分配,是指通过对原有卫生资源的重新分配,改变分配不合理的现状,达到优化的目的。

2. 卫生资源的增量配置 又称为卫生资源的初配置,如当年计划投入的卫生经费、计划购进的新诊疗设备、计划新建房屋、计划引进的卫生人力和技术等。一般情况下,卫生资源配置应首先考虑资源的存量配置,再考虑资源的增量配置。

第2节 卫生资源的优化配置

进行卫生资源配置的目的是实现卫生资源的优化配置,最大限度地满足消费者的需要。按经济学原理,资源配置应达到帕累托最优(Pareto optimum),即最优的资源配置是当改变资源配置给任何一个人带来好处时,不会给其他人带来不利影响。这是资源配置的重要前提和理论基础。但是,在现实生活中,却很难达到帕累托最优化标准。任何卫生改革都会给一部分人带来利益,给另一部分人带来不利影响。卫生改革的目的就是要在提高效率的前提下尽可能提高资源分配的公平程度。

级卫生组织覆盖率十分低下更导致了广大农牧民群众不能得到就地、就近和及时有效的疾病救治。边远农村牧区卫生资源十分匮乏是造成此恶果的重要原因。

一、卫生资源优化配置的概念及特点

(一) 卫生资源优化配置的概念

卫生资源的优化配置是指在卫生资源合理配置基础上，卫生资源的配置产生最佳的功能和效益。卫生资源的合理配置是指构成卫生资源的各种要素(人、财、物、信息等)，在某区域内，适应居民对不同层次卫生服务需要和需求所达到的资源组合形式，使卫生资源能够充分有效地利用，同时满足该地区居民的卫生服务需要。讨论卫生资源的配置，需关注以下 3 个方面的内容：

（1）卫生资源的配置总量是否满足人民群众的医疗服务需要。

（2）卫生资源的配置结构是否合理。

（3）卫生资源配置的效率、公平与质量分析。

(二) 卫生资源优化配置的特点

对卫生资源的配置，做到了有效性(validity)和公平性(equity)的统一，才能称之为卫生资源优化配置(optimum allocation)。

有效性即效率(efficiency)，所谓"效率"是指能否用最少的卫生资源投入达到同样的健康效果，或能否利用同样的资源投入产生更大的健康效果。高效率的卫生服务有助于减少投入、节约卫生资源。卫生资源投入越少，产出服务越多，卫生资源的利用效率就越高。

卫生资源的利用效率可分为技术效率(technical efficiency)和经济效率(economic efficiency)。技术效率指某一医疗服务机构利用最佳的生产要素组合和最佳的管理方式，在给定的资源条件下生产出最多的符合消费者需要的卫生服务。经济效率即帕累托效率，指充分利用现有资源或以最有效的方式利用资源。经济效率不仅仅体现在具体的卫生机构的投入、产出比率和收入、支出比较，还体现在能够利用卫生资源提供卫生服务，为社会带来经济效益。例如：通过改善健康状况节约了本应发生的医疗费用，保护了劳动力，进而增加了社会的财富等。

公平性是指无论居民的收入水平高低和支

付能力大小,居民对卫生服务应该有相同的可及性。也就是说,卫生服务的分配不应取决于人们地位的高低和收入的多少,而应该取决于其需要水平(健康状况)。居民获得的卫生服务公平性又体现在水平公平和垂直公平上。所谓水平公平,即具有等量卫生服务需要的人能够获得相同数量和质量的卫生服务;所谓垂直公平,即卫生服务需要水平不同的人得到的卫生服务量也不同。

卫生资源优化配置是一项复杂的社会系统工程,实现卫生资源优化配置需要政府和社会有关方面的共同参与。从政府角度,应考虑教育、文化、体育、卫生等领域的资金分配。从卫生部门角度,则应考虑医疗、预防、妇幼、医学教育、计划生育等专业的资源分配。同时,还应考虑城市与农村、发达地区与欠发达地区、尤其是贫困地区卫生资源的分配,应注重对弱势群体(如老人、小孩、妇女、残疾人、低收入者)的优先照顾。

二、卫生资源优化配置的意义、原则和方式

(一) 卫生资源优化配置的意义

面对我国卫生资源有限、配置不够合理和效益低下的现状,探讨卫生资源的优化配置具有特别重要的理论与现实意义。

1. 适合国情的需要 我国正处在而且将长期处在社会主义的初级阶段,经济发展水平不高,卫生资源有限,与发达国家相比,中国面临的医疗问题要艰巨得多。因此,把有限的卫生资源进行最佳配置和有效利用在中国显得更为迫切和必要。

2. 适应疾病模式转变的需要 随着我国人口的老龄化发展,环境污染等致病因素的变化,慢性非传染性疾病将成为威胁我国居民的主要疾病模式。预防保健、健康教育等初级卫生服务亟须加强,而现行的社区卫生服务的资源数量少且质量不高,卫生防疫、妇幼保健、药品检验及医学科研机构在整个卫生事业中所占比例相对较小。

3. 实现卫生目标的需要 我国卫生总目标是人人享有健康保健,即不论是城市居民还是农村居民,不论是发达地区还是欠发达地区和贫困地区,人人都有享受基本医疗保健和卫生服务的基本权利,而不应取决于其支付能力,要实现卫生服务的公平性(equity)和可及性(accessibility)。

4. 提高卫生资源利用效率和实现卫生资源供需平衡的需要 我国卫生资源的闲置与浪费

与以前我国的管理体制、指导思想和医疗保障制度有关。我国的卫生资源闲置与不足并存。人民群众日益增长的卫生需求与现在我国卫生资源供给不足形成尖锐的矛盾。解决这一矛盾,不是抑制人民的卫生需求,而主要是增加卫生供给和促进存量卫生资源合理分配和利用。政府必须提供有效的医疗卫生供给,这是卫生服务供需的特殊性决定的。通过办"大卫生"、办公共卫生,为基本医疗卫生服务提供资金和调控,通过经济上的、法律上的手段引导和管理卫生服务市场,并通过引入医院之间、药店之间和医生之间的竞争机制,形成多方参与的医疗卫生供给格局,提高医疗供给方参与的积极性,以更好地促进医疗卫生服务市场的建立。同时,通过卫生政策促进城乡、地区、人群之间卫生资源的公平分配,提高卫生资源的利用效率。

(二) 卫生资源优化配置原则

1. 应与国民经济和社会发展相适应 卫生事业的改革与发展必须从国情、省情、市情出发,实事求是地确定本地区卫生资源优化配置的标准,使卫生资源配置与社会经济发展协调一致,相互促进,达到高速、可持续发展。

2. 效率与公平兼顾 效率与公平问题关系到经济发展活力和社会稳定,是世界各国都十分关注的热点问题。由于能够用于卫生服务的资源总是有限的,因此,卫生资源优化配置始终要注重提高效率,通过降低成本、提高服务质量和劳动生产率,提高卫生资源的利用效率。离开效率原则,无法实现资源的优化配置。同时,卫生资源优化配置也必须注重卫生服务公平原则,即在资源配置上要考虑到贫困人口的卫生服务可及性问题。实践证明,效率和公平不是对立的,二者常常是互为基础、互相促进的。

3. 向重点倾斜、兼顾全局 我国的卫生工作方针中强调"以农村为重点、预防为主",在卫生资源配置时同样要遵循这一原则。以农村为重点,是由于我国人口绝大多数分布在农村地区,农民应是卫生服务的主要对象。而以预防为主的目的则在于强化全民预防意识。

4. 按投入产出原则配置资源 投入产出原则的实质就是以较小的投入获得较大的产出。这里所说的产出,不仅包括直接的经济效益,还包括间接的经济效益和社会效益。坚持投入产出分析有助于实现利用最小投入获得最大产出的目标,它既是资源配置必须坚持的原则,也是实现卫生资源优化配置的重要手段。

中国卫生部卫生经济培训与研究网络的专家从经济学角度提出了如下卫生资源配置原则:

（1）规模经济原则，即确定机构规模时应考虑其服务范围的卫生服务需求及需要量，据此确定机构发展规模。

（2）布局经济原则，即卫生资源配置要接近卫生服务消费市场，布局要注意可及性及层次分布合理性。

（3）结构经济原则，即通过优化组合，发挥卫生资源配置的整体、综合功能，涉及城乡结构、防治结构、医药结构、卫生人力结构等问题。

（4）卫生资源供给和卫生服务需求平衡原则，指卫生服务的总需求与卫生资源的总供给能力之间保持适当的平衡。

（三）卫生资源优化配置的方式

市场经济主要通过竞争、价格、供求等市场机制的作用来实现经济资源的优化配置。但是，卫生事业是具有一定福利性的公益事业，卫生事业的这种特殊性，决定着卫生资源的优化配置不能单纯依靠市场机制，必须结合政府宏观调控的计划方式才能实现卫生资源的优化配置。

1. 计划配置方式 计划配置是以政府的指令性计划和行政手段为主的卫生资源配置方式，其主要表现是统一分配卫生资源，统一安排卫生机构、发展规模、服务项目、收费标准等。计划配置方式是卫生资源配置的重要手段。卫生资源配置的计划性，在社会主义市场经济体制下，扩展到行政、经济和法律三种手段并用，同时逐步弱化行政手段，强化经济和法律手段。计划配置从全局和整体利益出发来规划卫生事业发展规模和配置卫生资源，较多地体现了卫生事业的整体性和公平性。可以避免某些人为因素（如民族、地域和经济差异等因素）的影响而造成居民得不到应有健康保障的问题。但也必须克服传统计划经济观念的影响，注意发挥市场机制的作用，否则也难以实现卫生资源的优化配置。

2. 市场配置方式 即通过竞争、价格、供求等市场机制来实现卫生资源在不同层次卫生机构和不同类型卫生服务之间的分配。这种方式能够较好地体现效率原则，把有限的卫生资源配置于效率较高的服务，满足人们多方面、多层次的卫生保健需要。但是卫生事业公益性福利事业的性质决定了不可能使市场机制在卫生资源配置中起决定性作用。因为在卫生服务领域，市场机制不能解决卫生服务分配不公的问题，不能解决人人享有卫生保健问题，不能解决因病致贫、因病返贫、贫病交加的恶性循环问题。

3. 计划调节和市场调节相结合的配置方式 它是在政府宏观调控下，充分发挥计划调节的主导作用，辅以市场调节为补充，使二者有机结合起来的卫生资源配置方式。计划调节和市场调节各有其优点和缺点、功能和适用范围，两者有机结合，能够充分发挥各自的长处。

（1）合理地确定计划控制与市场调节的力度、范围和层次：对于具有公共产品和准公共产品性质的卫生服务，需要政府计划调节与干预；对于基本的保健服务、康复服务和医疗服务，也需要某种形式的政府干预措施，以确保公益性较高的卫生服务的充足提供以及必需性卫生服务的公平可及性；对于那些具有一定奢侈性的卫生服务，其公益性较低，价格弹性较大，对改善健康状况影响不大，政府不应干预过多，而是应做好监督工作，并应更多地利用市场机制，引导人们正确使用这类服务，把国家有限的资金投入到具有较高经济效率的卫生服务中去。

（2）正确处理以计划调节为主与市场调节为辅的关系：我国卫生服务事业公益性福利事业的性质决定了不可能使市场在卫生资源配置过程中起基础作用，而是要以计划为主、市场为辅两种调节方式互相渗透，充分发挥各自的积极作用。

（3）正确处理卫生机构内部计划管理与市场调节的关系：卫生机构内部要有一套科学的计划管理体系，这样才能在激烈的市场竞争中立于不败之地，求得自身的生存和发展。不能引入市场机制就不要计划。要引入市场机制，就必须同时加强内部管理。

4. 利用区域卫生规划配置卫生资源的方式
区域卫生规划是以提高区域内人民健康为目的，以资源的合理布局和有效利用为出发点，是优化资源配置的一种重要手段。关于这一部分的具体内容详见本章第4节。

第3节 卫生资源配置效益评价

一、卫生资源配置效益评价指标

卫生资源配置效益的优劣是卫生资源配置是否达到最优的重要表现。由于卫生资源主要是以货币形式表现出来的用于卫生事业的人力和物力资源，即通常所说的卫生费用。所以，卫生资源配置的评价指标多与卫生费用（health expenditure）有关。

（一）卫生费用评价指标

1. 卫生费用占国内生产总值（gross domestic product GDP）**的百分比** 这一指标通常能够反

映一个国家或地区对卫生事业的资金投入水平，常反映一个国家或地区对卫生和居民健康的重视程度。同时，这一指标还可反映一个国家或地区的卫生费用是否符合当地经济发展和居民的卫生服务需要（见表7-1）。

表7-1 1990～2005年中国卫生总费用占国内生产总值比例

年份	国内生产总值（GDP）(亿元)	卫生总费用（亿元）	卫生总费用占GDP比重(%)	人均卫生费用(元)
1990	18 547.9	743.0	4.0	65.0
1991	21 617.8	888.6	4.1	76.7
1992	26 638.1	1 090.7	4.1	93.1
1993	34 634.4	1 370.4	4.0	115.6
1994	46 759.4	1 768.6	3.8	147.6
1995	58 478.1	2 257.8	3.9	186.4
1996	67 884.6	2 853.5	4.2	233.5
1997	74 462.6	3 384.9	4.5	273.8
1998	78 345.2	3 776.5	4.8	302.6
1999	81 910.9	4 178.6	5.1	331.9
2000	89 403.6	4 764.0	5.3	376.35
2001	105 172.3	5 684.6	5.42	442.6
2002	116 898.4	6 623.6	5.65	512.5
2003	135 822.8	6 594.70	4.85	509.5
2004	159 878.3	7 595.71	4.75	583.9
2005	183 867.9	8 668.19	4.73	662.3

数据来源：中华人民共和国卫生部2007年中国卫生统计年鉴第81页

2. 人均卫生费用 人均卫生费用（per capita health expenditure）说明一个地区卫生资源的水平，也反映卫生资源在地区人群之间的配置是否合理。不同性别、年龄、经济收入、文化水平、医疗制度等因素对人均卫生费用消费水平有很大影响。一般来说，经济发展水平较高的国家或地区，人均卫生费用的水平也较高。人均卫生费用的计算公式为

$$人均卫生费用 = \frac{卫生总费用}{人口数}$$

3. 不同医疗机构之间的费用比例 这一指标从医疗服务过程来分析卫生资源在各级（一、二、三级）医疗机构配置的合理性。不同级别的医疗机构，由于诊治的患者疾病的严重程度不同，所消耗的卫生资源量不同。一般来说，医疗机构级别越高，所诊治患者病情越复杂，平均每一次诊治的费用越高，因此，应按一定比例配置不同级别医院的卫生资源。

4. 门诊与住院之间费用比例 该指标反映医疗机构内部卫生资源配置是否合理。一般来说，门诊服务利用率高，次均费用较低；而住院服务利用率较低，次均住院费用较高。例如：2006年卫生部门综合医院门诊患者人均医疗费用128.7元，而出院者人均医疗费用4 668.9元。

5. 医疗、预防、妇幼保健和计划生育之间的费用比例 医疗服务是消耗卫生资源最多的一项服务，目前我国卫生资源绝大部分配置在医疗服务上。从卫生服务对健康的作用来看，预防和妇幼保健服务的贡献大于医疗服务，但医疗是人民最关心的，也是利用率最高的服务内容。因此，应根据人民健康水平、卫生服务需要、卫生服务效率，同时结合社会经济、文化水平等因素综合考虑，合理确定医疗、预防、妇幼保健和计划生育之间资源配置的比例。

此外，农村卫生（rural health）与城市卫生（urban health）之间的卫生费用比例、综合医院（general hospital）与专科医院（specialized hospital）之间的费用比例、尖端技术与常规技术之间的费用比例等，也是卫生资源合理配置的评价指标。

（二）其他卫生资源配置评价指标

其他卫生资源配置评价指标主要指除上述卫生费用以外的其他各种实物形态的资本、卫生人力等卫生资源配置的评价指标。

1. 卫生资源配置总量指标 卫生资源总量指标是反映在一定时间、空间和条件下，卫生资源的总规模、总水平或工作总量的综合指标，通常以绝对数的形式来表现。主要指配置卫生机构（health institutions）、卫生人员（health personnel）、卫生机构床位（beds in health institutions）、医疗机构（medical institutions）和医用设备（medical equipment）等的数量和质量。

2. 卫生资源配置结构指标

（1）卫生资源配置的纵向结构：主要指卫生资源在各级医疗卫生机构之间资源的配置。如卫生资源在三级、二级、一级、社区医疗机构的配置。

（2）卫生资源配置的横向结构，包括：①卫生资源的类别结构，如人员和床位的比例。②卫生资源的地区结构，如资源在城乡之间的配置。③卫生资源的专业结构，如医疗和预防、通科与专科、内外妇儿科之间的资源配置。④卫生人力资源结构，比如：医护比例、医技比例，医务人员学历结构、职称结构、年龄、性别结构等。

3. 卫生资源利用的效率指标 主要包括每个医生日门诊量、每个医生日负担床日、平均住院日、床位使用率、门诊次均费用、次均住院费用、平均处方费用等。这些指标的判断标准根据具体情况而定，不一定最大或最小好，它们只是

反映具体的卫生服务单位在资金、人力、设备和技术方面的使用效率,目标是以最大化、最小化、最优化或适宜性来衡量和评价卫生资源的利用程度。

二、卫生资源优化配置的评价方法

评价卫生资源优化配置的方法很多,最常见的有投入-产出分析法(input-output analysis)、需要、资源和利用之间平衡分析法和资源-效益分析法(resource-benefit analysis)三种。

(一) 投入-产出分析法

投入-产出分析法是进行卫生资源配置综合平衡和综合评价的一种数量分析方法。它通过对投入和产出数量依存关系的科学分析,在卫生服务生产规模变动的情况下决定和选择最优方案,使卫生资源的配置更加合理有效。

投入-产出分析主要有如下两种方式:

(1) 一种是把用于卫生服务的资源配置作为投入,而把接受卫生服务的人数作为产出,目的是选择提供卫生服务量的最佳方案。例如:某卫生部门有100万元投资,目标是增加门诊工作量。如果用于甲医院,可以增加工作量300人次/日;如果全部用于乙医院,可以增加工作量250人次/日。显然,仅从这两个方案而言,最优方案不应当是后者,而是前者。再从甲乙两个医院之间,按照边际投入-产出率大小进行适当的配置。假设100万元在两个医院之间有三种分配方案,如表7-2。由表7-2可以看出,方案3的效益为最佳。

表7-2 100万元投资3种配置方案情况

方案	甲医院		乙医院		总工作量(门诊人次/日)
	分配额(万元)	工作量	分配额(万元)	工作量	
1	100	300	0	0	300
2	90	280	10	30	310
3	60	200	40	150	350

(2) 另一种是把用于卫生服务的经济资源作为投入,而把服务效果即健康改善作为产出,目的是选择最佳效果的卫生服务。例如:政策目的是降低婴儿病死率,要达到这个目的有两方案:一个是对高危婴儿选择医院增建重点护理病房(A方案),另一种是在缺乏医疗的地区增加妇幼保健基金(B方案)。A方案减少300例婴儿死亡,增加边际成本30万元;B方案减少婴儿死亡200例,增加边际成本10万元。A方案每1万元可减少10例婴儿死亡,B方案每1万元可减少婴儿死亡20例。显然,B方案优于A方案。

(二) 需要、资源和利用之间平衡分析法

卫生需要、卫生资源和卫生服务利用必须保持平衡,这是计划工作最基本的要求,也是合理分配和使用卫生资源最切实可行的方法。如果这三者之间不能保持平衡,那么卫生费用分配和使用就不可能合理。卫生需要、卫生资源和卫生服务利用之间的平衡分析,就是将三者综合起来全面分析评价,见表7-3。

表7-3 卫生需要、卫生资源与卫生服务利用的几种类型

	高需要		低需要	
	高利用	低利用(经济障碍)	高利用	低利用
高资源	平衡	利用不足	过度投入过度利用	过度投入资源闲置
低资源	投入不足利用紧张	投入不足利用受限	过度利用	平衡

(三) 资源—效益分析法

在卫生资源规模一定的情况下,最佳配置方案一般有两种方式:第一,在卫生资源一定的情况下,使目标实现程度最大化,取得效益最大的方案为优,即同样的资源配置,效益大的方案为优。例如:有100万元的经费,要拿这笔钱建乡村卫生院,建成的卫生院数量最多的为好(要保证同等质量)。第二,在目标实现程度一定的情况下,需要卫生资源配置少的为优,即同样的效益以所需卫生资源少的方案为优。例如:要建两所乡村卫生院,所投入的资金量最少的为最好(要保证同等质量)。

第4节 区域卫生规划

区域卫生规划(regional health planning)是实现卫生资源优化配置的有效手段。1997年,中共中央、国务院《关于卫生改革与发展的决定》明确提出了制定和实施区域卫生规划的要求,随后国家计委、财政部、卫生部联合制定的《关于开展区域卫生规划工作的指导意见》指出,区域卫生规划是区域内国民经济和社会发展计划的组成部分,实施区域卫生规划是卫生改革和发展的重大举措,是政府在社会主义市场经济体制下,对卫生事业进行宏观调控的重要手段,是区域内合理配置卫生资源的必然要求。

笔记栏

案例7-3

卫生资源区域配置不平衡

北医三院的门诊量长期在本市居首,仅一个院区平均每天的门诊量就超过6 000人。如果是挂专家号,一个专家每天只能接待20名患者。曾有患者抱怨:"在北京看大医院太难了,暑假来北医三院挂号,等了整整一个暑假,还是挂不上专家号,只好挂了一个普通号。您看门诊大楼外面的人群,大多是提前20多天来挂专家号的。"住院部也不清闲,时常出现的"客满"现象使得备用床不再受冷落,不时就能夹杂在病房中发挥一下功用,有时甚至还要去楼道中尽职尽责。

然而,一些城乡中的小医院,冷冷清清,病房里没几个患者,每个人都住上了"单间"。比如:安徽省省级医院的床位使用率为90%,县级医院不足60%,乡镇卫生院为34.7%左右。

问题:

1. 从目前患者流向来看,为何绝大多数患者愿意到二、三级医疗单位就诊?

2. 造成患者流向不合理现象的后果是什么?如何扭转这种不合理现象?

分析提示:

造成这种患者流向的原因是由于城市的高层级医院聚集了各种高精尖技术、高学历人才和高科技的设备,相比之下,城市基层和社区卫生资源相对匮乏。卫生资源大多集中在高层级医疗机构,社区卫生服务的资源数量少且质量不高。卫生资源的配置过于向城市集中,说明卫生资源的配置不合理。这种现象的结果会造成卫生资源的浪费和医疗费用的上涨,还会使基层和小医疗单位萎缩。

区域卫生规划的重要内容之一就是将卫生资源向更具成本效益的基层医疗机构倾斜,强化公共卫生服务和基本医疗服务,引导患者更多地利用基层医疗机构的服务。

一、区域卫生规划基本理论

(一) 区域卫生规划的内涵

区域卫生规划是世界卫生发展的先进思想和科学管理模式,它以优化配置区域卫生资源为核心,围绕区域人群健康目标,对区域各项卫生资源规划总量、调整存量、优化增量、保证质量,促使有限的卫生资源得到充分利用,实现卫生资源的提供与居民医疗卫生需求之间的供需平衡。

区域卫生规划是指在一定区域范围内,根据自然环境、社会经济、人群健康状况、卫生服务需求和主要卫生问题等因素,确定区域内卫生发展目标、模式、规模和速度,统筹安排和合理配置卫生资源,以改善和提高区域内卫生服务能力,向全体居民提供公平、有效的卫生服务,保护和促进人们健康的一种卫生发展管理模式。

区域卫生规划的目标是构建与国民经济和社会发展水平相适应,有效、经济、公平的卫生服务体系和管理体制,改善和提高卫生综合服务能力和资源利用效率。这个目标可以用国际上公认的三大准则:"公平(equity)、效率(efficiency)、效果(effectiveness)"来概括。公平,就是人人都享有卫生服务的权利,不分经济贫富,不分距离远近,不分地位高低;效率,就是要用最少的消耗,满足更多的需求;效果,即人们的健康状况,健康水平,包括心理的、社会的、生理的良好状态。区域卫生规划的重点或核心是如何合理配置卫生资源。

(二) 区域的确定

从我国的现实情况出发,卫生区域必须以一定的行政区域为依托。因此,实施区域卫生规划的主体被界定为以地市级为基本规划单位,中央和省级人民政府分别负责区域卫生规划指导原则和卫生资源配置标准的制定,地市级人民政府根据指导原则和配置标准,制订本地区的区域卫生规划,并组织实施。

规划期限一般为5年。区域内各部门、行业以及军队对地方开放的卫生资源要全部纳入规划范围,个体行医以及其他所有制形式卫生资源的配置与运行也必须服从规划的总体要求,由政府卫生行政部门实行全行业管理。

(三) 制定区域卫生规划的原则

1. 与经济、社会发展相协调原则 即从国情出发,因地制宜,量力而行,与区域内国民经济和社会发展水平相适应,与人民群众的实际健康需求相协调。

2. 保证重点原则 根据卫生服务各领域的重要性、可行性,优先发展和保证基本卫生服务,大力推进社区卫生服务,重点加强农村卫生和预防保健。

3. 全行业管理原则 立足于区域内全体居民的卫生需求,打破部门分管、条块分割的格局,加快卫生管理体制和运行机制改革,实现区域内卫生资源的全行业管理。

4. 成本效益原则 采用适宜技术和设备,提倡资源共享,提高卫生服务质量和效率,解决资源浪费和不足并存的矛盾。

5. 边规划、边调整原则 解放思想、实事求是、因地制宜、敢于冲破现有条条框框的束缚,边规划、边调整。

(四) 区域卫生规划的必要性

实施区域卫生规划,是社会主义市场经济体制下政府宏观调控卫生资源配置、解决医疗保健供需平衡的重大举措和主要手段。因此,区域卫生规划的实施,有利于卫生行政部门从宏观上、从居民的需求和健康状况出发来考虑卫生资源的配置和管理,是解决我国卫生资源短缺和浪费并存矛盾的有效手段。

实施区域卫生规划可转变政府职能,引导政府将资源配置的出发点立足于解决区域主要卫生问题和满足人民需求,从而减少对卫生机构微观服务过程的直接管理和干预,通过经济、行政、法律以及规划手段,逐步强化政府对卫生事业的宏观调控能力,实现从医院的微观管理逐步走向卫生全行业管理。

实施区域卫生规划,建立区域医疗中心和社区卫生服务中心的二级体系,一方面有利于患者的合理分流,提高资源的利用效率;另一方面,一些原先得不到重视的预防保健服务、康复服务等又能得到有效的提供,通过建立合理的卫生服务体系,加强全行业的管理,使富裕的资源向短缺地区或短缺领域内转化,建立患者的合理分流机制,从而从总体上提高资源的配置效率和利用效率。

二、区域卫生规划的编制

区域卫生规划是一项系统化的卫生政策,涉及卫生系统的方方面面。正确、合理地编制适宜的区域卫生规划,不仅为区域卫生规划的组织实施奠定了基础,同时,也有利于区域卫生规划的监督和评价。因此,必须在区域政府领导下,组织有关部门并抽调一定的专业人员建立规划编制小组,按照科学的编制程序和方法进行区域卫生规划的编制工作。编制综合性卫生规划的大致过程为:形势分析→确定问题与重点→制定目标与指标→选择策略(即活动项目)→制定实施计划→编制预算→评价与计划的调整。

(一) 分析区域卫生形势

分析区域卫生形势,可以为编制规划提供客观、可靠的科学依据。区域卫生形势分析的内容包括:

1. 社会经济基本状况 包括自然条件、地理状况、资源状况、人口数量、质量、年龄、性别及在区域内分布状况、GDP 水平、卫生体系等。

2. 居民健康与疾病状况 主要分析健康指标(如出生率、死亡率、期望寿命、死因谱等)、疾病谱(如传染性疾病、非传染性疾病和地方病的疾病谱)等。

3. 居民生活状况 包括家庭和职工经济收入、教育文化设施、居民文化程度、居住条件、个人卫生费用情况等。

4. 卫生服务状况 指居民卫生服务需求与利用、就诊率、住院率,未就诊率及原因分析、居民预防保健服务需要与需求(如饮水、计划免疫、健康教育、孕产妇及婴儿保健)等。

5. 卫生资源供给状况 包括卫生资源总量、结构、层次、使用效率。

(二) 确定主要问题

通过确定主要问题,进而为制定目标和对策提供依据。主要问题主要涉及健康方面和资源配置方面的问题。

1. 健康主要问题 分为影响面大的疾病,影响面一般、费用、资源耗费大的疾病,影响面小、但费用耗费特别大的疾病等。

2. 资源配置主要问题 包括卫生资源的使用效率问题,卫生服务的可及性问题和卫生资源总量、结构与层次问题。筛选出最重要的问题优先解决。

(三) 制定规划目标

规划目标是规划期内拟达到的指标,是整个区域卫生规划的方向和区域卫生规划评价的重要依据。依据区域规划的长短,可将目标分为远期目标和近期目标。规划目标分又可分为健康指标(如期望寿命、婴儿病死率、病死率、患病率、发病率),效率指标(如每医生日门诊量、每医生日负担床日、平均住院日、床位使用率、门诊次均费用、次均住院费用、平均处方费用等),可及性指标(如每千人口的医生数、每千人口医院床位数、每千人口卫生技术人员数等),资源配置总量指标(主要指人员、床位、机构、设备等数量和质量)和增量调整指标(如当年计划投入的卫生经费、计划购进的新诊疗设备、计划新建房屋、计划引进的卫生人力和技术等)。

(四) 选择适当的策略

强化卫生全行业管理,把区域内所有的卫生机构纳入区域卫生规划的管理之中,根据卫生供需平衡原则进行严格审批,合理布局。当然,实行行业管理绝不是卫生部门独家办卫生,排斥竞争,今后开办医疗机构以国家、集体投资为主,同时鼓励引进外资和社会闲散资金,多渠道、多形式发展卫生事业。

积极发展城市社区卫生服务,实现人人享有初级卫生保健。社区卫生服务需要投资少,但能向居民提供综合、连续和可及性的卫生服务,同时能控制医疗费用过快增长,是解决人民基本卫生服务的最有效的组织形式。

区域卫生规划的核心是优化卫生资源配置。必须按照社会主义市场经济的要求,以区域卫生规划的思想和原则为指导,针对卫生资源配置结构存在的主要问题,在各级政府的支持和有关部门的配合下,通过综合配套改革,合理调整卫生资源配置结构,最大限度地发挥卫生资源的效益。

(五)制定实施计划、编制费用预算

要制定实施计划,就要明确某一活动的级别、机构、所用资源(房屋、设备、人员、经费)、日期、地点、所用方法来完成。只有这样,实施计划才便于落实,并便于监督检查和评价。

(六)规划的评价与调整

为了提高规划的可行性、有效性,区域卫生规划领导小组要建立健全实施计划监督评价机制,并根据监督评价结果,对规划做出及时调整,或修改项目活动,或修改执行进度。调整后的规划,由区域卫生规划领导小组审核批准后实施。

第5节 我国卫生资源配置状况分析

案例7-4

乡下治病"老三样"城里B超如摆设

被称为"三江源头"的青海高原,平均海拔近4000米,全省510万人口被横亘的群山分割在72万平方公里的辽阔土地上。这里高寒缺氧,自然灾害频繁,恶劣的生存条件,使这里成了各种疾病的高发区。在南部牧区,许多牧民骑马奔波十几天甚至一个月才能赶到县里看一次病。许多乡级卫生院的医生工作在危房中,医疗设备只有听诊器、体温表和消毒锅这"老三样",常备药品只有几十种。许多村级卫生所形同虚设,有的有地点无医生,有的有医生却无器械和药品。

而另一面,宝贵的医疗资源却因过度集中在城市而造成浪费。青海的大多数县一般人口总量较少,只有4万~5万人,但各个县城却都同时设置有5~6所医疗机构,其中包括综合性县医院、中(藏)医院、防疫站、妇幼保健站和计划生育指导站。虽然医疗机构多,但医疗人才和设备分布不均,有的机构有业务能力强的

医生,却没有设备;有的机构有先进设备却缺乏好医生。还有的地方,同样先进且耗资大的设备竟然每个机构都有一台,造成各机构医疗设备开工不足。黄南藏族自治州河南县是一个贫困县,人口只有3万多,但县医院、藏医院、防疫站、妇保站和计生站,每个机构都有一台B超,每台B超平均每天看不了一个患者。

(信息来源:青海日报2000年9月25日"来自青藏高原的医疗改革报告")

问题:

1. 分析案例中卫生资源配置状况如何?是否合理?

2. 造成该地卫生资源配置状况原因是什么?

分析提示:

思考和回答问题的依据是上述卫生资源优化配置和区域卫生规划理论。

一、我国卫生资源配置的现状及存在的问题

(一)我国卫生资源配置的现状

20世纪80年代以来,我国卫生事业有了较大发展,卫生资源已具有一定的规模,卫生服务能力明显增强,城乡居民健康状况进一步改善。居民期望寿命(life expectancy)由1981年67.9岁提高到2005年73.0岁,婴儿死亡率(infant mortality rate)由1991年50.2‰下降到2007年15.3‰,孕产妇死亡率(maternal mortality rate)由1991年80/10万下降到2007年36.6/10万。

据近年的《中国卫生统计年鉴》可得知当前我国卫生资源的配置现状:在医疗机构数量方面,至2006年,卫生机构总数达308 969个,与1980年相比,增加了128 416个;在卫生人员方面,至2006年,全国卫生从业人员达5 619 515人,卫生技术人员为4 624 140人,与1980年相比,分别增加了2 084 808人和1 825 899人。与此同时,卫生技术人员的学历和职称方面,总的趋势是高学历和高级职称的比例逐渐增大,业务素质不断提高。医师资格考试和执业注册、护士注册考试,规范了医务人员的执业资格与范围,杜绝了非医药专业人员进入卫生技术队伍,进一步提高了卫生技术人员的素质;在卫生机构床位数方面,全国床位数总量增长,至2006年全国共有351.18万张,比1980年增加了132.74万张。医用设备升级换代,大型设备普及率不断提高。见表7-4~表7-8。

表 7-4 2006 年我国卫生机构及床位数

	机构（个）		床位（万张）	
	2005	2006	2005	2006
医院	18 703	19 246	244.50	256.04
综合医院	12 982	13 120	183.47	190.29
中医医院	2 620	2 665	28.77	30.22
专科医院	2 682	3 022	29.21	32.05
疗养院	274	264	5.16	4.59
社区卫生服务中心	–	19 789	–	–
卫生院	41 694	40 791	68.99	71.03
街道卫生院	–	816	1.17	1.41
乡镇卫生院	–	39 975	67.82	69.62
门诊部	207 457	212 243	–	–
诊所（卫生所、医务室、护理站）	201 563	205 814	–	–
急救中心（站）	–	160	–	0.55
妇幼保健院（所、站）	3 021	3 003	9.41	9.93
专科疾病防治院（所、站）	1 502	1 402	3.34	2.8
疾病预防中心（防疫站）	3 585	3 548	–	–

注：本表不含村卫生室。资料来源：卫生部统计信息中心 2007 年中国卫生事业发展情况统计公报

表 7-5 我国各个时期卫生人员数情况 单位：人

年份	1980	1990	2000	2002	2003	2005	2006
卫生技术人员	2 798 241	3 897 921	4 490 803	4 269 779	4 306 471	4 460 187	4 624 140
医生	1 153 234	1 763 086	2 075 843	1 843 995	1 867 957	1 938 272	1 994 854
其中：医师	709 473	1 302 997	1 603 266	1 463 573	1 486 027	1 555 658	1 610 781
护师、士	465 798	974 541	1 266 838	1 246 545	1 265 959	1 349 589	1 426 339
药剂人员	308 438	405 978	414 408	357 659	357 378	349 533	353 565
检验人员	114 290	170 371	200 900	209 144	209 616	200 495	218 771
其他	726 481	583 945	532 814	612 436	605 561	622 298	630 661
其他技术人员	27 834	85 504	157 533	179 962	199 331	225 697	235 466
管理人员	310 805	396 694	426 789	662 629	318 692	312 826	323 705
工勤人员	397 829	526 082	515 901	455 710	450 292	428 141	436 204

注：①2002～2003 年卫生人员不再包括高中等医学院校本部、药检机构和非卫生部门举办的计划生育指导机构，故卫生人员数有所减少。②2002～2003 年医生系执业医师和执业助理医师数，医师系执业医师数，护师（士）系注册护士数，故三类人员数有所减少

资料来源：卫生部统计信息中心各年中国卫生事业发展统计公报及简报

表 7-6 2005 年全国卫生技术人员年龄构成 单位：%

	25 岁以下	25～34 岁	35～44 岁	45～54 岁	55～59 岁	60 岁以上
卫生技术人员	7	37.9	31.3	19.7	3.1	0.5
内科：执业（助理）医师	2.6	36.6	32.9	20.8	5.0	2.1

资料来源：卫生部统计信息中心 2007 年中国卫生事业发展情况统计公报

表 7-7 2005 年全国卫生技术人员学历构成 单位：%

	博士	硕士	大学本科	大专	中专	高中及以下
卫生技术人员	0.3	1.3	15.5	29.2	43.3	10.3
内科：执业（助理）医师	0.8	2.8	29.1	32.2	29.4	5.9

资料来源：卫生部统计信息中心 2007 年中国卫生事业发展情况统计公报

表7-8　2005年全国卫生技术人员技术职称构成　　单位:%

	正高	副高	中级	师级/助理	士级	其他
卫生技术人员	1.5	5.8	27.0	37.7	21.4	6.6
内科:执业(助理)医师	2.8	11.7	32.4	40	11.2	2.0

资料来源:卫生部统计信息中心2007年中国卫生事业发展情况统计公报

我国的卫生费用也不断增加,据测算,卫生总费用占GDP比重1980年为3.15%,2005年为4.73%,其中最高年份2003年卫生总费用达6 594.70亿元,占GDP比重为4.85%。在政府财政投入方面,财政预算支出从1990年的187.28亿元增加到2005年的1 552.50亿元,而其中的卫生事业费也从1990年的79.47亿元增加到2005年的601.50亿元。但是,政府财政支出中卫生事业费支出的比例却在不断降低,从1990年的2.30%降到了2005年的1.77%。见表7-9。

表7-9　中国卫生总费用情况表

项目	1980	1990	2000	2001	2003	2005
卫生总费用(亿元)	143.2	747.4	4 586.6	5 025.9	6 594.70	8 668.19
政府预算卫生支出(亿元)	51.9	187.3	709.5	800.6	1 127.54	1 560.80
社会卫生支出(亿元)	61.0	293.1	1 171.9	1 211.4	1 788.5	2 586.41
个人卫生支出(亿元)	30.3	267.0	2 705.2	3 013.9	3 678.66	4 520.98
卫生总费用构成(%)	100.0	100.0	100.0	100.0	100.0	100.0
政府卫生支出(%)	36.2	25.1	15.5	15.9	17.1	18.0
社会卫生支出(%)	42.6	39.2	25.5	24.1	27.1	29.8
个人卫生支出(%)	21.2	35.7	46.4	59.0	55.8	52.2

资料来源:卫生部统计信息中心各年中国卫生事业发展情况统计公报及简报

(二)我国卫生资源配置与国外比较

衡量一个国家或地区在一定时期内卫生资源配置水平或状况,主要看每千人拥有的医师人数,每千人拥有的医院病床数量,人均医疗卫生费用,医疗卫生费用占GDP的百分比等指标。通过我国与其他国家在上述指标上的比较,可以找出我国资源配置中的差距。具体情况见表7-10、表7-11。

表7-10　部分国家卫生资源状况

国别	每千人口医师(人) 1990~1998	每千人口医院病床(张) 1993	人均医疗卫生费用(美元) 1990~1998	医疗卫生事业费占GDP(%) 1990~1998	卫生占中央财政支出(%) 1991~1998
世界平均	1.5	3.3	483	5.5	5.0
中国	1.3	2.4	33	4.8	2.1
日本	1.8	16.2	2 379	7.1	1.6
泰国	0.4	2.0	112	6.2	9.2
印度	0.4	0.8	18	5.2	1.7
英国	1.6	4.5	148	6.8	15
法国	2.9	8.7	2 287	9.6	21.7
俄罗斯	4.6	12.1	130	5.7	2.0
波兰	2.3	5.4	242	5.9	10.0
罗马尼亚	1.8	7.6	65	4.2	6.8
美国	2.6	4.0	4 080	13.9	20.5
巴西	1.3	3.1	359	7.3	6.3
澳大利亚	2.5	8.5	1 842	8.4	14.8
埃及	2.1	2.0	48	3.8	3.3
尼日利亚	0.2	1.7	9	0.7	1.0

资料来源:中华人民共和国卫生部2007年中国卫生统计提要,附录1:我国卫生状况与世界主要国家比较

表 7-11 每千人口医师、医院病床数及卫生费用占 GDP 比重　　　　单位:%

国别	每千人口医师(人) 1993~1999	每千人口医院病床(张) 1991~1999	人均医疗卫生费用(元) 2001	医疗卫生费用占GDP(%) 2001
中国	1.7	2.4	49	5.2
日本	1.9	16.5	2 627	8.0
美国	2.7	3.6	4 887	13.9
英国	2.0	4.7	1 835	7.6
法国	3.0	8.2	2 109	9.6
波兰	2.2	4.9	289	6.1
罗马尼亚	0.2	1.7	15	3.4
泰国	0.4	2.0	69	3.7
巴西	1.3	3.1	222	7.6
印度	0.4	0.8	24	5.1
俄罗斯	4.2	10.8	115	5.4
澳大利亚	3.2	8.6	1 886	8.0
埃及	1.6	2.1	46	3.9

资料来源:中华人民共和国卫生部 2007 年中国卫生统计提要,附录 1:我国卫生状况与世界主要国家比较

2007 年我国每千人拥有的医师数量为 1.56人,低于发达国家(3.14 人),略高于世界平均量(1.5 人),这说明我国医师数量已达一定水平,医师与人口比例基本协调。2007 年我国每千人床位数 2.54 张,远低于发达国家(8.57 张),低于世界平均水平的 3.3 张。2006 年我国卫生总费用占 GDP 的比重为 4.67% ,低于世界平均水平的 5% ,与发达国家相比差距较大。可见,我国卫生资源拥有量处于偏低水平,与人民日益增长的卫生服务需要相比,仍存在着较大的缺口。

(三) 我国卫生资源配置存在的问题

1. 在城乡地区结构上,重城市轻农村　在我国,卫生资源过多地集中在城市,农村卫生基础薄弱,卫生机构服务能力低下。结果是:一方面城市卫生资源和服务利用过度;另一方面农村卫生资源严重不足。据调查,占全国总人口 2/3 的农村居民只耗费了约 1/4 的卫生总费用,而只占总人口 1/3 的城镇居民耗费了约 3/4 的卫生总费用。在卫生人力资源方面,农村卫生服务人员严重不足。2006 年的统计数据表明,全国每千人卫生技术人员数为 3.59 人,而每千农业人口乡村医生和卫生员仅为 1.11 人,远低于全国平均水平,并且农村卫生人员素质明显低于城镇卫生技术人员,农村卫生人员中大多数没有达到本科学历甚至没有学历;在设施和设备方面,多数乡镇卫生院设备简陋,只能进行简单的诊治和处理,有的仅有血压计、听诊器和体温计"老三件";从医疗保健制度看,新型合作医疗体系刚刚建立,广大农村人口健康保障水平较低。长期

以来,我国政府对农村卫生投入偏少,直接导致了农村卫生资源匮乏,特别是在一些贫困地区,有相当比例的人口享受不到最基本的卫生服务,因贫致病、因病返贫时有发生。

2. 在区域结构上,偏重大城市的大医院　在城市中,先进的医疗仪器设备和技术,高级卫生技术人员都集中在大城市的大医院,部分城市某些高精尖仪器设备配置的总体规模已经接近甚至超过发达国家的水平,部分地区还出现供大于求的局面。比如:2006 年北京和上海每千人口医院床位数分别达 6.79 张和 6.81 张,北京和上海每千人口卫生技术人员数分别达 10.58 人和 7.97 人,与美国处于同一水平。城市的高层医院聚集了各种高精尖技术、高学历人才和高科技的设备,相比之下,城市基层和社区卫生资源相对匮乏,且质量不高。卫生资源分配的"倒三角"状态与居民的卫生服务需求"正三角"的局面不相适应。见图 7-1 ~ 图 7-4。

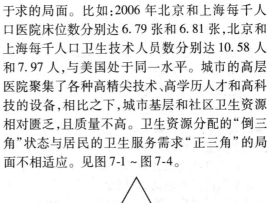

图 7-1 适宜的资源配置

3. 在卫生事业内部结构上,重医疗轻预防
一方面,在城市大医院卫生资源规模不断膨胀;另一方面,一些符合大众利益、具有更大社会效

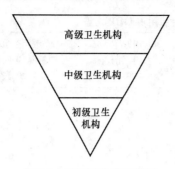

图 7-2 不适宜的资源配置

图 7-3 居民对医疗服务的需求

图 7-4 我国医疗服务的提供与利用

益的预防保健工作,往往因资源短缺而无法正常开展,防与治的投入比例严重失调。随着我国人口的老龄化发展、环境污染等致病因素的增加、人们生活行为方式的改变,慢性病、非传染性疾病已成为影响居民健康的主要疾病,预防保健工作的重要意义日益显现。

4. 卫生资源配置效率递减 市级及以上高层级的医院成本较高,费用也较高。然而,卫生资源的配置呈现"倒三角"的状况,使得高层级的医院提供了区级、社区等低层级医院应提供的服务,结构效率较低。另外,从卫生人力资源的专业结构分析,同样存在这种效率不高的问题。医护比例极不合理,护理人力资源明显短缺,很多情况下医生提供了护士的工作,高职称医师提供了住院医师的工作,专科人员提供了通科人员的服务等。根据有关研究表明,目前,在大医院就诊的慢性患者中,大约 64.8% 的门诊患者可分流到区级或街道医院,由此可节省 40% 的费用。在医院住院的慢性患者中,61.6% 的患者可

分流到较低层次的医院,由此可节省 46% 的住院费用。

总之,解决目前我国卫生资源配置中的上述问题,可大大提高我国卫生资源利用的效率,更好地满足人们日益增长的卫生保健服务需要。

二、我国卫生资源配置不合理问题的解决

分析认为,造成我国卫生资源配置不合理的主要原因,很大程度上是由于管理体制制约和宏观管理不力造成的。在计划经济体制下,医疗卫生机构不是按区域、人群,而是按部门、地方的行政隶属关系设置,导致条块分割,重复设置严重。另外,现行体制下实行的医疗补偿机制,也在一定程度上导致了卫生资源配置的不合理。

1. 我国原有的"条块分割"管理体制,致使行政管理机构重叠。各自管理的医疗服务机构为扩大业务争相购设备、加病床,造成资源的闲置与浪费。

2. 医院分级管理的政策导向和大型设备管理失控也促使城市医院争先购买设备、建新楼、开展新服务,而这些新增的服务和设施又进一步刺激了无效需求的增加,造成了资源的浪费。

3. 我国尚未建立完善的医疗保障制度,定点医院全在大医院,缺乏引导需求向社区分流的机制,同时,医疗保障制度也缺乏对卫生服务供需双方行为的规范,直接造成卫生资源的浪费。

为有效解决我国卫生资源配置问题,必须打破行政隶属关系和所有制界限,进行合理的区域卫生规划,加强对卫生资源配置的宏观管理。对区域内全部卫生资源进行统筹管理,合理确定各级、各类卫生机构的规模、职能和布局,引导卫生资源从高层向基层流动,使卫生资源的配置同需要和需求相对应,变"倒三角"为"正三角"。

区域内新增卫生资源应严格按区域卫生规划配置,在有效控制总量资源的基础上,对重复建设、长期业务量不足,社会效益与经济效益差的机构,通过关、停、并、转、迁等方式进行结构调整和优化组合,把节约出的资源有计划地转向城市社区和广大农村等资源不足的地方。在城市大力发展社区卫生服务,同时,改善广大农村的卫生医疗条件,尽量把普通病、常见病、多发病控制在基层解决,使大医院真正担负起疑难病症、开展医学科研、对下级医院进行技术指导等任务。

2006 年 2 月 21 日，国务院办公厅发布了《关于发展城市社区卫生服务的指导意见》，重申要在 2010 年之前在所有地级市以及有条件的县级市建立健全社区卫生服务体系，从而使城市居民可以在社区一级享受到疾病预防等公共卫生服务和一般常见病、多发病的基本医疗服务。目标是促使医疗资源得到更加合理的配置，实现"小病在社区、大病到医院"。

思 考 题

1. 怎样理解卫生资源的优化配置？卫生资源配置的方式有哪些？

2. 卫生资源配置的评价指标与评价方法主要有哪几种？

3. 你对区域卫生规划是如何理解的？对你所在地区的区域卫生规划进行分析讨论。

4. 案例分析（一）

案例 7-5

在中国某大城市的超过 20 家的三甲大医院中，每家医院拥有的副主任医师数量至少几十人，有的医院超过百人；但区级医院最多只有三五人，社区医院更是一个都没有。据了解，该城市某大医院副高职称以上的医生达 290 人之多。

据了解，该市 80% 以上大型先进设备集中在大医院，CT、MR，还有一系列其他的先进医疗设备。在这方面，基层医院劣势非常明显。比如：该市一医院就拥有 10 万元以上的设备 350 台。

问题：

简要分析分析这个大城市的卫生资源配置有什么不合理之处。针对该市卫生资源配置现状，请提出改善的意见和建议。

5. 案例分析（二）

案例 7-6

资料：

表 7-12　我国东、中、西三大地带医院床位和医疗人员配置状况（2002 年）

地区	总医疗床位数（张）	每千人平均床位数（张）	总医疗人员数（人）	每千人平均医疗人员数（人）
东部	118 860	2.7	2 384 562	5.42
中部	1 042 964	2.32	1 809 171	4.02
西部	663 268	2.25	1 044 346	3.54

问题：

试分析我国各地域间卫生资源配置是否合理，并提出自己的意见和建议。

参 考 文 献

程晓明. 2003. 卫生经济学. 北京：人民卫生出版社，193 - 201

胡善联. 2004. 卫生经济学. 上海：复旦大学出版社，95 - 97

邱鸿钟等. 2002. 卫生经济学. 广州：华南理工大学出版社，107 - 108

邱鸿钟等. 2005. 卫生经济学. 北京：科学出版社，93 - 97

卫生部统计信息中心. 2007. 2003 ~ 2007 年我国卫生发展情况简报

吴明. 2002. 卫生经济学. 北京：北京大学医学出版社，93 - 97

中华人民共和国卫生部. 2007. 中国卫生统计年鉴. 3，19，83，113，359

中华人民共和国卫生部. 2007. 中国卫生统计提要

（张慧英）

第8章 医疗服务成本

本章提要

本章结合案例介绍医疗服务成本测算和成本分析的理论和方法。通过本章学习,要求掌握医疗服务成本的概念、分类、测算方法和意义,熟悉医疗服务成本分析与成本控制的基本理论和思路。

在市场经济条件下,面对不断深化的卫生改革,面对市场的竞争和挑战,医疗机构能否运用科学的经济管理理论和方法,提高自身生命力和竞争力,已是医疗机构在市场竞争中成败的关键。而成本测算与成本分析是医疗机构经济管理的一种有效手段,在医院经济管理中发挥重要的作用。

第1节 医疗服务成本概念与分类

一、医疗服务成本概念

成本(cost)的概念在经济理论、会计学和医院管理学的不同范畴中亦不相同。在经济学中,成本属于价值范畴,是指医疗机构在提供医疗服务过程中所消耗的物化劳动和活劳动的货币表现。在会计实务中的成本,是指医院在经营活动中所耗费的资金总和。在医院管理学中的成本,是依据管理决策的不同目的和需要,而采取的相关成本信息及其成本类型,是一个内涵丰富、表现形式多样的概念。

在医疗服务成本测算与成本分析中,对成本的分类亦因测算和分析的目的不同而有所不同。尽管各种成本的名称、概念、分类和所包含的内容不同,但它们都从不同角度共同构成了成本测算和分析的基础。

与成本相联系的一个概念是费用。这两个概念之间既有联系、又有区别:费用(expense)是在当期用来与收入配比的支出,是指在一定期间生产经营过程中所发生的全部资金的耗费,它与一定的会计期间相联系,而与生产哪一种产品无关。而成本是按一定对象所归集的费用,是对象化了的费用。也就是说,生产成本是相对于一定的产品而言,是按照产品品种等成本计算对象对当期发生的费用进行归集而形成的,而不论其发生在哪一个会计期间。

二、医疗服务成本的分类

(一) 按成本的可追踪性划分

根据可追踪性(cost traceability)划分成本是所有成本分类中最基本的方法。按照这一划分方法,成本主要可分成两类,即直接成本和间接成本。

直接成本(direct cost)是指能够明确的追踪到某一既定的成本对象的成本,或者说是直接用于生产某产品或提供某服务的成本。例如,临床科室的人员工资和材料消耗就是该科室提供医疗服务的直接成本。

间接成本(indirect cost)是指为生产或者提供服务发生了消耗,但是不能直接追踪到某既定的成本对象的成本。间接成本需要通过成本分摊方法分摊到成本对象。例如:分摊给临床科室、医疗辅助科室的管理费用。

直接成本和间接成本是相对的,在大多数情况下,直接成本和间接成本的划分取决于成本测算的对象。

(二) 按成本性态划分

成本与产量(或服务量)之间有一种相关关系,称为成本性态。按照这种相关关系可以将成本划分为固定成本、变动成本和混合成本。

1. 固定成本(fixed cost) 是指在一定时期和范围内不随产品产量(或服务量)的变化而发生变化的成本。例如:房屋成本、设备折旧(以直线平均法计提)。

2. 变动成本(variable cost) 是指在一定时期和范围内随着产量或服务量的变化而呈现正比例变化的成本。例如:卫生材料、低值易耗品等。

3. 混合成本(mixed cost) 是指成本随产量或服务量的变化而变化,但不保持一定的比例关系的成本。可分为半固定成本和半变动成本。

(1)半固定成本(semi-fixed cost):是混合成本的一种表现形式。根据其相对于产量或服务量变化而变化的程度,半固定成本可被看做变动成本或固定成本。

(2) 半变动成本(semi-variable cost):是指在某个时间内(月或年)既包括固定成本元素又包括变动成本元素的成本。例如:放射科的 CT 检查成本包括设备折旧和所耗材料的成本,前者是固定成本,后者属于变动成本。

(三) 按成本的可控性划分

成本测算的最主要目的之一就是为成本控制提供依据,而进行成本控制必须明确各成本责任中心的责、权、利。要解决这一问题,就需要将成本划分为可控成本和不可控成本两类,各成本责任中心的责任限额即为该成本责任中心的可控成本之和。

可控成本(controllable cost)是指在一定期间内,成本责任中心或科室负责人可以控制或影响的成本。而不可控成本(uncontrollable cost)则是指某特定成本责任中心或科室无法直接掌握,或不受某一特定成本责任中心或科室服务量直接影响的成本。例如:临床科室可以控制其科室内部的低值易耗品、卫生材料的消耗,但不能控制科室的设备折旧、供暖成本。对于临床科室来说,低值易耗品、卫生材料成本是可控成本,设备折旧、供暖成本是不可控成本。

(四) 按是否需要支付现金划分

按是否需要支付现金划分,可将成本划分为付现成本和沉没成本。

1. 付现成本(cost)　是指需要用现金支付的成本。

2. 沉没成本(sunk cost)　是指过去决策所发生的,无法由现在或将来的任何决策所改变的成本。例如:医疗设备的折旧是固定的,医院可以通过提高使用效率来缩减其单位成本,但无法缩减折旧,折旧就是沉没成本。

(五) 按成本计入的时间划分

按成本计入的时间划分,可将成本划分为历史成本、重置成本和预计成本。

1. 历史成本(historical cost)　是指已发生的成本,有时也叫实际成本。例如:医院购买的医用材料应按购入价格计算。

2. 重置成本(replacement cost)　是指重置对象的现行再取得成本,分为复原重置成本和更新重置成本两种。

3. 预计成本(predicted cost)　是指预计将要发生的成本。

(六) 按与决策关系划分

按与决策关系划分,可将成本划分为与决策相关的成本和与决策无关的成本。机会成本、边际成本等是与决策相关的成本。机会成本(opportunity cost)是指决策者在资源既定条件下,为获得某种收入所放弃的其他机会的最高收入。例如:医院利用既定的资金对医疗设备进行投资,最终选择引进一台磁共振,因为这一选择而放弃了其他若干选择,这种被放弃选择可能获得的最大利益就是该决策的机会成本。边际成本(marginal cost)是指额外一单位产量(或服务量)所引起的总成本的增加。例如:每增加一个 CT 检查人次所增加的成本。

第 2 节　医疗服务成本测算

一、医疗服务成本测算的意义

医疗机构实行成本测算是适应市场经济发展的必然趋势。在市场经济条件下,面对卫生事业的改革政策、面对市场竞争的挑战和机遇,医疗机构能否运用科学的管理理论和方法,提高生命力和竞争力,是医疗机构在市场竞争中成败的关键。医疗服务成本测算对于健全和完善卫生服务补偿机制,搞好医疗机构的经营管理,有效地利用卫生资源,节约劳动耗费,降低医疗服务成本,提高医疗机构的社会效益和经济效益都具有十分重要的意义,主要体现在以下四个方面:

(一) 有利于提高医疗资源的利用率

提高医疗服务提供的效率是卫生服务决策者追求的重要目标之一。所谓效率就是投入与产出的比值,也就是要以最小的成本生产既定的产出。通过成本测算,可以分析成本差异、找出造成成本差异的原因、寻求降低成本的途径、挖掘潜力,使各类医疗资源处于最佳的利用状态,减少浪费,从而控制了成本,达到提高资源利用率和经济效益的目的。

(二) 有利于提高医疗机构的经济管理水平

成本管理是经济管理的重要组成部分,也决定了经济管理水平的高低。医疗机构应该以实际成本为依据,以实际经营成果为基础进行成本分析,找出成本波动的原因,预测、控制和降低医疗成本,提高整体经济管理水平,增强医院竞争力,从而提高医院的综合实力。

(三) 有利于医院管理者和医院员工增强成本意识

成本意识是指节约成本与控制成本的观念,它包括注意控制成本,努力使成本降低到最低水平并设法使其保持在最低水平。成本测算信息直观地反映出成本消耗中的可控因素和不可控因素,促使医院管理者和全体员工增强成本意识。由于成本与效益有关,因此,它与每个职工的切身利益有关。医院管理者应树立管理从成本抓起的理念,使医院上至院长下至普通员工,树立起人人讲成本的氛围,并且将这种讲成本、讲节约的意识运用于医院工作的各个环节和各个阶段。

良好的成本意识是成本控制的必要条件。医院全体员工要树立这样一种观念:成本是可以控制的;成本的控制不只是成本控制部门的事情,更需要大家的共同参与;要在工作中时刻注意节约成本和深入挖掘降低成本的各种潜能。员工只有树立了良好的成本意识,才能建立起降低成本的主动性,才能使降低成本的各项具体措施、方法和要求顺利地得以贯彻和落实。

(四) 为评价分析医疗服务绩效和综合效益提供信息资料

服务质量的优劣、人力是否过剩、业务量的大小、患者的多少、经济效益和社会效益及管理水平的好坏都能从医疗服务成本体系中综合地反映出来。通过成本测算,研究和分析医疗服务成本指标,综合分析评价服务绩效与综合效益,为经营决策提供参考。

二、医疗服务成本测算的基本理论框架

虽然医疗服务存在特殊性,但医疗服务的产出过程与其他生产部门产品的产出过程是相似的,都是将各种资源投入到各个部门,然后由这些部门分工协作,产出医疗服务。据此,成本测算可分为三个层次:总成本描述、部门成本测算和单元成本测算。

(一) 总成本描述

总成本的描述主要包括成本的数量和结构两个方面。成本数量容易理解,是用货币单位表达。成本的结构就是对成本的要素进行分类。

成本要素的分类可粗可细,需要根据成本测算的目的而定。对成本要素进行分类不仅是成本分摊所需要的,也是成本分析和控制的基础。总成本描述应该与医院的财务相结合。

(二) 部门成本测算

这里的部门,是指成本责任中心或者成本测算科室。部门成本测算是总成本描述的延伸,也是各具体成本测算单元成本测算的基础,在医院成本测算体系中起到承上启下的作用,是成本测算中最重要的也是难度最大的部分。医院总成本向医院各个部门分摊,首先,要根据成本测算单元划分出直接成本科室和间接成本科室。其次,进行科室成本归集,确定哪些成本需要进行分摊,哪些成本不需要进行分摊。其原则是在各个成本科室直接记录或者直接消耗的成本不需要分摊;不能直接记录在各个成本科室的成本如供暖成本等,需要进行分摊。各个成本科室直接记录或者消耗的成本称为成本科室的直接成本,分摊到某科室的成本称为该成本科室的间接成本。最后,根据需要分摊成本的性质确定分摊系数,进行分摊。

(三) 单元成本测算

测算单元成本(unit cost)的步骤:首先,对产品的单元要进行明确的界定;其次,要看直接产出这些服务单元的成本科室是哪些,即确定直接成本科室;第三,需要把间接成本科室的成本分摊到直接成本科室;最后,把直接成本科室的成本分摊到各个服务单元上。

三、医疗服务成本测算要素

(一) 成本构成

成本构成是成本测算特别是成本分摊以及进行成本分析的基础。根据测算目的的不同,成本构成分类可粗可细。通常情况下,成本构成可以分为人力成本、固定资产折旧、药品、材料成本、公务费、业务费、低值易耗品费用和其他费用等。

1. 人力成本 人力成本是医疗服务成本的重要组成部分,在医疗服务总成本中占有较大比重。人力成本一般用支付给卫生服务人员的所有报酬来计算,包括工资、津贴、奖金、福利费、社会保险费、对个人和家庭的补助支出等。

2. 固定资产折旧 医院固定资产主要可分为房屋建筑物、设备和车辆三大类。可根据各类固定资产的性质采用不同的折旧方法。

3. 药品 药品是医疗服务中的特殊用品，在总成本中占有相当大的比例。在成本测算时，往往把药品成本和其他医疗服务成本分别测算。药品成本由两部分构成：一是药品本身的购入成本，用药品的购入价格计算；二是药品经营成本，包括药品购入成本和药品运输、储存及药房药剂人员的成本等。

4. 公务费 公务费包括水、电、煤、油等保证正常工作条件的费用，这部分成本用其支出的费用计算。

5. 业务费 业务费包括差旅、宣传、办公用品等日常消耗费用。

6. 材料成本 材料成本是医院医疗服务成本的重要组成部分之一，包括卫生材料费、低值易耗品和其他材料费。其中，低值易耗品是指那些货币价值较低，使用周期较短（往往是一次性的）的物品。

7. 其他 上述未包括的成本可以列在其他项，如房屋或者设备租赁费、借贷的应付利息和还账等。

（二）确定成本测算单元

应根据成本测算的目的确定成本测算单元。医疗服务成本测算单元主要有如下几种：

1. 医院 即以医院作为整体进行成本测算，根据成本信息进行盈亏平衡分析等成本分析。

2. 行政后勤科室 把行政后勤科室作为测算的单元，结合医院总成本，可以得出医院管理成本占总成本的比重。

3. 医疗辅助科室 医疗辅助科室主要包括住院处、挂号室、收费处等辅助临床科室产出医疗服务的科室。

4. 临床科室 可以将所有临床科室或者某个临床科室作为测算单元，测算其科室的总成本、各要素成本及其占医院总成本的比例。

5. 诊次和床日 测算诊次成本、床日成本，用于与诊次费用、床日费用进行比较，制定收费项目价格。

6. 服务项目 如各种治疗、检查、手术等项目的成本，主要用于制定收费价格。

7. 病种 以病种为测算单元，为制定按病种收费的价格提供依据。

（三）确定直接成本科室和间接成本科室

通常情况下，医院主要由以下各类科室组成：行政后勤科室，包括医院的行政办公机构和后勤科室；医疗辅助科室，包括住院处、收费处、病案室、挂号室等辅助临床、医疗技术科室产出医疗服务的科室；医疗技术科室，包括化验室、放射科、B超室等提供检查、检验服务的科室；临床科室，包括门诊和病房。

直接成本科室是指直接产出某项医疗服务的科室。间接成本科室是指虽不是直接产出某项医疗服务，但参与医疗服务产出的科室。实际测算过程中，直接成本科室与间接成本科室的划分取决于成本测算单元。

案例 8-1

直接成本科室和间接成本科室的划分

南方某三级甲等医院为加强成本管理，了解医院成本状况，需要测算医疗服务科室成本、诊次成本、床日成本、医疗服务项目成本等。医院基本的科室构成如表8-1所示。

表 8-1 科室构成与成本测算单元

成本科室	测算医疗服务科室成本	测算诊次成本	测算床日成本	测算医疗服务项目成本
行政科室				
后勤科室				
锅炉房				
食堂				
医疗辅助科室				
收费处				
住院处				
医疗技术科室				
放射科	√			√
化验科	√			√
门诊				
内科	√	√		√
外科	√	√		√
病房				
内科	√		√	√
外科	√		√	√

问题：

根据以上各成本测算单元，划分出直接成本科室和间接成本科室。

分析提示：

如表8-1所示，纵标目列出的是具体的成本科室，横标目列出的是不同的测算单元。

1. 测算医疗服务科室成本：提供医疗服务的科室包括医疗技术科室（包括放射科、化验室等）、门诊和病房。因为它们直接产出医疗服务，应将其划分为直接成本科室。而行政、后勤、医疗辅助科室也参与了医疗服务的产出，应划分为间接成本科室。

2. 测算诊次成本：直接产出门诊服务的只有临床门诊科室，应将其划分为直接成本科室。而行政、后勤科室，医疗辅助科室中的部分科室也参与了门诊科室服务的产出，因此被划分为间接成本科室。

3. 测算床日成本：直接提供住院服务的科室只有病房，因此将其划分为直接成本科室。而行政、后勤科室，医疗辅助科室中的部分科室也参与了住院服务的产出，因此被划分为间接成本科室。

4. 测算医疗服务项目成本：直接产出医疗服务项目的科室有医疗技术科室、临床门诊和病房科室，因此，确定这三类科室为直接成本科室。而行政、后勤、医疗辅助科室也参与了医疗服务项目的产出，被划分为间接成本科室。

（四）成本分摊方法

成本分摊主要有三种方法，即直接分摊法、阶梯分摊法和双向或多向分配法。成本分摊的基本原则是根据产品生产或者服务提供的资源流向，所分摊的成本能够反映产出的消耗情况。下面重点介绍的是阶梯分摊法。

1. 直接分摊法（direct allocation method）直接分摊法是将所有部门的成本直接分摊到产出医疗服务的最终部门。这种方法的优点是简单易算，不用估计最终部门使用其他部门资源的数量。缺点是不考虑部门之间相互提供的服务，忽略了生产过程中的成本流向。

2. 阶梯分摊法（step-done allocation method）阶梯分摊法是根据医院内各部门或者各部分之间的成本关系，将成本科室分成不同的等级，然后，由高等级向低等级逐级分摊。相对于直接分摊法，阶梯分摊法较为精确及公平的求算出各部门的总成本，而且考虑了成本的流动过程。使用阶梯分摊法要注意两点：一是必须给所有的成本科室排序，排序的依据是服务范围的大小，服务范围越大级别越高，通常，管理科室服务范围最大，因此级别最高；二是一旦成本科室的成本分摊出去，后续科室的成本就不再分摊回来。

案例 8-2
成本分摊方法应用

东北某三甲医院为加强成本管理，以医疗服务科室为测算单元进行成本测算，其中行政后勤科室、医疗辅助科室、门诊、病房、医疗技术科室直接成本分别为 2 000 万元、1 500 万元、3 000 万元、4 000 万元、2 500 万元，行政后

勤科室直接成本向医疗辅助、门诊、病房、医疗技术科室分摊的系数值分别为 0.1、0.25、0.4、0.25，医疗辅助科室成本向门诊、病房、医疗技术科室分摊的系数值分别为 0.3、0.4、0.3。

问题：

要求采用阶梯成本分摊法测算出医疗服务科室的成本。

分析提示：

采用阶梯成本分摊法进行分摊，首先要确定各成本科室的等级，确定的原则是服务范围的大小。然后，结合分摊系数按照等级由高到低逐级分摊。如表 8-2 所示：

表 8-2　成本时分摊过程　单位：万元

成本科室	直接成本	行政后勤科室	医疗辅助科室	合计
行政后勤科室	2 000	2 000		
医疗辅助科室	1 500	200（0.1）		1 700
医疗服务科室：				
门诊	3 000	500（0.25）	510（0.3）	4 010
病房	4 000	800（0.4）	680（0.4）	5 480
医疗技术科室	2 500	500（0.25）	510（0.3）	3 510
合计	13 000	2 000	1 700	13 000

注：括号内为分摊系数值

分摊步骤：

第一步，根据服务范围的大小，确定涉及科室的等级由高到低排序如下：行政后勤科室、医疗辅助科室、医疗服务科室（包括门诊、住院和医疗技术科室）。

第二步，将行政后勤科室的直接成本 2 000 万元乘以不同的分摊系数值分摊给医疗辅助科室和医疗服务科室（包括门诊、住院和医疗技术科室）。

第三步，将医疗辅助科室的成本 1 700 万元（包括从行政后勤科室分摊来的 200 万元），乘以不同的分摊系数值分摊到门诊、住院和医疗技术科室这三类医疗服务科室。

最后，医疗服务科室的成本为：

门诊：$3\ 000 + 2\ 000 \times 0.25 + 1\ 700 \times 0.3 = 4\ 010$（万元）

病房：$4\ 000 + 2\ 000 \times 0.4 + 1\ 700 \times 0.4 = 5\ 480$（万元）

医疗技术科室：$2\ 500 + 2\ 000 \times 0.25 + 1\ 700 \times 0.3 = 3\ 510$（万元）

3. 双向或多向分配法（double or multiple distribution method）　在直接分摊和阶梯分摊法中，基本假设是资源的流动是单向的，即从高层次的成本科室流向低层次的成本科室。但是，在资源的实际分配中，资源流向可能是双向或者多

向的。比如:后勤部门接受管理部门的服务,同时,管理部门也可能接受后勤部门的服务。在双向或多向分配法中,根据各成本科室之间资源流动的关系,低层次的成本科室的成本先向高层次的成本科室分摊,然后,再从高层次的成本科室向低层次的成本科室逐步分摊。

(五)确定分摊系数

确定分摊系数是成本测算的要素之一,也是成本分摊的基础。分摊系数(allocation parameter)包含两层含义,一是用什么参数分摊成本,称为分摊参数;二是分摊的系数值是多少,称为分摊系数值(allocation parameter value)。分摊参数的确定必须根据成本要素的性质。比如:要分摊医院的供暖成本,各科室建筑面积或使用面积的大小决定了供暖的消耗,因此,可以将面积作为分摊参数,分摊系数即为各科室面积占供暖总面积的比例。

需要注意的是:只有需要分摊的成本,才有必要确定分摊参数和计算系数值,能够在成本科室直接测算的成本(直接成本)不应采用分摊的办法。例如:若某医院所有科室的材料成本都有直接的测算,则不需要采用分摊办法测算该项成本。常用的几种分摊参数和系数值如下:

1. 人力成本 人力成本通常以人数为分摊参数,分摊系数值=成本科室的人员数/医院总人员数。

2. 房屋折旧成本 房屋折旧成本通常以房屋面积为分摊参数,分摊系数值=成本科室的房屋面积/待摊房屋总面积。

3. 设备折旧成本 设备折旧成本通常以设备价值为分摊参数,分摊系数值=成本科室的设备值/待摊设备总值。

4. 卫生材料 卫生材料通常以材料消耗值或人员为分摊参数,分摊系数值=成本科室的材料(人员数)/待摊材料成本(总人员数)。

5. 公务费 公务费通常以房屋面积或人员为分摊参数,分摊系数值=成本科室的房屋面积(人员数)/医院房屋总面积(总人员数)。

6. 业务费 业务费通常以人员为分摊参数,分摊系数值=成本科室的人员数/医院总人员数。

案例8-3
临床路径与病种成本测算

东北某医院以循证医学为基础、借鉴国内外经验、结合自身条件对一些单一性疾病制定了临床路径,并投入实行。在实行一段时间之后,为验证实行临床路径对医院经济指标的影响,需要以临床路径为基础进行病种成本测算。

问题:
如何根据临床路径测算病种成本?

分析提示:
由于临床路径对疾病的整个诊疗过程,包括用药、检查等都有明确的规定,因此,以临床路径为基础的病种成本测算实际上是对临床路径所涉及的所有诊疗项目进行成本归集。测算的具体方法、步骤如下:

1. 医院总成本
(1)医院总成本分为三个部分:管理成本、医疗服务成本和药品经营成本。
(2)医疗服务成本:根据财政部、卫生部1999年颁布的《医院会计制度》关于支出项目的规定,将医疗成本分为十四类:①工资;②补助工资;③其他工资;④职工福利费;⑤社会保障费;⑥公务费;⑦卫生材料;⑧其他材料;⑨低值易耗品;⑩业务费;⑪购置费;⑫修缮费;⑬租赁费;⑭其他费用。
(3)药品经营成本:根据财政部、卫生部1999年颁布的《医院会计制度》,药品经营成本除上述十四类成本外,还包括药品成本和原材料成本。

2. 直接成本科室成本
直接成本科室的成本测算包括两个部分:一是相关科室成本测算;二是直接成本科室成本的测算。
(1)相关科室成本:根据临床路径中所涉及的项目,确定直接成本科室和间接成本科室。各科室成本的测算方法如下:
1)工资:各科室工资=各科室人员数×人均工资
2)补助工资:各科室补助工资=各科室人员数×人均补助工资
3)其他工资:各科室其他工资=各科室人员数×人均其他工资
4)职工福利费:各科室职工福利费=各科室人员数×人均职工福利费
5)社会保障费:各科室社会保障费=各科室人员数×人均社会保障费
6)公务费:为便于成本分摊,将公务费分为水费、电费、燃料费和其他公务费。
水费:若科室有用水记录,可直接计入,剩余部分按人头分摊。若无用水记录,可估算用水大户的水费,计入后剩余部分再按人头分摊。
电费:若科室有用电记录,可直接计入,剩余部分按人头分摊。若无用电记录,可估算用电大户的电费,计入后剩余部分再按人头分摊。
燃料费:若科室有用燃料记录,可直接计入,剩余部分按人头分摊。若无记录,可估算用燃料大户的费用,计入后剩余部分再按人头分摊。

其他公务费:按各科室人头分摊。

7) 卫生材料费:按各医疗科室领用材料比例分摊。

8) 其他材料费:按各医疗科室领用材料比例分摊。

9) 低值易耗品:按各医疗科室领用低值易耗品比例分摊。

10) 业务费:按医疗科室人头分摊。

11) 购置费:根据财政部、卫生部1999年颁布的《医院财务制度》,购置费分为按规定提取的修购基金和小型设备购置费。根据成本分摊的需要将提取的修购基金分为提取房屋修购基金、提取设备修购基金、提取其他资产修购基金。

12) 修缮费:为便于分摊成本,将修缮费分为房屋修缮费、设备维修费、零星工程等三项。

13) 租赁费:按各医疗科室实际租赁费计入。

14) 其他费用:按各医疗科室人头分摊。

(2) 直接成本科室的总成本:为了测算医疗服务项目成本,需要将间接成本科室的成本分摊到直接成本科室,得到各直接成本科室的总成本。间接成本科室包括消毒供应室、门诊办公室、门诊部、挂号室、门诊收费处、住院处、住院病案室、住院收费处等医疗辅助科室和手术室。

3. 测算医疗服务项目成本 通过前面成本分摊,得到了涵盖医疗服务项目的直接成本科室的总成本,扣除另收材料成本后,采用成本当量(点数)法将科室成本分摊到医疗服务项目上。公式如下:

某服务项目单位成本
= 该项目所在科室成本 ×
$$\frac{某服务项目成本当量(点数)}{\sum[该科室各服务项目成本当量(点数) × 服务例数]}$$

4. 以临床路径为基础进行病种成本归集 将临床路径中涉及的所有项目成本、药品成本加和,就得到了以临床路径为基础的病种成本。

第3节 医疗服务成本分析

一、成本分析概念与意义

(一) 概念

成本分析是指利用成本测算资料及其他有关资料,全面分析成本水平及其构成的变动情况,研究影响成本升降的各个因素及其变动的原因,寻找降低成本的规律和潜力的一种成本管理活动。

(二) 成本分析的意义

成本分析是成本管理工作的一项重要内容,其重要意义表现在以下几个方面:

1. 通过成本分析,有助于正确认识和掌握成本变动的规律性,挖掘成本控制潜力。

2. 通过成本分析,对成本计划的执行情况进行有效的控制,对执行结果进行评价,肯定成绩,指出存在的问题,以便采取措施,提高经营管理水平,也为编制下期成本计划和做出新的经营决策提供依据,给未来的成本管理指出努力的方向。

3. 通过成本分析,了解医疗机构的工作效率,搞好人员配置,完善责、权、利相结合的综合目标管理责任制,调动医务人员的积极性,提高工作效率。

4. 通过成本分析,了解医疗机构各项资源的消耗与库存情况,使各项物资始终处于良好的周转状态。尽量减少资金占用,降低资金消耗。

5. 通过成本分析,了解医疗机构各项费用开支情况,促使医疗机构严格掌握成本开支范围和开支标准,节约开支。

二、医疗服务成本分析的主要方法

(一) 比较分析法

比较分析法是通过成本指标在不同时期(或不同情况)的数据的对比,来揭示问题的一种方法,成本指标的比较,必须注意指标的可比性。比较分析法主要有绝对数比较和相对数比较两种形式。比如:某医院儿科2006年人力成本是20万元,2007年人力成本为25万元,2007年比2006年增长了5万元,这是绝对数的比较。2007年的人力成本是2006年人力成本的1.25倍(25/20),增长了25%,这就是相对数的比较。管理者应在比较分析的基础上,查明原因,分清主客观因素,提出解决方案。

案例8-4

比较分析法的应用

华北某医院2006年某医疗项目的业务量,总成本和项目成本分别为1 000人次,5 000元和5元,2007年同一指标分别为1 200人次,6 000元和5元。

（二）连锁替代法

连锁替代法也称连锁置换法、连环替代法。它是确定引起某经济指标变动的各个因素影响程度的一种计算方法。在几个相互联系的因素共同影响着某一指标的情况下，可应用这一方法来计算各个因素对经济指标变动的影响程度。

1. 计算过程

（1）在计算某一因素对一个经济指标的影响时，假定只有这个因素在变动而其他因素不变。

（2）确定各个因素的替代顺序，然后按照这一顺序替代计算。

（3）把这个指标与该因素替代前的指标相比较，确定该因素变动所造成的影响。

2. 计算原理

设某一经济指标 A 是由 x,y,z 三个因素组成。其计划指标 A_0 是由 x_0,y_0,z_0 三个因素相乘的结果；实际指标 A_1 是由 x_1,y_1,z_1 三个因素相乘的结果：

$$A_0 = x_0 \cdot y_0 \cdot z_0$$
$$A_1 = x_1 \cdot y_1 \cdot z_1$$

其实际与计划的差异（V）为：

$$V = A_1 - A_0$$

在分析各因素的变动对指标影响时，首先，确定三个因素替代的顺序依次为 x,y,z；其次，假定其他两个因素 y,z 不变，先计算第一个因素 x 变动对指标的影响；然后，在第一个因素已变的基础上，计算第二个因素 y 变动的影响；依此类推，直到各个因素变动的影响都计算出来为止。

用公式表示：

第一个因素变动的影响（V_1）计算如下：

$$A_0 = x_0 \cdot y_0 \cdot z_0 \quad ①$$
$$A_2 = x_1 \cdot y_0 \cdot z_0 \quad ②$$
$$V_1 = ② - ① = A_2 - A_0$$

上述计算，也可用下列公式计算出 V_1 来：

$$V_1 = (x_1 - x_0) \cdot y_0 \cdot z_0$$

第二个因素变动的影响（V_2）计算如下：

$$A_3 = x_1 \cdot y_1 \cdot z_0 \quad ③$$
$$V_2 = ③ - ② = A_3 - A_2$$

第三个因素变动的影响（V_3）计算如下：

$$A_1 = x_1 \cdot y_1 \cdot z_1 \quad ④$$
$$V_3 = ④ - ③ = A_1 - A_3$$

将各因素变动的影响加以综合，其结果应与实际脱离计划的总差异相等：

$$V = V_1 + V_2 + V_3$$

（三）盈亏平衡分析

盈亏平衡分析（或保本点分析）是企业经营行为分析的重要内容，是根据项目正常年份的产品产量（服务量）、固定成本、可变成本等要素，研究项目产量（或服务量）、成本、盈余之间变化与平衡关系的方法。盈亏平衡分析用于医院经营管理，就是要在既定的成本水平与结构条件下，找出医疗服务工作量、医疗服务成本、医疗服务收益三者结合的最佳点，使医院经营收益最大，成本最低。

1. 混合成本分解　盈亏平衡分析首先要解决的问题就是混合成本的分解。混合成本的分解就是把混合成本分解成固定成本和变动成本两部分。把混合成本分解成固定成本和变动成本是预算管理和成本分析的基础。

混合成本的分解方法：

（1）工程法：在对生产中所需要的材料、人工、动力、装备、生产效率等进行调查的基础上，将投入和产出对比分析，确定单位产量的消耗定额，从而计算出混合成本中变动成本数额。

（2）会计法：根据各半变动成本项目的性质，视其比较接近于哪一类成本，就作为哪一类成本处理。

（3）高低点法：首先，根据的历史资料，查明生产量最高和最低的那些月份的成本、产量（服务量）；然后，分别计算出高、低点之间产量和成本的差额；最后，以成本的差额去除以产量（服务量）的差额，求得单位变动成本，进而确定混合成本中变动成本部分和固定成本部分。运用高低点法分解混合成本应注意以下几个问题：

第一，高点和低点的业务量应在该项混合成本的相关范围内，即最高业务量和最低业务量之间确定的固定成本是有效的。

第二，高低点法是以高点和低点的数据来描述成本性态的，其结果会带有一定的偶然性。事实上，高低两点的偶然性通常比其他各点要大，这种偶然性会对未来成本的预计产生影响。

第三，当高点或低点业务量不只一个（即有多个期间的业务量相同且同属高点或低点）而成本又相异时，则只需按高低点法的原理，属高点取成本大者，属低点取成本小者。

（4）直线回归法：直线回归法亦称最小二乘法或最小平方法，它是运用数理统计中常用的最小平方法的原理，对所观测到的全部数据加以计算，从而勾画出最能代表平均成本水平的直线。通过回归分析而得到的直线称为回归直线，它的截距就是固定成本 a，斜率就是单位变动成本 b。回归直线法是根据若干期业务量和成本的历史资料，运用最小平方的原理计算固定成本或混合成本中的固定成本 a 和单位变动成本 b 的一种成本性态分析方法。

假定我们有 n 个 (x,y) 观测数值（如前例中不同产量条件下的混合成本数额），那么，就可以建立一组决定回归直线的联立方程式，其中必有一条由 a 和 b 两个数值决定的直线能够使各观测值（即成本 y）与这条直线上相应各点的离差平方之和最小，这条线当然就是离散各点的回归直线了。

根据离差平方和取最小值的原理，对混合成本的数学表达式 $y = a + bx$ 利用 $\sum (y_i - a - bx_i)^2 = $ 最小值，这一数字性质，分别对 a 与 b 求偏导数，得出参数 a 与 b 的求解公式：

$$b = \frac{n\sum xy - \sum x \sum y}{n\sum x^2 - (\sum x)^2}$$

$$a = \frac{\sum y - b\sum x}{n}$$

对于 a 与 b 的求解推导也可以用简单的过程，即对方程 $y = a + bx$ 的每一项求和的形式表示可得：

$$\sum y = na + b\sum x \qquad ①$$

再将①式的每一项都乘以 x 可得：

$$\sum xy = a\sum x + b\sum x^2 \qquad ②$$

由①和②求得：

$$b = \frac{n\sum xy - \sum x \sum y}{n\sum x^2 - (\sum x)^2}$$

$$a = \frac{\sum y - b\sum x}{n}$$

根据 a 和 b 的计算公式可得出方程 $y = a + bx$。

需要注意的是，当回归直线的 b 值确定之后，可以通过公式①，即 $\sum y = na + b\sum x$，而比较简便地得到 a 的值，但 b 的数值应该尽量保留尾数，否则误差较大。另外，采用回归法分解固定成本 a 和单位变动成本 b 之前，应先检验它们的相关程度，确定有无分解的必要性。其相关系数计算如下：

$$r = \frac{n\sum xy - \sum x \sum y}{[n\sum x^2 - (\sum x)^2][n\sum y^2 - (\sum y)^2]}$$

相关系数 r 的计算结果越接近1，表明业务量与混合成本的关联程度越高，用回归法分解的固定成本与变动成本越接近实际情况;反之,相关系数 r 越小,用回归法分解则可能严重歪曲混合成本的真实情况。

案例 8-6
混合成本分解方法的应用

表 8-5 为某社区卫生服务中心中医科 2006 年 1～12 月份的门诊量与成本情况。

表 8-5 中医科 2006 年 1～12 月份的门诊量与成本

月份	门诊量(人次)	成本(元)
1	800	2 000
2	600	1 700
3	900	2 250
4	1 000	2 550
5	800	2 150
6	1 100	2 750
7	1 000	2 460
8	1 000	2 520
9	900	2 320
10	700	1 950
11	1 100	2 650
12	1 200	2 900

问题:

分解并计算单位变动成本和固定成本。

分析提示:

运用高低点法和回归直线法进行混合成本分解。

1. 高低点法:根据资料分析可知,2006 年内 12 月份门诊量最高,为 1 200 人次,相应的成本为 2 900 元;2 月份的门诊量最低,为 600 人次,相应的成本为 1 700 元。按照高低点法的计算公式。

单位变动成本 = (2 900 - 1 700)/(1 200 - 600) = 2(元/人次)

固定成本 = 2 900 - 2 × 1 200 = 500(元) 或

固定成本 = 1 700 - 2 × 600 = 500(元)

2. 直线回归:根据表 8-5 的分析资料列表 8-6,求出 n、$\sum x$、$\sum y$、$\sum xy$、$\sum x^2$ 和 $\sum y^2$ 的值,如表 8-6 所示。

表 8-6 计算出的各项数值

月份 (n)	门诊量 x (人次)	混合成本 y (元)	xy	x^2
1	800	2 000	1 600 000	640 000
2	600	1 700	1 020 000	360 000
3	900	2 250	2 025 000	810 000
4	1 000	2 550	2 550 000	1 000 000
5	800	2 150	1 720 000	640 000
6	1 100	2 750	3 025 000	1 210 000
7	1 000	2 460	2 460 000	1 000 000
8	1 000	2 520	2 520 000	1 000 000
9	900	2 320	2 088 000	810 000
10	700	1 950	1 365 000	490 000
11	1 100	2 650	2 915 000	1 210 000
12	1 200	2 900	3 480 000	1 440 000
合计	11 100	28 200	26 768 000	10 610 000

续表

将表 8-6 中的有关数值代入回归法分解混合成本的公式,则有:

$$b = \frac{n\sum xy - \sum x \sum y}{n\sum x^2 - (\sum x)^2}$$

$$= \frac{12 \times 26\,768\,000 - 11\,100 \times 28\,200}{12 \times 10\,610\,000 - 123\,210\,000}$$

$$= 1.99(元/人次)$$

$$a = \frac{\sum y - b\sum x}{n}$$

$$= \frac{10\,610\,000 \times 28\,200 - 11\,100 \times 26\,768\,000}{12 \times 10\,610\,000 - 123\,210\,000}$$

$$= 505.40(元)$$

则成本性态模型:$y = 505.40 + 1.99x$

2. 盈亏平衡分析 在医疗总成本不变的条件下,当业务总收入等于盈亏平衡点测定的业务总收入时即为保本,高于平衡点时即可获得收益,低于平衡点则出现亏损。反之,在业务总收入不变的情况下,医疗费用水平与医疗规模的变化,引起医疗总成本变化,也可引起上述各种结果。因此,在测定医院要实现预期的保本目标,必须实现预测的业务总收入,同时,确定各种水平下的单位医疗成本、医疗规模和固定费用开支、工资或药品、材料成本变动对盈亏的影响。

(1)盈亏平衡分析的基本理论:设提供卫生服务数量为 Q,收费价格为 P,单位变动成本为 V,总固定成本为 F,则在保本状态下,有:

$$Q \times P = Q \times V + F \qquad ①$$

由公式①:$Q \times P = Q \times V + F$,我们得到 $Q = F/(P - V)$,此即为企业(或卫生机构)保本点时的销售(或服务)量。因此,我们得到:

保本点销售量
= 固定成本/(销售价格 - 单位变动成本)

保本点销售收入

= 企业保本点销售量 × 销售价格

= [固定成本 / (销售价格 − 单位变动成本)] × 销售价格

= 固定成本 / [(销售价格 − 单位变动成本) / 销售价格]

= 固定成本 / (1 − 单位变动成本 / 销售价格)

同样,由公式:$Q \times P = Q \times V + F$,我们还可以得到 $P = V + F/Q$,而 V 为在产量是 Q 时的单位变动成本(或平均变动成本),(F/Q) 为在产量是 Q 时的平均固定成本,因此,$V + F/Q$ 是产量为 Q 时的平均成本用 AC 表示,即 $P = V + F/Q = AC$,这样,我们得到:

保本点价格 = 产品的平均成本

实际上,经济学理论告诉我们:AC 随着产量(或服务量)Q 的变化而发生变化,是一条曲线。这条曲线的最低点就是企业(或卫生机构)的边际成本曲线与平均成本曲线的交点,而这个交点也就是企业(或卫生机构)的保本点。在此保本点,边际成本等于平均成本,且每单位服务量的平均成本最低。

(2) 盈亏平衡分析在医院经营中的用途有:

1) 用于成本预测,确定目标成本。在预测医疗工作量尚不足达到保本目标的要求,而固定成本不能降低,更不能提高医疗价格的情况下,唯一的途径是降低单位变动成本,以保证保本的实现。其计算公式如下:

$$V = P - F/Q$$

2) 用于扩大医疗服务量的决策:即当医院发生亏损时,但尚有医疗潜力可以挖掘,达到预测诊疗人数就可以达到保本目标,即应合理安排扩大医疗服务数量。

案例 8-7

保本点的确定

为民社区服务站慢性病科每人次门诊收费为 20 元,固定成本为 50 000 元(包括人员工资、折旧等),变动成本为 5 元(通用材料、试纸等)。

问题:

此社区服务站的保本点门诊量、保本点门诊收入各是多少?

分析提示:

对应公式 $V = P - F/Q$,$P = 20$(元/人次),$F = 50\,000$(元),$V = 5$(元)。

保本点门诊量:$Q = F/(P - V) = 50\,000/(20 - 5) = 3\,333.33$(人次)

保本点门诊收入:$P \times Q = P \times F(P - V) = F/(1 - V/P) = 50\,000/(1 - 5/20) = 66\,666.67$(元)

案例 8-8

一定盈余目标下的盈亏平衡分析

某医院固定成本为 180 万元,每床日医疗费用为 11 元,预测医疗工作量 40 万床日。

问题:

1. 试计算其保本状态下的目标成本(单位变动成本)。

2. 由于某些原因,医院的单位变动成本最低只能下降到 7 元,医院如欲有所盈余,预定计划盈余 10 万元。试计算在此情况下,服务量应为多少?

分析提示:

1. 目标成本:

$$V = P - F/Q = 11 - 1\,800\,000/400\,000 = 6.5(元)$$

即:单位变动成本下降到 6.5 元才能保本。

2. 服务量:

$$Q = \frac{F + R(预期收益)}{P - V} = \frac{1\,800\,000 + 100\,000}{11 - 7} = 475\,000(人次)$$

即:在服务量达到 475 000 人次时,医院才能不发生亏损,并实现盈余 10 万元。

第4节　医疗服务成本控制

医疗机构实行成本测算和分析,并在此基础上进行有效的成本控制,有效利用人力、物力、财力等资源,满足人民群众不断增长的医疗保健需求,是医院经济管理中非常重要的一项工作。

一、医疗机构成本控制的内容

(一) 事前成本控制

包括根据医院年初医疗工作计划,预测医院各科室成本计划指标,计算收消比值,编制各科室医疗成本费用的控制标准及制定有关成本控制措施;对未来期间医疗成本的变动趋势和计划期内的医疗成本水平进行预先推断和测定;根据前期预测的医疗收入、医疗成本和目标收益确定医院和科室的目标成本;建立和健全各个成本责任中心在成本费用管理方面的职责和权限,并与奖励和处罚挂钩。

(二) 事中成本控制

事中成本控制是对成本计划执行阶段所进行的控制与监督。在医疗服务活动过程中,各项成本费用的实际发生要尽量与成本费用标准相一致。可以随时检查节超情况,发现问题,及时采取降低成本费用的措施。

(三) 事后成本控制

事后成本控制的主要内容有:

(1) 目标成本执行结果情况。即要对目标成本执行结果情况的进行审查,并根据目标成本执行情况,分析医疗成本预算的执行结果。

(2) 成本要素组成情况。主要看构成成本的每一项支出占全部医疗支出的比重是否合理,以便重点分析和有针对性的加强管理。

(3) 单位业务量成本分析。主要确定各医疗服务项目的操作方法和有关技术经济指标执行结果对成本的影响情况,以查明成本升降的具体原因,为今后降低成本找到具体途径和方法。

二、医疗机构成本控制的要求

(一) 建立成本控制的测算体系

建立科学而规范的成本控制测算体系,应做好以下工作:首先,制定合理的开支定额,应根据情况不断修订定额,使成本控制科学化、具体化;其次,正确划分成本控制的测算级次,如医院总成本测算、部门成本测算、病种成本测算等。成本测算级次划分越细,越有利于成本控制。应定期分析各项目、病种成本费用的执行情况,寻找差异,提出解决措施,加强医院成本测算和费用控制。最后,结合自身特点,建立责任成本制和标准成本制。责任成本制是指通过在医院各部门、科室或班组建立若干责任中心,将责、权、利有机结合起来,围绕各责任中心的经营活动实行自我控制。

(二) 建立成本控制的组织管理体系

医院领导应不断更新观念,充分重视成本控制,建立统一的组织机构,使医院经济管理办公室和财务科实现业务对接,妥善解决成本测算和成本控制的运行机制问题。各医疗科室、部门应密切配合,主动发现问题,分析问题,制定有关成本控制制度、相关政策和措施,解决问题。行政、后勤部门与时俱进,明确成本控制的目的、意义和作用,增强成本控制意识,自觉培养节约、堵漏、降耗的良好习惯。形成以各部门为经济责任中心的管理、规范、高效、统一的成本控制管理体系。

(三) 提高全员成本意识

医疗服务是高度技术密集的行业,高素质的医务人员是医疗机构的核心资源,也是影响成本升降的最重要因素之一。医疗服务质量好坏、效率的高低、效益的多少都依赖于医务人员的工作态度。因此,医院要以成本测算为杠杆最大限度地围绕调动医务人员的工作积极性制定各项规章制度和管理措施,提高全体员工的成本意识,建立健全责、权、利相结合的业务技术、经济奖惩制度,严格考核,奖罚分明,鼓励先进,鞭策后进。

思 考 题

1. 试分析各种成本分类之间的联系。

2. 本章介绍的盈亏平衡分析案例,只考虑了保本情况下的业务量、业务收入等相关指标,那么,如果想要达到某个目标盈利,应该如何计算呢?

3. 试分析医院成本测算与医院财务会计的联系。

参 考 文 献

程晓明,罗五金. 2007. 卫生经济学. 第2版. 北京:人民卫生出版社,299-317

冯振翼,刘国祥,陈迎春. 2002. 新编卫生经济学. 北京:民族出版社,359-377

高广颖,李月明. 2006. 医院财务管理. 北京:中国人民大学出版社,350-372

国家计委,卫生部. 2001. 医疗服务项目成本分摊测算办法(试行)

李信春,苏元福,王晓钟. 2000. 医院成本测算的思考与实践. 中华现代医院管理杂志,16(4):197-200

刘新娜. 2005. 医院成本控制现状及对策. 现代医院,(10):118-119

孟庆明,彭晓双,刘景新等. 2005. 浅析对医院成本控制原则和过程的审计. 中华现代医院管理杂志,3(3):263-264

魏颖,杜乐勋. 1998. 卫生经济学与卫生经济管理. 北京:人民卫生出版社,263-284

(刘国祥)

第9章 医疗服务价格

■ **本章提要**

本章介绍价格的基本概念、价格决定规律，医疗服务价格影响因素，定价原则和定价方法；阐述我国医疗服务价格的管理方式以及医疗服务价格改革。通过本章学习，要求学生掌握医疗服务价格决定的基本理论和方法，了解医我国疗服务价格改革内容和改革趋势。

价格，作为一项十分重要的市场信号，在市场经济中发挥着极其重要的作用。价格机制在发挥它经济杠杆作用的同时也在调节着各种资源在社会各生产领域中的分配。随着我国社会主义市场经济体系的建立和不断完善，医疗服务市场中，价格机制的作用也逐渐凸现出来。同时，医疗服务的有偿收费作为医疗服务机构经济补偿的重要来源，已经吸引越来越多的人开始研究和关注医疗服务价格。

第1节 一般价格决定理论

一、价格的定义

一般来讲，价格是指商品价值的货币表现，是市场经济正常运转的经济杠杆。商品的价值由生产这种商品的社会必要劳动时间和社会平均生产成本决定的。价格作为在商品生产者和消费者之间进行交换的媒介，能够起到调节供方的生产和需方的需求量的作用，同时，还可以起到调节资源配置的作用，换句话说，它可以调节市场经济中的经济活动以及规律，我们把价格的这种作用称为价格机制或者说市场机制。

价格的功能和作用主要表现如下几个方面：

1. 传递各种信息 价格可以反映市场的供求状况，价格的变化可以反映出一种商品的短缺或过剩状态，生产者可以根据价格的变化来调整自己的生产，调整生产商品的数量和种类，直到供需平衡。社会各生产部门都会按照各自产品的价格变化来调整自己的生产。一种商品的价格的变化，也会影响到其他商品产量的变化。例如：互为互补品的香烟和打火机之间，香烟因价格变化产量减少，打火机的产量也会相应的缩减。所以，在价格的变化过程中，它起到了传导信息的作用。这种功能也是价格实现其他功能的基础。

2. 调节资源配置 众所周知，地球上的资源是有限的，所有的生产者在生产商品的同时也在互相争夺有限的资源。资源的投入与流向与某种商品或服务的供给量成正比例关系。当某种商品或服务的价格上升的时候，生产者一般会增加这种商品的提供量，社会有限资源也会投入到该种商品或服务；当价格下降的时候，生产者一般会减少对这种商品或者服务的提供，原来用于生产这种商品或者服务的社会资源就会流向其他产品或者服务。因此，价格可以调节整个社会的资源的配置。

3. 促进技术创新 商品的价格由价值决定，价值是由生产这种商品的社会必要劳动时间和社会平均生产成本决定的。当一个生产者的个别劳动时间低于社会必要劳动时间，或者他的个别生产成本低于社会平均生产成本时，在这种情况下，该生产者就有机会获得相对于其他生产者更多的利润。所以，在市场竞争中，生产者都在努力寻求一种新技术来降低生产成本或者缩短个别劳动时间来争取更多的利润。在此过程中，价格起到了促进技术进步和创新的作用。

二、价值规律

价值规律是指价值决定价格，价格是价值的货币表现，价格围绕价值上下波动。

商品的价值是指在生产该种商品过程中所消耗的物化劳动和劳动者本身的价值以及其创造的社会价值，它是一种蕴含在商品中人们劳动数量的体现。价格通过货币这种衡量价值的标尺来反映价值，它是价值的外在表现形式。

用货币表现出来的商品的价值只是一种相对的价值，因为在用货币数量来衡量商品价值的同时，还要受到货币发行数量等相关因素的影响，所以，价格会围绕价值上下波动。

第 2 节　医疗服务价格决定

一、医疗服务价格种类及形成因素

（一）医疗服务价格种类

我国卫生事业的性质是政府实施一定福利政策的社会公益性事业，所以，医疗服务产品也必须具备福利和商品的双重属性，国家不向其征收税金，同时给予一定的财政补助。医疗服务的价格往往低于医疗服务本身的价值。在我国，医疗服务价格有计划价格、政府指导价格和市场价格等三种不同种类。

1. 计划价格　计划价格的制定主要是针对基本医疗服务项目，是为了保障人民群众的基本健康医疗水平，由政府相关职能部门按照审批权限，依照一定的计划进行规定和调整，任何医疗服务机构在未经相关部门批准的情况下，不得擅自更改。

2. 政府指导价格　政府指导价格的制定主要是针对更高需求的医疗服务项目，是为了满足人们对更高医疗服务的需求。它是由政府相关部门制定出标准价格，并规定其波动幅度，医疗机构可以根据政府规定的标准价格在浮动范围内自行定价和调整。

3. 市场价格　相对前两种价格类型，此种价格类型使医疗机构对医疗服务价格的制定拥有了更多的主动权，可以根据市场供需状况，自行调整。

（二）影响医疗服务价格形成因素

医疗服务的价格并不能够真正的反映出医疗服务的价值。在市场经济中，医疗服务价格的制定受到医疗服务成本、市场供求关系、国民经济水平、医疗保险、国家政策等多方面因素的影响。

1. 医疗服务成本　医疗服务的提供过程和其他的商品和服务一样，也需要消耗相当的成本，医疗服务成本包括物品消耗和人力成本。物品消耗包括医疗服务机构在提供医疗服务的时候所使用的医疗仪器、设备，消耗的低值易耗品等卫生材料；人力成本包括医务人员的劳动报酬，包括工资、奖金、福利、补贴等，同时还包括医务工作者为社会劳动的消耗。如果一家医疗机构完全按照市场价格获得收入，那么对于成本高于价格的医疗服务，医疗机构就亏损了。目前，

我国的医疗服务中，药品和检查的收费要高于成本，而医护人员的医疗服务本身的价格却低于成本，政府的财政性补助也不足以弥补这部分差距。所以，医疗服务机构就会加大对高价药品和检查器械的投入使用。

2. 供求关系　供求关系和价格之间是相互影响的，当价格上涨的时候，供给量会增加，需求量会减少；当价格下降的时候，供给量会减少，需求量会增加。同样，供求也会对价格产生影响，当供不应求时，价格由于市场上需求量的增多会高于价值。当供过于求时，价格会低于价值。医疗服务的需求主要取决于购买意愿和能力。经济水平低，缺乏购买意愿，医疗服务的需求就受到了限制；相反，在经济水平高，医疗服务的利用率就会相对提高。医疗服务供给取决于一个地区的医疗服务机构数量的多少，可利用的卫生资源的多少，卫生服务价格等。

3. 医疗保险　医疗保险就是参保人通过向保险机构缴纳保费从而达到降低疾病所引起的经济负担的目的。都是一种疾病，参保人和未参保人在选择医疗服务的时候就相差很多。参保人由于有保险机构负责理赔一部分医疗服务费用，所以他们在选择医疗服务的时候对医疗服务的价格的敏感度就降低了。换句话说，此时对于参保人来说，医疗服务的价格弹性降低。相反，对于没有任何医疗保险的人来说，他们在选择医疗服务的时候，医疗服务的价格对他们来说是决定他们是否使用医疗服务的重要因素。对于经济条件不好的家庭或个人，医疗服务价格也会成为他们放弃医疗服务的主要原因。

4. 政府价格政策　医疗服务市场不同于其他市场，医疗服务价格的制定并不能靠市场来独自决定。由于医疗服务市场存在着市场失灵，要通过政府的政策干预才能矫正。我国的卫生事业是政府实施一定福利政策的公益性事业，政府通过制定计划价格或政府指导价格等价格政策对医疗服务价格施加影响。政府对医疗服务价格的影响作用主要表现在以下几个方面：一是价格的决策更科学合理，能够尊重价值规律；二是医疗服务的价格的制定，能够充分考虑到医疗服务的成本和消费者的经济承受能力；三是医疗服务价格的制定实行分级管理，增加了地方政府的自主性和价格管理的灵活性。

5. 财政补贴　财政补贴是政府矫正卫生市场失灵的方法之一。各地区因地制宜，根据实际情况给予医疗服务机构一定比例的财政补贴。财政补贴比例较高或者说补贴金额增加会从另一个角度降低医疗服务的成本，医疗服务的价格也会适当降低；相反，财政补贴比例下降或者说

补贴金额减少也会促使医疗服务价格的上涨。

二、医疗服务定价原则

（一）分级定价原则

医疗服务分级定价原则就是指医疗服务价格应该可以反映出医疗服务水平、医疗服务质量的高低，实行优质优价，分级定价。目前，我国医疗机构分为三个级别，即一级、二级、三级，每个级别中又划分为两个层次（甲、乙）。政府相关部门对不同等级的医疗机构制定出不同的收费价格。随着医疗机构级别不同，相应医疗服务价格也有一定差距。这样分级别定价能够有效的分流患者，避免对大型综合医院造成过大的就诊压力，同时，为中小型医院争取更多的患者，促进医疗机构提高技术水平和服务质量，满足不同人群对医疗服务的需求，还可以增加对卫生资源的有效利用。

（二）差别定价原则

差别定价是指政府相关部门对医疗机构所提供的不同层次的医疗服务制定出不同的价格以适应不同经济能力的消费者。差别定价主要是将医疗服务价格分为两部分：一部分是基本医疗，实行从低从严，采取保本价格，并使其稳定，从而保证基本医疗服务的利用。另一部分是为了满足少数人需要的特需医疗服务，针对这部分医疗服务实行高于成本的定价，浮动定价，并根据供需变化情况，适时调整价格。实施这种利用市场机制进行调节的定价原则有利于满足不同层次消费者对医疗服务的需求。

（三）比价合理原则

比价关系是指同一市场、同一时间、不同商品价格之间的比例关系。它反映生产不同商品所花费的社会必要劳动时间之间的比例关系。在制定医疗服务价格的时候，要遵循比价原则，将医疗服务所创造的价值和使用价值与其他行业产品的价值和使用价值进行比较，做到不同行业之间的产品或劳务价格在比价上相对合理。即使是医疗行业内部不同服务项目价格之间的比价也应合理。否则，会造成比价不协调，形成行业内部分配不合理。

目前，在我国医疗服务市场上，由于医疗服务中劳动技术价格偏低，例如门诊挂号费、手术费这些体现医务人员技术价值的诊疗费用过低，医疗机构要维持自身的经营，就必须寻求其他的方法来挽回这部分损失，导致了以药养医的现

象。所以，在我国医疗服务改革中要充分考虑比价合理原则，适当提高医疗服务价格，使医疗服务市场形成良性运转的态势。

（四）因地制宜原则

不同地区的人群健康状况、经济条件、社会状况都不尽相同，在制定医疗服务价格时，应当充分考虑到以上因素，制定适合本地区的医疗服务价格。对于那些经济状况比较好的地区可以把医疗服务价格制定的略微高一些；对于那些经济状况比较差的地区以保证基本医疗为主，可以把医疗服务价格制定的相对低一些。特别是对于贫困人口，可以进一步制定优惠政策，保证贫困或者低收入人群看病就医的需求，同时也进一步体现了卫生事业的公平性。

（五）体现技术劳务价值原则

医疗服务按照制定的价格收回相应的成本。其中消耗的物品可以从医疗服务收费中得到补偿，但是其中医务人员的劳动的价值体现在医疗服务收费中往往不是很明显。医务人员的培养需要经过多年的学习和实践，他们用自己所掌握的知识技术为患者服务，他们的价值和劳动价值，应根据其社会必要劳动时间合理确定技术劳务价值，在医疗服务定价中得到合理的体现。

三、医疗服务定价形式和方法

（一）医疗服务的定价形式

根据市场经济理论和医疗服务市场的特点，可以将我国的医疗服务定价的形式归纳为以下几种：

1. 政府定价 政府在制定医疗服务价格的时候要考虑到市场机制、成本因素，还要考虑到医疗服务本身的公益性。对公共卫生服务和居民基本医疗服务的医疗服务定价上，应该坚持实行政府定价。与此同时，政府定价也要体现出医务人员技术劳动的价值，考虑市场机制的影响，逐步实现按成本收费。对于特需医疗服务政府也给予指导价格，并规定出一定的浮动范围。对于医疗服务这样一种关乎国泰民安的服务，政府定价将会一直存在。在市场经济条件下，政府定价要依据效率、公平、稳定这样的原则。

2. 同行评价 对于同一种医疗服务，在同一个地区，同一时间，同一级别的医疗机构，进行定价的时候，建议同行评议的方法，制定出同行之间可以接受的价格，也就是说，在制定医疗服务价格的时候，要充分考虑行业的统一性。特别

是对于一些新的检查、手术等诊疗方式,在开展这些新业务的同时,对其医疗服务价格的制定,在同行之间进行商议之后再作决定是比较妥当的。

3. 单位作价 单位作价就是指医疗服务机构根据所提供的医疗服务项目的投入生产要素,再加上预期利润,并考虑供需关系、竞争关系和消费者的经济承受能力而确定的价格。这种价格往往是比较现实的,且符合本地区的实际情况,同时也是医疗服务机构经营决策者根据营销策略做出的必要选择。

4. 按需定价 即根据市场供需的变化定价。每个人对医疗服务需求不尽相同,比如:一些人在身体健康的条件下,需要一些可以使自己变得更完美的医疗服务,比如整容服务。面对这种需求,医疗机构可以适当的提高医疗服务价格。还有一些医疗服务存在比较普遍,几乎各家医疗机构都有相关服务,在这种情况下,医疗机构可根据自身在医疗服务市场竞争中的位置,选择保持原来的价格不变,或者适当降价。

5. 特需特价 市场经济要求医疗服务的价格也要遵循价值规律,在保证基本医疗服务的前提下,对特需医疗服务实行以质论价、特殊优先、放开价格。特殊医疗服务是指那些在基本医疗服务以上的,高档的,特殊医疗服务项目。对于这些医疗服务,其价格可以高于成本,并且根据供需关系适时调整。这些特需医疗服务对医疗机构的经济补偿有一定的积极作用。

6. 医患议价 市场的主体是供需双方,商品交换应是平等的。在医疗服务领域中由于存在信息不对称,医疗服务的提供方占据垄断地位,对医疗服务的提供有绝对主导权。而医疗服务的消费者,对于医学知之甚少,大多时候无法做出合理选择,处于被动地位。但是在医疗服务进入市场后,消费者有权进行讨价还价,虽然目前阶段还难以实现,但可以预见,将来医患平等议价会在某些医疗服务项目上实现。

(二) 医疗服务定价方法

1. 以成本为中心定价方法 以成本为中心定价方法,是大多数生产者为其生产的商品定价的基本方法。在以营利为基础的目标指导下,以成本为中心的定价方法,就是成本加上预期的盈利,就是该商品或者服务的价格。这种定价方法可分为以下三种具体方法:

(1) 成本加成定价法:成本加成定价法是一种非常普遍,而且很传统的定价方法。这种方法是指生产者在为其产品定价的时候,在考虑生产成本的基础上,再加上预期利润。通常有四种计

算公式:

1) 定额法:

$$单位服务价格 = 单位完全成本 + 定额利润$$

$$定额利润 = \frac{总利润}{卫生服务总量}$$

2) 外加法:

$$单位服务价格 = 单位服务项目社会平均成本 \times (1 + 加成率)$$

$$加成率 = \frac{计划总利润}{提供服务总成本}$$

说明:加成率在不同时间、不同地域、不同的医疗服务项目、不同医疗机构是不同的。当加成率为零的时候,这种成本加成定价法就变成了一种特例,叫做成本定价法。

3) 内扣法:

$$单位服务价格 = \frac{单位安全成本}{1 - 利润率}$$

4) 变动成本加成定价法:

$$单位服务价格 = \frac{变动成本 + 预期边际贡献}{服务量}$$

说明:变动成本加成定价法的特点是:只计算变动成本,不计算固定成本。即在变动成本的基础上,加上预期的边际贡献作为服务的价格。由于边际贡献会大于、等于或小于固定成本,所以,可以出现盈利、保本或亏损三种情况。

成本加成法定价的目的是在按照既定的价格出售医疗服务后,医疗机构能够在补偿医疗服务投入和消耗之后有必要的利润。在实际工作中多采用外加法。例如:某医院在年初制定新年计划的时候,预计在新的一年里全院提供 80 万单位的医疗服务,预算成本为 800 万元,要求年利润率为 20% ,那么,这家医院的单位医疗服务价格为:

$$单位平均成本 = \frac{800}{80} = 10 元$$

$$单位医疗服务价格 = 10 \times (1 + 0.2) = 12 元$$

成本加成法其初衷是在保证医疗服务提供机构不亏损的前提下,有一定的盈余。但同时,这种定价方法在一定程度上忽略了消费者的利益。单从计算公式上看,这种定价方法计算简单,但是在确定单位完全成本中,变动成本和分摊来的成本优势难以估计。所以,这种医疗服务定价方法适用于平均成本变动不大的医疗服务。

(2) 目标收益定价法:目标收益定价法又称资产报酬定价法。它和之前介绍的成本加成定价法不同,它关注的是医疗服务提供者的目标收益。一所医疗服务提供机构在对一项医疗服务

进行定价的时候通常是先根据这种服务的投入总量确定一个目标收益率,然后根据所确定的目标收益率计算出目标利润,最后根据总成本、目标利润、预计提供的服务量来计算出产品价格。使用这种定价方法要考虑到给予供方合理的报酬;抵消通货膨胀的影响;满足供方正常发展对资金的需要。

例如:某医院打算开展一项新的医疗服务,一共对其进行投入为 180 000 元,其中,固定成本为 50 000 元,单位变动成本 30 元,预计提供医疗服务量为 2 000 单位,目标收益率为 17%,则

单位卫生服务价格

$$= \frac{固定成本 + 总变动成本 + 目标投资收益}{预计提供医疗服务量}$$

总变动成本为:$30 \times 2\ 000 = 60\ 000$ 元
目标收益:$180\ 000 \times 0.17 = 30\ 600$ 元

单位卫生服务价格

$$= \frac{50\ 000 + 60\ 000 + 30\ 600}{2\ 000} = 70.3 \text{ 元}$$

(3)进价加成定价法:进价加成定价法是在进货价的基础上,按照事先确立好的加成比率形成的零售价格,其计算方法是:

零售价格 = 进货价格 × (1 + 加成率)

2. 以需求为中心的定价方法 上述以成本为中心的定价方法是从医疗服务提供方的角度来考虑医疗服务定价的。而以需求为中心的定价方法则是在充分考虑市场需求和竞争的条件下,从医疗服务消费者的角度来考虑医疗服务定价的。既然是从消费者的立场来考虑定价,就必须以消费者对医疗服务价格的理解和认识为依据。以需求为中心的定价方法又包括两种具体方法:理解价值定价法和差别定价法。

(1)理解价值定价法:又称为需求价值定价法。该方法不以医疗机构提供医疗服务实际消耗多少来定价,而是以消费者对医疗服务价值的主观感受,即对医疗服务的理解价值为基础定价。换句话说,就是指消费者能够负担的价格。

目前,我国的医疗服务收费水平达不到不含工资成本的水平。但每当医疗服务价格提升的时候,相当一部分人对此却很不理解,认为服务价格过高,看不起病,这主要是由于在医疗服务收费过程中药品和各项辅助检查的收费过高。实际上,大多数三级甲等医院的门诊挂号收费仅为 3~5 元,专家诊 10 元,特别专家诊 60 元,这在患者整个门诊收费中只占非常小的一部分。但是,有些医疗服务需求量比较大,比如说专家手术,很多群众建议将其价格提升才能体现出专家的技术水平。所以,各级政府相关部门或者医

疗机构本身在制定医疗服务价格的时候要考虑群众的经济承受能力和对该项医疗服务的理解和认知程度,而不单单从成本费用角度考虑定价。

理解价值定价的关键在于掌握消费者对医疗服务的认知和理解程度,并以此来准确地测定市场可销价格。市场可销价格有三个特点:一是与目标消费群体的经济能力相适应;二是要与同类商品的现行价格相适应;三是要从医疗机构本身生产规模和经营目标大体相适应。

市场可销价格的确定通常有三种方法:主观评价法,即医疗服务机构本身可以组织内部人员对新开展的医疗服务项目进行评价;客观评价法,可以请单位外部的相关单位进行评价;实销评估法,可以雇佣调研公司对潜在消费者进行调研,征求消费者的意见。以上的三种方法最好综合使用,这样可以全面了解消费者对医疗服务的理解和认知,有助于做出更可行的市场可销价格。

(2)差别定价法:差别定价又称为区分需求定价法或者需求差异定价法。差别定价法是指同一种商品或服务对于不同时间、不同地点、不同经济能力的消费者制定不同的价格。在这里,我们要注意一点,差别定价在很多国家是不被允许的,因为它违反了平等待遇的原则。常用的差别定价方法有以下几种:

1)以顾客为基础的差别定价:每个人的年龄,职业,教育背景,经济能力各不相同,对于同一种医疗服务来说,他们的认知不同,对其利用效用评价也不尽相同。以顾客为基础的差别定价,就是根据其所愿意支付的价格来对各不同人群制定不同的价格。

2)以产品为基础的差别定价:在一般市场中,同一种商品或服务根据其质量等可以将它划分为不同级别,可以对不同等级分别定价。比如说同是茅台酒,有 300 多元的,有 500 多元的甚至价格更高的。医疗服务也一样,如门诊治疗,有普通门诊,专家门诊,还有特别专家门诊,他们的收费标准是逐渐增高的。

3)以地区为基础的差别定价:不同的地区,其人群健康状况,经济状况,社会状况各不相同,所以他们对医疗服务的需求也不尽相同。在不同地区,同一种医疗服务可以制定不同的价格,以适应当地的具体情况。

4)以时间为基础的差别定价:同一种商品或服务在不同的时间需求量不一样,会有不同的价格。在需求量大的时间,价格可以适当提高;在淡季需求量小的时候,价格可以适当下调。比如说在"黄金周"期间,旅游费用上涨,交通费用

上涨,而过了这个时段,这些服务都开始打折。在医疗服务市场也一样,在非典时期,板蓝根脱销,尽管它对非典没有直接的预防和治疗效果,但是它的需求量依然很大,这期间,有很多的药店都提高了板蓝根的价格。

3. 以竞争为中心的定价方法 在市场经济体制下,商品或服务的提供着为了赢得市场份额,争取更多的消费者而展开竞争。在同行业竞争中,除了以先进的技术,商品或者服务的质量在竞争中取胜之外,低廉的价格也是吸引消费者的重要因素。以竞争为中心的定价方法,就是依据竞争者的价格来制定自己医疗服务的价格的一种定价方法。又分为如下几种具体的定价方法:

(1) 随行就市定价法:随行就市定价法就是指对于同一种医疗服务的价格的制定要根据同行业的平均水平来确定。在需求弹性比较小或供需基本平衡的市场上,随行就市定价法是一种较稳妥的定价法。例如:一家医疗服务机构在对投资开展一项新的卫生服务项目进行定价时,如果同类医疗机构已开展了相类似的服务,该医疗机构可以采用已经被消费者接受的服务价格,既可以保证经济收益,也可以受到消费者的认可,同时,还可以与同行和平相处共同发展。

(2) 盈亏平衡定价法:盈亏平衡定价法是医疗服务机构在某种情况下采取的一种保本定价方法。主要目的是为了收回医疗服务成本,并不以营利为目的。

根据盈亏平衡原理:

$$盈亏平衡总量 = \frac{固定成本}{单位产品价格 - 单位产品变动价格}$$

当服务量达到盈亏平衡产量时,就可实现收支平衡,做到保本。此时的价格就是盈亏平衡价格,可根据上式推导得出:

$$保本价格 = \frac{固定成本}{总服务量} + 单位产品变动成本$$

4. 以医疗技术劳务价值定价方法 医疗卫生服务是高技术含量的复杂劳动,是构成医疗卫生服务成本的主要方面。因此,在制定医疗卫生服务价格时必须十分重视真正体现医疗技术劳务的价值。

确定医疗技术劳务价值,我们不能用普通的计算方法,只把参与服务人员的工资及附加费进行简单的累加或平均。而应根据每项服务项目要求的技术含量、熟练程度、风险系数、难易程度、劳动强度、操作时间及培训费用等进行聚类

和分类分析,制定出用于体现每项服务活动耗费活劳动的相对价值权数;再根据历史成本或未来计划成本及其统计资料,按照已付或预付的活劳动消耗费用总额除以过去或未来服务总量与各相对价值权数单位总和的乘积,即得出每一相对价值服务量的单位价格;最后,再以每一单位价格乘以与各项服务相关的相对价值权数就可以得出每项服务的技术劳务加权价格。这样就可以较为准确地体现医疗技术劳务的价值,真实反映活劳动的耗费情况,为合理地制定医疗卫生服务价格提供有利的条件。每项服务的技术劳务加权价格的计算公式是:

$$每一相对价值服务量的单位价格 = \frac{已付或预付活劳动消耗费用总额}{过去或未来服务总量 \times 各相对价格权数总和}$$

$$每项服务技术劳务加权价格 = 每一相对价值服务量单位价格 \times 该项服务相对价值权数$$

四、医疗服务价格调整

(一) 决定调价的因素

1. 成本变化因素 成本变动是调价的基础。我国的市场经济体制已经逐步完善起来,医疗服务市场也在不断发展,价格机制对医用商品的影响,将传递到对医疗服务价格的影响。这样可以利用医用商品价格的变化,来为预测医疗服务成本提供依据,进而对医疗服务的价格制定提供成本依据。

2. 供需变化因素 医疗服务商品也在市场经济中进行交换,所以,它同样受到供需因素的影响。医疗服务价格也必然会发挥它利益导向和经济杠杆的作用。

3. 群众经济承受能力因素 进入市场经济以来,国民经济得到了迅猛发展,与此同时,贫富差距问题也凸显出来。不同经济基础的人在选择医疗服务的时候出发点不同。经济条件比较好的一部分人在选择医疗服务的时候往往以质量为中心,他们愿意因此而付出更多的医疗费用;相反,经济条件一般或者较弱的人群在选择医疗服务的时候,会选择基础性的医疗服务,同时价格上也希望能优惠一些。

4. 国家宏观调控政策因素 我国卫生事业的性质是政府实施一定福利政策的社会公益性事业,所以,医疗服务的价格并不可以完全由市场决定。为了体现它的公益性,政府从宏观角度制定一定的政策,控制医疗服务价格,来保障居民的基本医疗卫生服务需求。

（二）调价方法

1. 按物价指数调整 这种调整方法是随着物价指数的变化而及时调整医疗服务的价格。医疗服务价格本身包含很多因素，成本计算也相对复杂。所以按照物价指数调整医疗服务价格能够避免医疗服务价格滞后的现象。

2. 医疗服务收费结构调整 目前我国的医疗服务收费中，药品和辅助检查的比例依然很大，医疗服务机构以药养医的现象依然严重，药品收入占到医疗收入的比重40%左右。医疗技术在医疗服务收费中体现不明显。政府正加大力度改变这一现象，降低药品加价，降低大型医疗器械检查费用，提高医疗服务收费，以后医疗服务的技术含量将在医疗服务价格中得到充分体现。

3. 分级调价 我国的医疗服务机构分级明显，不同医疗机构医疗设备条件，技术水平，服务质量，服务人群等各项因素都不尽相同，在原定医疗服务价格的基础上，根据市场供需关系及时调价，以保证对资源的有效利用。

（三）医疗卫生机构调价程序

第一步，收集准备资料。收集那些不合理的医疗服务价格相关信息。例如：供求信息、成本信息、服务质量、政府政策等。

第二步，拟定调价方案。提出初步调价方案，征求相关方面意见包括医疗服务提供机构、消费者，报批领导。调价方案一般包括：调价的依据和目的、调价范围、各种差价调整的原则和标准、调价幅度和调价时间以及其他相关说明。

第三步，审批。不同医疗服务价格有不同的部门制定。各级政府相关部门、医疗服务机构本身在制定医疗服务价格的时候，要兼顾各方利益，协调好各方面的利益。

第四步，下达执行。调价方案经过批准后，要以书面文件的形式下发，相关部门应当严格执行。

第五步，检查。医疗服务机构物价管理人员，在执行调价的时候，应当对其进行检查，察看有无错漏。同时还要了解市场反应，并及时向领导汇报。

案例9-1
某省医院177项医疗服务大降价
试解"看病贵"难题

为了破解百姓"看病贵"难题，某省出台规定：从10月15日起，各级医院的177项医疗服务实行大降价，综合降价幅度达28.7%。

幅度之大、项目之多，为该省前所未有。医生劳务收入在医院总收入中的比重也就相对提高了，这也是继前不久降低44种药品价格后，该省在医疗卫生领域推出的又一重大举措。

此次降价的重点是与广大患者就医关系密切的护理、检查、检验、常规治疗等服务。主要涉及项目有：静脉穿刺、微量泵、脑电监测、超声检查、放射治疗、临床检验、手术麻醉、物理与康复治疗和中医诊疗等。比如：电脑血糖检测，省级医院价格由40元降为10元；心输出量测定，省级医院价格由350元降低为250元；人们经常检查的心脏彩色多普勒超声，省级医院价格由原来的每次120元降为每次100元。费用下调后医院的相关收入减少了，但正面效应是患者增多了，会从总体上增加医院的收入。

这次降价还充分考虑利用价格杠杆对患者进行分流。省、市、县三级医院的价格差距相应地拉大，引导群众合理选择医院，避免小病大治。如中心静脉穿刺置管术，省、市、县三级医院价格分别为50元、45元、38元，专用X线机模拟定位分别为120元、100元、90元。这一目的是否能够实现，因措施实行时间尚短，还有待观察。

问题：

1. 此次该省部分药品和检查价格下调都会起到什么样的社会效果？

2. 从医院管理者的角度，谈谈应该如何客观地对待调价这件事情。

分析提示：

我国卫生事业是政府实施一定福利政策的社会公益性事业，医疗服务是关乎国泰民安的事业。近些年来，医疗服务费用的大幅上涨使一些居民背上了沉重的经济负担，"看病难、治病难"的现象时有发生。经过药品价格和检查费用的下降，一定程度上解决了居民的医疗经济负担。针对不同级别的医疗机构，制定不同的价格，在一定程度上也起到了分流患者流向的作用，使医疗卫生资源得到了合理和充分的利用。与此同时，在医疗服务价格中，医务人员的技术劳动也得到了充分的体现。

五、医疗服务价格管理

（一）医疗服务价格管理原则

1. 医疗服务价格管理的基本原则 围绕用比较低廉的费用，提供比较优质的医疗服务的目标，建立适应我国社会主义市场经济要求的医疗服务价格管理体制和医疗服务价格形成机制,维护公开、公平、公正的价格竞争,完善医疗机构补偿机制,减轻社会医药费负担,促进医疗保险和卫生事业健康发展。

2. 医疗服务价格管理的具体原则

(1)政府主导原则:由于卫生服务市场的局限性,政府在卫生领域继续实行计划价格政策,发挥政府的宏观调控作用。

(2)分级管理原则:中央、省、市物价部门和卫生行政管理部门要分清职能、管理权限与范围。

(3)计划与市场结合的原则:对预防保健和基本医疗价格由政府定价,对特需医疗服务,由市场定价。

(4)可操作性原则:制定与卫生事业特点相适应的、切实可行的医疗服务价格管理办法和程序。

(5)灵活反应原则:医疗服务价格体系要根据国家价格、财政政策以及宏观经济形势的变化进行及时调整。

3. 医疗服务价格的审批权限

(1)行政性收费:这种收费基本上按照同级物价部门颁发的《收费许可证》所规定的项目收费。其收费标准,一般由省物价局、财政厅、卫生厅统一制定方案,由省政府批准实施。行政收费的主体是国家机关,其行政行为体现了国家法律授予的行政权威性和国家意志。行政性收费是加强社会管理履行行政执法。

(2)事业性收费:全额单位、差额单位或是自收自支单位,一般由省(市、自治区)物价局、财政厅、卫生厅根据国家物价政策,联合拟定价格调整计划和方案,报省(市、自治区)人民政府批准。事业性收费的主体是事业单位,虽然其行为不具有权威性,但却间接地体现国家意志和政府要求。事业性收费属于对服务性劳动的补偿。

4. 医疗服务价格的检查与监督 包括国家监督、卫生系统内监督、社会监督、单位内监督。医疗服务关系到国泰民安,必须落实好国家各项相关价格法规政策,才能够维护好消费者的权益。同时,医疗服务价格在很大程度上体现了党和国家及各级政府的要求,体现了国家物价政策的严肃性,体现了卫生事业的公益性、福利性。

对医疗服务价格的监督和管理的对象包括卫生事业单位,例如医院;也包括卫生行政职能的卫生防疫、妇幼保健、药品检验等机构,以及血液中心、影像中心、医学院校等单位。检查与监督内容应包括医疗服务价格的执行时间、收费项目及标准、定价是否符合规定要求,有无乱收费、

多收费现象等。

(二)医疗服务价格管理措施

1. 制定全国统一的《卫生服务价格管理办法》 作为全行业价格管理的政策依据。明确管理权限的划分、作价原则、成本项目、价格调整机制、收费行为管理机制以及监督检查机制等。

2. 制定全国《基本卫生服务项目名录》 制定全国《基本卫生服务项目名录》是规范卫生服务价格管理的组成部分,也是进行卫生服务成本测算的依据。其基本依据是明确的基本卫生服务定义及其范围。因此,急需从理论与实践上对基本卫生服务进行研究。在制定过程中,要按照统一、明确、简化的原则,对现有收费项目做出规范,选出代表性的项目,明确各项目的定义及其范围,为成本测算与控制奠定基础。

3. 测算医疗服务项目成本 第一,明确医疗服务成本的含义。医疗服务成本是指社会平均成本,不是医疗服务机构的个别成本,是经济成本,不是历史上实际发生的会计成本。第二,实行全面成本分摊法。把成本分为直接成本和共同成本。直接成本是与某种产品的生产直接相关的成本,共同成本是与多种产品的生产和销售有关但又无法分清的部分成本。全面分摊成本就是以直接成本为定价基础,分摊共同成本。第三,在全国建立成本测算网络,以《基本卫生服务项目名录》为基础,用标准的测算方法测算,动态反映成本的变化,为制定和调整卫生服务价格提供依据。

4. 编制医疗价格指数 医疗价格指数是根据有代表性的医疗服务的收入与支出项编制的综合价格指数,可综合反映医疗服务收费与支出的价格变化趋势,反映宏观经济变化对医疗服务提供者的影响及其趋势,分析其影响因素,为医疗服务价格管理提供参考。

(三)医疗服务价格改革

1. 我国医疗服务价格改革过程 我国医疗服务价格改革过程可以划分为如下几个阶段:

第一阶段:从1949年到1957年,卫生事业是福利事业,对职工实行公费医疗和劳保医疗制度。国家办的医院为非营利性质,政府由逐渐增加补助到实行差额预算管理,对亏损进行补偿。医院的收费标准虽然低于当时医务人员劳务费和医疗物资消耗费用,但医疗机构基本收支平衡,不存在赔本问题。

第二阶段:从1958年到1980年,政府进一步提高卫生服务的福利水平。在1958年、1960年和1972年三次大幅度降低医疗收费标准,使

医疗服务价格远低于实际成本,实际上是政府承担了降价所带来的医院亏损补贴,这与政府应当承担的责任是相匹配的。同时,政策规定:医院可将药物的批零差价收入作为医院的收入,收入比例逐渐降低并趋于零差价,同时提高医疗服务价格用以补偿减少的药品收入并且体现出它在医疗服务价格中的价值。

第三阶段:从 20 世纪 80 年代至今,伴随改革开放和计划经济向社会主义市场经济的转轨,卫生部门的服务收费标准开始进行规范和调整。总的原则是:总量控制、结构调整。1983 年,政府决定对自费患者和公费劳保医疗患者实行不同的收费标准,前者原收费价格不变,后者部分收费项目按不含工资的成本收费,目的就是在不增加个人负担的情况下,使医院的补偿有所改观。同年,政府同意对新项目和高新技术服采取按成本进行定价。1992 年,自费患者的医疗收费标准与公费劳保医疗患者的收费标准并轨。1997 年,政府再次调整医疗服务收费,增设了诊疗费,调增了住院费、护理费手术费等,调减了大型设备检查治疗费,涉及医疗服务项目 1 500 项左右。以后,又多次调整了医疗服务价格。

2. 医疗服务价格改革原则

(1) 体现卫生事业性质:我国的卫生事业是政府实施一定福利政策的社会公益事业。这一性质界定充分体现了社会主义制度的优越性,又符合我国正处于社会主义初级阶段的基本国情。医疗服务价格改革也必须坚持我国卫生事业的这一性质和宗旨。

(2) 适应社会主义市场经济体制的新要求:我国实行的是有中国特色的社会主义市场经济,它是在国家宏观调控之下对资源配置发挥基础性作用,医疗服务价格改革也必须按照这样的规律办事。

(3) 考虑社会各方面的承受能力:医疗服务价格的制定关系到医疗服务机构本身,还有消费者、政府、用人单位等各方面的经济承受能力。所以价格的制定要考虑以上各方的经济承受能力。

(4) 要与社会的整体价格改革相配套:医疗服务价格改革要与整个社会的改革发展结合起来,整个社会的进步发展需要社会各个部门和行业的紧密配合,医疗服务行业在其中更承担着极其重要的保障作用。所以,医疗服务价格也要配合各个方面的改革。

3. 我国医疗服务价格缺陷 长期以来,我国卫生服务价格片面强调卫生服务的福利性,存在诸多缺陷:

(1) 价格长期低于成本:上海、山东等地成本测算结果表明:119 种卫生服务项目中,有 95.80% 的项目成本比收费标准高,70.18% 的项目成本回收率不到 50%。

(2) 卫生服务项目的差价和比价不合理:第一,卫生服务收费价格各医院间没有拉开合理档次,不利于合理分流患者。第二,医院劳务价格标准太低,收费结构不合理,如挂号、护理、外科手术、急诊治疗等并未按成本补偿。在综合医院中医疗服务收费占总收入的比例低,相反,高新技术价格制定偏高,进而造成了卫生机构盲目引进高新技术,加重了卫生资源的浪费。

(3) 医疗服务价格调整缺乏灵活性:医药分开核算,定点药房、定点医院的选择等使医疗机构之间的竞争增强,这要求市场在价格管理的过程中发挥作用,增强医疗服务价格调整的灵活性。

4. 我国医疗服务价格改革趋势

(1) 按照国家医疗机构分类管理的规定,医疗机构分为营利性和非营利性两类,对这两类医疗机构采取不同的财政税收和价格政策。对于营利性医疗机构,没有财政补贴,且要征税。因此,对它们放开医疗服务价格,由市场竞争来调节定价,由医疗机构自行制定和执行价格。但同时政府要对其价格进行监督和管理。对于非营利性的医疗机构,实行政府指导价,取消政府定价。医院根据自身情况,参照政府指导价自行选择。今后,作为医疗卫生产业主体之一的营利性医疗机构应在参照当地同级别非营利性医疗机构的医疗服务价格的基础上,结合自己的实际成本确定和执行自己的医疗服务收费价格政策。同时,无论是非营利性还是营利性医疗机构,在执行过程中都应严格按照政府所列的医疗服务项目编码、项目名称、项目内涵、计价单位等提供医疗服务,确保相应的服务内容和质量。

(2) 政府相关部门应加强对医疗市场的监管。医疗服务引进市场竞争机制后,医疗服务市场的竞争更加激烈了。其中,包括医疗机构之间的竞争,医生之间的竞争,护理之间的竞争,医院药房与社会零售店之间的竞争等,而在这种激烈的市场竞争中,对我们影响较大的仍然是医疗服务价格的管理。

> **视角**
> 9 月 1 日,广东省物价局在全国率先开发的广东省药品价格管理系统正式启用,谢强华副省长向首批企业用户代表颁发了用户密钥。据悉,通过该系统,不仅企业的药价报备、审批可在网上实现,物价局还可以实时监控医院、药店的实际药价,以监管其是否突破政府限价。

（3）将医院药房从医院中分离出去。对于公立医院来说，由于缺少了药品的批零差价收入，其物资消耗、人力成本等相关成本因素无法得到补偿，而在解决这个问题时还要考虑政府、企业等相关方面的承受能力，不应给社会和居民带来更大的经济负担。

（4）通过药品招标采购，降低药品费用。因招标采购降低的药品费用目前有三种处理方式。一是以厦门为例，把招标采购的好处的15%批零差率和5%的折扣率（即总共20%）给医院，按照这个作价办法，厦门市的药品零售价下降30%；二是中间的差价一分为二，一半给医院，一半给患者；三是青岛的办法，零售价降低10%，不管进价如何，其余全部给医院。这三种办法，都降低了药品的零售价格，给我们提高医疗服务价格提供了机会。

（5）下放医疗服务价格管理权限，坚持分级管理。由中央制定医疗服务价格方针政策、作价原则，规范医疗服务价格项目，制定医疗服务成本测算办法；省级价格主管部门，制定具体医疗服务价格，也可由省级价格主管部门制定主要的医疗服务项目价格，其他的由地市制定。充分考虑各地在经济水平等因素方面的差异。

（6）改进政府指导价定价原则和方法，引入竞争机制。在医疗服务价格制定过程中要遵循政府指导定价的原则，加强政府定价的科学性。政府在指导医疗服务价格制定时要依据社会医疗服务的平均成本，在科学测算社会医疗服务平均成本的基础上，结合医疗服务的供求状况和其他社会因素制定医疗服务价格。医疗机构根据竞争需要，在规定幅度内制定实际服务价格。为了体现不同水平医生劳务的价值，应对不同等级的医疗机构和医生实行分级定价。

（7）加大政府对卫生的财政支持力度。目前，在我国卫生改革的过渡时期，政府的财政补贴对于改革的顺利进行和医疗机构的调整是必要的，因此，需要保持一定的政府财政支持力度，以确保医疗服务价格改革顺利进行。特别是针对社区卫生服务政府应给予一定的财政补贴和资金扶持，以确保社区卫生组织能够以较低廉的价格和较好的质量服务于群众。

（8）放宽特需服务价格。目前，特需服务有一定的市场空间，因此，应该放宽特需服务的制定政策，价格可以高于医疗机构的服务成本。但要注意两个问题：一是不能出现由于特需医疗服务放得过开而影响基本医疗服务的情况；二是我国目前与卫生相关的税收政策要调整。

（9）建立价格听证制度，增加医疗服务价格透明度，便于社会监督。

（10）规范医疗服务价格项目。改变目前各省自定项目的做法，坚决杜绝重复收费、分解收费和乱收费现象。由卫生部委托权威专家，对全国医疗服务项目进行调查、整理和论证，并参考国际的做法来制定全国统一的医疗服务价格项目。

医疗服务价格改革是一个复杂的系统工程，医疗服务应注意合理确定医疗服务价格，把握好幅度和差价，按照"总量控制，结构调整"原则，循序渐进地将此项工作开展下去。

案例 9-2

临床路径与医疗服务价格

临床路径这种管理方式在降低成本，提高服务质量方面效果显著。20世纪60年代末开始被引入保健行业中，但没有引起足够的重视。直到20世纪80年代中期，美国政府为了遏制医疗费用的不断上涨，提高卫生资源的利用，对政府支持的老年医疗保险（medicare）和贫困医疗补助（medicaid）实行了以耶鲁大学卫生研究中心的Bob Fetter等人提出的诊断相关分组（diagnosis related groups，DRGs）为付款基础的定额预付款制。在该制度下，同一种DRGs患者均按同样的标准付费，与医院实际的服务成本无关。这样，医院承担了更多的经济风险，只有当所提供服务花费的成本低于DRGs-PPS的标准时，医院才能盈利。所以，如何加强病例管理，提高疗效，在不影响医疗质量的前提下尽量降低成本成为医院面临的重要问题。在这样的历史背景下，临床路径管理方式成为了医院研究的热点并被一些医院进行了实验性研究。

问题：

1. 卫生服务领域中，各种医疗服务的价格制定是否可以完全依赖市场，为什么？

2. 试述下调医疗服务价格会带来什么样的不良反应，如何避免？

分析提示：

无论世界上哪个国家，医疗服务都不可能完全按照市场经济条件下价格规律来运作。因为医疗服务本身承担着保卫居民健康的重要使命，特别是在政府承担不起巨额的医疗费用的时候。这就需要政府通过行政手段，对医疗服务的价格进行干预。20世纪80年代中期，美国政府开始控制不断增长的医疗费用，开始使用行政手段对医疗服务的价格进行干预，以保障社会弱势群体的看病就医的困难。同时，医疗服务机构在面对政府对规定医疗服务项目定价的压力下，只能从医院本身寻找解决问题的办法。从另一个方面也间接地促进了医疗技术的发展，体现了价格的功能和作用。

第3节　药品价格决定

一、我国药品定价方式与原则

(一) 药品定价方式

目前,我国的药品价格定价主要有三种方式:

1. 政府定价　主要是生产量大、使用面广的常用药品,在化学药品中约占 80% 的产值。

2. 政府指导价　通过进销差率、利润率实施间接控制,并允许在一定幅度内浮动。

3. 市场调节价　又称为自主定价。是由生产企业根据生产经营成本和市场供求制定零售价。药品批发、零售单位(含医疗机构)要在不超过生产企业制定的零售价格的前提下,制定药品实际销售价格。在我国所以药品定价中,市场调节价占到 60%。

(二) 药品定价原则

我国药品价格实行政府定价和市场调节价相结合的原则。实行政府定价的药品,仅限于列入国家基本医疗保险药品目录的药品及其他生产经营具有垄断性的少量特殊药品(包括国家计划生产供应的精神、麻醉、预防免疫、计划生育等药品)。政府定价药品,由价格主管部门制定最高零售价格。药品零售单位(含医疗机构)在不突破政府制定的最高零售价格的前提下,制定实际销售价格。政府定价以外的其他药品,实行市场调节价,取消流通差率控制,由生产企业根据生产经营成本和市场供求制定零售价,药品批发、零售单位(含医疗机构)在不超过生产企业制定的零售价格的前提下制定药品实际销售价格。

二、药品价格的管理权限与监督检查

(一) 药品定价的管理权限

除国家基本医疗药品目录中的甲类药品、生产经营具有垄断性的少量特殊药品的价格由中央价格主管部门制定外,国家基本医疗保险药品目录中的乙类药品价格,在中央定价原则指导下,由省级价格主管部门制定。国家基本医疗保险药品目录中的民族药价格委托省级价格主管部门制定。中药饮片、医院制剂的价格由省级价格主管部门确定管理形式。

(二) 药品市场价格的监督和检查

1. 销售实行明码标价　市场调节价药品要逐步实施由药品生产企业在药品零售外包装上印刷零售价格的办法。医疗机构在与患者结算费用时,有义务向患者提供药品使用品种、数量、价格等情况的查询服务。

2. 实行药品价格监测报告制度　价格主管部门确定的部分药品生产经营的重点单位(包括医疗机构),要按期向价格主管部门提供药品生产经营成本、实际购销价格和购销数量资料。招标采购药品,须由招标单位在规定时间内,将中标价格报当地价格主管部门备案。

三、药品价格管理

(一) 我国药品价格管理的历史回顾

新中国成立后的 20 世纪 50 年代初期为平抑药价、稳定市场阶段。在这段时期内,通货膨胀、货币贬值、药品价格上涨等现象较为严重,政府还没有制定出正常的物价标准,主要依靠行政手段和经济手段相结合的方式对价格进行调控。当时国内药品的销售价格主要依据进口药价来制定。1953 ~ 1958 年,国家对药品价格实行了"城镇微利,城乡合理"的价格方针。1959 ~ 1984 年,国家在医药生产发展的基础上,为减轻患者负担,对药品实行了 7 次大幅度的降价。

20 世纪 90 年代初期,政府开始对药品价格进行改革,特别是对价格管理模式进行改革。1992 ~ 1996 年,我国政府曾尝试放开对药品价格的管理,结果药价飞涨。于是在 1997 年,国家又将药品价格重新纳入控制范围内。20 世纪中后期,就国家的整个经济领域而言,我国已初步实现了建立由市场决定价格的价格形成机制的改革目标。

2000 年是我国药品价格改革历史上的一个分水岭。随着国务院有关全国城镇职工基本医疗保险制度、医疗卫生体制、药品生产流通体制"三项改革"及纠正医药购销不正之风工作的统一部署,国家发展与计划委员会(简称国家计委,现为国家发展与改革委员会,简称国家发改委)在改革药品价格管理方面做了大量工作,先后印发了《关于改革药品价格管理的意见》、《药品政府定价办法》等 9 个关于药品价格管理的规定,药品价格管理逐步步入正轨。1997 ~ 2007 年 2 月,我国 19 次调低药品价格(详见表9-1)。

表 9-1 有关我国历次药品降价情况一览表

降价时间	药品种类	品种数	平均降幅(%)	估计年降价金额(亿元)
1997.10	抗生素 + 生物制品	15 + 32	15	20
1998.4	解热镇痛类	38	10	15
1999.4	头孢类	21	20	20
1999.6	进口药	150	5	8
1999.8	生化药品	2	15	1.2
2000.1	生物制品	12	10	3.4
2000.6	头孢拉定等	9	15	12
2000.10	氨苄西林等	21	20	18
2001.4	国家基本保险药品目录中的抗感染类	69	20	20
2001.7	国家基本保险药品目录中的中成药	49	15	4
2001.12	国家基本保险药品目录	383	20	30
2002.12	国家基本保险药品目录	199	15	20
2003.3	国家基本保险药品目录	267	14	15
2004.5	枸橼酸芬太尼等	3	—	—
2004.6	抗生素	24	30	35
2004.7	药品单独定价	18	—	—
2005.10	抗生素	22	40	40
2006.5	抗肿瘤药	104	23	23
2006.8	抗微生物	99	30	43
2006.11	华蟾素注射液等	32	14.5	13
2007.1	心血管类等10类	354	20	70
2007.2	中成药	278	15	50

引自：程晓明．2007．卫生经济学．北京：人民卫生出版社

在我国药品价格改革历程中,降价仍然是重要的举措。除了降价以外,我国越来越重视配套措施的落实。比如:在 2005 年 10 月的降价中,发改委会同卫生部首次联合出台了 3 项配套措施,将医院销售的 22 种降价药品的实际加成率严格限制在 15% 以内;暂停 22 种药品的集中招标采购;加强对医院合理用药的监管,要求各级各类医院销售降价药品的数量不能因降价而发生明显变化,从而避免了患者购买不到降价药品的问题。与以往单纯降价相比,发改委第 18 次降价政策略有变动,对于个别临床急需、价格低廉、疗效确切但市场短缺或断货的品种,适当提高了价格,以鼓励制药企业恢复生产和保证市场供应。

(二) 药品价格管理存在的问题

1. 管理方式 价格机制的核心是交易双方依据供求关系进行博弈而求得平衡,真实反映市场供求状况,通过价格引导资源合理配置。而根据我国药品价格管理办法,大多数常规用药品采用政府定价管理,政府价格部门不但规定了定价办法,还规定了利润率、销售费用率、流通差价率、折扣率等。由于政府定价不能对众多医药企业的各项生产经营活动加以精确计算,企业又不能根据市场情况调整价格,从而使企业在市场活动中处于被动地位。

2. 定价方式 政府定价采用的是成本定价法,但成本在核算上存在很大漏洞。一方面,企业的实际成本难以准确计算。企业在申报价格时往往会虚报成本,预留足够的利润空间。而对于药厂上报的成本,定价部门受专业知识所限,常常无法判断其真伪,只能按企业所报的成本核定;另一方面,定价所根据的社会平均成本难以确定,国家也没有规范性的规定。另外,现行定价方法并未充分考虑药品的高新技术附加值,不利于医药企业从仿制到创新的转变。医药行业是技术密集型产业,新药开发的周期长、风险大、投资多、成功率低。对此,国外对新药实施优惠政策,允许企业将开发新药的投入按一定比例加入成本。

3. 药品集中招标采购 实行药品集中招标采购的目的是降低药品价格,将采购药品部分折扣让利给消费者,维护消费者利益。但目前出现的问题是消费者并没有得到实惠,大量的降价空间仍然留在医院。此外,医疗机构招标采购后的让利比例没有法律依据,医院补偿机制等也明显影响了这项措施的效果。

4. 药品价格体系 我国药品价格存在双轨制,即医院药品价格体系和药店药品价格体系。药店价格体系中,在供求关系和价格机制作用下,药品价格水平处于正常波动状态。在该体系中,消费者的选择决定权对药品的市场价格起决定性作用。但在医院药品价格体系中,患者只能选择医院,而无法选择药品;医院既要诊断疾病、制定用药对策,还要增加医院药品销售收入,从而造成医院药品价格体系严重违背市场规律。在该体系中,医院既是买方市场又是卖方市场,且在药品销售上具有一定程度的垄断性,在进行用药决策时,往往会趋向于诱导患者使用贵药。由此导致的直接后果是药品供应商间的竞争演化成回扣的竞争。由于国家对医院的财政支持不断下降,对医疗服务收费实行从低政策以及严格管制少数药品价格,且其他药品也只能在进价的基础上加固定比例的利差销售,于是在政府允许医疗机构通过销售药品获取的差价收入维持其正常运转和改善条件下,医院采购药品时会以厂家的折扣率大小为选择标准,从而获取高额利润。这样药价虚高在医院就有了经济利益的驱

动力，甚至抵消管理政策的调控效力。

5. GMP（good manufacturing practice）**改造** 从全国来看，很多企业为了 GMP 改造，花费了大量人力、物力和财力，造厂房，购设备，扩产量，以致费用成本上升，但厂房设备的利用率却在下降，生产能力存在较大闲置，从而造成企业的成本上升，利润率不断下降。

6. 降价措施超过一些企业的承受能力 近几年的连续降价，使生产高价药品的企业缺乏生产积极性，被迫减少生产，或生产复方产品绕过价格壁垒，或暂时不销售某些药品，甚至直接退出市场。许多企业就采取了类似的策略。

7. 医药行业的高退出壁垒 企业定价的药品价格居高不下，造成了医药行业利润高的假象，外行也想挤入医药行业；医药行业内的企业因投资大、退出壁垒高而无法退出，因而加剧了医药行业竞争激烈程度。在这种市场不能给生产和流通正确信号的情况下，价格杠杆调节资源配置的作用无从发挥。

（三）加强药品价格管理的举措

1. 利用药物经济学指导价格管理 药物经济学评价在药品价格管理方面具有较强的科学性和可接受性。首先，它可以从成本和结果两方面综合评价药品的价值，通过一个明确、公开的方式确定一种新药对社会的附加价值，为指导新药定价提供客观标准；其次，可以评价已有的药品，帮助选择今后生产的药品，及时调整药品基准价格，指导价格的合理调整。另外，可帮助医院药事管理委员会选择药物和制定临床用药规范，帮助政府制定并完善基本药品目录或医疗保险的药品报销目录，制定药品政策。

2. 转换政府在药品价格管理中的职能 药品价格管理对医药产业有巨大的影响，虽然降低药品价格是减轻医疗负担的重要途径，但过于苛刻的价格管理不利于产业的发展，欧洲的医药产业落后于美国的现实就证明了这一点。我国较严的价格管理政策在一定程度上扭曲了市场机制的作用，阻碍了产业的可持续发展。因此，我国有必要转变政府在药品价格管理中的职能，加强政府对药品价格的宏观调控，而不是仅仅强制降低药品价格。应把降价置于推进医药产业发展之中，做到升降统一考虑，对药品价格的总体水平进行监控，并及时公布药品市场价格的变动。同时，发挥各行业协会的作用，建立相互制衡的约束机制和信息沟通机制；建立职能完备的药品价格监督管理机构，监督产、供、销的所有环节。

3. 制定科学的定价方法 一方面，我国药品定价忽略了各医药企业的具体情况，使产品质量优但成本较高的企业陷入两难困境。另一方面，药品的价值体现在疗效、治愈时间、可及性及总费用等多方面，单纯依据生产成本制定价格将无法准确反映药品价值。但在我国信用制度很不健全的情况下，还不宜采用国外以药品"价效比"定价的方法，可使用成本定价和"药品价效"综合考虑的定价方法。

目前，我国可实行最高零售价格限制，形成市场机制作用下的倒逼机制，挤掉流通环节特别是隐性交易者的价格空间；改变新药价格管理方式，对于一类新药以及中药方面的孤稀药品，允许生产厂家在一定的期限内根据市场的需求自行决定价格，对原研药和仿制药、品牌药和非品牌药实施差别定价的方法；对于临床治疗急需的进口药品价格，可参照与我国经济发展水平相当的国家的市场价格定价，同时根据引进药品的安全性、有效性和经济性原则加强监督管理。

4. 加强药品市场价格管理、监督和检查 药品经营者要遵循公平、合法和诚实信用的原则制定药品价格，不得虚列成本、虚定价格，不得低价倾销药品。药品经营者必须如实开具药品购销发票，禁止开具虚假价格。药品销售实行明码标价。市场调节价药品要逐步实施由药品生产企业在药品零售外包装上印刷零售价格的办法。医疗机构在与患者结算费用时，有义务向患者提供药品使用品种、数量、价格等情况的查询服务。实行药品价格监测报告制度，价格主管部门确定的部分药品生产经营的重点单位（包括医疗机构），要按期向价格主管部门提供药品生产成本、经营成本、实际购销价格和购销数量等资料。招标采购药品，须由招标单位在规定时间内，将中标价格报当地价格主管部门备案。价格主管部门依据《中华人民共和国价格法》和《价格违法行为行政处罚法》等法律、法规，对药品价格进行监督检查，并对违法行为实施行政处罚。

5. 加快医疗体制改革 对医疗机构来说，必须加快医与药、营利性与非营利性医院、管医院与办医院的分离，引入竞争机制。对于医药市场来说，政府应对药品价格的总体水平进行监控，并及时公布药品市场价格的变动，严格规范药品广告。

思 考 题

1. 医疗服务定价的原则、方法是什么？

2. 医疗服务的影响因素是什么？

3. 结合当前我国药品价格管理实际，试述完善药品价格管理的新方法都有哪些？

参 考 文 献

程晓明. 2007. 卫生经济学. 北京:人民卫生出版社

甘泉. 2007. 对药品价格管理的分析和制度设计. 中国医药, 2(9):686-688

连玉田. 2007. 浅析产生药品价格虚高的因素与治理对策. 中外医药,18:33-34

马爱霞,曾靓,冯国忠. 2006. 药品价格管理的相关因素分析. 上海医药,27(5):212-214

王青宇,邱永学. 2006. 我国药品价格改革探析. 西部医药, 3(5):266-269

魏颖,杜乐勋. 1998. 卫生经济学与卫生经济管理. 北京:人民卫生出版社

吴明. 2002. 卫生经济学. 北京:北京医科大学出版社

朱士俊. 2003. 医院管理学质量管理分册. 北京:人民卫生出版社

（崔国生）

本章提要

本章介绍疾病经济负担和健康投资的相关理论和方法。通过本章学习,要求掌握疾病经济负担的含义、政策意义及测算分析方法,掌握健康投资的概念、意义、影响因素及评价方法。

疾病到底会带来什么样的社会经济后果?为什么要研究疾病经济负担?研究疾病经济负担有什么方法?为什么要对健康进行投资?健康投资有何经济与社会意义?这些问题是本章要探讨的主要内容。

第1节 疾病经济负担

一、疾病经济负担含义及分类

(一) 疾病负担与疾病经济负担

疾病负担是一种社区诊断方法,被用来研究社区的疾病与健康状况,分析不同疾病的负担,确定需要优先解决的卫生问题,进而确定资源配置的方向。世界银行在1993年的《世界发展报告》中首先提出全球疾病负担这一概念,并将这一概念用于发展中国家及中等收入国家控制疾病的优先重点以及确定基本的一揽子卫生服务的研究之中。

疾病负担是将早亡造成的损失与由于疾病、伤残(失能)造成的健康损失结合起来考虑的疾病给社会造成的总损失,包括经济损失、生活质量的恶化和生命年的损失。其中,因病造成的经济损失就是疾病的经济负担。

疾病经济负担是指由于发病、残疾(失能)以及过早死亡给社会、家庭和个人所带来的经济损失,以及为防治疾病而消耗的社会经济资源。疾病经济负担是疾病负担的重要方面,也是制定国家卫生经济政策和疾病防治策略的主要依据。

> **视角**
>
> 由于艾滋病的影响,撒哈拉以南地区的人均预期寿命只有46岁,与高收入水平国家相比,差距有32年之多,甚至低于该地区30年前的水平。而妇女受到的危害最大,在20世

> 纪90年代上半期,该地区妇女的人均预期寿命比男子高7年;到2005~2010年,变成妇女人均预期寿命比男子低2年。
>
> 2004年有1080万儿童因贫困死亡,贫困国家如果能达到在2015年减少儿童病死率三分之二的要求,就能每年挽救数百万儿童的生命。
>
> ——世界银行《2006年人类发展报告》

(二) 疾病经济负担分类

疾病经济负担可以从不同角度来研究。通常把疾病经济负担分为两部分:直接疾病经济负担和间接疾病经济负担。

直接疾病经济负担是指由于预防和治疗疾病所直接消耗的经济资源。从社会角度看,它包括社会和家庭在疾病预防、诊断、治疗和康复全过程中所消耗的卫生资源;从个人角度看,它主要是指个人或家庭在疾病预防、诊断、治疗和康复全过程中所支付的医疗费用。

按消耗的地点分,直接疾病经济负担由两个部分组成。一部分是指在卫生保健部门所消耗的经济资源,包括患者在医院就诊和住院等的费用,在药店购买药品的费用,国家财政和社会各方面对医疗机构、防保机构和康复机构等的投入等;另一部分是指在非卫生保健部门所消耗的经济资源,包括有关社会服务费用,和疾病有关的科研费用、退休金和津贴、患者的饮食、营养、交通和管理费等。

按支付主体分,直接疾病经济负担还可以分为医疗保健部门为了防治疾病而提供保健服务所消耗的经济资源,患者或服务对象为了接受服务而消耗的经济资源。

间接疾病经济负担是指由于发病、伤残(失能)和过早死亡给患者本人和社会所带来的经济损失。间接疾病经济负担是疾病经济负担的重要组成部分,如果不计入的话,就会低估疾病对个人收入和社会经济所造成的影响。尤其对于某些预后差、对人体功能影响严重的疾病来讲,间接经济负担是其重要的经济负担。

间接疾病经济负担具体包括:因疾病、伤残和过早死亡而损失的劳动时间所带来的经济损失;

因疾病、伤残而导致个人工作能力的降低所带来的经济损失；患者的陪护人员损失的工作时间所带来的经济损失；由于疾病和伤残导致个人生活能力的降低所带来的经济损失；由于疾病和伤残给患者本人及其家属所造成的精神负担等五个方面。

在实际研究中，要注意与所从事研究的目的相符合，不能面面俱到，避免人为增加研究成本；同时，还要注意这些经济损失都要考虑时间因素，未来收入要折算成现值才有可比性。

二、疾病经济负担的测量

疾病经济负担是采用一系列流行病学和经济学信息和指标来反映的，包括发病、死亡、残疾（失能）、生活质量、病休时间等指标。

（一）测定疾病经济负担的相关指标

1. 平均期望寿命　平均期望寿命是指某个年龄尚存人口今后预期的平均存活年数。各国由于经济与卫生条件等的不同，期望寿命也有差异。一般而言，女性的期望寿命高于男性。为了便于比较，表 10-1 提供了不同年龄、性别组的期望寿命。

表 10-1　不同性别、年龄组的标化期望寿命

死亡或残疾时的年龄（岁）(X)	X 年龄组期望寿命（岁）(女性)	X 年龄组期望寿命（岁）(男性)
0	82.5	76.19
1	81.84	75.58
5	77.95	71.71
10	72.99	66.76
15	68.02	61.80
20	63.08	56.97
25	58.17	52.21
30	53.27	47.47
35	48.38	42.68
40	43.53	37.92
45	38.72	33.26
50	33.99	28.72
55	29.37	24.40
60	24.83	20.26
65	20.44	16.37
70	16.20	12.80
75	12.28	9.61
80	8.90	7.04
85	6.22	5.06
90	4.25	3.60
95	2.89	2.57
100	2.00	1.86

注：各年龄组期望寿命是按年龄组上限值计算的。

资料来源：魏颖，杜乐勋. 1998. 卫生经济学与卫生经济管理. 人民卫生出版社:435

2. 死亡指标　测定疾病经济负担的死亡指标有粗死亡率、疾病死亡专率、死亡比、减寿年数等。其中，粗病死率是指在一定时间（年、季、月）内死亡总人数与该地区同期平均总人口数之比。疾病死亡专率是指按不同疾病计算的死亡率，也可以按不同年龄性别组计算死亡专率。死亡比是指由某一种疾病引起的死亡人数占总死亡人数的比例。减寿年数也是估计疾病负担的常用指标。它是计算不同病种死亡者总的寿命减少年数，主要用于估计损失的生产劳动时间。其计算公式如下：

$$\text{减寿年数}(PYLL) = \sum a_i d_i \qquad a_i = E - j_i$$

式中，
a_i——第 i 年龄组死亡者的平均减寿年数；
d_i——第 i 年龄组死亡者的人数；
j_i——各相应年龄组的组中值；
E——当地平均预期寿命。

以脑血管病为例，某地某年因脑血管死亡者有 2 000 人，死亡者在不同年龄组的分布见表 10-2，假定当地平均预期寿命为 70 岁。各年龄组脑血管病死亡造成的减寿年数为 12 724.5 年。

表 10-2　某地脑血管病死亡减寿年数

年龄组（岁）	组中值	死亡人数	平均减寿年数	合计减寿年数
<1	0.5	1	69.5	69.5
1~4	3.0	0	67.0	0.0
5~14	10.0	3	60.0	180.0
15~19	17.5	2	52.5	105.0
20~29	25.0	10	45.0	450.0
30~39	37.5	54	32.5	1 755.0
40~49	44.5	80	25.5	2 040.0
50~59	54.5	350	15.5	5 425.0
60~69	65.5	600	4.5	2 700.0
70	70	900	0	0.0
合计		2 000		12 724.5

资料来源：魏颖，杜乐勋. 1998. 卫生经济学与卫生经济管理. 人民卫生出版社:433

3. 发病指标　一般指发病率或患病率。发病率是指一定时间（年、季、月、两周）内特定人群（每人、千人、万人、十万人）某病新病例的发生频率。患病率则是指在一定时点内特定人群中某病新老病例数与这一人群总数的比例。在实际研究中，往往使用年发病率、年患病率、两周患病率指标。

患病或发病人数往往并不等于实际接受治疗人数。尤其对于贫困人口而言，患者受到支付能力和其他因素的制约，即使患病也不能去接受医

疗保健服务,因此实际接受治疗的人数会明显少于患病人数或发病人数。在计算疾病直接经济负担时,如果采用患病率或发病率指标会夸大疾病的直接经济负担,可以考虑采用医疗服务利用率指标。

医疗服务利用率指标主要有就诊率与住院率。就诊率是指一定时间(年、季、月、两周)内特定人群中某病就诊人数或人次数与总人口的比率。一般采用两周就诊率指标。住院率是指一定时间(年、季、月、两周)内特定人群中某病住院人数或人次数与总人口的比率。通常采用年住院率指标。根据第三次国家卫生服务调查资料,我国居民生病后去医疗机构就诊的占51.1%,自我医疗占35.7%,未采取任何治疗措施的占13.1%。也就是说,患者未就诊比例为

48.9%(城市为57.0%,农村为45.8%)。

4. 伤残或失能指标 患者患病以后可能会发生短暂性或永久性伤残或失能,会给人们的生活质量造成不同程度的影响。伤残的权重值可以通过社区调查来确定,也可以通过专家咨询来获得。在研究过程中,人们发现虽然同一种疾病造成的伤残不尽相同,同一种伤残在不同国家中影响生活的程度也不一样,但世界各地的不同人群对伤残或失能严重程度的评价却十分接近。比如:大多数人认为失明比耳聋更严重,四肢瘫痪又比失明更严重。根据伤残或失能的严重程度不同,可将残疾或失能分成六类并赋予相应的权重值,0代表完全健康,1代表死亡,各种残疾失能状态的权重介于0和1之间(见表10-3)。

表 10-3　残疾分类及权重值

残疾水平	残疾权重	活动能力	认知、心理和疼痛
1	0.096	进行家务、职业、教育或文娱活动稍有限制	轻度疼痛或认知失能
2	0.22	许多家务、职业、教育或文娱活动受到限制	轻度疼痛及认知失能
3	0.40	大部分家务、职业、教育或文娱活动受到限制	中度疼痛及认知失能
4	0.60	大部分日常生活体力活动不能进行	严重疼痛及认知失能
5	0.81	某些日常活动尚可进行	非常严重疼痛及认知失能
6	0.92	大部分日常生活活动不能进行	

资料来源:魏颖,杜乐勋.1998.卫生经济学与卫生经济管理.人民卫生出版社:436

从表10-3可以看出,残疾权重表示以某种残疾等级状态生存一年,由于生命质量较低而相当于减少的健康寿命年数。比如:第二等级残疾程度包括绝大多数麻风病例和半数骨盆发炎病例,其残疾权重为0.22,即以这种状态生活1年相当于减少了健康寿命年数0.22年,也即是此人生存1年只相当于完全健康地生存了0.78年。伤残失能指标可以将伤残失能导致的工作能力降低转化为有效工作时间的减少,从而计算间接疾病经济负担。

5. 病休或其他时间指标 患者患病以后往往会导致不能正常上班或上学,给工作或学习带来损失,因此,要考虑使用某些时间指标以便计算疾病间接经济负担。包括病休的误工时间、休工休学天数、医院病床占用天数、卧床天数等。

(二)疾病经济负担的计算方法

1. 直接经济负担的计算 从患者角度看,直接疾病经济负担主要包括在卫生部门消耗的费用以及在非卫生部门消耗的费用两个部分。

计算直接疾病经济负担可以分为以下五步:

(1)要确定直接疾病经济负担的范围。根据费用的发生原则确定费用的具体指标。目前,我国大多数医疗卫生机构实行的是按服务项目收费,发生在卫生部门的费用就是所有的检查治疗项目、所有的药品和材料耗费的价值总和。发生在非卫生部门的费用则主要是患者和患者家属因为就医所发生的交通费、住宿费、患者的营养费以及专人护理的护理费等。另外,还要明确是计算所有疾病的经济负担还是某一种或几种疾病的经济负担。

(2)要确定疾病经济负担的测算期限。为了便于获取资料以及进行比较分析,必须根据调查的目的,确定疾病经济负担的测算期限,明确起止时间点。

(3)要确定调查的样本。由于往往是计算某个国家或地区的疾病经济负担,不大可能对所有的资料进行全面调查,因而有必要通过统计学方法来确定一个合理有效的样本,通过样本人群相关资料和数据来推断总体情况。

(4)要确定样本人群在卫生部门与非卫生部门所发生费用的调查方法。对于在卫生部门所发生的费用,可以通过查阅卫生机构的病案纪录、询问调查等方式获得;对于在非卫生部门发生的费用,主要采取询问调查法来获得。

(5)直接经济负担的计算。只要把某地某病的平均直接疾病经济负担水平以及该地某病患者总数指标相乘,就能计算出该地某病直接经济负担总额。

2. 间接经济负担的计算 对于疾病的间接

经济负担,主要是计算由于过早死亡和伤残失能造成个人工作时间的减少、工作能力降低,以及由此造成的社会经济损失,其计算步骤如下:

(1) 计算目标人群由于某种疾病造成的死亡所减少的有效工作时间,主要用减寿年数来表示。

(2) 将目标人群由于某种疾病造成的伤残失能所降低的工作能力转化为有效工作时间的减少,主要用伤残失能指标、平均期望寿命、发病率、伤残率等指标。

(3) 计算目标人群因为某种疾病造成的早亡和伤残失能所减少的有效工作时间的总和。

(4) 将有效工作时间的减少转化为用货币单位表示的经济损失。

常用的计算方法有以下几种:

(1) 人力资本法:是采用个人对社会福利贡献来表达生命的经济价值。人的生命价值相当于个人对未来社会生产的贡献的贴现值之和。在实际运用中,可以采用现值法、人均国民收入或人均净产值法、人均国内生产总值法来计算。在计算疾病对个人或家庭带来的间接经济损失时,常采用现值法,用平均工资标准(工资率)乘以因病损失的有效工作时间;在计算疾病对社会造成的间接经济负担时,常采用后两种方法,即用人均国民收入或人均国内生产总值乘以损失的有效工作时间。

(2) 支付意愿法:是指个人为确保其健康或接受某种医疗卫生服务而愿意支付的最高费用额,是个人愿意支付多少货币以降低危险因素或死亡的可能性的估计,可以通过调查获得。这种方法受到个人的偏好、对疾病或死亡的评估等主观因素的影响。

(3) 摩擦成本法:又称磨合成本法。其基本思想是,疾病或伤害导致生产损失的数量取决于组织为恢复生产所花费的时间价值。摩擦成本主要是指患者离开工作岗位到其他人员接替其工作期间造成的生产损失,以及对新进人员的上岗培训费用。

三、研究疾病经济负担应注意的问题

在研究疾病经济负担时,要考虑研究的目的以及医疗卫生服务供需双方的特点。研究中应注意以下几方面问题:

(一) 疾病经济负担的合理性

医疗费用的不断上涨,导致疾病经济负担不断加重,其中,既有合理的一面,也有不合理的一面。比如:新旧药物的替代,科技发展和高新技术的出现给诊疗带来的帮助,也导致医疗卫生服务成本上升;另外,医疗服务价格的回归与调整,发病率、患病率的上升,新病种的出现以及民众对健康投资的重视等,都可能带来经济负担的增加。但现实中也存在某些不合理增加经济负担的现象。比如:滥用药物或滥用高档药物,开大处方,进行不必要的检查、治疗,巧立名目乱收费或重复收费,出现医疗过错或事故,发生医源性疾病等,都可能引起患者承担不合理的额外的经济负担。

无论疾病的经济负担合理不合理,就患者而言,这既不是夸大或缩小的负担,也不是假想中的负担,而是实实在在发生并要承担的负担。研究疾病经济负担的合理性,分析不合理负担的来源以及大小对于卫生经济政策的制定、卫生服务市场的管理以及减轻患者的不合理负担有着相当的重要性。

(二) 发病率与就诊率的问题

经济学观点认为:卫生服务需要与需求是不一样的,只有有购买力的需要才转化为现实的需求。因此,在发病或患病时,并非所有的患者都会或都能就诊,实际就诊人数往往少于患病人数,越是贫困地区越是如此。第三次国家卫生服务调查表明,我国调查地区居民经医生诊断该住院而未住院的比例为 29.6%(城市 27.8%、农村 30.3%)。在这种情况下,用发病率或患病率指标来测算疾病经济负担可能会夸大疾病的实际经济负担。反过来,如果发病率或患病率资料不准确,漏报严重,也可能会缩小疾病的实际经济负担。

(三) 数据资料的代表性问题

从医疗机构中收集住院费用时,如果患者在一年内分别在几家医院住过院,则这种方法就无法直接回答或无法准确回答患者一年平均住院次数以及全年的疾病费用消耗。当然也无法回答患者人均门诊次数及费用,更无法回答自购药品费用的多少,是否使用康复或保健等卫生服务及其年支付多少费用等问题。此外,调查样本的选择同样关系到数据资料的代表性问题。

(四) 不同疾病之间的可比性问题

在不同疾病之间进行疾病经济负担的比较时,要注意方法上的可比性。因为调查疾病直接经济负担的方法途径不同,或者计算疾病间接经济负担所采用的方法不同,都可能使测算结果产生很大的差异。不同方法在测算中的结果差异可以从同一种疾病用不同方法测算的结果差异中反映出(见表10-4)。

表10-4　冠心病的人均间接经济负担

	人均因病损失 时间(日)	人均亲友损失 时间(日)	人均间接费用(元) 按工资	人均间接费用(元) 按GDP
男	7.62	25.96	682.64	1 021.84
女	0.13	16.42	336.44	503.62
合计	3.62	20.87	497.85	745.23

资料来源:程晓明,罗五金.2003.卫生经济学.人民卫生出版社

四、研究疾病经济负担的意义

(一)了解不同病种引起的社会经济损失

同一时期不同疾病的经济负担不同,相同疾病在不同时期的经济负担也不同。研究疾病经济负担及其变化趋势,可以帮助我们更好的了解疾病和伤害对于居民个人和社会的影响。从表10-5可以看到,1990年我国疾病经济负担中,非传染性疾病所造成的DALY和经济损失都是最大,传染病、创伤分别居第二和第三位。

表10-5　1990年全国按病因统计的疾病负担

疾病名称	DALY损失(百万) 男性	DALY损失(百万) 女性	DALY损失(百万) 合计	经济损失(亿元) 男性	经济损失(亿元) 女性	经济损失(亿元) 合计
传染病、妇科及围生期疾病	277.4	222.0	499.4	2 146.5	1 717.8	3 864.4
肺结核	24.4	34.7	59.1	188.8	268.5	457.3
性传播疾病	33.3	0.8	34.1	257.7	6.2	263.8
腹泻	21.7	20.7	42.4	167.9	160.2	328.1
肠道蠕虫	30.6	32.6	63.2	236.8	252.3	489.0
呼吸道感染	69.0	60.0	129.0	533.9	464.3	998.2
妇科	0.0	25.0	25.0	0.0	193.5	193.5
围生期保健	54.4	50.4	104.8	420.9	390.0	810.9
……						
非传染性疾病	555.9	607.0	1 162.9	4 301.6	4 697.0	8 998.5
肿瘤	72.0	113.1	185.1	557.1	875.2	1 432.3
营养以及内分泌	38.6	27.7	66.3	298.7	214.3	513.0
神经与精神疾病	78.5	81.7	160.2	607.4	632.2	1 239.6
心血管	15.0	133.4	148.4	281.8	1 032.2	1 148.3
呼吸道	85.4	96.0	181.4	660.8	742.8	1 403.7
消化道	37.8	49.9	87.7	292.5	386.1	678.6
生殖泌尿系统	12.8	21.8	34.6	99.0	168.7	267.7
肌肉骨骼系统	40.0	13.3	53.3	309.5	102.9	412.4
先天性异常	35.4	34.8	70.2	273.9	269.3	543.2
……						
创伤	138.5	197.6	336.1	1 071.7	1 529.0	2 600.7
……						
合计	971.8	1 026.6	1 998.4	7 519.8	7 943.8	15 463.6

资料来源:魏颖,杜乐勋.1998.卫生经济学与卫生经济管理.人民卫生出版社:448

(二)确定卫生干预项目的优先重点

卫生资源是有限的,如何使有限的卫生资源发挥最大的作用?必须讲求成本与效果。

应锁定当前重大的卫生问题,将卫生资源投入到成本效果比最高的项目或领域中去,以产生更大的社会经济效果。表10-6显示了这种研究的案例。

表 10-6　发展中国家部分疾病负担及其干预措施的成本效果分析(1990)

病　　种	总 DALY 值 (百万)	主要干预措施	成本效果比值 ($/DALY)
儿童性疾病：			
呼吸道感染	98(14.8)	患儿综合管理	30~100
围生期发病及死亡	96(14.6)	围生期分娩保健、计划生育	20~150
腹泻病	92(14.0)	患儿综合管理	30~100
疫苗预防疾病	65(10.0)	扩大计划免疫	12~30
先天畸形	35(5.4)	外科手术	高
疟疾	31(4.7)	患儿综合管理	30~100
……			
成人疾病：			
性病及艾滋病	49.2(8.9)	避孕套以及健康教育	3~18
结核病	36.6(6.7)	短程化疗	3~7
脑血管病	31.7(5.8)	病案管理	高
孕产妇发病及死亡	28.1(5.1)	产前及分娩保健	30~110
冠心病	24.9(4.5)	控制吸烟	35~55
忧郁症	15.7(2.9)	控制饮酒	500~800
……			

资料来源:魏颖,杜乐勋.1998.卫生经济学与卫生经济管理.人民卫生出版社:446

(三) 一揽子基本卫生服务的成本及效果分析

疾病经济负担的减少可以被看做是卫生干预措施或项目所带来的社会经济效果,从而可以对各种卫生干预措施或项目进行经济学评价,便于找出成本更低、效果更好的干预措施或项目。

当前,我国医疗卫生体制改革已是社会关注的热点问题,具体方案尚未出台,但建立覆盖全体城乡居民的基本医疗卫生制度已成为大家的共识。世界银行在 1993 年世界发展报告中提出了一揽子的基本公共卫生服务及临床服务。它是根据疾病负担大小以及干预措施的成本效果来选择的。各国由于疾病谱不同、收入水平不同,需要结合本国实际进行设计。基本的公共服务包括五大项目:扩大计划免疫(包括乙肝疫苗、维生素 A 及常规四种疫苗)、学校卫生项目、吸烟饮酒控制、性病艾滋病预防及其他公共卫生干预措施(如健康教育、危险因素预防、媒介控制及疾病监测等)。在基本医疗服务方面则包括结核病化疗、儿童病综合管理、计划生育、围生期及分娩保健、有限临床治疗(包括感染及小创伤治疗、并发症、诊断、解痛,根据资源多少选择治疗项目)。在这样一个一揽子的基本公共卫生服务及临床服务条件下,低收入国家(人均 GNP 为 350 美元)约需花费 12 美元;中等收入国家(人均 GNP 为 2 500 美元)约为 21.5 美元。其中,1/3 左右用于公共卫生服务,2/3 左右用于临床服务。众所周知,这些干预是非常合算的健康投资,也是促进社会公平与发展的必要途径。

(四) 有助于卫生资源的合理配置

应根据疾病对社会经济发展的影响和疾病经济负担的大小、干预措施的成本效果,按照公平、利贫原则,建立卫生资源配置标准,促进卫生资源优化配置。这是促进健康公平、消除贫困、实现人人享有基本医疗卫生保健服务的必要条件和有效途径。

五、影响疾病经济负担的主要因素

(一) 影响直接疾病经济负担的因素

患者的年龄、性别、婚姻状况、文化程度不同,其直接疾病经济负担也可能不同;疾病是否容易诊断、疾病的类型、严重程度、治疗手段及其效果等,也是影响直接疾病经济负担的重要因素;患者是否利用卫生服务;给患者提供卫生服务的机构及其地理位置;患者是初次就医还是复诊;患者是否拥有医疗保障及其保障形式;患者对卫生服务的预期等,都能够影响直接疾病经济负担的变化。

(二) 影响间接疾病经济负担的因素

影响间接疾病经济负担的因素主要从两方

面看:一是看社会经济发展水平。一般而言,社会经济发展水平越高,个人的教育培养费用越大、生产能力越强,每损失一个 DALY/QALY 的经济成本当然就越高;二是看社会的文化发展水平。社会越是文明进步,对人的价值越是认同,人们愿意为健康投入的越多,间接疾病经济负担当然就越高。

第2节 健康投资效益

一、健康投资与健康投资效益的内涵

健康是一项公认的基本人权,健康需求已经成为人们的基本需求之一,而健康的获得则是健康投资的结果。

(一) 健康需求与健康投资

健康需求与其他需求有很大的不同。首先,健康需求者想要的不是医疗保健本身,而是健康。从这个意义讲,医疗保健需求是一种因健康需求所产生的派生需求。人们想要健康,他们需要投入以产生健康。第二,健康需求者并非消极地从市场上购买健康,他们还花费时间努力地改进健康。第三,健康不是一次性消费品,不止持续一段时间,不会立刻贬值,所以,健康可以被看做是资本品。第四,健康既是一种消费品,也是一种投资品。作为一种消费品,健康被人们需要是因为他可以使人们的身体感觉更舒适;作为一种投资品,健康增加了人们可以工作的健康的天数,从而使人们获得收入。

健康投资就是指人们为了获得良好的健康而消费的食品、衣物、闲暇时间和医疗服务等资源。世界卫生组织把卫生部门和非卫生部门与人民健康有关的一切活动统称为卫生行动。那么,一切与健康有关的投入都应该纳入健康投资范畴。

(二) 健康生产函数

经济学上,生产函数总结反映了投入与产出之间的关系。分析健康投资效益必然要求我们研究卫生保健投入与健康状况之间的关系。假设存在一个公认的健康状况(health status, HS)的衡量方法,健康状况表示为卫生保健等的函数。则健康生产函数可以表达为:

HS = f(卫生保健、生活方式、环境和遗传)

假设其他条件不变,上式中这四个要素中的任何一个改善了,都会引起健康状况曲线向

上移动。尽管健康投入由诸多产品、服务和时间组成,但当疾病来临之际,医疗往往是人们通常应对或化解健康风险的最直接的手段。因而,卫生投入,尤其是医疗服务投入,一直被视为最重要的健康投资指标。再假设上式中后三个要素不变,则健康状况取决于卫生保健因素。卫生保健的边际贡献是它的边际产出。由于边际报酬递减,HS 曲线是向右上方倾斜,到一定水平转为平坦的曲线(见图 10-1、图 10-2)。至少在两种情况下,HS 曲线可能向下弯曲。其一是,由于边际报酬递减,因医生的治疗而引起的疾病损害超过了卫生保健所引起的健康收益;其二是所谓的医疗"纳米西斯"现象,即由于用医学方法处理非医学问题,引起人们忽视保持身体健康,并丧失了坚韧不拔的意志,结果导致公共健康状况下降,医疗保健的产出为负值。

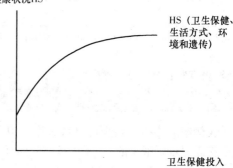

图 10-1 健康生产函数

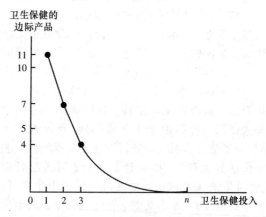

图 10-2 卫生保健的边际产品

(三) 健康投资效益

健康投资效益是指健康投资活动所取得的健康结果与所占用或消耗的卫生资源之间的对比关系。健康是健康投资的结果。健康有多种表现形式,健康投资效益也需要从多个角度去解读。

(1) 可以增进人力资本。依据人力资本理

论,劳动者的人力资本存量主要由健康、知识、技能和工作经验等要素构成。虽然这些要素的增进都会提高个人的生产率,即改善个人获得货币收入和生产非货币产品的能力,但唯有其中的健康存量,决定着个人能够花费在所有市场活动和非市场活动上的全部时间。每个人通过遗传都获得一笔初始健康存量,这种与生俱来的存量随着年龄渐长而折旧,但也能由于健康投资而增加(Grossman,1999)。健康投入指的是人们为了获得良好的健康而消费的食品、衣物、健身时间和医疗服务等资源。在这个意义上,居民户或个人既是消费者同时又是投资者,健康正是投资的结果(贝克尔,1987)。在大多数情况下,健康投资的回报主要是借助于疾病损失的减少来间接计算的。良好的健康可以增加个人的劳动时间、劳动能力与劳动效率,从而拥有获得更高的经济收入的能力,这种能力是贫困人口摆脱贫困的关键。

（2）可以促进经济发展。健康与宏观经济增长之间的关系已经被证明。一项典型的统计估算表明,如果出生预期寿命每提高 10%,则经济的年增长率会提高 0.3～0.4 个百分点,而且,其他增长因素保持不变。因此,有代表性的高收入国家(出生期望寿命为 77 岁)和有代表性的最不发达国家(出生期望寿命为 49 岁)之间经济的年增长差距大约为每年 1.6 个百分点,其长期累积的影响是巨大的。

（3）有利于维护社会和谐稳定,提供良好的投资环境,增进社会福利。当一个社区许多人患病,整个社区会因连带效应而受害。地方预算可能转向对患者的治疗和护理,因而会减少用于其他社会服务的经费;对社区的信任会下降,有技能的人才资源会流失,使社区失去需要的技术或企事领导;社会道德可能会沦丧;外来投资因劳动力的大量流动而止步。间接证据表明,20 世纪 40 年代和 50 年代几个亚热带地区疟疾的急剧下降(主要在希腊、意大利、葡萄牙和西班牙等南欧国家),大大刺激了旅游业和外国的直接投资,因而对经济增长发挥了令人振奋的作用。

二、疾病经济负担与健康投资效益

一般认为,健康投资与疾病经济负担呈反方向关系。即投入越多,人们的健康水平越高,从而发生疾病的可能性就越低,社会的疾病经济负担就越低;反之,如果健康投资少,疾病的发生率就越高,疾病的经济负担就越大。但实际情况并不总是如此。上述结论至少有赖于对以下几个问题的回答:

（1）投入是否公平?即是否符合世界卫生组织提出的全世界公认的筹资公平性原则?如果个人现金支出比例过大,社会保障制度缺位,都会给贫困弱势群体的卫生服务利用带来障碍,造成健康结果的不公平。

（2）投入是否有效率?即是否符合投入产出最大化原则?否则,即使健康投资很高,却不一定会有很好的健康成就。比如:美国独占全球卫生费用的 40% 左右,但是其健康水平并非世界前列。

（3）对健康进行投资的主体是谁?居民户或个人既是消费者同时又是投资者,健康正是投资的结果(贝克尔,1987)。但同时,无论在理论和实践中人们都要强调对卫生领域的公共支持。

公共支持的主要领域在于:

（1）诸如预防服务(预防科学研究、健康教育、营养干预、免疫计划等)的作用在于降低公共健康风险,具有明显的公共产品性质,应该由政府负责提供。

（2）由于医疗领域中的不确定性和供需双方的信息不对称导致市场失灵,即使像美国这样一个崇尚自由市场经济的国家,也是采用公共支持措施改变医疗供给机构的激励机制,切断医疗服务提供者的收入与其提供的服务之间的直接联系,避免他们为利润所驱动。

（3）政府还应投资于健康保险计划和医疗救济项目,以减轻疾病损失带给患者的收入打击风险。这样做的结果从经济角度看是防止人力资本退化,保护全社会的人力资源。从社会层面观察,是减少卫生资源分配的不平等,增强社会凝聚力。

三、健康投资效益分析

（一）健康投资是政府的责任

过去一段时间,我国政府把主要精力、财力放在促进 GDP 增长上,而把健康投资责任下放,政府预算卫生投入在国家财政支出中的比重持续下降。可以说,建国后的 30 年,是我国人类发展指数增长最快的时期;而改革开放以来,我国人类发展指数明显滞后于人均收入的增长速度(见表 10-7)。在 SARS 爆发之时,国家公共卫生体系甚至几乎崩溃。这让我们不得不对此前的政策进行反思,政府到底该发挥什么样的作用?

表 10-7　中国主要经济与人力资源指标

（1950～2000）年均增长率　　单位：%

指标	1950～1980	1980～2000
人均 GDP	4.0	8.3
居民消费水平	3.1	7.1
人口受教育年限	5.1	2.3
人口预期寿命	2.1	0.3
婴儿病死率	-5.1	-1.6
人类发展指数	4.2	1.4

资料来源：胡鞍钢等. 2003. 透视 SARS：健康与发展. 清华大学出版社：177

在许多情况下，在范围广泛地的卫生服务领域，存在外部效应，受益范围超出直接受益人（如免疫、供水和卫生设施以及个人卫生和儿童保健方面的信息宣传等）。在这些领域，政府必须提供公共支持，以保证高效率卫生服务的足够供应量。公共支持的力度、范围和具体方式，既依赖于一个国家或地区的经济能力，又取决于特定社会的文化传统和决策集团的政治意愿。

（二）健康投资的经济效果

国民健康水平是一个国家经济社会发展水平的综合反映，这已经成为国际社会的共识。健康投资具有很高的经济价值，这一点也毋庸置疑。20 世纪 90 年代，联合国开发计划署提出了以健康为首要内容的"人类发展指数"，并发表了第一份《人类发展报告》。2000 年 9 月，联合国召开千年峰会，189 个国家联合签署了《联合国千年宣言》，提出了八项千年发展目标。其中，有三项是卫生指标，即降低儿童病死率、改善妇幼卫生状况和抗击艾滋病、疟疾及其他疾病，还有三项与卫生有着密切联系。这表明，卫生发展已经处于人类发展的突出位置。研究发现，与东亚高增长国家相比，非洲一半以上的增长差距在统计学上可以归因于疾病负担、人口和地理问题，而不只是由于宏观经济政策和政治治理等传统变量（Bloom and Sachs，1998）。Dreze 和 Sen 还借助于中国案例特别强调，发展中国家政府通过收入再分配和投资基础教育和基本医疗服务，不仅能够增强全体劳动者的基本能力从而减少贫困，而且还由于人力资源的普遍发展而带来经济增长（Dreze and Sen，1989）。在经济全球化的趋势中，特定国家和地区劳动者的整体受教育程度和健康状况，不仅成为吸引物资资本投资的重要因素，而且还决定着国家和地区的市场竞争力。这一切，赋予健康投资以更大的外部性。

表 10-8 显示了几十个发展中国家 1965～1994 年期间的增长率，这些国家是按 1965 年起始收入水平和婴儿病死率来分组的。结果显示，在任何特定的起始收入阶段，婴儿病死率（IMR）较低的国家在这一阶段都经历了较高的经济增长；反之，婴儿病死率越高的国家，其经济增长率就越低。

表 10-8　1965～1994 年人均收入增长率

（按 1965 年的收入和婴儿病死率）

1965 年婴儿病死率（IMR）	IMR≤50	50<IMR≤100	100<IMR≤150	IMR>150
1965 年年初始收入（购买力平价调整 1990 年美元数）				
GDP≤750	—	3.7	1.0	0.1
750<GDP≤1 500	—	3.4	1.1	-0.7
1 500<GDP≤3 000	5.9	1.8	1.1	2.5
3 000<GDP≤6 000	2.8	1.7	0.3	—
GDP>6 000	1.9	-0.5	—	—

注：. 所报告的增长率是具体单元格中各国 GDP 增长率的简单平均数。资料来源：世界卫生组织. 2002. 宏观经济与卫生. 人民卫生出版社：18

另一项统计显示，2002 年全球有 310 万人死于艾滋病，4 200 万人感染上艾滋病病毒或艾滋病，已造成了 1 300 万艾滋孤儿。其中，约 70% 在撒哈拉以南非洲国家，到 2020 年，受打击最大的非洲国家可能丧失 1/4 以上的劳动力。据世界卫生组织调查估算，如果没有得力措施，即使按照中等程度扩散，到 2025 年，我国的艾滋病病毒/艾滋病病例将会增加到 7 000 万人，期望寿命将减少 8 岁，1/3 到一半的 GDP 将用于艾滋病病毒/艾滋病的防治。反过来讲，如果我们重视艾滋病病毒/艾滋病的防治工作，就可能在相当程度上避免这样巨大的损失。

（三）健康投资的社会效益

健康投资的意义并不仅是经济的。良好的健康标志着良好的生活质量，它本身就应该作为一个发展的目标。维护国民的健康公平已成为一个国家实现社会公平正义的重要标志。公共健康状况的改善，同时也会增进社会的和谐稳定；反之，如果健康状况持续恶化，不仅会带来沉重的疾病负担，也会破坏社会的互信与合作。在艾滋病病毒/艾滋病泛滥的国家和地区，人与人之间的怀疑和防范，已经成为社会稳定与发展的毒瘤。人力资源流失、社会道德沦丧，可能引来暴力冲突，产生人道主义危机，甚至招致外来势力的干涉。

（四）健康投资的可行性分析

世界卫生组织的研究表明，绝大部分过高的疾病负担是由相对少量的相同疾病所造成的，每种疾病都有一系列能提高健康水平、减少于这些疾病相关死亡的卫生干预措施。问题在于这些措施无法对世界贫困人口起作用。这说明，对健康进行投资，经济因素并非唯一的关键因素，还必须打破存在着的非经济障碍包括制度障碍。

从经济角度看，大多数国家有能力支撑基本健康投资所需资金，少数最不发达国家需要大量国际援助。如果各国尤其是发达国家履行其对最不发达国家的援助承诺（发达国家将GDP的0.7%用于官方发展援助，目前只有丹麦、荷兰、挪威和瑞典达到要求），经济障碍将能够被克服。许多非传染性疾病，包括心血管疾病、糖尿病、精神病和癌症等能通过低成本的干预，特别是通过与饮食、吸烟和生活方式等有关的预防行为可很好的得到解决。

从政治角度讲，在全球化趋势推动下，劳动力在全球的自由流动，要求各国必须增进国民的人力资源，求得在竞争中的比较优势。对基本人权的尊重也要求各国加大卫生投入，增进居民健康。

从政策角度讲，世界卫生组织、世界银行、联合国开发计划署等国际性组织机构，在积极与各国政府合作，帮助各国改进其卫生系统的绩效，提高卫生资源筹集、配置以及利用的广泛可及性，使之遵循"公平、利贫"原则。

总之，增加健康投资，提高居民健康水平，不仅必要，而且可行，对于实现社会的公平正义，还有着现实的紧迫性。

案例 10-1

HIV/AIDS 与疟疾的疾病经济负担

1. HIV/AIDS 的首批病例在20世纪80年代初期被发现，到1990年大约1 000万人被感染。自那以后，这个数字翻了四番多，达到了约4 200万人。而且，这种疾病已经导致约2 200万人死亡，并使1 300万儿童一出生就成了孤儿。这种疾病对情况最严重国家的人类发展指数的影响是灾难性地降低了预期寿命。但它破坏的远不只是生命。它导致了青壮年死亡或者使之丧失劳动能力，从而将发展推离了轨道。在博茨瓦纳、莱索托、斯威士兰和津巴布韦，每3个成年人中就有1个（或者更多）被感染上 HIV/AIDS，因为 HIV/AIDS 的影响，这几个国家的期望寿命分别下降了28岁、24岁、28岁、35岁。到2020年，受打击最大的非洲国家可能丧失1/4以上的劳动力。

2. 在不考虑疾病对人均年收入的长期影响的情况下，据世界卫生组织调查估计，在南撒哈拉非洲地区，6.16亿人口中1999年疟疾造成估计3 600万年的 DALY 损失。如果按照每个 DALY 年的价值等于人均收入计算，疟

疾造成的总损失相当于这个地区 GDP 的5.8%；如果按照每个 DALY 年的价值等于人均收入的三倍计算，则总损失就相当于 GDP 的17.4%。同年，该地区 AIDS 造成了7 200万年的 DALY 损失，分别按人均收入的1倍和3倍计算，则 AIDS 造成的总损失分别相当于该地区 GDP 的11.7%和35.1%。两相加总，仅疟疾与 AIDS 两种疾病，给当地带来的损失相当于 GDP 的17.5%～52.5%。

问题：

1. 如何准确估算 HIV/AIDS 与疟疾的经济负担？

2. 干预 HIV/AIDS 与疟疾可能对个人、家庭和社会产生哪些影响？

分析提示：

1. 需要综合测算 HIV/AIDS 与疟疾的直接经济负担与间接经济负担两个方面。

2. 政府对 HIV/AIDS 与疟疾的干预，有助于维护社会稳定和谐、促进经济社会可持续发展、消灭绝对贫困现象等。

思　考　题

1. 疾病负担与疾病经济负担的关系。

2. 疾病经济负担测算中直接负担与间接负担的关系。

3. 健康投资效益与疾病经济负担的关系。

4. 健康投资的责任应该由谁来承担？在我国加强健康投资有何现实意义？

参考文献

陈竺. 2008. 高强在《求是》杂志上联合撰文阐述医改方向，中国发展门户网, 1

程晓明, 罗五金. 2003. 卫生经济学. 北京: 人民卫生出版社

胡鞍钢. 2003. 透视 SARS: 健康与发展. 北京: 清华大学出版社

胡善联. 2004. 卫生经济学. 上海: 复旦大学出版社

联合国开发计划署. 2003. 2003年人类发展报告. 北京: 中国财政经济出版社

邱鸿钟, 袁杰. 2005. 现代卫生经济学. 北京: 科学出版社

舍曼·富兰德等. 2004. 卫生经济学. 中国人民大学出版社, 105

世界卫生组织. 2002. 宏观经济与卫生. 北京: 人民卫生出版社

世界银行. 2006. 2006年世界发展报告. 北京: 清华大学出版社

魏颖, 杜乐勋. 1998. 卫生经济学与卫生经济管理. 北京: 人民卫生出版社

吴明. 2002. 卫生经济学. 北京: 北京医科大学出版社

（康　军）

第11章 卫生经济学评价

本章提要

本章主要介绍卫生经济学评价的理论和方法。通过本章学习,要求了解卫生经济学评价的意义以及卫生经济学评价在卫生领域中的应用,掌握卫生经济学评价的概念、基本步骤以及基本的评价分析方法。

卫生领域的资源是有限的,但对资源的需求是无限的。卫生经济学评价可以为决策者提供决策支持,以实现有限卫生资源的健康产出最大化。

第1节 卫生经济学评价概述

一、经济学评价及意义

(一)经济学评价的含义

世界上任何经济资源都是有限的,社会的产出也总是有限的,而人们的消费欲望又是无限的,资源稀缺与欲望无限之间的矛盾在任何社会、任何发展阶段都存在。因此,人们在经济活动中要做出各种各样的选择,以追求尽可能大的效用和满足。为提高经济活动的效率,避免资源浪费,在做出经济决策之前,要认真进行可行性研究,并对决策方案的经济效益进行计算和分析。当可供选择的方案多于一个时,还要对各个方案的经济效益进行比较和选优。经济学评价(economic evaluation)就是从资源的投入和效益(或成本和收益)两个方面对不同的方案进行比较的技术和方法。

1. 财务评价 经济学评价在微观领域的运用主要着眼于单个经济体的经济活动,一般称为财务评价。财务评价是根据国家现行财税制度和价格体系,分析、计算项目直接发生的财务效益和费用,编制财务报表,计算评价指标,考查项目的盈利能力、清偿能力以及外汇平衡等财务状况,据以判别项目的财务可行性。

2. 国民经济评价 经济学评价在宏观领域则着眼于整个国民经济的运行,是按合理配置稀缺资源和社会经济可持续发展的原则,采用影子价格、社会折现率等国民经济评价参数,从国民经济全局的角度出发,考察投资项目的经济合理性。

(二)经济学评价的意义

经济学评价可以为经济决策的经济合理性进行定量的评价,其结果可为决策提供科学可靠的依据,可以使经济决策更加科学、规范和高效,避免和减少投资决策失误,减少资源浪费,因此,经济学评价方法日益在宏观和微观经济领域受到重视并被广泛运用。

二、经济学评价方法在卫生领域的应用

(一)卫生领域进行经济学评价的必要性

世界各国卫生事业发展的历史和现实表明,无论是发达国家还是发展中国家,可以用于卫生方面的资源总是有限的,使有限的资源产生更大的经济和社会效益,是每个政府和卫生政策决策者面临的重要课题。而随着人口增长、人口老龄化、新技术和新药物迅猛发展和临床应用、人类健康需求层次的提升,有限卫生资源与无限增长的卫生需求之间的矛盾将更加突出。如何使稀缺的卫生资源最大限度满足人民群众对卫生服务的需求,也同样面临着诸多选择的问题。诸如:在政府决策领域,是把有限的卫生资源向初级卫生保健倾斜,还是把卫生资源投入到发展高新技术?改善同一健康问题,是加强公共卫生领域的投资,还是增加医疗领域的投资?在临床决策中,面对一种疾病,如何选择治疗方案?一种药物是否应该进入保险支付系统?一种新的医疗技术能否在临床推广?经济学评价能够为这些决策过程提供帮助,有助于有限的卫生资源的健康产出最大化。

(二)卫生经济学评价的特征与方法

卫生经济学评价(health economic evaluation,HEA)是指应用技术经济分析与评价方法,对各种不同卫生干预方案的成本与收益两个方

面进行科学的分析与评价,进而选择单位成本收益最大的方案的方法和过程的总称。

卫生经济学评价包括两个重要特征:第一,此种评价方法不仅研究资源的投入,同时研究产出的收益,把投入与产出结合在一起研究,把成本与结果联系在一起分析;第二,卫生经济学评价讨论与分析的中心课题是选择,没有选择就没有经济评价,不能选择的评价,不符合经济评价的起码标准。

为使评价简单易行,就有必要确定一种规范的产出测量方法。根据评价类型,常用的卫生经济学评价方法通常分为成本最小化分析(cost-minimization analysis,CMA),成本效果分析(cost-effectiveness analysis,CEA),成本效用分析(cost-utility analysis,CUA),成本效益分析(cost-benefit analysis,CBA)。其中,CEA采取客观的理化、生物或健康结果指标,CUA采用反映生命质量或消费者偏好的健康结果指标,是CEA的一种特殊形式。两者均能较好体现医疗卫生领域健康结果的复杂性与特殊性,因而得到广泛使用。两种分析方法除结果指标与应用范围的差异外,其研究设计和分析技术没有差别,因而有时又被统称为成本效果分析。

(三) 卫生经济学评价的应用

卫生经济学评价应用领域非常广泛,主要有以下几个方面。

1. 公共卫生领域　整体上看,公共卫生服务具有极好的成本效果。但是,如果资源有限,即在不能向所有人提供所有有效的预防服务的情况下,就必须在卫生规划时对有限的资源进行合理的配置,以最低的成本,去实现既定的目标,使有限的卫生资源发挥出最大的效益。因此,需要通过经济学评价方法分析和选择最有效率的预防服务项目及其提供方式,或者选择最需要实施预防保健措施的人群,为各个环节提供经济学上的决策依据,以选择最优的实施方案。

2. 临床决策领域　医疗服务不仅是运用医学技术的决策过程,同时,也是如何合理使用有限卫生资源的经济决策过程,因此,对临床决策的评价不应仅考虑质量标准,而应将质量与效益结合评定。最佳的临床决策应该是诊断及时正确,治疗措施风险最小、成本最低而疗效最好的方案。因此,应对临床中使用的药物、设备、诊疗程序等技术干预措施进行经济学评价,寻求最佳的诊疗方案,以提高卫生资源的利用效率,同时为决策者制定决策提供信息。

3. 卫生技术评估领域　在该领域的应用主要目的是了解各项技术尤其是探索性技术的花费以及对个体健康状况改善情况。探索性医疗技术临床应用准入评估有一系列的指标体系,具体有理论依据的正确性和可靠性、技术特性及技术路线、安全性、社会伦理的适应性、经济性和健康结局的测量。经济性评估是卫生行政部门加强对探索性医疗技术有效管理的重要组成部分,主要是应用卫生经济学评价方法,对该技术从投入与产出方面进行测量和分析。比如:将原有的、已经应用的相关临床技术与探索性医疗技术的成本与效用(效果)相联系,或者将几项相关的探索性医疗技术的成本与效用(效果)相联系进行分析与评价。

4. 药物经济学评价　早在20世纪70年代,卫生经济学评价方法就已运用于药品领域,到20世纪80年代初药物经济学作为一门新兴的边缘学科逐渐发展成熟。药物经济学评价结果可作为政府制定药品价格、进行药品报销决策和新药审批的重要参考,同时,也可为合理配置卫生资源提供依据,还可以指导临床合理用药。

(1) 药品报销:通过对不同药品间、同一药品不同来源和不同剂型的药品进行效果-成本分析,以确定高效、安全和效果成本比值高的药品进入药品报销目录。以澳大利亚为例,任何一种药品在澳大利亚上市后,可以以任何价格销售,但要进入药品报销目录,必须提供包括药物经济学评价在内的综合性资料上交国家卫生部和药物报销咨询委员会。目前,在该领域应用药物经济学评价的还有加拿大、荷兰、德国、法国、美国、意大利、丹麦、比利时、芬兰、希腊、爱尔兰、日本和韩国等。

(2) 公共卫生资源配置:药物经济学评价可以为公共卫生资源的宏观配置提供决策依据。以英国为例,药物经济学评价主要是从全社会角度来计算成本和收益。卫生资源的消耗包括卫生服务的直接供应和与医疗技术使用有关的社会服务,任何与健康相关的收益都单独列出。药物经济学评价研究的总体目标是实现全国范围内卫生资源的最优利用。美国、爱尔兰和泰国也有类似应用。

(3) 药品定价管制和制定药品报销价格:如西班牙的药物经济学评价研究主要用于定价决策。隶属于卫生用品管理总局的药品经济和卫生用品总分局负责评议药物公司的定价申请,药物经济学评价则作为一项重要的谈判基础。药品经济和卫生用品总分局会借助一些研究团体如卫生经济和社会政策中心等来进行经济评价。同时,也会编写药品参考价格,并分析药物公司提供的价格申请的所有细节,为药品价格内部委员会提供建议。在澳大利亚、法国、意大利、芬兰和日本,药物经济学评价也为制定药价提供了依据。

（4）临床用药指南:药物经济学评价通过对临床不同的治疗方案、药学服务(药品的单独应用或合并用药等)进行经济学评价,为临床决策提供依据,实现资源的最优利用。比如:加拿大卫生经济评估协调办公室应用药物经济学评价对新药的 R&D(Research and Design)战略、药品报销和临床用药等方面进行指导。其中,资源的有限性决定了不可能支持所有的临床有效治疗,即被支持建议使用的一种有效的治疗方案或药物是不被支持的治疗方案或药物的机会成本,药物经济学评价识别出哪些方法更具有支持价值,并使之产出最大化。在英国、法国、德国、意大利、瑞士、瑞典和荷兰等国也有类似应用。

（5）指导药物研发和市场营销策略:药物经济学评价对药品的成本效益进行分析,开发具有能使社会和企业同时获益的药品。世界上许多跨国制药公司在其进行新药的研发时常利用药物经济学评价做出生产哪种药品的决定,并根据评价结果调整价格,争取更优的成本效果比,获得更高的利润。如加拿大、美国、英国、荷兰、芬兰和葡萄牙等国。

需要指出的是,卫生经济学评价的结果并非决策的唯一依据,其他方面的考虑也会直接影响决策结果。比如:对法律、伦理方面的原则、医学的发展现状与局限性等。因此,卫生经济学评价的结果还需要与医学、伦理学、法律角度的分析结果相结合,才能做出科学的决策。另外,卫生经济学评价应侧重于社会观点,而不是侧重于个体和提供者。例如:某医院决定是否购买 PET 扫描设备时,可能利用基于医院本身的决策分析工具,如经济回报率等,做出的决定可能不利于社会资源的配置,因而需要从社会的分析观点来测算与评价干预项目的健康结果与耗用的资源,而不管谁获得了健康结果、谁承担了资源消耗。其他的分析观点,如患者、雇主、保险机构、卫生机构或政府部门等,都不可避免的会忽略干预项目的某些结果和成本。

案例 11-1

HIV 母婴阻断干预策略的成本效果分析

截至 2005 年年底,全球有 230 万 5 岁以下的儿童感染了艾滋病病毒(HIV)。撒哈拉地区人口占全球人口 10% 左右,但集中了全球 60% 的 HIV 感染者。HIV 的母婴传播率约为 25% ~30% 。婴儿可能在宫内、分娩过程及母乳喂养中被感染。剖宫产、节育、抗病毒治疗(ARV)、代乳品喂养、补充维生素 A 等措施均

可减小母婴传播的风险。但该地区可以用于 HIV/AIDS 干预的资源远远无法满足需要。因此,需对干预策略进行成本效果分析,以确保有限的资金产生最高的效率。

Marseille 等将撒哈拉地区不进行干预与每天两次服用抗反转录病毒药物 AZT(Zidovudine)和拉米夫定(Lamivudine)的三种干预进行了比较,发现避免一例 HIV 感染的成本分别为 5 334 美元、2 784 美元和 2 531 美元。Stringer 等评价了在南非分别让孕早期和孕晚期孕妇服用奈韦拉平的成本效果,发现避免一例感染的成本在 83.7 ~714.2 美元。

Lallemant 等的研究发现,当患病率低于 5% 时,最具成本效果的干预策略是短程疗法＋母乳代用品喂养,每避免一个 DALY 的成本是 21 美元,其次是超短程疗法＋母乳代用品喂养(22 美元/DALY)和短程疗法(30 美元/DALY)。阴道消毒＋补充维生素 A 的费用低廉,成本效果适中,而剖宫产手术的成本效果最差(155 美元/DALY)。当患病率为 10% 时,阴道消毒最节约成本,成本效果最好。但当患病率为 20% 时,最具成本效果的措施是超短程疗法。[资料来源:黄冬梅,胡善菊,张德春. 2004. 发展中国家 HIV/AIDS 预防策略成本和成本效果分析. 国外医学. 卫生经济分册,2 (21):71~80]

问题:

1. 为什么不能将所有预防 HIV 母婴传播方法应用于所有高危人群?

2. 本案例对那些艾滋病流行状况地区差异较大的国家有何启示?

分析提示:

1. 用于疾病预防的资源是有限的,而可以采用的预防措施很多,并且各种措施的成本效果不同,针对的人群也有差异,因此必须有所选择,选择的依据之一就是经济学评价。

2. 某种策略的干预效果与情境关系很大,比如:目标人群的患病率、流行状况、当地社会文化特点等,对于那些流行状况地区差异较大的国家,应对目标地区的社会情境进行深入调查分析,根据各地具体情况采取有针对性并且成本效果好的干预策略。

视角

加拿大魁北克:卫生技术评估中的经济学评价

卫生技术评估(health technology assessment,HTA)的最终目的是通过提供科学、可靠的信息或提出明确的建议,以影响卫生技术的推广和应用,通过增加效果或降低成本提高卫

生保健系统的效率。

1995年,加拿大魁北克的卫生技术评估委员会调查了21份HTA报告(覆盖16个题目)对卫生政策和医疗费用的影响。除3个HTA报告外,其余的报告均产生了巨大影响。例如:在20世纪80年代末期低渗造影剂(Iom)应用于临床之前,均使用高渗造影剂(hom)。据报道,Iom的副作用较hom小,从而很快取代了hom在临床的地位,使魁北克每年医疗费用因此而增加约2 000万美元。一篇有关乳腺癌普查的HTA报告结果显示,对50~70岁的妇女进行普查成本-效果最好,这使政府改变了过去对所有育龄妇女进行普查的政策,优化了卫生保健系统。

卫生技术评估的另一重要影响涉及预防医学服务。1978年,技术评估机构分析了肺炎球菌疫苗的成本-效果。结果是:在65岁以上老人中每获得一个健康生命年的成本是1 000美元,成本-效果比极佳。国会据此修订了《老年保健法》,规定从1981年开始给老年人接种肺炎球菌疫苗。1981年卫生技术评估委员会还研究了流感疫苗,发现在65岁以上的老年人中使用这种疫苗的收益也大于成本。1987年国会再度修订了老年保健法,要求对65岁以上的老人接种此疫苗。

(资料来源:李静,李幼平,刘鸣.2000.卫生技术评估与循证医学.华西医学.15[1]:6-9)

第2节 卫生经济学评价的基本内容和步骤

一、卫生经济学评价的基本内容

卫生经济学分析与评价,就是运用技术经济分析与评价方法,对卫生规划的制订、实施过程或产生的结果,从卫生资源的投入(卫生服务成本)和卫生资源的产出(效果或效益)两个方面进行科学的分析,为政府或卫生部门从决策到实施规划方案以及规划方案目标的实现程度,提出评价和决策的依据,减少和避免资源浪费,使有限的卫生资源得到合理的配置和有效的利用。简而言之,即通过分析能够改善健康状况各备选方案的投入与产出,对备选方案进行评价和优选,以促进资源的配置效率。

(一)成本及分类

卫生经济学评价中的成本是指实施某项卫生服务规划项目或方案所消耗的全部人力资源和物力资源的货币表现。卫生服务规划项目的实施既需要卫生资源的消耗,如医护人员、医疗设施与设备等;也需要非卫生服务资源的消耗,如交通、住宿和非正式照护服务等,还需要项目受益者的时间投入。一般将成本分成直接成本与间接成本。

1. 直接成本 卫生经济学评价中的直接成本(direct cost)是指实施健康干预项目及处理项目结果耗用的所有商品、服务与其他资源的货币价值。从资源的提供者来看,直接成本包括与项目有关的各种机构、专业人员、项目受益者及其家庭等所有类型的资源消耗。从时间来看,包括项目所涉及的当前与将来的资源消耗。直接成本又可分为直接卫生服务成本与直接非卫生服务成本。直接卫生服务成本是项目所涉及的卫生服务所消耗的资源,包括药品、材料、卫生人力支出、固定资产折旧等,也包括项目实施后对项目受益者提供后续服务的资源消耗,如医疗、预防、保健、康复、健康教育等活动所消耗的资源。直接非卫生服务成本是指健康干预项目实施及持续期内非卫生服务资源的消耗,如营养、交通住宿、非正式照护以及受益者接受项目服务的时间成本等。卫生经济学评价中的成本应是从社会角度考察的资源消耗,因此,如果忽略非卫生服务成本,可能低估项目成本而做出提供某类项目的决策,导致社会资源配置扭曲。当然,如果这些成本在总成本中所占比重很低或与比较项目的此类成本相同时,分析时可以忽略。

2. 间接成本 卫生经济学评价中的间接成本(indirect cost)是指因病不能工作而造成的生产力损失和因死亡造成的经济损失。患者因病不能参加工作的时间可分成治疗时间(已经反映在直接非卫生服务成本中)和康复时间(即患病成本,一般反映在效果指标中),当二者难以准确划分时,一般将其全部反映在效果指标上,如用QALY来综合反映。

(二)产出及分类

卫生经济学评价的核心就是比较能够改善健康状况的各备选方案的投入与产出结果。卫生经济学评价中因采用的方法的不同其"产出"指标分为效果、效用、效益。

1. 效果 广义的效果指卫生服务产出的一切结果。这里主要指狭义的效果,即卫生干预满足人们各种需要的属性。而在卫生经济学评价中,效果是指现实环境中健康干预项目实施后产生的健康结果改善,既有中间产出指标,如血压降低,也有最终产出指标,如人群发病率、病死率降低、人群期望寿命延长等。

中间结果只能进行非常有限的成本-效果分析。比如:血压下降只能比较的几种降低血压手段的成本效果。再者,某些中间结果与最终健康产出的关系有时是间接的,因此,中间结果的确定性值得怀疑,如果某种中间结果应当使所关注的健康产出发生同等程度的变化,这种关系一旦确定,那么,就可以把实际的健康结果作为效果测量单位。因此,在成本效果分析中,不提倡把中间产出作为效果指标。

2. 效用 效用指人们对不同健康水平和生活能力的满意程度。一般情况下,健康结果很难用一个单一效果单位进行测量,一项治疗措施除了影响生存人数外,还会影响健康状况,因此,需要制定出一个单一的效果指标,综合反映卫生干预对生命数量和质量的影响。成本效用分析中用来表示生命质量的指标有质量调整生命年(quality adjusted life years,QALYs)和失能调整寿命年(disability adjusted life years,DALYs)等。

(1)质量调整生命年:某项卫生规划不同程度地延长了人的寿命,但不同的人其延长的生命质量不同。质量调整生命年就是将每个生命年乘以一个能反映该生存状态的生命质量权重系数,将不同生命质量的生存年数换算成相当于完全健康的生存年数。它是成本效用分析中经常使用的一个指标,也是应用最广的健康产出指标。

常用的确定健康状况效用值(或失能权重)的方法有3种:①评价法:挑选相关专家根据经验进行评价,估计健康效用值或其可能的范围,然后进行敏感性分析以探究评价的可靠性,这是最简单方便的方法。②文献法:直接利用现有文献使用的效用值指标,但要注意其是否与自己的研究相匹配。③抽样调查法:自行设计方案进行调查研究获得需要的效用值,这是最精确的方法,通常采用等级衡量法、标准博弈法和时间权衡法衡量健康状态的基数效用。

(2)失能调整生命年:指从发病到死亡所损失的全部健康生命年,包括死亡所致减寿年数(years of life lost,YLL)和疾病所致失能导致的健康生命年损失(years lived with disability,YLD)两部分。它将疾病的非致死性健康结局与死亡的影响结合在一起,可以用来综合衡量疾病经济负担,而疾病经济负担的减轻就可以作为衡量某项卫生干预的结果。

3. 效益 效益是以货币表现的效果和效用,是对健康干预所获得的健康结果(或有利于健康的结果)的一种货币测量。通过把效果转

化为效益,就可以判断某干预的效益是否超过了成本。不能把成本效益分析中的"效益"等同于临床活动所得的业务收入,因为这些收入并不是从健康结果转换过来的,也没有与健康结果建立联系。比如:某大型设备为医院带来了很高的经济收入,但却没有对人群健康产生有利效果,那么引进该设备的活动从成本效益分析的角度看,效益较差。

效益一般可分为直接与间接效益或有形与无形效益。直接效益与间接效益的区别主要是考虑效益与项目直接相关。有形效益与无形效益的区别则在于能否在市场上测量。以艾滋病控制项目为例说明效益的分类:直接有形效益,是该项目中由于控制艾滋病减少发病而节约的治疗费用;间接有形效益,是由于诊断和治疗使误工时间减少而获得的生产时间;直接无形效益,是以控制艾滋病使疼痛和痛苦减少表示;间接无形效益,可以用这个项目使人们得到的心理满足感表示,如增加患者信心、自尊和民众安全感等。

二、卫生经济学评价的基本步骤

(一)确定评价立足点

不同的分析立足点决定了确定资源消耗和项目结果的范围,如以社会观点、患者及其家属观点、保险公司观点等,不同主体的利益是不一致的,因而其成本效果测定范围乃至取舍的标准也不一致。卫生经济学评价的目的是优化资源配置,应该主要立足于社会角度,不能仅限于从卫生服务提供者、费用支付者等角度评价。

(二)确定各种备选方案

要实现卫生规划项目预期的目标,可以采用不同的实施方案及具体措施。评价者应该考虑到一切可能的方案并对每个方案有一个全面的认识,提出各方案最佳的实施措施以供比较,这是卫生经济分析评价工作的前提。对合理配置资源、评价和决策都有很重要的意义。

(三)排除明显不可行的方案

在多方案选择时,应该遵循以下几条标准对备选方案进行初步筛选:①在政治上能得到支持或承诺的方案;②对若干相似方案进行归类,选择具有代表性的方案进行评价;③与现行法律、社会伦理道德、行业规范等冲突,或技术上受到明显限制不可行的方案,应予以排除。

（四）卫生规划方案效益与效果的测量

所有可预见的效益和效果应明确，并且尽可能地加以测量，大部分项目可带来多种效益，主要分为直接或间接的社会效益和经济效益。评价过程中有时很难取得最终结果，而只能用中间结果。

（五）卫生规划方案成本的测量

卫生经济学评价计量的是健康干预项目与其对照项目的增量成本，因此，干预项目耗用资源的计量可采用两种方式：一种是直接计量干预项目与其对照项目相比增加或减少消耗的各类资源数量，再进行估值与成本汇总；另一种是分别计算干预项目与对照项目的总成本，再计算增量成本。

（六）贴现和贴现率

对持续期较长的项目进行经济学评价，资金的时间价值是一个必须要考虑的因素。同样数目的资金，在不同时点上的价值是不同的，其原因除了通货膨胀外，还包括货币时间价值，即资金在使用过程中随时间的推移而产生的增值。因此，在经济学评价中为使各方案的数据具有经济上的可比性，需要按相同的比率将不同时点上的成本和效益折合到同一时点上，这个过程称为贴现（discount）。贴现时使用的利率称为贴现率（discount rate）。任何成本投入时间超过 1 年的干预项目，都应当利用成本贴现的方法体现货币的时间价值。在目前研究进行的成本贴现中，比较公认的贴现率是 3%。

（七）敏感性分析

卫生经济学评价涉及较多的不确定性因素，因此，在进行成本效果和成本效用分析时，还需要对模型中主要参数的不确定范围进行敏感性分析，评价成本效果比及成本效用比的稳定性及参数变动对模型模拟结果的影响程度。例如：对艾滋病防治措施进行敏感性分析时，通常考虑的不确定参数有贴现率、通货膨胀、生存期治疗 HIV/AIDS 成本的变化、效益的变化等。若某因素的数据有微小的变动，就会对评价结论产生明显的影响，说明决策对该因素十分敏感，若数据即使变动很大，仍不影响评价结果，则对该因素敏感性小。

（八）分析与评价

应用相应的卫生经济学评价方法对不同方案进行比较、分析和评价，并结合可行性分析和政策分析做出科学的决策。

第 3 节　卫生经济学评价的基本方法

一、成本效果分析

（一）成本效果分析的定义

成本效果分析（cost-effectiveness analysis, CEA）是一种评价各种健康干预项目结果与成本的方法，主要评价耗用一定的卫生资源后的个人健康产出，以成本效果比的形式为各类决策者提供健康干预项目的重要决策依据。

成本效果分析中的成本用通用的货币单位表示，个人健康产出用非货币单位表示，如发病率的下降，减少感染某病的人数等。也可采用一些中间指标，如免疫抗体水平的升高等。

成本效果分析的指导思想是以最低的成本去实现确定的计划目标，任何达到目标的计划方案，成本越低的方案效果越好；或者一定卫生资源的在使用中应该获得最大的卫生服务效果，即从成本和效果两方面对备选方案之间的经济效果进行评价。当方案之间成本相同或接近，选择效果较好的方案；当方案之间的效果相同或接近，选择成本较低的方案。

应用成本效果分析对不同项目进行评价时，应注意效果指标的可比性，相同目标、同类指标可以比较，但目标不同的项目或干预，效果指标就难以比较，即便可以比较，由于指标在项目中的意义不同，比较的结果也不能来决策。

（二）成本效果分析中的指标选择

成本效果分析是采用相对效果指标（如糖尿病患者发现率、控制率等）和绝对效果指标（如发现人数、治疗人数、项目覆盖人数等）作为产出或效果指标。选用效果指标必须符合有效性、数量化、客观性、灵敏性以及特异性的要求。

成本效果分析既可以从综合效果也可以从单项效果来进行比较分析。在实际应用分析中，大多数文献都采用单位效果的成本作为不同干预措施的比较指标，因此，需明确项目的总成本以及确定采用何种产出效果。一般来说，采用不同的效果，成本效果的比值可以用不同的单位来表示。比如：艾滋病干预项目的效果可用每检出例感染的成本、每避免例感染的成本、每挽救个生命年的成本等表示；结核病控制项目的效果可用发现一例患者的成本、治疗一例患者的成本、治愈一例患者的成本等表示。只要能以最简捷的方法对不同干预措施进行比较，从而做出选择，也就基本达到了成本效果分析的目的。

（三）成本效果分析与评价的条件与方法

1. 应用成本效果分析的条件

（1）有明确的目标：决策者必须有明确的目标，即想要得到的结果。卫生规划的目标可以是服务水平、行为的改变，对健康的影响等，它们常同时存在。因此，必须确定一个最主要的目标，这样才能对效果的界定有确切的范围，以便选择合适的效果指标。

（2）有明确的方案：成本效果分析是一种比较技术分析方法，所以，必须至少存在两个明确的备选方案才能进行相互比较，而备选方案的总数量没有上限。

（3）备选方案必须具有可比性：分析人员必须保证备选方案间具有可比性。一是确保不同备选方案的目标一致；二是如果卫生规划有许多目标，确保不同方案对这些目标的实现程度大致相同。

（4）各备选方案成本效果可以测量：成本以货币表现；效果指标，如避免的死亡人数等可以测量。即使不能定量，至少也必须定性，如治疗效果以"有效、无效、恶化"等表示，再把定性指标转化为分级定量指标进行比较。

2. 评价结果与方案的选择

（1）当各方案的成本基本相同时，比较各方案的效果的大小：选择效果最大的方案为优选方案。

（2）当各方案的效果基本相同时，比较各方案的成本的高低，即成本最小化分析，选择成本最小的方案为优选方案。

（3）当各方案的成本和效果都不同时，成本效果比（cost/effectiveness，C/E）是一个具有重要参考价值的指标，它采用单位效果的花费或单位货币所产生的效果来表示。当卫生计划方案不受预算约束时，往往是在已有低成本方案的基础上追加投资，可通过计算增量成本效果比，即一个项目比另一个项目多花费的成本与该项目比另一项目多获得的效果之比，将其与期望成本效果比相比较。若增量成本效果比低于标准，表明追加的投资经济效益好，则追加投资的方案在经济上可行。

3. 多效果指标的处理方法

有些干预项目的效果指标有时不止一个，尤其是社会卫生规划或卫生服务计划方案。当干预方案有多个比较的效果指标时，不同方案之间的比较就较难进行。可以采用适当的办法简化效果指标，使成本效果分析能够对方案做出确切的评价。

（1）精选效果指标：在成本效果分析中，尽量减少效果指标的个数，选择有代表性的效果指标。将反映方案内容的效果指标列示出来，再根据"有效、量化、客观、灵敏、特异"的标准对指标进行选择，将较次要的指标作为约束条件对待。

（2）综合效果指标：当效果指标较多时，可以采用综合评分法。对各效果指标根据其数值给以一定的分数，并根据效果指标的重要性给予一定权重，经过加权得到一个综合性指标，作为方案总效果的代表值，用于不同方案之间的比较和评价。各方案的成本相同时，比较各方案效果指标的综合得分；当各方案的成本不相同时，可以将成本也看做负的效果指标给以加权评分，然后比较各方案的综合得分。

（四）成本效果分析的局限性

成本效果分析简单直观，但还是有很多局限性。首先，在同样的条件下，它能够用来确定不同治疗方案的支出优势（技术有效），但是它无法应用于不同干预项目间的比较。由于没有相同比较标准，不同项目之间甚至是同一项目之间的比较也是不可能的。我们不能计算抗高血压治疗方案和哮喘治疗方案之间的相对成本效果，因为前者治疗方案效果用血压的降低来表示，而后者却用FEV1百分比的增加来表示。其次，成本效果分析的结果无法反映判断卫生干预是否有效率，它只是简单列出了已知干预方式中达到目标的成本最小的方式，而没有反映出这些方式的成本是否超过了效益。因此，它没有指出是否真正值得进行某种干预。

> **案例 11-2**
> ### 治疗慢性肾功能衰竭的成本效果分析
> 美国每年有6 000人死于慢性肾病，他们可以通过治疗来延长生命。估计每年有1 000~1 100人接受了有效的治疗，其中，有大约850人接受透析治疗，150~200人接受肾移植。肾移植每例手术成本13 000美元，在医院透析每年成本为14 000美元，而家庭透析每年成本5 000美元。移植手术不成功时，患者苏醒后能够再做一次移植手术或为家庭或住院的永久透析。这几种方法的有益结果或产出都是获得生命年，有效移植术后患者的生活比连续不断透析患者的生活更接近正常人，肾移植术后获得的生命年是透析获得生命年的1.89倍。

表 11-1 移植、中心透析、家庭透析组每人支出的现值与获得的生命年

治疗方法	支出的现值	获得的生命年	每生命年的成本
中心透析	104 000	9	116 000
家庭透析	38 000	9	4 200
平均	71 000	9	7 900
移植	44 500	17	2 600

问题：

1. 评价哪一种治疗方式更具有成本效果和可行性？

2. 该案例表明了成本效果分析的哪些有优缺点？

分析提示：

该案例表明，在成本一定的前提下移植是增加慢性肾病患者期望寿命的更有效方式。但移植由于缺乏肾源及肾脏保存的问题受到很大限制。因此，鼓励家庭透析而不是医院透析是节约资源的策略，但也并不是所有需要透析的患者均是以进行家庭透析。该案例表明了成本效果分析的优缺点。主要优点是能够清楚地了解在产出结果相同时哪种方法的成本更小。缺点是无论哪种治疗措施，都不清楚效益是否大于成本。这样就不可能把移植设施的供给与任何其他有益的卫生或公共部门的项目进行比较，而利用成本效益方法就可以对卫生部门和其他公共部门项目进行分析来达到这一目的。

二、成本-效益分析

（一）成本-效益分析概述

成本-效益分析（cost-benefit analysis，CBA）是通过比较各种备选方案的全部预期成本和全部预期效益来评价某个干预项目，为决策者选择计划方案提供经济学的参考依据。显然，各方案成本相同时，效益最高者为最佳方案；各方案效益相同时，成本最低者为最佳方案。采用成本效益分析方法可以对单个干预项目进行评价，当项目的效益超过它的资源消耗的成本时，该项目具有经济学价值，即只有效益不低于成本的项目方案才是经济上可行的方案。

与成本效果分析不同的是：成本-效益分析不仅要求成本，而且产出指标也要用货币单位来测量，这样就使得不仅项目间可以用精确的货币单位换算来比较优劣，而且项目自身也可以比较投入与产出效益大小。因此，成本-效益分析既

可以对单个干预项目进行评价，也可以对多种不同干预措施进行比较，这是成本效果分析无法比拟的优势。

（二）效益的测量

一般情况下，能用货币形式表示的主要是那些容易确定的效益，如产生的收益或节省的资源，但并不能因为某些健康结果难以测量就忽略它。健康效果的货币化是成本效益分析受到质疑的焦点。近年 CBA 中测量卫生保健效益最常见的方法有：人力资本法（human capital method）、支付意愿法（willingness to pay method）、摩擦成本法（friction cost method）。

1. 人力资本法 其基本思想是将对卫生服务的利用视为对个体人力资本的投资，这种投资的回报可以用这个人更新了或提高了的生产效率来表示，即将他获得的健康时间的价值数量化。因此，可以利用市场工资率，将一个项目获得的健康时间货币化，并利用一定的贴现率折现，即可得到该项目的效益现值，具体可用式（11-1）表示：

$$B = \sum_{t=0}^{n} \frac{(Y_t - C_t)P_t}{(1+i)^t} \qquad (11-1)$$

式中，B 是项目的效益，Y_t 是第 t 年的收入，C_t 是第 t 年的支出（如教育成本），P_t 是第 t 年生存的概率，i 是给定的贴现率。

人力资本法有测量方面的困难。例如，实施人力资本法的一个必须解决的重要方面是如何确定将未来收入转换成现值的一个合适的贴现率。另外，近年来的研究表明，延长健康寿命一年的价值，要明显高于一年能获得的经济收入，根据一些估算，一年寿命的价值大约为三倍的年收入。尽管如此，由于人力资本法的必要数据容易获得，如个体的年平均收入、个体的期望寿命等指标可以运用现有常规统计资料，故该技术目前应用较多。

2. 支付意愿法 由于人力资本法没有考虑患者承受的无形损害，因而受到质疑。而支付意愿法则考虑生命延长、疾病的治愈、身体和精神痛苦减轻等有形和无形价值。支付意愿法的理论基础是健康效用理论。效用指的是消费者消费商品或劳务（服务）所获得的心理满足程度，是一种消费者的主观感觉。健康效用理论认为：人的健康效用由两部分组成，一是人的健康状况；二是人的收入。人的健康状况决定了人的生命效益，所以，可用人的生命效益来表示健康状况。人的生命效益包括未来可获得的劳动力收入、非劳动力收入（包括资本收入、房产收入

等)、非市场活动(如享受、闲暇、感情)等,因此,学术界认为支付意愿法比人力资本法在理论上更科学,测量的结果比人力资本法更全面、更有价值。支付意愿法的出发点是:个体从某事物中获得效用的价值可用他对该事物的最高支付意愿衡量。用支付意愿衡量某项健康干预活动的效益时,要求应答者回答他们准备放弃多少货币来使所实施的方案获得更大的效益,为此,我们可以利用支付意愿来对各种方案潜在的效益进行测算。

3. 摩擦成本法 摩擦成本法的理论基础是:疾病导致的生产损失,取决于厂家为恢复生产所花费的时间。摩擦成本主要是指患者离开工作岗位到其他人接替其工作期间造成的生产损失,除此以外,摩擦成本还要考虑培训新人的上岗成本。国外研究显示,摩擦成本法对疾病负担的评价结果明显低于人力资本法,其介于人力资本法的18%~44%。

根据世界卫生组织对健康的定义:"健康不仅仅是没有疾病或虚弱,而是人的身体、精神及社会适应都处于良好状态"。无论是人力资本法还是摩擦成本法都忽略了疾病导致的心理社会方面的负面影响,不能定量地评价疾病造成的无形损害,因而可能低估了某些干预措施的效果;而支付意愿法是通过调查项目受益者而获知某种疾病患者对疾病影响的评估,他们的偏好能更全面反映疾病的损害,因而其结果一定程度上比另两种方法更全面反映了对疾病的影响和干预的效果。

(三) 成本效益分析中的方案类型

方案类型是指一组备选方案之间所具有的相互关系。在实际工作中,供选择的卫生干预方案有多种形式,方案之间的关系不同,则方案选择的指标和选择的具体评价方法将有很大差异。为了正确地进行方案的分析和评价,分析者需要了解备选方案的类型,分析各种方案间的关系,以选择恰当的方法进行评价。方案之间的关系一般有三种情况:

1. 独立方案 是指方案之间互不干扰,选择一个方案不影响另一些方案的实施,在方案选择时可以任意组合,直到资源得到充分运用为止,这些方案就是相互独立的方案。相互独立的方案之间不需要互相比较和选择,能否接受或采纳某个方案只需将方案自身的经济效益与决策的期望标准相比较,而与其他方案的优劣无关。对相互独立的一组方案,可根据决策标准全部接受,或部分接受,也可以全部不接受。当资金有限时,常用效益成本比率法并结合净现值法来选择最优的方案组合。

2. 互斥方案 就是在若干个方案中,选择其中的任何一个方案,则其他方案就必然被排斥的一组方案,这些方案就是互斥方案。在有预算约束的情况下,这类方案的选择以内部收益率(IRR)最大的方案为优;没有预算约束的情况下,常采用增量内部收益率分析来评价和决策,以增量 IRR 最大的方案为最优。

3. 互补方案的选择 这些方案一定意义上可视为一揽子计划,共同达到某种干预目标,因此,可以合并作为一个方案来考虑,具体可用内部收益率法评价。

(四) 几种常用的成本效益分析方法

为了使不同年份的货币值可以加总或比较,通常把方案不同时点上的成本和效益按照给定贴现率折算到第一年年初,折算后的现值作为进一步分析的基础。

1. 净效益法 净效益(discount net benefit)法是根据项目期内方案各年效益的现值总和与成本现值总和之差判断方案优劣的一种方法。设一个项目第 t 年的效益为 B_t,而相应年的投入或成本为 C_t,则该项目的净效益计算式(11-2)如下:

$$净效益 = \sum_{t=0}^{n} \frac{B_t - C_t}{(1 + i)^t} \qquad (11-2)$$

式中,i 是已知的贴现率。

若净效益≥0,说明项目可行。对于初始投资相同或相近的几个互斥方案的比较时,以净效益大者为优选方案。在没有预算约束的互斥方案选择中,净效益是有效的评价和决策指标。

净效益法要求各方案的期间和初始投资要求相同或相近,并且效益的发生时间分布也应一致,否则,用净效益进行比较无法准确反映方案优劣。因为净效益的大小受计划期和初始投资额及效益发生时间先后的影响,计划期越长则累计净效益就越大;初始投资额越大其相应的净效益也往往较大,效益发生越早净效益越大。

2. 效益成本比率法

设一个项目第 t 年的效益为 B_t,而相应年的投入或成本为 C_t,则该项目的效益-成本比为

$$B/C = \sum_{t=0}^{n} \frac{B_t}{(1 + i)^t} \bigg/ \sum_{t=0}^{n} \frac{C_t}{(1 + i)^t} \quad (11-3)$$

式中,i 是已知的贴现率。

当 $B/C \geq 1$ 时,说明项目的效益现值大于成本现值,从经济上是可行的。多个方案比较时,按照效益成本比率大小顺序排列,资金应优先分配给效益成本比大的项目。

3. 内部收益率法 内部收益率 (internal rate of return, IRR) 法是能使项目净效益等于零时的贴现率，它表明一个项目实际可望达到的报酬率，计算公式如下：

$$净效益 = \sum_{t=0}^{n} \frac{B_t - C_t}{(1 + IRR)^t} = 0 \quad (11-4)$$

从公式 (11-4) 可见，在计划期及每年成本效益不变的情况下，一个卫生规划方案的净效益只与其使用的贴现率 i 有关，随 i 的增大而减小，故必然存在一个 i 值使得净效益正好等于零，这个贴现率就是该方案的内部收益率。

计算 IRR 时可以用两种方法：①试差法：用不同的贴现率反复试算备选方案的净效益，直至试算出净效益等于零，此时的贴现率即为方案的内部收益率。②内插值法：在使用不同贴现率试算方案净效益得到正负两个相反的结果时，运用内插值法来换算内部收益率。

$$IRR = I_1 + (I_2 - I_1)\left(\frac{NPV_1 - NPV}{NPV_1 - NPV_2}\right) \quad (11-5)$$

式中，I_1、NPV_1 分别表示偏低的贴现率和相应为正的净效益，I_2、NPV_2 分别表示较高的贴现率和相应为负的净效益。

内部收益率代表着方案的潜在回报率，它只是以项目本身的成本效益值为依据测算出来的，没有考虑其他外部因素的影响，故称其为内部收益率，可以根据各备选方案的内部收益率是否高于平均收益率或标准收益率，来判断方案是否可行。一般而言，如果方案的 IRR 大于标准收益率，则该方案可行，反之则方案不可行。

对于相互独立的方案的选择，在无预算约束的条件下，凡是 IRR 大于所要求的基准收益率的方案都是可行的方案，反之，则是不可行的方案。在有预算约束的条件下，IRR 较大的那个方案或一组方案是较好的方案。对于两个及两个以上互斥方案的选择，在有预算约束的条件下，以 IRR 大者为优。在没有预算约束的条件下，几个互斥方案的选择需进行方案之间的增量内部收益来评价和决策。

案例 11-3

某市结核病控制项目卫生经济学评价

1993 年，某市开始实施世界银行贷款中国结核病控制项目，至 2001 年结束，共治愈涂阳患者 13 660 例，该市 1993 ~ 2004 年平均人均 GDP 为 3.72 万元/年。

按照传统方法，涂阳肺结核患者必须住院治疗。按卫生部统计，全国住院肺结核患者平均费用为每例 6 400 元，因此，按传统方法要

治愈项目期间所有涂阳肺结核患者共需经费 8 742.4 万元 (6 400×13 660)。而现代结核病控制技术是一种开放的、在督导点督导医生直接面视下的服药方案 (即世界卫生组织推荐的 DOTS 疗法)，平均费用为每例 2 718 元。项目期间减少新发传染性肺结核患者 8 538 例，挽回 DALY 损失 206 912 人年。

该方案与传统方法相比节省费用：5 029.6 万元 (6 400×13 660 - 2 718×13 660)；

控制传染源减少传染节约费用：5 464.3 万元 (6 400×8 538)；

挽回国内生产总值 (GDP)：769 712.6 万元 (3.72×206 912)；

挽回个人收入：1993 ~ 2004 年该市人均年收入 21 640 元，避免了因病造成的个人损失累计 447 757.6 万元 (206 912×21 640)。

以 GDP 计算产出，即治愈每例患者可挽回 GDP 损失 39.2 万元 (3.72×10.539)，效益成本比为 39.2 万元/2 857 元 = 137；

以人均收入计算产出，即治愈每例患者可避免减少个人收入 22.8 万元 (447 757.6/19 633)，项目的效益成本比为 22.8 万元/2 857 元 = 80。

问题：

1. 传统方法与 DOTS 疗法相比，哪种更值得推广？

2. 如果用于政府决策，应以按 GDP 还是人均收入计算的结果衡量 DOTS 的经济性？

分析提示：

1. 相比于传统方法，DOTS 疗法具有巨大的经济学优势，并且从患者角度看具有更强的可接受性，因此值得推广。

2. 政府决策的依据应是干预的整体社会效益，而利用人均收入测算收益显然低估了干预的社会效益，因此，应采用 GDP 测算项目收益。

三、成本-效用分析

(一) 成本-效用分析定义

成本-效用分析 (costutility analysis, CUA) 是通过比较项目的投入和产生的效用，来衡量卫生干预项目效率的一种经济学评价方法。它是成本效果分析的一种发展，而且是卫生经济学评价的金标准。

成本效用分析的优点在于利用单一的效用指标 (如 QALY)，从而使各方案的结果更具有可比性，此法被广泛地应用于所有健康干预。成本

效用分析的特点在于效用指标是人工制定的,使用单一健康指标把获得的生命数量和生命质量进行综合考虑。进行成本效果分析时,比较的是每增加一年寿命的成本,但如果考虑到生命质量则应进行成本效用分析,先计算不同方案或预防措施增加或挽回的 QALYs,然后比较每获得一个 QALY 的成本(即效用成本比),选择成本效用比率较低的方案或措施,以求采用最佳方案来防治重点疾病,使有限的资源发挥更大的挽回健康寿命年的效果。

(二) 成本效用分析的应用条件

1. 当生命质量改善是最重要的预期结果时
比如:在比较治疗关节炎的不同方案时,预期结果不是治疗对病死率的影响,而是不同方案对患者的生理功能、心理状态和社会适应能力的改善情况,即生命的质量改善。

2. 当生命质量是重要的结果之一时 比如:评价低体重出生婴儿监护保健备选方案的效果时,除了婴儿存活率这一重要指标外,对其存活的质量的评价也很关键。

3. 当备选方案同时影响生命的数量和质量 比如:用雌激素治疗女性绝经期综合征时,可以减轻不适感、降低髋关节骨折发生率,提高患者的生命质量。但研究发现,该治疗方法会明显增加女性患乳腺癌、子宫内膜癌等疾病的风险,因此,对该类治疗方案的评价必须综合考虑这两方面的影响,这时宜用效用指标进行分析。

4. 各备选方案预期结果不同但需要比较时
比如:现有三个需要投资的健康干预方案:开展低体重出生婴儿监护保健、筛检和治疗高血压和对 Rh 免疫型妊娠妇女进行营养缺乏的预防,要对它们进行比较时由于其预期结果各异不能使用相同的自然单位指标,缺乏可比性,这时,成本效用分析是一个好的选择。

(三) 效用的测量与计算

成本效用分析中的成本用货币单位表示。对个体而言,效用由两部分组成:生存年数和生活质量。生存年数是人的生存数量;生活质量是人在生与死之间每一时点上的质量,用生活质量效用值表示。生活质量效用值是反映个人健康状况的综合指数,取值范围在 0~1 之间,0 代表死亡,1 代表完全健康。某干预项目的效用即为该项目获得的质量调整生命年。质量调整生命年是用生活质量效用值为权重调整的生命年数。

成本效用分析通过计算每一项目的成本效

用比比较各项目获得每单位的 QALY 所消耗或增加的成本,进而对不同项目的效率做出评价。常用评价指标是成本效用比(cost utility ratio, CUR)。它表示项目获得每个单位的 QALY 所消耗或增加的成本量。成本效用比值越高,表示项目效率越低。反之,成本效用比值越低,表示项目效率越高。其计算公式如下:

$$CUR = \frac{C - A \times T}{A \times Q} \qquad (11-6)$$

式中,C 为项目的总成本(即相对于未实施干预项目而增加的花费);A 为实施项目所避免感染例数;T 为每名感染者的医疗费用;Q 为每避免一例感染所获得的 QALYs。

成本效用分析中常用的确定健康状态效用值(或失能权重)的方法有三种:

1. 专家判断法 即挑选相关专家根据经验评价,估计健康效用值或其可能的范围,然后进行敏感性分析以探究评价的可靠性,这是最简单方便的方法。

2. 文献查阅法 直接利用现有文献中使用的效用值指标,但要注意其是否和自己的研究相匹配。

3. 抽样调查法 自己设计方案进行调查研究获得需要的效用值,这是最精确的方法。通常采用等级衡量法(rating scale)、标准博弈法(standard gamble)和时间权衡法(time trade-off)衡量健康状态的基数效用。

案例 11-4

某市结核病控制案例成本效用分析

某市结核病控制项目 12 年共治愈 19 633 例活动性肺结核患者,按《结核病学》资料,短程化疗(DOT)管理策略每治愈 1 例患者避免的 DALY 损失为 10.539 年,该市平均期望寿命 75 年。流行病学研究结果表明,1 例传染性肺结核患者每年可感染 10~15 个健康人,其中,5% 的人将成为传染性肺结核患者。项目共投入经费 5 610.1 万元。

项目直接效用:项目共挽回 DALY:206 912 年(10.539×19 633),共获得 2 759 个(206 912/75)完整生命。

项目间接效用:项目期间可使 170 750 健康人(12.5×13 660)免受结核菌的感染,减少新发传染性肺结核患者 8 538 例(170 750 × 5%),避免了新发病例 DALY 损失 89 982 年(10.539×8 538)。

问题:

如果考虑间接效用,项目每挽回一个 DALY 的成本是多少?

分析提示：
项目总共挽回的 DALY 是 296 894 年 (206 912 + 89 982)，项目的成本为 5 610.1 万元，因此项目每挽回一个 DALY 的成本是 0.0189 万 (5 610.1/296 894)。

四、成本最小化分析

成本最小化分析(cost minimization analysis,

CMA)是指在项目的产出(效果、效益和效用)没有差别的情况下，通过比较不同方案的成本选择方案。如果要比较的干预方案产出完全相同，那么，成本最小的方案就是最佳方案。在一些情况下，要比较的几个干预项目对个人的效益可能是相同的，但健康干预项目可能还有一些额外的收益，比如将来对卫生资源利用的减少，这种情况下可以将这种额外的影响转化为货币形式，将成本减去额外的收益，得到净成本，从而进行比较。

案例 11-5

急性细菌性痢疾治疗方案的卫生经济学评价

急性菌痢已成为威胁儿童健康的主要疾病之一。由于急性菌痢的诊断等费用相对稳定，导致总住院费差距的主要原因是治疗用药的费用差异。而菌痢仅用敏感有效的抗生素即能达到满意的临床效果。氨基糖苷类及头孢三代类是两类强有力的革兰氏阴性菌杀菌剂，是临床上治疗急性菌痢最常用的两类抗生素，可有效治疗为敏感抗生素。但近年来各种新型抗生素、进口抗生素不断进入临床应用，增加了患者的经济负担。黄亚玲、向功华、李建新等采用成本最小分析法对临床上最常用于急性菌利治疗的两类抗生素——氨基糖苷类及头孢三代类进行了经济学评价。

由于不同年龄的小儿体重不同，用药总量不同，治疗成本相差甚远，为了消除年龄、体重对研究结果的影响，治疗成本用每天每公斤体重消耗人民币表示，结果见表11-2。研究显示，氨基糖苷类治疗急性菌痢临床疗效与三代头孢无差异($P>0.05$)，体外药物敏感率与三代头孢无差异($P>0.05$)，而平均治疗成本为三代头孢类的1/44。

表 11-2　患者每日每公斤体重用不同抗生素的成本比较

	复达新	头孢曲松	头孢噻肟	庆大霉素	丁氨卡那霉素	硫酸妥布霉素
用量	100mg	100mg	100mg	4 000u	10mg	4mg
制剂(/支)	1g	1g	1g	4 000u	0.2g	80mg
药价(元/支)	182.00	90.00	98.00	0.50	2.50	13.00
治疗成本(元)	18.20	9.00	9.80	0.05	0.125	0.65

问题：
1. 三代头孢能否作为治疗急性菌痢等普通菌感染的一线药物？
2. 在临床上，三代头孢仍成为治疗急性菌痢的常用药物，试分析其中原因。

分析提示：
1. 三代头孢的每日平均治疗成本是氨基糖苷类的44.85倍，最大治疗成本复达新是最小治疗成本庆大霉素的364倍，但治疗效果没有差异，所以，三代头孢不宜作为治疗急性菌痢等普通菌感染的一线药物。
2. 从当前医疗机构补偿政策、药品价格政策、临床处方管理及患者需求层次提高等角度，这些环节缺乏卫生经济学评价思想。

思 考 题

1. 试述在卫生领域进行经济学评价的必要性及其主要应用的领域？
2. 卫生经济学评价有哪几种主要方法？简述这些方法的主要思想。
3. 简述卫生领域中效用的概念及常用指标。
4. 简述卫生经济学评价的基本步骤。
5. 比较成本效果分析与成本效益分析的区别与联系。

参 考 文 献

程晓明. 2005. 卫生经济学. 北京：人民卫生出版社：
323－342
胡善联. 2003. 卫生经济学. 上海：复旦大学出版社：
315－335
黄冬梅,胡善菊,张德春. 2004. 发展中国家 HIV/AIDS 预防

策略成本和成本效果分析. 国外医学、卫生经济分册,
　2(21):71 – 80

黄亚玲,向功华,李建新. 1997. 氨基糖苷类及头孢三代类抗
　生素治疗急性细菌性痢疾的卫生经济学评价. 中华医院管
　理杂志,9(13):546 – 547

李海涛,李士雪,夏慧. 2006. 药物经济学评价在国际卫生决
　策领域的应用现状、问题与对策. 中国卫生经济,9(25):
　75 – 78

吴清芳,徐继建,谭卫国. 2006. 深圳市结核病控制项目卫生

经济学评价. 中国热带医学. 5(6):775 – 777

赵东阳,张根红,王宏. 2005. 浅析卫生经济学评价方法. 河
　南预防医学杂志,5(16):248 – 250

郑大喜. 2007. 经济学评价在临床决策中的应用探讨. 医学
　与哲学(临床决策论坛版),2(28):8 – 11

（黄冬梅）

第12章　卫生经济政策

本章提要

本章阐述卫生经济政策的概念、制定卫生经济政策的原则、方法，以及卫生经济政策评价的要点。通过本章学习，要求掌握卫生经济政策分析的相关理论和方法，并能够运用相关理论和方法对卫生经济政策进行解释和分析。

卫生经济政策是各项卫生工作依照的重要指导方针，所有涉及经济内容的卫生活动，都要考虑到经济原则，考虑到成本与产出的合理性，考虑到经济制度的激励与制约作用，考虑到资本运作安全与保值等相关问题。"大军未动，粮草先行"，卫生资源是保证卫生事业发展的基础，卫生资源的管理与使用效率，与卫生经济政策密切相关。

第1节　卫生经济政策与公共政策

一、卫生经济政策概述

卫生经济政策（Health Economics Policy）是在特定社会制度和社会经济发展水平条件下关于卫生事业发展的国家和地方公共政策之一，是规定卫生事业总体发展目标和方向的关于卫生资源筹集、配置、开发和利用方面的法令、措施、条例、计划、方案和规划的总和。

卫生经济政策直接影响到居民健康权利的实现和医疗卫生服务机构的发展，其主要内容涉及卫生服务筹资与资源配置、医疗卫生服务成本的分摊与补偿、卫生服务项目的经济评价等方面问题。因为卫生经济政策都是在一定历史条件下完成的，因此，必须随着社会经济和卫生事业的发展不断修订、完善和发展。

卫生经济政策在整个卫生政策中起到关键性作用。常见的卫生经济政策有：卫生筹资政策、卫生资源配置政策、医疗卫生服务机构财务制度、医疗保障及医疗保险制度、卫生服务项目经济评价与市场准入标准、成本核算和补偿政策、医疗卫生服务人员薪酬（分配和绩效考核）政策等。

卫生经济政策很少独立存在，也就是说，卫生经济政策和卫生政策很难完全割裂开来，很多卫生经济政策是综合性的，是跨越单纯卫生经济问题的政策。例如：社会医疗保障制度就包含了许多卫生经济政策内容。历史上较早建立社会保障制度的国家是德国，当时的俾斯麦政府认识到安抚工人的重要性，于1881年11月7日，由德国皇帝威廉一世颁布诏书，也就是历史上的《黄金诏书》，设立社会保险法案。在此之后，德国又陆续颁布了《工伤事故保险法》和《老年、残疾、死亡保险法》，形成了完整的社会保险体系。与此相似，在战后重建的过程中，英国政府认识到让人民获得安全感的重要性，1941年，英国经济学家贝弗里奇在向政府提交的《社会保障及有关的社会福利服务》的报告中指出：社会保障是一种帮助人们在失业、疾病、伤害、年老以及家庭主要劳动者死亡或薪资收入中断的时候，予以保障基本的生活需要，并支付其生育婚丧等意外费用的经济保障制度。这些社会保障政策都涉及卫生经济方面的问题，或者说，在社会保障政策中或多或少地规范了卫生经济的具体原则、实施策略等方面的问题。

案例 12-1

篮球比赛与卫生经济政策

篮球比赛时，如何赢得比赛的胜利呢？有经验的队员知道要有各种策略选择，也就是说，在比赛中，应根据具体情况选择一个最有利的行动方案。卫生经济政策也是如此，要模拟出各种可能的环境条件，并为之做出行动路线图来。

医疗服务取得良好的效果，要加强预防，因为很多疾病迄今为止也没有很好的解决方案。一个成功的医疗卫生服务系统应该分为自我保健、初级保健、二级保健和三级保健四个层次。需要按照这个合理的体系来配置卫生资源。

问题：

假设某地卫生局要进行卫生资源的调整，要调整哪个阶段投入，其效果效益最显著呢？如果有100万元人民币的投入，在哪个阶段投入所获得的健康收益最大？如果要减少100万元人民币的投入，在哪个阶段减少投入健康

损失最小？

分析提示：

1. 一般认为应该加强预防保健的投入。但是我们也知道疾病的发生是小概率事件，很多疾病的患病率都是以千分率来计算的，死亡率就更低。一项覆盖全人群的预防措施，与不进行预防而等待疾病自然发生再去治疗的费用相比，并不一定就能够取得良好的经济效果。

2. 在增加投资时，能够获得最大经济收益的阶段应该得到优先考虑；在迫不得已减少投资时，收益损失最小的阶段可以先减少投入。到底是优先得到投入，还是优先减少投入，都要经过卫生经济评估，制定出合理的政策措施。

二、公共政策概述

既然卫生经济政策是公共政策中的一个方面，因此，有必要首先明确一些公共政策的相关理论。

（一）公共政策的定义

在当代汉语中，"政策"一词一般都与"公共政策"交叉使用，二者之间的区别并不明确，大多数情况下可以互相替代。

所谓公共政策（public policy），是为实现某一目标，公共政策制定者用来规范和引导人们行动的一系列行动原则，包括各种法律、法规、条例、行动的指导方针和原则等。公共政策是在特定的时间和特定的环境下，个人、团体或政府有计划的活动过程，其目的就是利用机会、克服面临的具体困难，实现某个既定的目标。

公共政策是由特定的主体（包括政府、政党、政治群体），确定公共事务处理原则或方案的一种规范，是统治阶级意志的体现，与个人决策、企业或市场决策不同，它具有法定权威性。

不同学者从不同角度、不同层次、不同方面对公共政策进行界定，会得出不同的见解：

威尔逊、伊斯顿等学者把公共政策界定为政府为了解决社会发展中的重大问题而实施的管理手段，是政府从自身利益和公众利益出发进行的具体管理，是以政府为主的由各种利益个体与群体参与的管理活动。

拉斯维尔、安德森等学者则认为公共政策是政府有明确的目标活动，政府动用大量资源，通过相关的规定、措施来实施决定的活动过程，包括决定、实施等环节在内的具有连续性的活动过程。

我国国内多数学者强调公共政策是政府为实现某一目标而制定的谋略，是引导个人和团体行为的准则，是管理部门保证社会或某一区域向正确方向发展的行动计划和方案。

（二）公共政策的研究对象

公共政策实践的发展非常迅速，对社会发展的影响越来越重要，并在此基础上形成了公共政策学。公共政策学顾名思义，即关于公共政策的科学。公共政策学主要研究对象包括公共政策主体、公共政策客体、公共政策目标、公共政策资源和公共政策形式五个方面。

1. 公共政策的主体（public policy subject） 是指在整个政策周期中进行能动活动的组织和个人，包括参加公共政策制定、执行、评估的个人、群体或组织。公共政策主体必须以一定的形式参与到政策制定的过程中，才能成为公共政策主体。比如：立法机关通过制定一项法律规范来制定公共政策；政府通过执行政策或制定政策直接影响公共政策；公民通过选举、示威游行等影响公共政策。

2. 公共政策客体（public policy object） 是指公共政策的作用对象及其影响范围，即要处理的社会问题和公共政策的目标群体。包括了三个层面的问题：第一个层面是公共政策的制定与实施所要改变的状态，这种政策客体就是作为政策问题的社会公共问题；第二个层面是公共政策执行中所要直接作用的对象，这种政策客体主要是处在社会不同层次、不同范围内的政策行为准则所规范、制约的社会成员，一般称为公共政策目标群体或目标团体；第三个层面是公共政策所要解决的核心问题即人们之间的利益关系。

3. 公共政策目标（public policy goal） 公共政策是公共机构为确保社会朝着政治系统所确定、承诺的正确方向发展而做出对社会公私行为的约束和指引，因此，任何公共政策都具有强烈的"目标取向"。

4. 公共政策资源（public policy resource） 公共政策资源是公共政策运行中可以获得并加以利用的各种支持和条件。

5. 公共政策的形式（public policy form） 公共政策需要通过一定的形式表现出来。公共政策的形式有三类：一是实现政策的手段，如措施、方法、技术等；二是政策的表现形态，如路线、方针、计划等；三是政策的文字形式，如指示、决定、条例、章程等。

(三) 公共政策的功能

1. 公共政策的指导功能 公共政策针对一系列具体的公共问题而设立,内容和形式也十分丰富,但是这些政策都是为了指导人们实现既定政策目标而存在的。虽然政策不可能像计划那样具体和具有可操作性,但是却有着比计划和法律更灵活的特性,关键在于政策的指导功能。这些指导功能通过行为原则、纲领、远景的规划等手段,使得各利益团体能够根据具体情况来调整自己的行为。

2. 公共政策的协调功能 公共政策超越一般的法律制度和计划,无论是从时间上还是从涉猎的范围、跨越的政治领域等方面,都具有相当大的灵活性,是不同权力机关协调行动、调整社会关系的重要手段。例如:《中共中央、国务院关于卫生改革与发展的决定》,从最高层面协调了卫生系统内外关系,对于医疗保障事业的发展制定了行动策略和指导方针。

3. 公共政策的控制功能 公共政策要起到对资源、行动的约束和引导作用,使得公共政策目标能够按计划得以实现。通过公共政策,可以调节外在性的生产问题,促进实现帕累托最优,提高整个社会的福利水平。

4. 公共政策的分配功能 公共政策实际上是对利益的分配与调整,社会自然形成的利益格局会带来各种各样的结果,主要是利益分配不公平以及贫富差距过大的问题。公共政策目标是维持社会的稳定与协调发展,要考虑到弱势群体的基本权利和基本需要,通过政策调整使得各个社会阶层都能享受到社会发展带来的好处,也会缓解矛盾和压力。

总之,卫生经济政策是公共政策的一种具体体现,因此,也具有公共政策的一般特征和功能。在制定、实施和分析评价卫生经济政策的时候,要遵循一般的公共政策原则。超越卫生领域的狭隘眼界,以更宽广的视野来看待卫生经济政策,往往能有新的启发,寻找到新的解决问题、实现目标的途径。

第 2 节 卫生经济政策制定

一、卫生经济政策的目标和原则

(一) 卫生经济政策的主导思想

大多数医疗卫生服务产品是典型的私人产品,存在排他性和竞争性,是可以通过市场机制对卫生服务进行调控的。或者说,在市场理论上,它应该是一个有效率的市场,然而,这个市场也存在市场失灵的现象,其根源在于卫生服务产品具有外部效应,相关信息在提供者和利用者之间信息不对称,医疗卫生服务产品生产成本高昂使得家庭和个人无法承担等。这些特殊性使得医疗卫生服务不能够自发地以合理的技术、合理的价格提供出来,需要通过卫生经济政策对其进行调控。

我国是人民当家作主的国家,人民的健康权利日益受到重视。因此,需要建立惠及全体国民的医疗保障制度,需要对社会经济、卫生发展做出合理的安排,促进社会协调发展,又好又快地推进社会的发展进程。

具体来说,我国的卫生经济政策主导思想就是要处理好人民健康水平、医疗卫生事业发展和社会发展三者之间的比例关系;处理好对医疗卫生提供者的激励和约束的关系;处理好优先医疗卫生项目和高投入、低产出卫生项目之间的关系;处理好个人医疗卫生责任与社会医疗卫生责任之间的关系。

医疗卫生费用上涨问题,是目前我国卫生领域社会反响比较突出的卫生经济问题。这个问题的产生原因是比较复杂的,既有医疗卫生系统内部的原因,也有社会发展方面的原因(如图 12-1 所示)。对于这一问题,需要在上述主导思想下,通过制定必要和正确的卫生经济政策加以调控。

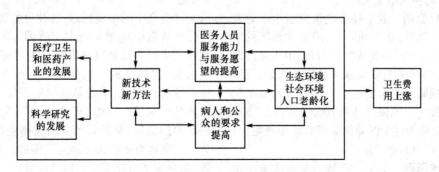

图 12-1 卫生服务需求增加与费用上涨压力

(二) 卫生经济政策的目标

1. 保证卫生经济资源的利用效率　社会资源投入到医疗卫生服务领域的机会成本是很高的,一直以来,很多国家都没有能力拿出更多的资源用于健康服务,更多的资源被用于社会生产性领域,直接用于物质资料的生产。那么,应该拿出多少资源用于卫生服务? 这需要进行科学的论证。适宜的卫生经济资源投入,对于医疗卫生事业的发展和社会整体发展都是有好处的。通过卫生经济政策的调整实现帕累托最优(pareto optimum),就是达到了最高的效率(见图12-2)。

2. 促进人民健康权利的公平实现　产品分配的不平等是市场经济的必然产物,需要有相关的社会政策来保证公民健康权利的公平实现。卫生经济政策的公平是指医疗卫生服务筹资和分配方面的公平性。在制定卫生经济政策的时候,要保证卫生服务的可及性、可获得性、实际利用的公平性。

3. 保证社会秩序的稳定　健康保障制度是社会保障系统的重要组成部分,是关系居民生老病死的大事情,影响到社会的稳定。卫生经济政策要防止因病致贫和因病返贫,纠正卫生领域市场功能失灵。

4. 促进医疗卫生事业可持续发展　人民健康的实现,依赖于医疗卫生服务机构的服务能力和服务水平。医疗卫生服务是一个涉及人力、物力、财力等资源消耗的社会服务系统,客观上存在着生产属性,受到技术发展的制约和影响,其资源的消耗和在这个领域工作的工作者劳动报酬的确定,是影响到这个系统能否可持续发展的关键。要确定合理的产业政策,做出有效的制度设计,保证该系统有效运作。

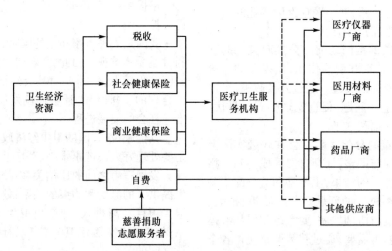

图 12-2　卫生系统中医疗卫生机构内经济资源流向概览

(三) 卫生经济政策原则

卫生经济政策的制定,会遇到各种各样因素的影响和制约,在复杂的情况下,卫生经济政策的制定者应该有能力克服不利因素,坚持正确的原则和目标,制定出能够与社会经济发展相适应的政策。

卫生经济政策制定的原则主要包括目标原则、系统原则和人本主义原则。

1. 目标原则　卫生经济政策是卫生事业发展政策的一部分,在不同阶段,国家和地区的卫生事业发展有不同的优先发展目标,卫生经济政策要围绕着这些目标的实现来确定。例如:我国"十一五"期间一个重要的卫生发展目标就是建立合理的医疗卫生保障体系,因此,卫生经济政策的重点就是为这个保障体系做好资金筹集、分配、组织和管理的有效运行。

2. 系统原则　卫生经济政策是由政策制定者、政策对象和政策环境相互作用而形成的一个公共政策系统,是一个动态的、封闭的循环系统。根据系统论要求:作为一个系统;应该通过系统的信息输入,使得卫生经济发展策略在系统内部得到有效的加工整理,产生出明确有效的卫生经济政策产出。卫生经济政策制定要符合系统论的要求,保证卫生经济政策的质量。

3. 人本主义原则　卫生经济政策走过了"问题导向"和"事本导向"阶段,人文精神开始成为社会文明的主要标志,这种价值观念对于卫生经济政策影响越来越大。所谓"问题导向",是指卫生经济政策以解决问题为目标,往往"头痛医头","脚痛医脚",使得卫生经济政策不可能系统解决问题,常常是老问题被压下去了,新问题又出来了。所谓"事本导向",是指卫生经济政策的制定,目的是为了卫生事业的发展,是为了发展而发展的指导理念。例如:药品加成政策,就是为了医疗卫生机构的自身发展而确立的政策,其后果有目共睹。所谓"人本主义"原则,是指卫生经济政策应该把人放在最重要的位置，一切社会活动，包括卫生事业的发展都应该为人来服务，卫生经济政策要以实现人的基本健康权利为最终目标。

二、卫生经济政策形成过程

一项卫生经济政策的形成过程，主要可以分为以下三个阶段。

（一）问题的确认

作为医疗卫生服务活动，是复杂的社会系统中的一个子系统，在运行过程中，可能出现各种各样的问题。卫生经济政策都是指向一些具体的问题。在制定政策的开始，首先要确定什么是政策要面对和可能面对的问题，对问题进行精确的描述，并对其进行系统分析，找出问题背后的原因。虽然这些活动内容一般不在政策本身中体现，但确实是一项好的政策的前提和基础。

1. 问题界定　包括描述问题的具体形态和界定问题的本质属性等方面的工作：

（1）要初步描述出问题的具体形态，搜寻相关信息，确定问题的内容、影响范围、相关部门、人员等。研究者可以根据相关线索，确定问题的基本情况。例如：问题是出在城市还是农村，是涉及医疗服务还是公共预防领域，是资源利用效率问题还是筹集问题，是定价问题还是价格执行过程中的问题等。这一步的要求是把问题的界线界定清楚，以便下一阶段工作的开展。

（2）应精确界定问题的本质属性。所谓问题的本质属性是指问题内在的、规律性的经济关系或社会历史文化影响因素特征、利益相关者的立场等。例如：医疗费用上涨问题，其背后是医学技术进步、通货膨胀、医疗卫生机构惯性发展等规律发生作用。

2. 背景分析　同样的医疗卫生状况，在一定的社会环境下可能是一个问题，在另一个社会环境下可能就不是问题了。比如：农民如何才能和城市居民享受一样的健康权，现在是一个非常敏感的话题，建立城乡统一的医疗社会保障制度的要求日益提高。但是，这个问题在 20 年前，就还不能形成普遍的共识，因为当时的社会经济状况还无法保证大家享有同样的公民待遇，而大多数人也习以为常地面对城乡居民健康权利之间的差异，甚至认为这本身就不是问题。

可以说，所有的医疗卫生经济问题离开了特定的历史时空，都不可能真正解释问题的根本属性和产生原因。比如：有人认为现今在农村应该恢复传统的合作医疗，实际上这是对传统合作医疗产生的历史条件不了解造成的一种误解。现行的新型合作医疗和过去传统的合作医疗相比较，已经发生了根本性的变化，其中，最主要的变化就是过去计划经济条件下的集体资金投入被现在的政府投入所替代，管理模式也显现出多样化的趋势（见图 12-3）。

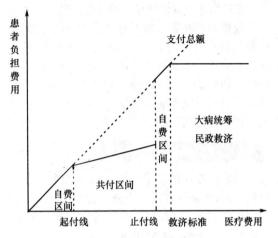

图 12-3　目前已达成共识的新型农村合作医疗支付类型

与历史时空条件同等重要的是指导实践的理论基础。计划经济向市场经济转型的过程中，医疗卫生领域也出现了简单的通过市场化的办法解决医疗卫生服务提供问题的尝试，这在特定的理论发展背景基础上是可以理解的。随着理论研究的深入，人们对卫生经济政策的认识也不断深入。在国内，更多领域的学者参加到了卫生经济政策的研究中来，他们带来了福利经济学、公共经济学、信息经济学、经济伦理学、产业经济学、社会学等学科，开拓了卫生经济政策研究的视野，提升了研究的理论平台。随着理论研究的发展，使得我们现在对于卫生经济问题的认识，尤其是步入二十一世纪后有了一个质的飞跃，对于卫生经济问题的认识越来越接近事物的本质。这对于准确把握卫生经济问题，确立合理的卫生经济政策起到了积极的推动作用。

（二）方案的研究和制定

卫生经济政策的研究和制定阶段，主要是进行调查研究，提出解决问题的行动框架和路线图，根据各种可能的条件设定多个并行的行动计划，对各个方案进行可行性论证。在对问题有了相当深刻的认识之后，要对社会环境、可供选择的各种资源、人们在具体问题上的认识水平和各种理念、相关理论观点等具体情况进行分析，寻找解决问题的途径或措施。

由于现实中各种可能都是存在的，不可能设定一种解决各种情况下问题的一个普遍适用的政策途径,必须要对各个不同的社会情况进行分析,有的放矢地确定各类情况下的卫生经济政策。在条件允许的情况下,甚至可以在一种条件下设定多个卫生经济政策方案。这些方案最后经过科学分析、比较,选择出最符合实际需要的方案来执行。一旦情况有变,由于前期做了各种方案,很容易就选择出备选方案和权变的政策途径。

政策的重要意义在于对可能出现的问题、条件变化给出行动的原则,甚至是备选方案,使得在计划无法继续落实的条件下,能及时做出计划的修订和调整。这种政策可以很好的保证政策执行者的因情况而变的决策自主权,使得权力实施的积极性得到保护。

(三) 方案的可行性分析

当我们设计出若干个卫生经济政策方案的时候,如何才能选择出一个最适合目前社会条件的最优政策呢?这时候需要进行可行性分析,从中选择出一个最为有效的方案。

所谓可行性分析,就是根据具体卫生经济政策方案内容,按照预期的社会条件所可能出现的情况,模拟实施该计划,并对实施结果进行测量,看看这种结果与政策目标符合与否。可行性分析的另外一个作用就是通过模拟运行来分析卫生经济政策本身的系统性、完整性、可操作性,看看该政策是否能够执行。可行性分析的第三个作用就是通过模拟,在探求卫生经济政策在实现目标的同时,考察还有什么其他方面的影响,这些影响的利弊得失如何。

在做卫生经济政策的可行性分析时,要充分认识到其可能带来的影响,这些影响一般都会超过政策目标所预期的范围,一些影响是难以事先预见到的。为了保证政策目标的准确实现,可以在一定的范围内,对政策进行试点研究,但是要注意伦理方面的问题,注意保护试点地区参与者的权利。在广泛推广之前,要根据可行性分析或试点情况,对原政策进行必要的修正,甚至是再次进行可行性研究。

三、卫生经济政策的结果

由于卫生服务系统健康产出的复杂性所致(图12-4),卫生经济政策要想实现既定的政策目标,其难度是非常大的,因此,要重视对卫生经济政策的结果进行分析和评价,注意不同类型的政策结果所带来的影响。

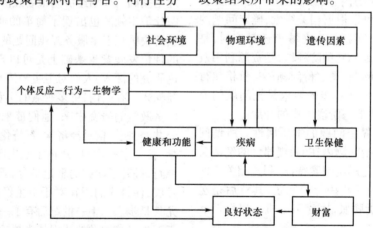

图 12-4　Evans & Stoddard 的健康模型

(一) 目标指向性结果

目标指向性结果是指特定的卫生经济政策所要实现的预期结果,主要包括:资源筹集的公平性、资源配置的公平性、配置效率、投入产出效果、制度的激励和规制作用、产业的结构和效率、市场准入条件和标准、成本核算原则和补偿途径等。这些问题直接影响到整个卫生事业的发展。

(二) 目标附带性结果

目标附带性结果是指特定的卫生经济政策在实现目标指向性结果的同时,还有一些附带的影响,有一些副产品或者不良反应。比如:相关卫生经济政策在解决农民就医的筹资问题之后,也可能会影响到经济资源在农村社会生产方面的投入,因为资源是稀缺的,这种不同社会活动对于资源的竞争最终会产生什么样的深远影响,利弊得失如何,还需要时间来证明。

有一些附带性结果是积极的、有益的,而有一些附带性结果则是负面的、不利的,甚至是带来超出卫生经济政策指向性结果的负面效果,这类结果要引起政策制定者的注意。比如:新型农村合作医疗制度在试点过程中,有证据表明在部分地区有"穷帮富"的问题存在,一些贫困农民缴纳了合作医疗基金后,由于补偿比例偏低,他们受到经济条件的限制,有病仍不能及时就医,结果是经济条件好、有支付能力的农民得到了更多的合作医疗的补偿。

社会治安等方方面面都对其产生着影响。这些健康指标是卫生经济政策的最终产出。

(三) 中间产出与最终产出

卫生服务的最终结果是要实现人民的健康,而健康是一组具体的指标结果(见图12-5)。例如:人均期望寿命、婴幼儿死亡率、围生期死亡率等。但是这些健康指标的实现,不单单是医疗卫生事业的贡献,社会经济水平、生活质量、教育、

但是,要想量化卫生服务投入和健康结果产出的联系,目前仍是非常困难的。一些计量分析,只能建立起一种数量上的统计关系,但是难以确定其中的因果关系,大部分的因果关系还是通过经验来确定的。卫生经济政策一般所能确定的结果,都是健康目标实现过程中的一些中间指标。一般的卫生经济政策都是确定的中间产出。例如:筹资额度与标准、覆盖率、效率指标等。这些指标一般比较容易控制,容易实现,但要防止中间产出与最终产出脱节的倾向。

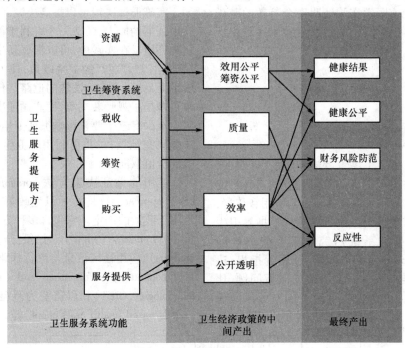

图 12-5　卫生服务提供与结果

四、卫生经济政策的影响因素

(一) 政治因素

卫生经济政策与一个国家和地区的政治系统有着密切关系。卫生经济政策必须要通过这个政治系统才能得以确立,卫生经济政策不能脱离具体的政治环境,更不能超越现行的主导性政治理念,照搬不同政治系统下的卫生经济政策一定要慎重,特别是不能照搬其他国家的卫生经济政策。只有那些符合当前社会政治文化要求的卫生经济政策才容易得到认同和支持,执行起来也会减少很多不必要的歧义。

(二) 经济因素

一个社会的社会生产活动受制于资源和技

术等条件,有限的资源要面对不同用途的选择,对资源的争夺有时候是非理性的。医疗卫生服务领域的决策者要有意识地在社会资源预算分配过程中,争取合理的卫生资源投入。而在医疗卫生服务体系内部,也存在自己的产业特征,各子系统之间经济上存在一种交换关系,这些经济关系影响着系统的有效运行。

(三) 社会因素

社会是一个有机的系统,其内部存在着相互依存的关系,医疗卫生服务体系是社会大系统中的一个重要组成部分。一方面,医疗卫生系统与其他社会系统之间争夺着有限的社会经济资源;另一方面,医疗卫生系统的功能对社会的其他系统又形成相互影响的关系。因此,我们在制定卫生经济政策时必须要考虑到这些社会关系。

（四）医学观点

医疗卫生服务产业的生产技术具有非常强的专业性，同时，医疗卫生服务技术也在不断发展和改善，这为卫生经济政策的确立提出了挑战，要求卫生经济政策必须考虑到这些技术约束。由此，形成的医疗卫生服务供应方和需求方之间的信息不对称问题，对于卫生经济政策的影响也是非常大的。技术进步是卫生费用上涨的主要原因，在有效控制费用增长的同时，保护好医疗卫生服务技术的进步和发展，是卫生经济政策的难点之一。新技术、新材料、新设备、新药品等都应该在传统医学实验证明安全有效的基础上，进行卫生经济学的评估，适宜技术应该得到优先发展。

五、循证卫生政策

（一）循证决策的含义

循证决策是卫生决策者最常用的、客观的、也是最重要的一种卫生政策研究方法。其目的是促进卫生政策和系统研究知识的应用和传播，以改进国家和地区卫生系统的绩效。世界卫生组织卫生政策与系统研究联盟（alliance for health policy and systems research）最近指出：决策者往往会提出很多需要解决的政策问题，比如：用哪些最佳方法去扩大患者的财务风险保护？医务人员对不同的激励机制如何反应？改进医疗质量最有效的策略是什么？在实际情况下，尽管证据客观存在，但这些分散的证据不易被决策者评价和利用。

所谓循证卫生决策，是指根据"证据（evidence）"来制定医疗卫生政策和法规。循证卫生决策可分为两类：一类是关于群体的宏观决策，包括卫生政策和法规，循证公共卫生与卫生管理；另一类是针对个体（人）的微观决策，如临床决策，治疗方案的制定，循证临床实践。

循证决策包含三个环节，首先是生产证据；其次是总结和传播证据；第三是利用证据进行决策。

实施循证决策可以提高决策者收集、评估和利用证据的能力，营造一个有利于循证决策的文化和环境。在实践中，可以根据新出现的现象和"证据"，修订现行的卫生政策，使卫生改革与发展走上良性、可持续发展的道路。传统的卫生决策很多是主观臆断决策，而非循证决策。

至少有三个要素影响循证卫生决策的效果：一是研究证据；二是可利用的卫生资源；三是政策的价值取向。

实用的循证决策方法（pragmatic evidence-based approaches）是一种卫生政策研究的工具，常用于政策的制定。它包含多种方法，如系统评价（systematic review）、决策分析（decision analysis）、应用社区信息与流行病学技术方法循环（community information and epidemiological technologies，CIET）和以需要为基础的卫生评价（needs-based health assessment）等。

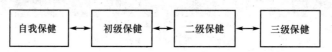

图 12-6　合理的卫生服务系统

卫生系统的建设越来越成熟，形成了一个自我保健、初级保健、二级保健和三级保健的体系（见图 12-6），其卫生资源配置与使用，逐渐向预防保健倾斜，形成了一套日益完整的分配理念。

（二）基于主观的卫生资源配置模式

早期的卫生资源配置，主要依赖于卫生资源分配决策者的主观判断，他们根据经验，选择那些认为有效而优先得到考虑的领域进行卫生资源的分配，在相当长的历史阶段里，我们的卫生投入主要依赖于这种方式，决策者的医疗卫生知识、价值观、政治态度和资源配置环境等对于卫生资源的配置影响甚大。我们可以将这种卫生资源的分配形式称为基于主观的分配模式。见图 12-7。

图 12-7　主观卫生资源分配模式

（三）基于循证医学卫生资源配置模式

随着研究的增加,在决策者根据经验选择出来的卫生资源配置项目基础上,经过临床的筛查,进行疗效和不良反应的比较,只有那些有足够证据表明疗效大于不良反应的项目,才能进行资源配置。经过循证比较,可以使医务工作者更容易避免过去类似沙利度胺(反应停)等药物不良反应事件的发生。见图12-8。

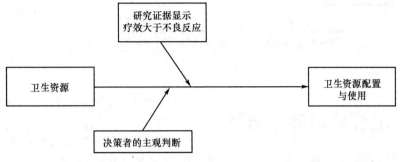

图 12-8　基于循证医学卫生资源的分配模式

视角

"反应停"药物不良反应事件

1959 年 12 月,西德儿科医生 Weidenbach 首先报告了一例女婴的罕见畸形。1961 年 10 月,在原西德妇科学术会议上,有三名医生分别报告发现很多婴儿有类似的畸形。这些畸形婴儿没有臂和腿,手和脚直接连在身体上,很像海豹的肢体,故称为"海豹肢畸形儿"及"海豹胎"。医学研究表明,"海豹胎"的病因,是妇女在怀孕初期服用"反应停"所致。"反应停"于 1953 年首先由西德一家制药公司合成,1956 年进入临床并在市场试销,1957 年获西德专利,这种药物治疗早孕期间的孕吐反应,有很好的止吐作用,对孕妇无明显毒副作用,相继在 51 个国家获准销售。从 1956 年"反应停"进入市场至 1962 年撤药,全世界 30 多个国家和地区(包括我国台湾省)共报告了"海豹胎"1 万余例,各个国家畸形儿的发生率与同期"反应停"的销售量呈正相关。美国由于官方采取了谨慎态度,没有引进这种药,因此,除自己从国外带入服用者造成数例畸胎外,基本没有发生这样病例。"反应停"所造成的胎儿畸形,成为 20 世纪最大的药物导致先天畸形的灾难性事件,至今仍有法律纠纷。"反应停"是第一个被明确为人类致畸的药物。此后,全世界进行了大规模的药物致畸的研究,结果发现了不少药物有不同程度的致畸作用。

（四）基于投入产出比的分配模式

有了临床的明确疗效的项目就应该开展吗?答案是不确定的。在资源紧缺的现代社会,还没有哪个国家有能力负担所有的医疗卫生服务成本,成功国家的经验是必须选择那些投入产出效果明显的项目来配置卫生资源。支付能力和价值取向是非常重要的影响因素。也就是说,要比较这些卫生服务项目是否是物有所值的。见图12-9。

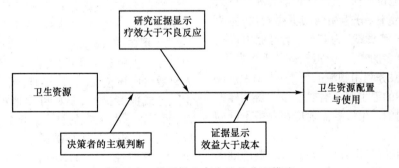

图 12-9　基于投入产出比的分配模式

（五）基于机会成本的资源配置模式

卫生服务项目越来越丰富,哪些项目应该优先得到发展,需要在上述分析的基础上,再对不同方案进行比较,从中选出最有投入产出效率的项目优先考虑。不但要比较医疗服务效果,还要比较服务项目带来的不良反应,见图12-10。

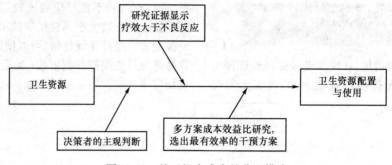

图12-10　基于机会成本的分配模式

第3节　卫生经济政策分析

一、分析要点

(一) 卫生经济政策结果分析

卫生经济政策最终要通过一系列的政策规范,调动资源,组织力量实现人民群众的健康目标。判断一项卫生经济政策的好坏,除了要注意公共政策普遍性的问题之外,还要关注这样一些关键问题:公平性、可及性、效率、成本、质量、可接受性、覆盖率、反应性、满意度和健康结果。

1. 公平性(equity)　世界银行专家 Adam Wagstaff 和 Eddy van Doorslaer 等人曾撰文对卫生服务公平性的含义进行探讨,他们认为卫生保健公平可以按照以下三个方面加以理解:

(1) 卫生筹资公平:体现为可支付能力原则,指社会成员按支付能力支付卫生费用。有同等支付能力的人应当有同等的支付;支付能力不同的人在筹资领域中的支付也应当有所不同,支付能力高的人应当多支付。筹资的公平性包括水平的公平和垂直的公平两个方面。水平公平是指无论社会地位如何,实际支付能力相同的人要承担相同的责任,分担相同的卫生费用;垂直公平是指以"平等贡献"为基础,支付能力高的人,应该承担更多的责任,分担较高的卫生费用。

(2) 卫生服务利用领域的公平:体现为按需分配原则,相同的卫生服务需要应该获得同样的卫生服务;不同的卫生服务需要应该获得不同的卫生服务。

(3) 健康状况公平:即不同社会人群的健康水平相等或相似,健康状况分布均衡。这一界定目前已基本得到国内外学者的认可。国内一些学者认为卫生资源(包括大型设备)分布公平也应当纳入卫生公平的评价体系中。

2. 可及性(accessibility)　是指需求者接触到医疗卫生服务的可能性的大小,一项好的医疗卫生服务应该是在一定的时间和空间内,容易被需求者所利用。这是由医疗卫生服务的属地化特性所决定的。疾病的救治效果受到时间的约束,救治及时是保证疗效的基础,急性期的疾病需要紧急救治,慢性病需要长期治疗,在疗效和成本控制方面都要求医疗卫生服务是应该容易被需要者接触到的。

3. 效率(efficiency)　是指医疗卫生服务结果要明确而有效,从投入产出比来看,产出结果要大于投入的代价。在资源稀缺的情况下,没有效率的医疗卫生服务是没有价值可言的。

4. 成本(cost)　是指在提供医疗卫生服务时候所消耗的资源,是一种代价。它包括医疗机构提供服务的生产型代价,也包括患者及其家庭在求治过程中所付出的代价。卫生经济政策评价时一般关心那些能够用货币表示的代价。

5. 质量(quality)　是指医疗卫生服务应该达到预期的服务设计标准,实现治疗和缓解病情的作用。一些临床实践已经进入了循证医学阶段,其质量大大改善,一些有缺陷甚至是没有效果的服务被鉴别出来。

6. 可承受性(affordability)　也称可接受性,是指医疗费用造成的经济负担是否能被患者及其家庭、社会所承担。医疗健康服务要考虑到适宜性的要求,不能超越当时、当地的经济发展水平,否则会造成灾难性的公害。

7. 覆盖率(coverage rate)　覆盖率就是指一项医疗卫生服务或者医疗保障措施能够覆盖的人口数占应该覆盖人口数的比例。各项医疗卫生服务或保障措施,要尽可能地覆盖更多的人口,而无论这些人口的社会经济特征如何,以分散各疾病风险带给个体的损害。

8. 反应性(responsiveness)　反应性是指除了医疗服务本身之外,社会各个方面对于医疗卫生需求的满足能力和结果。除了医疗卫生服务之外,社会也需要动员更多的资源来帮助人们减轻疾病负担,并尽可能地预防疾病的发生,提高人民的健康水平。

9. 满意度(satisfaction)　满意度是指接受

医疗卫生服务的人们对医疗卫生服务水平的认可程度,反映出医疗卫生服务对需求的满足质量和数量水平。人们对医疗卫生服务的需求既有客观方面的要求,也有主观方面的要求。不是所有高质量的医疗卫生服务都能满足人们的需要,在服务过程中还要注意方式方法,并以最终患者的满意度为主要目标。

10. 健康结果(health outcomes)　医疗卫生服务的最终目标是促进人民健康水平的提高,但是这种健康目标的实现,受到多种因素的影响,医疗卫生服务所起的作用只是其中的一部分。另外,医疗卫生服务不可能直接实现最终的健康目标,而只能通过一些服务产出来衡量医疗卫生服务的质量。例如:人口覆盖率、出院人次、门诊人次、服务人次等。

(二) 卫生经济政策实现过程的分析

卫生经济政策是要通过一系列的社会活动过程来实现的。分析卫生经济政策的实现过程,也是判断一项卫生经济政策好与坏的主要依据。一般来说,卫生经济政策实现过程中,要关注以下几个方面的问题:

1. 政策目标与时间约束　卫生经济政策的目标确定以后,要充分考虑时间约束。一些政策不能取得应有的政策效果,主要是因为政策实施的时机不合适。应在适当的时机推出适宜的卫生经济政策。要考虑到宏观政治、经济条件是否成熟,考虑到相关利益集团的立场观点,考虑到社会公众的接受水平和资源筹集分配的可能性等问题。时机是这些复杂因素的综合体现,是一个机会的集合。

2. 政策理念与社会价值观念　政策是面对问题而设立的。而解决问题的出发点和立足点,依赖于政策制定者的价值观、思维逻辑定式和解决问题的习惯等。决策者在制定卫生经济政策的时候,他们的理论水平、学科渊源、价值观念立场等不同,所形成的卫生经济政策也带有他们思想意识上的烙印。政治立场一般对卫生经济政策的影响是最大的。一些情况下,社会政治格局也会影响到卫生经济政策的制定,决策者们会顾忌到社会政治派别的立场和利益,做出一些妥协和让步,为此而牺牲卫生经济效率。

3. 实施策略　实施策略是指落实卫生经济政策的具体方法、方案、规划、计划等,它需要强有力的执行力。执行力(execution)是保证卫生经济政策落实的前提条件。所谓的执行力,就是指准确、有效、及时贯彻落实既定卫生经济政策的能力。它是把卫生经济政策和相关策略转化成效益、效果的关键。抓住主要矛盾,重点突破,以点带面,是卫生经济政策取得成功的重要经验。

长期以来,卫生事业的管理者大多来自于医学等专业领域,缺乏管理能力,因此,对政策的落实常常采取简单化的办法落实。例如:提高医疗机构服务的经济效率,是长期的任务之一,但一些医疗机构把这方面的政策简单化,采取二级经济核算,直接把医院的经济责任分解到各个科室,使得各个科室为了经济收入,采取了很多不符合卫生事业发展规律的短期行为,片面追求经济利益,损害了人民的健康利益,不利于卫生事业的健康发展。

4. 资源要求　卫生经济政策执行过程中,必然要使用卫生经济资源。卫生经济政策的决策者除了有权力控制调配卫生系统内部的资源,需要对于系统自己所控制的卫生资源进行使用效率、配置效率评估之外,还有注意系统外部资源的开发。

对于卫生系统外部的资源,要积极开发利用,特别是在财政预算过程中,积极争取有利的预算比例。在财政预算过程中,卫生经济政策的决策者们有责任通过多种途径争取更多的有利于卫生事业发展的资源。在政府财政预算过程中,各部门对有限的财政资源的竞争是非常激烈的。卫生事业的管理者们除了要节流(即提高系统内部资源使用效率),还要开源(争取更多的预算)。此外,一些慈善基金、社会捐助、志愿者服务等,也应视为卫生经济政策的重要资源,积极开发利用。一些成功的卫生经济政策,几乎都从各个渠道筹集资源,予以利用。

5. 关键问题说明与处理办法　卫生经济政策贯彻落实过程中,一般都有几个关键点,这些关键点牵一发而动全身,影响到政策的其他重要方面,关系到政策的成功与否,在卫生经济政策中要给与重点说明。例如:对于农村卫生院建设政策中,要格外对建设资金的管理、使用与控制等几个方面予以更为详细的说明,以保证资金的安全。

(三) 相关利益集团的分析

卫生经济政策最重要的功能是调整相关利益集团的利益关系,涉及利益分配的实质性工作。卫生经济政策的目标往往不可能满足所有各集团的要求,与他们的立场和利益总是有差距的。为了维护本集团的利益,这些利益相关者一般都会采取相应的应对策略,尽量减少既得利益的损失,并且争取更大的利益份额。中国有句俗语是"上有政策,下有对策",就是对这种特定政策下利益集团间的互动的非常生动的描述。

卫生经济政策要想达到既定的任务目标，就要重视政策对各相关利益集团的影响，分析他们可能采取的行动以及对政策的影响。在卫生经济政策中，主要涉及的利益集团包括：卫生行政管理部门、医疗服务机构、社会医疗保障机构、商业医疗保险机构、医药用品生产与流通企业、患者、社会公众等。

1. 卫生行政管理部门 该类部门主要关心卫生经济政策对其权力、预算、行政职能的影响，可能会采取一些寻租行为，影响卫生经济政策的制定、实施。

2. 医疗服务机构 该类部门关心成本政策、补偿政策、价格政策、薪酬政策、新技术政策等，经常会采取分解政策目标，强化其中的一部分而弱化另一部分，或者是忽视一些对自己不利的政策要求，或者将自身利益损失转嫁出去的行为。这些行为往往会使卫生经济政策目的无法实现。

3. 社会医疗保障机构 这些部门一般关注资金的安全问题、对医疗服务价格和药品价格比较关心，会采取严格的措施监控医疗卫生服务机构的诊治行为，控制其医疗费用使用额度。但过于严厉的社会医疗保障支付标准可能会影响到医疗卫生服务质量，激化医患矛盾。

4. 商业医疗保险机构 商业医疗保险机构提供健康保险的目的是盈利，这是无可厚非的。问题是为了获得利润，商业医疗保险机构往往会采取"撇奶油"的策略，将支付能力强，生病机会少的群体吸收到保险中来，采取提高门槛等办法将高风险的人群拒之门外。这不利于健康公平性目标的实现。

5. 医药用品生产与流通企业 医药用品生产与流通企业是医疗卫生服务机构的供应商，属于营利性组织，他们决定了医疗服务成本的高低。他们追求利益的行为会使卫生经济政策在成本控制方面难以实现既定目标。

6. 患者 患者是卫生经济政策的最终受益者，但是由于患者缺乏医疗卫生知识，不能够合理利用医疗卫生机构提供的服务。一些应该在基层医疗服务机构就诊的患者到大医院就诊，使得医疗成本增加；一些患者滥用药品，不能合理用药。卫生经济政策要想实现既定政策目标，也应该得到患者的支持和配合。

7. 社会公众 社会公众是指关注医疗卫生事业发展的社会新闻媒体、社区居民等，他们往往根据间接的信息资料，发表对医疗卫生服务机构的观点。这些观点会影响到整个社会对医疗卫生机构的看法，影响到卫生事业管理决策者的立场和态度。

二、卫生经济政策分析的主要理论

卫生经济政策分析，涉及卫生系统各个层面，同时，也涉及与卫生系统相关的其他社会系统，是一项复杂的分析活动，需要应用多方面相关的理论知识。

（一）福利经济学与公共选择理论

医疗卫生服务是社会公共产品，是一项社会福利。福利经济学理论对于医疗卫生服务产品的分配具有指导意义。

福利经济学是西方经济学家从福利观点或最大化原则出发，对经济体系的运行予以社会评价的经济学分支学科。福利经济学使用"序数效用论"、"帕累托改进"、"卡尔多改进"、"社会福利函数"等方法，强调保证个人的自由选择权，通过个人福利的最大化来增加整个社会福利总量。

福利经济学之父庇古（A. C. Pigou，1920）在《福利经济学》中系统阐述了福利及其政策应用，建立了福利经济学体系。福利包括广义和狭义两个方面。广义的福利即指社会福利，涉及对于财务的占有而产生的满足，如"自由"、"家庭幸福"、"精神愉快"、"友谊"和"正义"等，不容易计量；狭义的福利即指经济福利，个人的经济福利是由效用构成的，所有社会个体效用的综合形成总的社会福利，它可以用货币进行衡量。

社会福利的增加，主要途径是增加国民收入，从而提高社会福利，降低失业，减少贫困。此外，通过改善社会福利的分配，特别是在国民经济总量不发生变化的情况下，适当增加贫困者的绝对份额，也可以增加社会总体福利水平。

福利经济学的主要特点是：以一定的价值判断为出发点，也就是根据已确定的社会目标，建立理论体系；以边际效用基数论或边际效用序数论为基础，建立福利概念；以社会目标和福利理论为依据，制定经济政策方案。

1939年，卡尔多提出了福利标准或补偿原则的问题。希克斯、西托夫斯基等人对福利标准或补偿原则继续进行讨论。卡尔多、希克斯、勒纳、西托夫斯基等人建立的在帕累托理论基础上的福利经济学被称作新福利经济学。

伯格森于1938年发表《福利经济学某些方面的重新论述》，提出研究社会福利函数的"新方向"。第二次世界大战以后，萨缪尔森等人对社会福利函数作了进一步论述，形成了福利经济学的社会福利函数论派。1951年，出版的《社会选择与个人价值》中,阿罗提出了著名的"阿罗定理",它在福利经济学中被称作"不可能定理"。阿罗证明了不可能从个人偏好次序达到社会偏好次序,也就是不可能得出包括社会经济所有方面的社会福利函数。

近年来,西方经济学家着重对福利经济学中的外部经济理论、次优理论、相对福利学说、公平和效率交替学说、宏观福利理论等领域进行了讨论。

(二) 制度经济学理论

卫生经济政策涉及卫生资源的筹集与配置制度安排,制度经济学为卫生经济政策的完善和规范提供了很好的依据。所谓制度,是指人际交往中的规则及社会组织的结构和机制。制度经济学是研究制度的一门经济学分支,重点研究制度对于经济行为和经济发展的影响,经济发展反过来对制度演变的影响。

科斯(Ronald Coase)在《企业之性质》中将交易成本这一概念引入了经济学的分析中,指出企业和市场在经济交往中的不同作用。威廉姆森(Oliver Williamson)、德姆塞茨(Harold Demsetz)等人对于这门新兴学科做出了重大的贡献。近30年,新制度经济学是蓬勃发展的经济学的一个分支。

制度学派的研究与价值判断密切相关,早期制度学派认为,国民生产总值(GNP)作为经济价值,只是社会价值中的一种而不是全部。除此以外,社会价值还应该包括社会平等、生态平衡、人们对闲暇时间的追求等。加尔布雷思提出"整体制度目标"的概念,把整体制度目标分为经济价值目标和文化价值目标,而社会追求的公共目标就是经济价值和文化价值综合起来的"生活质量"。这一时期制度学派提出的价值判断标准,既反映了从凡勃伦以来的早期制度主义的一贯想法,更加突出地采用了包括伦理学等学科的研究方法。

科斯在制度分析中引入边际分析方法,建立起边际交易成本概念,为制度经济学的研究发展开辟了新领域,开始了"新制度经济学"时代,使得各种具体制度的起源、性质、演化和功能等的研究,可以建立在以个人为基础的比较精确的实证分析上,创立了可以经验实证的制度分析方法。

以 D·诺思和 T·W·舒尔茨为代表提出来的制度变迁理论发展了制度经济学。诺思认为,在影响人的行为决定、资源配置与经济绩效的诸因素中,市场机制的功能固然是重要的,但是其运行并非是尽善尽美的,因为市场机制本身具有难以克服"外在性"等问题。而产生"外在性"的根源则在于制度结构的不合理。制度是内生变量,它对经济增长有着重大影响。制度变迁理论的研究方法论指出,分析经济效率时,要把经济理论与政治理论结合起来,把政治要素作为经济运行研究不可缺少的要素分析。

由于存在对规模经济的要求,将外在性内在化的困难,以及厌恶风险、市场失败、政治压力等原因,这些潜在的外部利润无法在规定的现有制度安排结构内实现。一种制度下的预期收益与预期成本的关系决定了制度创新,制度创新存在着一定的时滞性,因此,由制度创新决定的制度变迁是缓慢进行的。

制度经济学强调制度分析,强调非经济因素,强调人的选择的不确定性,强调整体和规范研究方法等。制度经济学还有更多的研究工作要做,特别是应当更重视跨学科研究和经济以及其他社会现象间的联系。

(三) 产业经济学理论

医疗卫生服务与一般的商品与服务一样,有着客观的生产过程,受到产业生产特性的制约。产业经济学为分析医疗卫生服务领域的生产性特征,特别是产业内部各部门之间的衔接与合作提供了指导性的原则。

产业是指具有相同特征的企业群或企业集合。产业分析,就是对根据某一特征而形成的企业群或企业集合(即产业)、产业之间的联系和联系方式、产业内企业之间的关系等进行分析,以揭示产业发展演化的规律。

医疗卫生服务产业,包括医疗卫生服务市场群、医药制品及器械产业市场群、公共卫生服务产业群等。

产业分析的对象非纯粹的个案分析,也不同于一般的总量分析,而是构成经济总体的各子系统及子系统之间关系演化与发展,它偏重于动态的分析,注意社会经济发展中的均衡问题。

哈佛大学的经济学家梅森(Edward S. Mason)首次提出了产业组织理论体系和研究方向,他的弟子贝恩(Joe S. Bain)于1959年出版了第一部系统论述产业组织理论的教科书《产业组织》,其核心内容就是著名的"结构——行为——绩效"分析范式(SCP),奠定了产业组织理论体系(图12-11)。1970年谢勒(F. M. Scherer)对其进行了完善。之后,经济学家开始了这一领域的研究,主要的研究内容包括静态博弈理论、重复博弈和寡占理论、产品差异化、进入壁垒与进入阻止、技术进步与市场结构动态演化、信息不对称等。目前的研究领域开始涉及产业融合与发展理论、产业链整合理论、产业模块化发展理论、产业发展中的知识共享、产业规制理论与策略等。

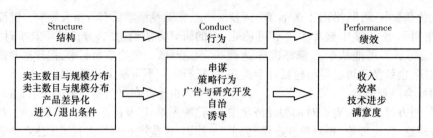

图 12-11 SCP 产业分析框架示意图

目前,医疗、卫生、药品、保健等健康产业已成为世界各国国民经济的重要组成部分。美国国民生产的 14% 来源于健康产业,换句话说,美国的健康产业占到了国民生产总值的 14%。

(四) 信息经济学理论

医疗卫生服务过程中,医务人员和患者之间的信息不对称,医疗卫生机构的经营管理者和卫生主管部门之间信息不对称引发了很多问题,信息经济学为解决这些问题提供了具有建设性的理论体系。

20 世纪 20 年代,美国经济学家奈特(F. H. Knight)把信息与市场竞争、企业利润的不确定性、风险联系起来,认识到企业为了获取完备的信息必须进行投入的重要性。

1959 年,美国经济学家马尔萨克(J. Marschak)发表的《信息经济学评论》中,讨论了信息的获得使概率的后验条件分布与先验的分布有差别的问题。之后,他进一步研究了最优信息系统的评价和选择问题。1982 年度诺贝尔经济学奖获得者,信息经济学的创始人,美国经济学家斯蒂格勒(G. J. Stigler)在 1961 年的《政治经济学杂志》上发表题为《信息经济学》,研究了信息的成本和价值,以及信息对价格、工资和其他生产要素的影响,提出了信息搜寻理论,指出应当用不完全信息假设来替代有完全信息的假设,修正传统的市场理论和一般均衡理论。

经济学家在考察作为经济行为变量的信息的不完全性和不完备性以及需要支付成本等因素的同时,进一步分析了信息的非对称性对市场运行的影响,导出了种种理论。阿克洛夫(G. Akerlof)同斯彭斯、施蒂格利兹一起因研究信息不对称理论荣获 2001 年度诺贝尔经济学奖。维克里(W. Vickrey)和莫里斯(J. Mirrlees)两人因从事非对称信息条件下的激励理论研究而同获 1996 年度诺贝尔经济学奖。阿罗把信息同经济行为、经济分析、风险转移联系起来,对信息的特性、成本以及信息在经济中的影响等问题作了开拓性研究。莫里斯建立和完善了委托人和代理人之间关系的激励机制设计理论。

在世界范围市场经济发展的推动下,在全球信息化浪潮风起云涌的形势中,信息经济学又有了新发展。这主要表现在:传统的经济学理论,如生产力要素理论、边际效益递减理论、规模经济理论、企业治理理论、经济周期性理论等,不断受到信息经济学研究的进一步审视,并得以修正和完善;有关信息基础设施经济问题的研究,国际信息贸易与其相关的投资、金融等问题的研究,以及电子商务、数字经济、网络经济、知识经济等问题的研究急剧增长,并使信息经济学的结构(即理论信息经济学与应用信息经济学的比重、微观信息经济学与宏观信息经济学的比重)发生变化,应用的、宏观的信息经济学份额迅速扩大。

三、卫生经济政策分析常见方法

(一) 文件分析

采用文件分析法(documentary analysis)进行卫生经济政策分析,就是对法律法规、条例、政府的政策报告、领导讲话、研究报告、论文著作、会议材料等文献进行回顾分析,了解卫生经济政策的发展沿革、存在的问题、经验教训等方面情况。在必要的情况下,可以对一些文献的作者进行进一步的访谈。

(二) 访谈

访谈(Interviews)首先是确定访谈的对象,一般是卫生经济政策所涉及的政策决策者、执行者、受影响者等。在访谈前要做好访谈准备,提前进行预调查,设计访谈提纲和调查表格。访谈的环境要受到严格控制,以保证访谈过程中被访谈对象没有顾虑、不受外在因素干扰。在被访谈对象允许情况下,可以录影、录像以记录全面的访谈信息。

(三) 专家咨询

专家咨询法(specialist consultation)包括德尔菲法(Delphi technique)、名义小组法(nominal group technique)、焦点组访谈法(focus group discussion)和调查表(individual questionnaires)等。专家的知识结构、学缘结构和在业内的影响力是选择专家的重要依据。在具体调查过程中,可以采用通讯和会议等手段进行调查。要注意及时向专家反馈研究的进程和主要发现。

(四)现场考察

现场考察(site visits)是对实行卫生经济政策的项目或地区进行实地考察,通过直接观察、访谈和资料的收集等,取得相关证据,对政策实施前后的情况进行比较分析,以判断具体卫生经济政策的实施状况,或者对卫生经济政策实施过程中的某些具体问题和政策目标进行分析。

案例12-2

廉价药为什么会退出市场?

罗森告诉记者说:"我是一个不幸的孩子,我觉得自己支持不下去了……"

所有的亲人和医护人员都不愿意相信,这么沉重的话是一个6岁孩子说出来的。前一天早上,在儿童医院的重症监护室里,两次被下达病危通知单的罗森不得不依靠气管插管等待着一种救命药——复方磺胺甲噁唑注射针剂。

又是一个因缺药而命悬一线的孩子!这次临床紧缺的廉价老药复方磺胺甲噁唑注射针剂其实就是复方新诺明,一种十几年前普遍应用于临床的特效药。由于复方磺胺甲噁唑平均只有2元多一支,价格低廉让企业无利可图,厂家已经停止生产,上海市场上根本买不到。后来百余名志愿者通过网络发出寻药的呼声,才让孩子的生命暂时得到了延续。

青霉素、蓖麻油、阿司匹林……许多过去人们耳熟能详的老药如今踪影难觅。

问题:

1. 廉价药为什么会退出市场?

2. 医疗卫生服务的关联市场对卫生经济政策的影响都有哪些?

分析提示:

药品市场的产业结构与工商企业逐利行为会使得社会整体福利受到损害。卫生经济政策制定时,必须考虑医疗卫生服务的关联市场对卫生经济政策的反应和影响。

复 习 题

1. 什么是卫生经济政策?举例说明卫生经济政策一般都有哪些主要目标。

2. 一项卫生政策的形成,主要有哪些步骤组成?

3. 近年来卫生经济政策的相关理论都有哪些?

4. 卫生经济政策分析的主要方法有哪些?

参 考 文 献

彼得·欧伯恩德,托马斯·埃克,于尔根·策尔特等.2007.卫生经济学与卫生政策.太原:山西出版集团山西经济出版社,43-50

程晓明.2003.卫生经济学.北京:人民卫生出版社,45-60

郝模.2005.卫生政策学.北京:人民卫生出版社,73-82

胡善联.2003.卫生经济学.上海:复旦大学出版,76-82

胡善联.2007.循证卫生决策研究方法介绍.中国循证医学杂志,7(2):5-7

黄有光.2005.社会福祉与经济政策.北京:北京大学出版社,20-43

魏颖,杜乐勋.1998.卫生经济学与卫生经济管理.北京:人民卫生出版社,89-95

David A. Kinding.2007.为人群购买健康——按健康结果付费.北京:人民卫生出版社,10-40

Muir Gray,唐金陵.2004.循证医学循证医疗卫生决策.北京:北京大学医学出版社,10-30

(陈俊峰)

第13章 卫生财务管理与财务分析

■ 本章提要 ■

本章阐述了卫生财务管理和财务分析的理论和方法。通过学习，要求掌握卫生财务管理的概念、对象、目标、原则、意义、内容、环节和环境等，了解卫生财务分析的方法。

卫生机构提供卫生服务的过程实质上是资金的运动过程。资金运动表面上看是钱和物的增减变动，但钱和物的增减变动都离不开人与人之间的经济利益关系。财务管理就是对各经济利益主体之间的财务关系进行管理，是卫生经济管理的一项最基本、最重要的实践活动。特别是在市场竞争和有限的资金条件下，卫生经济管理者必须了解和掌握一定的卫生财务管理与财务分析的知识与技能。

第1节 卫生财务管理

卫生财务管理是以资金及资金运行的规律为研究对象，以合理有效地利用卫生资源为目标，通过科学的论证与决策方法，最大限度地提高资金的使用效率。

一、卫生财务管理的概念

(一) 财务管理与卫生财务管理

财务管理(financial management)是经济管理的重要组成部分，是随着社会经济的发展、管理学科的完善而逐渐独立分化形成的一门专门学科。1896年，美国第一本《公司理财》专著问世，标志着财务管理学科的形成。经过100多年的充实、发展和完善，现今财务管理学科已进一步形成了由宏观财政学、金融市场学、投资学、企业财务管理学等组成的学科体系。

卫生财务(health financing)是指卫生机构在卫生服务经营过程中客观存在的资金运动及其所体现的经济利益关系。卫生财务管理则是基于卫生服务经营过程中客观存在的财务活动和财务关系而产生的，它是利用价值形式对卫生服务经营过程进行的管理，是卫生机构组织财务活动、处理与各方面财务关系的一项综合性管理工作。

(二) 财务与会计的联系和区别

为了更进一步加深对财务管理的理解和认识，首先要认清财务(financing)与会计(accounting)的联系和区别。

财务是指经营单位中的资金运动及其所体现的经济关系；会计是以货币为主要计量单位，采用专门方法对会计主体的经济活动连续地、系统地、完整地进行核算与监督，以考核过去、控制现在、规划未来，谋求达到预期目的的一种管理活动。会计包含财务会计(financial accounting)、管理会计(managerial accounting)、税务会计(tax accounting)、成本会计(cost accounting)和责任会计(responsibility accounting)等，卫生机构中与业务活动有关的会计主要包括财务会计和管理会计。

1. 财务与会计的联系

(1) 财务与会计的对象都是卫生机构的资金运动以及资金运动中以货币形式所反映的各种资料。

(2) 财务离不开会计提供的信息，财务活动的信息绝大部分是会计提供的。

(3) 对财务活动进行的管理，在实际工作中常常是由会计机构和会计人员完成的。

(4) 会计提供的信息必须真实、可靠、及时，要符合财务管理的需要。

2. 财务与会计的区别

(1) 存在的客观基础不同：会计存在和发展的客观基础是生产活动，而财务存在的客观基础是商品货币经济。

(2) 属性不同：会计是基于节约劳动消耗，取得最佳生产效果的客观需要而产生的核算方法。财务是基于有效地组织与处理货币关系和组织管理资金运动的客观需要而产生的，财务作为经济范畴，着重解决人与人之间的关系。

(3) 对象不同：会计的对象是资金运动的信息系统，是资金运动的数量方面。财务的对象是资金运动所引起的各种货币关系，属于资金运动质的方面。

(4) 方法不同：会计的方法主要是会计核算、会计分析和会计检查等。财务方法主要是制定财务制度,组织经济预测,编制财务计划,进行日常管理,开展财务分析和实行财务检查等。

（5）任务不同:会计的任务是执行会计制度,办理会计事务,进行会计核算和会计监督。财务的任务主要是组织筹集资金,合理使用资金,计算和分配财务成果,实行财务监督。

二、卫生机构财务活动

所谓财务活动(financial activities)是指资金的筹集、投放、使用、收回及分配等一系列行为。卫生机构的卫生服务过程,一方面表现为实物和劳务的运动过程,另一方面表现为资金的运动过程。资金运动以价值形式综合地反映卫生服务经营过程,不仅以资金循环的形式存在,而且伴随服务经营过程的不断进行,资金运动也表现为一个周而复始的周转过程。

(一) 卫生机构财务活动的特点

卫生机构由于自身特点,其资金周转存在着特殊性,主要表现在三个方面:

1. 卫生服务过程的资金周转 首先,通过国家经常性财政补助、上级补助和卫生机构自身经营取得货币资金,再由货币资金购买材料、物资形成储备资金,然后,在卫生服务过程中消耗并同时形成新的货币资金,参加下一次资金周转。

2. 药品销售过程的资金周转 首先,用货币资金购买药品形成储备资金,然后,按国家规定出售药品并取得药品收入,再次购买所需药品,不断地进行资金周转。

3. 制剂生产过程中的资金周转 首先,从货币资金形态到储备资金形态及其相应的供应过程。其次,从储备资金形态到生产资金形态及其相应的生产过程。再次,从成品资金形态回到货币资金形态及其相应销售过程,所生产的药品通过销售过程又转化为货币资金,这些货币资金又进入下一循环。

(二) 卫生机构财务活动的内容

1. 资金筹集 资金筹集是卫生机构从事卫生服务活动的起点和基本环节,是卫生机构存在和发展的首要条件。卫生机构筹集资金的渠道包括国家财政补助、主管部门补助、银行信贷、社会捐赠、卫生机构内部积累及租赁等形式。

2. 资金运用 卫生机构根据其服务内容合理使用筹集到的资金,主要用于:①支付卫生技术人员工资和管理人员工资;②购置设备和采购材料、物资及药品等;③用于经营周转;④对外投资等。

3. 资金的分配 卫生机构经过一段时期的服务经营活动之后,若存在收支结余,应对收支结余进行分配,除一部分用于弥补亏损或按规定上缴外,其余按规定比例形成职工福利基金和事业基金。

三、卫生机构财务管理的对象和目标

(一) 财务管理的对象

财务管理主要是资金管理,其对象是资金及其流转。资金流转的起点和终点是现金,其他资产都是现金在流转中的转化形式,因此,财务管理的对象也可以说是现金及其流转,涉及成本、收入和结余等问题。但从财务的观点来看,成本和费用是现金的耗费,收入和结余是现金的来源。因此,财务管理主要在这种意义上研究成本和收入,但不同于一般意义上的成本管理和销售管理,也不同于计量收入、成本和结余的会计工作。

1. 现金流转 卫生机构筹建初期,首先需要解决两个问题:一是制定规划,明确卫生服务经营的内容和规模;二是筹集若干现金,作为最初的资本。没有现金,卫生机构的规划无法实现,不能投入运营。

（1）现金流转的概念:卫生机构建立后,在卫生服务经营过程中,现金变为非现金资产,非现金资产又变为现金,这种流转过程称为现金流转(cast flow)。现金流转无始无终,不断循环,称为现金的循环或资金循环。

（2）现金的循环途径主要有:①用现金购买卫生材料,卫生材料通过卫生服务又变为现金;②用现金购置固定资产,在使用过程中固定资产逐渐磨损,价值进入医疗服务,陆续通过医疗服务项目变为现金;③用现金支付卫生服务人员工资,在卫生工作人员提供卫生服务过程中,劳务价值通过卫生服务收入变为现金;④用现金购买药品,然后按国家规定出售药品并取得药品收入,药品变为现金;⑤用现金进行金融投资及项目投资等。

2. 现金的循环 各种流转途径完成一次循环即从现金开始又回到现金所需的时间不同,按循环时间的长短将现金的循环分为短期循环和长期循环。

（1）现金的短期循环:现金的短期循环是指现金变为非现金资产,然后又回到现金,所需时间不超过一年的现金流转。短期循环中的资产是流动资产,包括现金本身和卫生机构正常经营周期内可以转变为现金的存货、应收账款、短期投资及某些待摊和预付费用等。现金短期循环的基本模式参见图13-1。

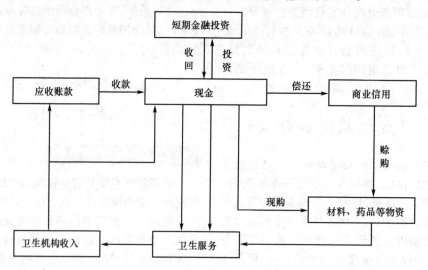

图 13-1　现金短期循环的基本模式

（2）现金的长期循环：现金的长期循环是指现金变为非现金资产，然后又回到现金，所需时间在一年以上的现金流转。长期循环中的非现金资产是长期资产，包括固定资产、长期投资、无形资产和开办费等。

卫生机构用现金购置固定资产，固定资产的价值在使用中逐步减少，减少的价值称为折旧费。折旧费和人员经费、材料费成为卫生服务项目成本，这些成本在提供卫生服务时以现金的形式得到补偿。此外，也存在出售固定资产让其残值变现的情况。

现金的长期循环是一个缓慢的过程，房屋建筑物的成本往往要几十年才能得到补偿，其基本模式参见图13-2。

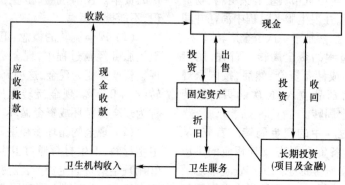

图 13-2　现金长期循环的基本模式

（二）财务管理的目标

财务管理的目标也称理财目标，是财务管理要达到的根本目的，它体现了财务管理的基本方向。目前，我国卫生机构分为营利性和非营利性两种，其中，非营利性卫生机构是我国卫生机构的主体。由于营利性卫生机构和非营利性卫生机构的性质不同，两者的管理目标也有所不同。

1. 非营利性卫生机构的财务管理目标　非营利性卫生机构不以营利为目的，其提供的服务是带有一定福利性质的社会公益服务，承担着救死扶伤的社会责任。所以，非营利性卫生机构财务管理不以结余（或利润）最大化为目标，其目的在于合理有效地使用现有卫生资源，提高资金的使用效率，即实现资金使用效率的最大化。

2. 营利性卫生机构的财务管理目标　营利性卫生机构的经营行为更多地以市场为导向，投资者的目的在于追求利润及投资回报。所以，从财务管理的角度来看，其最主要目标是卫生机构所有者财富的最大化。由于卫生主管部门会对营利性卫生机构进行行业管理，因此，营利性卫生机构的财务管理目标必须在符合政策法规和行业质量标准的前提下实现。

四、卫生财务管理的原则和意义

卫生财务管理是一种综合性的管理工作，必须遵循一定的原则，与此同时，卫生财务管理也是卫生经济管理最基本、最重要的实践活动,在卫生管理中占有重要的位置。

(一) 卫生财务管理的原则

卫生财务管理的原则是卫生机构组织其经济活动、处理财务关系的准则,它是由卫生机构的性质及其经济管理的要求所决定的。

1. 合法性原则 在社会主义市场经济条件下,一切经济活动必须在法律规定的范围内运行,财务活动也不例外。卫生机构的财务管理要执行国家有关法律、法规和财务制度,牢固地树立法律意识,坚持依法理财,使各项财务管理工作在法制轨道上运行,这是卫生机构财务管理所应遵循的最基本的原则。

2. 经济效益原则 非营利性卫生机构是非营利性经济组织以社会效益为最高原则。但在讲求社会效益的同时,卫生机构财务管理还必须讲求经济效益,要充分利用卫生机构现有的人力资源、物力资源、财力资源,最大限度地满足社会卫生需求,把社会效益和经济效益有机地结合起来。

3. 力行节约、勤俭办事业原则 卫生机构在提供卫生服务时,国家预算的补贴不足以弥补卫生机构低成本收费所造成的损失,同时,卫生机构由于其性质决定在提供卫生服务的同时必须坚持物价政策,不多收、不乱收。这在客观上要求卫生机构必须一方面要积极采取措施,把勤俭节约的原则落到实处;另一方面又要大力提高资金使用效益,使有限的资金得到合理使用,不盲目投资,把节约资金、降低成本贯穿始终。

4. 量力而行与尽力而为相结合原则 量力而行,就是要尊重客观经济规律,从卫生机构经济状况的实际出发,充分考虑财力可能,不凭主观意志办事,不勉强去办一些超出自己经济承受能力的事;尽力而为,就是在财力许可的范围内,充分发挥人的主观能动性,分清轻重缓急,统筹安排资金,发挥有限资金的最大效益,从而处理好事业发展和资金供需矛盾的关系。

5. 正确处理各种关系的原则 卫生机构的财务管理涉及多方面的关系。例如:事业发展需要和资金供给的关系、社会效益和经济效益的关系、国家与集体和个人三者的利益关系等。

6. 实行预算计划管理的原则 卫生机构的全部财务活动包括一切收支,都要编制预算计划,实行计划管理,以保证各项业务的顺利进行。卫生机构预算计划的编制,既要参照前期的执行情况,又要考虑计划期内的各种有利和不利因素。在执行过程中发生重大变化时,要对原预算计划按规定程序进行调整,以正确指导卫生机构的业务活动和资金运动。

7. 建立和健全卫生机构内部财务制度原则 卫生机构为了强化财务管理,不仅要严格遵循和执行国家财务管理法规,而且需要建立和健全内部财务制度,确定内部的财务关系,明确内部各部门在财务上的责权分工和利益分配,加强控制约束机制建设,使财务活动有章可循,以增加各部门的责任心;使各部门相互配合,相互制约,协调一致地组织财务活动,处理财务关系。

8. 加强财务各项基础工作的原则 财务基础工作不加强,就可能造成会计信息不真实,使财务管理和经济核算失去客观真实依据。因此,必须加强各项基础工作建设,健全原始记录,严格计量验收,加强定额管理,做好财产清查。

9. 统一领导、分级管理原则 由于卫生机构的财力资源有限,资金供求的矛盾十分突出,分散管理势必会影响到资源的利用效果,因而卫生机构的财务管理必须实行统一领导。此外,由于卫生财务涉及面广、环节多、关系复杂,还必须实行分级管理。

(二) 卫生财务管理的意义

1. 卫生机构开展卫生业务活动必须具备一定数量的资金,财务具有筹集、分配资金的功能,做好财务管理工作,就能实现各项资金的筹集和合理使用,从而在财力上保证卫生业务的正常进行。

2. 卫生机构的资金运行状态影响着卫生机构的资金运动,开展财务管理,研究资金运行规律,就可以制约或促进卫生机构的不同财务活动,并通过正确组织货币的收支来监督卫生机构的业务以达到规定的要求。通过各项收支的控制,还可以贯彻财务纪律和财务制度,保护国有财产的安全。

3. 卫生机构不仅要保证卫生服务质量不断提高,而且要开展经济核算、增收节支、增强卫生机构的自我发展能力。因此,要加强财务管理,做好财务计划、财务分析、财务决策工作,开发卫生机构增收节支的潜力,增加资金积累,不断提高卫生机构的经济效率。

4. 随着我国经济建设的快速发展,卫生机构开展卫生服务过程中所涉及的资金越来越多,巨大的资金客观上要求开展科学的财务管理,以保证资金运行的安全性和合理性,从而促进卫生机构各项业务正常运行和顺利开展。

总之,财务管理工作是卫生机构各项业务工作顺利进行的保证,也是卫生机构社会效益与经济效益不断提高的重要手段。

五、卫生财务管理的内容

卫生财务管理的目标是资金使用效率最大化(非营利性卫生机构)和卫生机构价值最大化(营利性卫生机构),实现目标的途径是提高资金使用报酬率和降低资金使用风险。而资金使用报酬率的高低和资金使用风险的大小又由投资项目、资本结构、资产管理和结余分配政策所决定。因此,卫生财务管理的主要内容是投资决策、融资决策、资产管理和结余管理。此外,非营利性卫生机构的财务管理还包括预算管理。

(一) 投资决策

投资(investment)是指以收回现金并取得收益为目的而发生的现金流出。在投资活动中关键是进行投资决策,通过投资方向和投资方式的选择,确定合理的投资结构和投资规模,以提高投资效益、降低投资风险。

卫生机构的投资主要有以下几种类型:

1. 按投资方式可分为直接投资和间接投资 直接投资(direct investment)是指把资金直接投放于经营性资产以获取收益的投资,如购置设备等;间接投资(indirect investment)又称证券投资,是指把资金投放于金融性资产以获取股利或者利息收入的投资,如购买国库券等。

2. 按投资期限可分为短期投资和长期投资 短期投资(short-term investment)又称为流动资产投资或营运资产投资,是指影响所及不超过一年的投资,如对应收账款、存货、短期有价证券的投资;长期投资(long-term investment)又称为资本性投资,是指影响所及超过一年的投资,如购置设备、建造房屋等。

3. 按投资对象可分为广义投资和狭义投资 广义投资是指资金投入使用的过程,包括对内投资(即在机构内部使用资金,如购置流动资产、固定资产、无形资产等)和对外投放资金(如购买政府公债或公司债券、兴建卫生机构、开办特色门诊、与其他卫生机构联营等);狭义投资仅指对外投资,财务管理中所指的投资为广义投资。由于卫生机构的特殊性,其对外投资应注意:①卫生机构是承担一定福利职能的社会公益事业单位,社会效益是最高准则,对外投资不是其经济活动的主要内容。目前,我国非营利卫生机构的对外投资主要用于购买国家债券和投资自办产业等;②卫生机构对其兴办的附属非独立核算的生产经营单位的投资以及对外出租、出借有关资产的行为不能作为对外投资。

(二) 融资决策

融资(financing)也称筹资,是指卫生机构为了开展卫生服务活动,筹集所需资金的过程。由于卫生机构的特殊性,可供卫生机构选择的资金来源没有企业多,其融资渠道主要有财政拨款、上级拨款、吸收直接投资、借款、赊购、租赁等。其融资类型主要有以下几种:

1. 按资金的归属权可分为权益资金和借入资金 权益资金(equity capital)是指卫生机构出资者或股东提供的资金,它不需要归还,筹资风险小,但期望的报酬率高;借入资金(borrowed capital)是指债权人提供的资金,它要按期归还,有一定的财务风险,但要求的回报率比权益资金低。

2. 按融资期限的长短可分为长期资金和短期资金 长期资金是指卫生机构可长期使用的资金,习惯上将一年以上至五年以内的借款称为中期资金,而把五年以上的借款称为长期资金;短期资金一般是指需要在一年以内归还的短期借款,其筹集主要用于解决临时的资金需要。

卫生机构进行融资决策时,首先要确定用资规模,以保证卫生服务活动按预定计划顺利进行。其次要选择适当的资金来源和融资方式,以达到资本结构合理,实现资金成本和融资风险相配合。

所谓资本结构,是指权益资金和借入资金的比例关系,完全通过权益资金融资不能得到负债经营的好处,但随着负债比例的提高财务风险也会增大,卫生机构随时可能陷入财务危机。

(三) 资产管理

资产是指在过去的交易或事项中形成的并能拥有或控制的、能预期给卫生机构带来一定经济利益的经济资源,是卫生机构用来取得预期收益和提供服务的各种财产、物资、债权以及其他财产权利的总称。资产能够代表卫生机构的经济实力。比如:固定资产可体现卫生机构的规模;流动资产可体现卫生机构的营运能力。卫生机构要合理规划固定资产和流动资产的结构比例,同时还要对流动资产和非流动资产进行分类管理,具体包括货币资金管理、应收账款管理、存货管理、固定资产管理、无形资产管理等。

1. 货币资金管理 货币资金是指在业务开展过程中处于货币形态的资金,包括库存现金及各种存款,它是卫生机构流动资产的重要组成部分。按照国家规定,货币资金的结算统一由银行办理,因此,卫生机构必须严格遵守国家规定的现金管理制度与结算办法,对货币资金的收、付业务要严格把关,防止贪污、挪用、浪费等现象的发生。

2. 应收账款管理　应收账款是指卫生机构在提供卫生服务或开展其他有偿服务等业务活动中，所形成的应收取而尚未收到的各种款项。由于应收款项是其他单位或个人对债权单位资金的占用，因此，卫生机构发生应收款项时，应当控制应收款项的额度和收回的时间，积极采取有效措施，及时组织结算和催收，使应收款项及时、足额收回，防止可能发生的意外和损失。

3. 存货管理　存货是指卫生机构为开展卫生服务业务及其他活动而存储的材料、燃料、包装物、低值易耗品及药品等，卫生机构的存货处于经常性的不断耗用和重置之中，是流动资产的重要组成部分。存货管理的中心任务是在年度物资存储费用最小的条件下，建立足够的物资储备，使之能够满足日常工作需要，以达到整体最优。为此，需要从各种不同物资的需要量、存储量、采购成本、采购时间间隔等方面进行全面综合研究。

4. 固定资产管理　固定资产是指使用年限在一年以上，单位价值在规定标准以上，并在使用过程中基本保持其原有实物形态的资产。卫生机构应在决策人统一领导下，将固定资产管理的各职能部门和使用单位组成管理系统，明确管理职责，制订管理制度、管理工作程序和反馈制度，对固定资产从论证、决策、购建、安装、交付使用到清理的全过程进行管理，以提高固定资产投资的社会效益和经济效益，使固定资产充分发挥作用。

5. 无形资产管理　无形资产是指可长期使用而不具备实物形态、但能为使用者提供某种权力的资产。无形资产虽没有物质实体，但具有经济价值，可使机构获得收益。相对于固定资产而言，无形资产的日常管理比较简单，主要包括无形资产的计价、摊销等内容。

（四）结余管理

结余是指卫生机构收入与支出相抵后的余额。卫生机构必须按照财务和会计制度的有关规定及时核算本单位的收支结余，真实可靠的收支结余能准确地反映卫生机构结余或亏损的形成，以及结余分配或亏损的弥补情况，向决策者提供管理信息。

不同性质的卫生机构其结余分配政策的重点也有所不同：①非营利性卫生机构按国家有关规定扣除应扣款项之后（如医院收支结余扣除药品上缴款和财政专项补助结余），为正数时可按一定比例提取职工福利基金，其余转为事业基金，用于弥补以后年度单位收支差额；为负数时用事业基金弥补，事业基金不足

以弥补的保留待分配结余（即负结余）。②营利性卫生机构尤其是营利性股份制卫生机构则在提取职工福利基金，其余转为事业基金的基础上还要考虑将卫生机构赚得的利润中有多少作为股利发放给股东，有多少留在卫生机构作为再投资。过高的股利支付率影响卫生机构再投资的能力，会使未来收益减少；过低的股利支付率可能引起股东不满。

（五）预算管理

预算是指卫生机构根据事业发展计划和任务而编制的年度财务收支计划，反映了卫生事业计划和工作任务的规模与方向，是卫生机构财务工作的依据。

卫生机构预算管理由收入预算和支出预算两部分组成，收入预算包括财政补助收入、上级补助收入、医疗收入、药品收入和其他收入等项内容；支出预算包括医疗支出、药品支出、管理费用、财政专项支出和其他支出等内容。《医院财务制度》规定，国家对医院实行核定收支、定额或定项补助、超支不补、结余留用的预算管理办法。

六、卫生财务管理的环节

财务管理的环节是指财务管理的工作步骤与一般程序。通常卫生机构财务管理包括以下环节：

（一）财务预测

财务预测是指根据财务活动的历史资料，考虑现实的要求和条件，对卫生机构未来的财务活动和财务成果做出科学的预计和测算。本环节主要包括明确预测目标，搜集相关资料，建立预测模型，确定财务预测结果等步骤。其主要任务在于：①测算各项卫生服务方案的经济效益，为决策提供可靠依据；②预计财务收支的发展变化情况，以确定经营目标；③测定各项定额和标准，为编制计划、分解计划指标服务。

（二）财务决策

财务决策是指财务人员按照财务目标的总体要求，利用专门方法对各种备选方案进行比较分析，并从中选出最佳方案的过程。

财务决策是财务管理的核心问题，直接关系到卫生机构经营状况的好坏，主要包括确定决策目标、提出备选方案、选择最优方案等步骤。按具体对象的不同，财务决策可分为融资决策、投资决策和结余分配决策等。

（三）财务预算

财务预算是指运用科学的技术手段和数量方法，对未来财务活动的内容及指标所进行的具体规划，是以财务决策确立的方案和财务预测提供的信息为基础编制的，是财务预测和财务决策的具体化，是控制财务活动的依据。财务预算的编制一般包括：①分析财务环境，确定预算指标；②协调财务能力，组织综合平衡；③选择预算方法，编制财务预算。

非营利性卫生机构全面预算以卫生服务收入预算为起点，扩展到材料采购、成本、服务费用、资金等各方面的预算，从而形成一个完整体系，包括业务预算、财务预算和专门决策预算；营利性卫生机构不带有社会福利职能，不属于事业单位，是企业制管理，以求生存、求利润为目的，它编制的预算就是用于内部经营管理的全面预算。常用的预算编制方法主要有：

1. 固定预算（fixed budget）　是指根据未来固定不变的业务水平，不考虑预算期内生产经营活动的业务量变动而编制的预算，是一种传统的预算编制方法。它根据预算期内正常的、可实现的某一业务量水平编制，一般适用于经营业务稳定、能准确预测成本的固定费用或者数额比较稳定的预算项目。

2. 弹性预算（flexible budget）　是指在不能准确预测业务量的情况下，根据本量利关系，按一系列业务量水平编制的有伸缩性的预算。只要本量利关系不变，弹性预算就可以使用较长时间。它的优点在于弥补了固定预算当实际业务量与计划业务量发生差异时，费用的实际数与预算数缺乏可比性这一缺陷。

3. 增量预算（incremental budget）**和零基预算**（zero-based budget）　增量预算是指在基期成本费用水平的基础上，结合预算期业务量水平及有关降低成本的措施，通过调整有关原有成本费用项目而编制预算的方法，是一种传统的预算编制方法；零基预算是对预算收支以零为基点，对预算期内各项支出的必要性、合理性或者各项收入的可行性以及预算数额的大小，逐项审议决策从而予以确定收支水平的预算。

4. 概率预算（probability budget）　是指对具有不确定性的预算项目，估计其发生各种变化的概率，根据可能出现的最大值和最小值计算出期望值并据此进行编制的预算，一般适用于难以预测变动趋势的预算项目，如开拓新业务等。

5. 滚动预算（moving budget）　又称永续预算，是指在预算有效期内随时间的推移和市场条件的变化而自行延伸并进行同步调整的预算。

滚动预算能与生产经营活动有机结合、保持预算本身的连续性和稳定性，使预算真正指导和控制卫生服务活动。

上述各种预算方法各有所长，应该根据自身的业务特点和需要，针对不同预算项目选择适宜的方法进行预算编制，尤其应该注意各种方法的结合应用。

（四）财务控制

财务控制是指在财务管理的过程中，利用有关信息和特定手段对财务活动施加影响或进行调节。实行财务控制是落实预算任务、保证预算实现的有效措施。财务控制步骤主要有：①制定控制标准，分解落实责任；②实施追踪控制，及时调整误差；③分析执行情况，搞好考核奖惩。

按控制时间，财务控制可分为事前控制、事中控制和事后控制；按控制的依据可分为预算控制和制度控制；按控制的手段可分为定额控制和定率控制。

（五）财务分析

财务分析是指以会计核算资料为主要依据，对财务过程和结果进行调查研究，并与上期资料对比，从而对财务状况进行分析，并采取有效措施，以保证财务计划的完成。

借助财务分析，可以了解财务计划和财务指标的完成情况，评价财务状况，以利于改善财务预测和财务计划工作，研究并掌握卫生机构财务活动的规律性，不断改进财务预测、决策、预算和控制水平，提高经济效益。

财务分析步骤包括：①占有资料，掌握信息；②指标对比，揭露矛盾；③分析原因，明确责任；④提出措施，改进工作。财务分析的主要方法有趋势分析法、比率分析法、连环代替法、综合分析法等。

（六）财务检查

财务检查是以核算资料为主要依据，根据国家制定的财经纪律及单位内部的财务管理制度和办法，对各项财务活动的合法性、合理性和有效性进行检查。它是实现财务监督手段的重要体现。

通过财务检查，可以肯定成绩，揭露问题，有效地保证财务计划的完成，维护财经纪律，揭露卫生机构的违法乱纪行为，发现财务管理环节中存在的问题，促使卫生机构加强经济核算，改善财务管理，不断提高财务管理水平。

财务检查的方法包括内部自我检查和外部检查两种。其中，内部检查主要是指各个科室、各个机构内部自身开展的检查,由财务人员、内审机构人员及其他有关部门完成;外部检查主要由卫生主管部门、财政部门、物价部门、审计部门及其他部门来完成。

七、卫生财务管理环境

财务管理环境也称理财环境,是指对卫生机构财务活动和财务管理产生影响作用的机构内外各种条件的统称。卫生机构财务活动在很大程度上受理财环境的制约,如经济体制、卫生政策、法规制度、技术水平等因素的影响,因此,研究理财环境有助于正确地制定理财策略。

(一)内部财务环境

卫生机构内部财务环境是指其内部客观存在的条件和因素,是卫生机构财务活动的基础和发展的基本条件。其主要特点是影响范围小,影响直接,易把握。包括内部软环境和硬环境。其中,内部软环境是指卫生机构内部财务管理水平、财务决策者素质等;内部硬环境是指卫生机构客观存在的资产总量及结构状况,如固定资产,流动资产的规模、结构以及两者之间的比例关系,固定资产的利用程度等。

1. 财务管理水平 财务管理水平是指卫生机构内部的财务管理体系、规章制度、各项内控制度及财务管理人员的素质经验水平等。若卫生机构有较高的管理水平、较完善的财务管理体系和良好的内控制度、较高水平的财务管理人员,则能合理有效地组织财务活动,采取积极的发展进取精神,以取得较好的社会和经济效益。

2. 财务决策者素质 财务决策者的素质是指决策者的专业水平、文化层次、经营管理的经验、知识面的广博程度、开拓进取精神和创新意识等综合素质。决策者的素质对选择合理、有效的方案有着极其重大的影响。优秀的决策者,具有超前意识,决策有前瞻性,在纷繁复杂的局面下独具慧眼,善于抓住瞬息即逝的时机并发挥集体智慧,多谋善断,又能不断化解和控制风险。

3. 资产总量及结构 卫生机构资产总量包括流动资产、长期投资、固定资产、无形资产及其他资产等,代表卫生机构经济资源的总体实力。其中,固定资产反映了其提供卫生服务的能力,流动资产则反映了其营运能力。只有服务能力与营运能力配比、资产结构比例关系适当时,卫生服务活动才能顺利进行。

(二)外部财务环境

卫生机构外部财务环境是指外部影响财务活动的各种条件和因素,是外部客观存在的。其主要特点是影响范围大,影响间接,不易控制。包括外部软环境和硬环境。外部软环境主要指影响财务活动的外部制度因素。比如:国家颁布的各种财政法律文件、财务法规、财务制度等;外部硬环境是指在一定时间和空间内,在一定的数量规模上影响机构财务活动的客观条件和因素,如生产要素市场、金融市场、信息机构、国家有关管理机构、有经济业务记录的单位等。

卫生机构外部财务环境是不能控制和改变的,卫生机构只能因势利导,充分利用有利的外部环境开展财务活动,主要包括:

1. 宏观经济环境 卫生机构的经济活动是市场经济条件下社会经济运转中的一个组成部分,直接受到国家的经济形势、政治形势、科技发展等总体环境的影响,因此,卫生机构必须在国家宏观调控政策下,规范自己的财务活动。

2. 体制环境 在计划经济体制下,卫生机构无自主权,自经济体制改革以来,国家赋予了卫生机构更多的自主权。机制的转换给卫生机构注入了新的活力,但同时也使其财务决策、财务活动出现了新的情况和新的问题。可见,卫生机构的财务活动与特定的经济体制相联系。

3. 市场环境 在市场经济体制下,卫生服务收费实行计划控制,成本消耗遵循市场价格,卫生机构的财务管理应首先考虑市场因素,并加强经济管理,努力降低成本,以提高经济效益。

4. 法律环境 法律环境不仅为卫生机构规定了行为准则及限制条件,而且为其合法经营提供了保障。卫生机构财务管理所必须遵循的法律、法规主要有:①《中华人民共和国会计法》,是卫生机构开展会计核算和财务管理的基本法规;②《中华人民共和国税法》,是营利性卫生机构依法纳税的依据;③财政部、卫生部联合下发的《医院财务管理办法》和《医院会计核算制度》等。

5. 金融环境 金融环境主要影响卫生机构的融资理财活动,主要表现在金融市场和金融机构两个方面。

(1)金融市场:金融市场是指资金供给者和资金需求者双方通过金融工具进行交易的场所。既可以是有形的市场,如银行、证券交易所等;也可以是无形的市场,如利用电脑、电传、电话等设施通过经纪人进行资金融通活动。市场的要素主要有市场主体、金融工具、交易价格和组织方式。金融市场作为资金融通的场所,是卫生机构向社会筹集资金必不可少的条件。

(2)金融机构:金融机构是在金融市场上沟通资金供给者和资金需求者之间资金融通的媒介。若资金供给者和资金需求者之间直接交易即为直接融资,否则,通过一定的金融机构进行交易即为间接融资。金融机构通过多种不同的形式为卫生机构的筹资提供必要服务,随着经济的发展,其对卫生机构的筹资理财活动将会产生越来越大的作用。

市场经济体制下,国家对卫生机构的补贴相对减少,医药分业管理将逐步实施,医疗保险正全面推开,区域卫生规划的推行,客观上要求卫生机构只有合法地积极组织收入,应对财务环境的变化,才能提高适应财务环境的能力。

案例 13-1

医院应如何筹资?

某医院是其所在地区较有威望的一所三级甲等医院,拥有床位近 2 000 张,在职职工 2 589 人,2006 年该医院拟筹建 28 层现代化住院楼,预计需要资金 6 亿元人民币。已知,目前该医院的负债总额为 8.69 亿元人民币,年医疗收入为 8.93 亿元人民币。

问题:

该医院应如何筹集所需的建设资金?

分析提示:

1. 很多卫生机构在发展过程中,都要借助外力的帮助,卫生机构扩张时,举债是不可避免的问题,但应注意债务结构的合理性。债务结构合理与否,将直接影响着医疗机构的发展。

2. 吸收直接投资、发行债券、商业信用、租赁、银行借款等都是可利用的筹资方式,应对这些筹资方式进行合理组合,以确定最佳资本结构。

3. 吸收直接投资和发行债券有很多客观条件的限制,而且成本相对较高;商业信用、租赁的筹资额度有限,如不能及时偿还将影响信誉,因此,银行借款是大多数卫生机构最先想到的筹资方式。但银行借款有一定的还本付息规定,如不能按期偿还就会面临较严重的财务危机,不采用其他办法及时化解,最终结果就是清算。

4. 由于财务信息的传导性,即使卫生机构只是暂时的资金困难,也会造成连锁反应,形成恶性循环。因此,卫生机构在取得各种借款后,必须作好相应的资金管理及规划,确保还款能力,既要充分利用财务杠杆的利益,又最大限度地降低财务风险。

第2节　卫生财务分析

卫生财务分析既是已完成的财务活动的总结,又是财务预测的前提,在财务管理的循环中起着承上启下的作用。

一、卫生财务分析概述

(一) 卫生财务分析及意义

卫生财务分析是以卫生机构财务报告及其他相关资料为主要依据,采用一定的技术和方法,对卫生机构的财务状况和经营成果进行评价和剖析的一项财务活动,以反映卫生机构在运营过程中的利弊得失、财务状况和发展趋势,从而为改进卫生机构财务管理工作和优化经济决策提供重要信息。

1. 财务分析是评价财务状况、衡量经营业绩的重要依据　通过对卫生机构财务报表(financial statement)等核算资料进行分析,可以了解卫生机构偿债能力(liquidity ability)、营运能力(operating ability)、收益能力(profit ability)和发展能力(development ability),便于卫生机构管理部门及其他报表使用人了解卫生机构财务状况和经营成果;通过财务分析,将影响财务状况和经营成果的主观因素与客观因素、微观因素和宏观因素区分开来,可以划清经济责任,合理评价经营者的工作业绩,并据此奖优罚劣,以促使经营者不断改进工作。

2. 财务分析是挖掘潜力、改进工作、实现财务管理目标的重要手段　卫生机构财务管理的根本目标是努力实现卫生机构价值最大化(营利性卫生机构)和资金使用效率最大化(非营利性卫生机构)。通过财务指标的设置和分析,能了解卫生机构经营状况,不断挖掘卫生机构改善财务状况、扩大财务成果的内部潜力,充分认识未被利用的人力资源和物质资源,寻找利用不当的部分及原因,发现进一步提高利用效率的可能性,以便从各方面揭露矛盾、找出差距、寻求措施,促进卫生机构经营理财活动按照财务管理的目标实现良性运行。

3. 财务分析是合理实施投资决策的重要步骤　投资者及潜在投资者是卫生机构重要的财务报表使用人,通过对卫生机构财务报表的分析,可以了解卫生机构获利能力的高低、偿债能力的强弱、营运能力的大小以及发展能力的增减、投资后的收益水平和风险程度,从而为投资决策提供必需的信息。

4. 开展财务分析有利于国家对卫生事业的管理和调控　在市场经济条件下,政府需要通过一定的调控和管理措施对卫生事业运行进行管理和调节,以实现对卫生资源的合理配置。国家通过对卫生机构财务报表等会计信息进行汇总分析,可以了解并掌握卫生事业的整体运行情况,制定正确、合理、有效的管理方法和调控措施,促进卫生事业的健康发展,并督促卫生机构认真贯彻执行党和国家的路线、方针和政策。

(二)财务分析的内容

不同主体出于不同的利益考虑,在财务分析时有着各自不同的要求和侧重:

1. 卫生机构的投资者 营利性卫生机构与一般经济单位一样,其所有者作为投资人,必然高度关心资本的保值和增值状况,对投资的回报率极为关注。对于一般投资者来说,更关心股息红利的发放。而拥有控制权的投资者考虑更多的是如何增强竞争实力、扩大市场占有率、降低财务风险和纳税的支出,追求长期利益的持续、稳定增长。非营利性卫生机构的基金提供者除关注投资所产生的经济效益外,还要关心投资的社会效益。

2. 卫生机构债权人 债权人在进行财务分析时,最关注的目标是卫生机构的支付能力、偿还本息的可靠性与及时性、破产财务的追债能力,以保证其债务本息能够及时、足额地得以偿还。

3. 经营管理者 为满足不同利益主体的需要,协调各方面的关系,卫生机构经营管理者必须对经营理财的各个方面,包括营运能力、偿债能力、盈利能力以及对社会贡献能力等方面的信息予以详尽的了解,以及时发现问题,找出薄弱环节,采取对策,规划和调整市场定位、目标、策略,以进一步挖掘潜力,为经济效益的持续稳定增长奠定基础。可以说,卫生机构经营管理者的财务分析是最全面的分析,几乎涵盖了其他需求者所关心的所有问题。

4. 政府管理机构 政府兼具多重身份,既是宏观经济的管理者,又是公立卫生机构的所有者。政府对国家投资的卫生机构进行财务分析,除关注投资所产生的社会效益外,还关心投资的经济效益,谋求资产的保值和增值。政府借助财务分析,掌握卫生机构经济核算和财务收支状况,检查卫生机构预算执行情况,考核卫生机构对财经纪律、法规、制度的遵守情况,并通过综合分析对拨款单位的发展潜力及其对社会的贡献程度进行分析考察。

尽管不同利益主体进行财务分析有着各自的侧重点,但从总体来看,卫生机构财务分析的基本内容可归纳为四个方面:偿债能力分析、营运能力分析、收益能力分析和发展能力分析。其中,偿债能力是财务目标实现的稳健保证;营运能力是财务目标实现的物质基础;收益能力是两者共同作用的结果,同时也对两者的增强起着推

动作用。四者相辅相成,共同构成卫生财务分析的基本内容。

(三)财务分析的局限性与弥补措施

虽然财务分析工作对于优化卫生机构经营管理,提高决策水平,促进卫生机构价值最大化目标的实现具有重要意义。但同时也必须认识到财务分析方法与评价的结果不是绝对的,有可能会与实际情况相去甚远,也就是说,财务分析也有一定的局限性。

1. 资料来源的局限性 财务报表是财务分析的主要依据,财务报表数据的局限性决定了财务分析与评价的局限性。

(1)缺乏可比性:财务分析实际上就是数据资料的比较过程,比较的双方必须要具有可比性。但数据的可比性受众多条件的制约。如:计算方法、计价标准、时间跨度和经营规模等,一旦这些条件发生变动而卫生机构在分析时又未予以考虑,会对分析的结果造成不利影响。

(2)缺乏可靠性:可靠的数据才能提供可靠的信息,但报表数据是否真实可靠,不仅受制于卫生机构的主观因素,还受到通货膨胀等客观因素的影响,同时也与会计方法的有效性密切相关。如果通货膨胀严重、会计方法不当或者过多地掺杂各种主观因素,必然会使财务报表数据缺乏真实可靠性,从而影响财务分析的结果。

(3)存在滞后性:进行财务分析,不单是为了评价卫生机构以往的财务状况,更要对卫生机构未来的经营理财活动进行指导和规划。财务报表的各项数据及其他有关资料大多属于历史资料,有一定的滞后性。如果单纯依据这些资料,而不考虑卫生机构及外环境的发展变化情况,其分析结果的有效性会大打折扣,严重时还可能对卫生机构的决策行为产生误导作用。

2. 分析方法的局限性 具有可比性是进行财务分析的前提,也是各种分析方法运用的前提。当条件发生改变已不具备可比性时,财务分析的结果就会与实际相背离,而条件的变化是客观存在的。

3. 分析指标的局限性 出于保护自身商业秘密和市场利益的目的,卫生机构向社会披露的指标通常仅限于财务通则以及会计制度和准则等有关规定要求披露的信息,同时,卫生机构基于市场形象的考虑,或为了得到政府及其金融机构的良好评价,可能还存在对这些公开信息加以粉饰的情况。因此,依据这些指标有时难以对卫生机构真实的经营理财状况做出正确的评价。此外,在指标名称、计算公式、计算口径等方面也存在较大的不规范性,如何将资金时间价值观念

纳入财务分析当中、如何消除通货膨胀的影响等都缺乏统一规定及标准,所有这些也同样降低了财务指标的有效性。

针对财务分析的局限性,在实际工作中需要采取措施加以弥补:①尽可能去异求同,增强指标的可比性。例如:将不同会计方法的影响差异剔除,将某些特殊的个别事件和因素剔除等。②卫生机构必须考虑物价变动的影响,并将资金时间价值观念有机地纳入分析过程。③注意各种指标的综合运用,如定量分析与定性分析相结合,趋势分析与比率分析相结合,横向分析与纵向分析相结合,总量分析与个量分析相结合,静态分析与动态分析相结合等。④必须将各项指标综合权衡,并结合社会经济环境的变化及卫生机构不同时期具体经营理财目标的不同进行系统分析。

二、卫生财务分析方法

(一) 趋势分析法

趋势分析法又称水平分析法,是通过对比两期或连续数期财务报告,确定财务指标增减变动的方向、数额和幅度,来说明财务状况或经营成果变动趋势的一种方法。采用这种方法,可以分析引起变化的主要原因、变动的性质,对卫生机构未来的发展趋势进行预测。

趋势分析法的具体运用主要有如下三种方式:

1. 重要财务指标的比较 重要财务指标的比较是指将不同时期财务报告中的同指标或比率进行比较,直接观察其增减变动情况及变动幅度,考察其发展趋势,预测其发展前景。

(1) 定基趋势分析法:定基趋势分析法是指在连续几期的会计数据中,以某期为固定时期(也称为基期,一般为第一期),分别计算其他各期(称为报告期或分析期)相对于基期的变动情况,以判断其发展趋势,挖掘潜力,改进工作方法。其计算公式为:

$$变动差额 = 报告期金额 - 基期金额$$

$$定基百分比 = \frac{报告期金额}{基期金额} \times 100\%$$

$$定基比增长速度 = \frac{(报告期金额 - 基期金额)}{基期金额}$$
$$\times 100\% = 定基百分比 - 100\%$$

(2) 环比趋势分析法:环比趋势分析法是指在连续几期的会计数据中,每一期分别与上一期进行对比,分析计算各期的变动情况,以判断指标的连续变化趋势。其计算公式为:

$$变动差额 = 报告期金额 - 上期金额$$

$$环比百分比 = \frac{报告期金额}{上期金额} \times 100\%$$

$$环比增长速度 = \frac{(报告期金额 - 上期金额)}{上期金额}$$
$$\times 100\% = 环比百分比 - 100\%$$

2. 会计报表的比较 会计报表的比较是指将连续数期会计报表中的同一指标并列起来,比较其增减变动金额和幅度,据此判断卫生机构财务状况和经营成果发展变化的一种方法。具体包括资产负债表(balance sheet)比较、收入支出表(income-output statement)比较、基金变动表(funds variation statement)比较和现金流量表(cash flow statement)比较等。比较时既要计算出表中有关项目增减变动的绝对额,又要计算出其增减变动的百分比。

3. 会计报表项目构成的比较 以会计报表中的某个总体指标作为100%,计算其各组成指标占该总体指标的百分比,通过比较各个项目百分比的增减变动,以此来判断有关财务活动的变化趋势。这种方法是在会计报表比较的基础上发展而来的,比前述两种方法更能准确地分析卫生机构财务活动的发展趋势,既可用于同一卫生机构不同时期财务状况的纵向比较,又可用于不同卫生机构之间的横向比较。同时,这种方法能消除不同时期或不同卫生机构之间业务规模差异的影响,有利于分析卫生机构的耗费水平和盈利水平。

在采用趋势分析法时,必须注意的问题有:①用于进行对比的各个时期的指标,在计算口径上必须一致;②剔除偶发性项目的影响,使分析数据能反映出正常的经营状况;③应运用"例外原则",对某项有显著变动的指标作重点分析,研究其产生的原因,以便采取对策,趋利避害。

> **案例 13-2**
> ### 对某卫生机构资产负债情况的分析
> 表 13-1 提供的是某卫生机构 2004～2006 年连续三年的资产负债情况,以及以 2004 年为基期,2005 年和 2006 年的定基百分比与定基比增长速度。
> **问题:**
> 根据表 13-1 资料,试对该卫生机构 2004～2006 年的资产负债情况作简要分析。
> **分析提示:**
> 采用定基趋势分析法从表 13-1 的数据中可得到如下分析结果:
> 1. 总资产稳定增长,2005 年和 2006 年分别比基期增长 44.27% 和 71.04%。

2. 固定资产增长较快,是总资产增长的主要原因。

3. 应收款项增长幅度较大,提示管理者要加强应收账款的催收工作。

4. 存货增长幅度较大,可能会降低存货周转速度。

5. 流动负债逐年增加,应注意防范财务风险。

表 13-1 某卫生机构资产负债简化表 单位:万元

项目	2004 年	2005 年	2006 年	2005 年			2006 年		
				差额	定基百分比(%)	定基比增长速度(%)	差额	定基百分比(%)	定基比增长速度(%)
资产总计	44 384	64 033	75 913	19 649	144.27	44.27	31 529	171.04	71.04
流动资产	22 689	29 402	38 079	6 713	129.59	29.59	15 390	167.83	67.83
速动资产	21 987	28 531	36 603	6 544	129.76	29.76	14 616	166.48	66.48
应收款项	2 789	3 857	5 949	1 068	138.29	38.29	3 160	213.30	113.30
存货	702	871	1 476	169	124.07	24.07	774	210.26	110.26
对外投资	50	50	50	0	100.00	0.00	0	100.00	0.00
固定资产	21 645	34 581	37 784	12 936	159.76	59.76	16 139	174.56	74.56
流动负债	4 774	5 424	7 942	650	113.62	13.62	3 168	166.36	66.36
长期负债	70	40	40	-30	57.14	-42.86	-30	57.14	-42.86
净资产合计	39 540	58 569	67 931	19 029	148.13	48.13	28 391	171.80	71.80

案例 13-3

对某卫生机构收支情况的分析

表 13-2 提供的了某卫生机构 2004～2006 年连续三年的收入支出情况以及以 2004 年为基期, 2005 年和 2006 年的环比百分比及环比增长速度。

表 13-2 某卫生机构资产负债简化表 单位:万元

项目	2004 年	2005 年	2006 年	2005 年			2006 年		
				差额	环比百分比(%)	环比增长速度(%)	差额	环比百分比(%)	环比增长速度(%)
业务收入	30 016	29 492	35 830	-524	98.25	-1.75	6 338	121.49	21.49
业务支出	25 405	25 602	30 854	197	100.78	0.78	5 252	120.51	20.51
业务收支结余	4 611	3 890	4 976	-721	84.36	-15.64	1 086	127.92	27.92
收支结余	5 655	5 938	6 942	283	105.00	5.00	1 004	116.91	16.91
提取职工福利	2 262	2 375	2 777	113	105.00	5.00	402	116.93	16.93
转人事业基金	3 393	3 563	4 165	170	105.01	5.01	602	116.90	16.90

问题:

根据上表资料,试对该卫生机构 2004～2006 年的收入支出情况作简要分析。

分析提示:

采用环比趋势分析法从表 13-2 数据中可得到如下分析结果:

1. 业务收入 2006 年有较高的增长幅度,但 2005 年呈现负增长,应注意查找具体原因。

2. 业务支出持续增长,但 2006 年增长幅度高于 2005 年,且 2006 年业务支出的增长百分比小于业务收入的增长百分比,表明该机构成本管理工作有一定的成效。

> 3. 业务收支结余 2006 年增长幅度较大,且大于业务收入增长幅度,而 2005 年呈现负增长,提示管理水平有所提高。
> 4. 收支结余稳定增长。
> 5. 职工福利基金及事业基金均稳定增长。

(二) 比率分析法

比率分析法是通过计算各种比率指标来确定经济活动变动程度的分析方法。采用这种方法,能够把某些条件下的不可比指标变为可比指标,以便于进行分析。比率指标主要有三类:①构成比率;②效率比率;③相关比率。

1. 构成比率 构成比率又称结构比率,是某项财务指标的各组成部分数值占总体数值的百分比,可反映部分与总体的关系。例如:卫生机构资产中的流动资产、固定资产和无形资产占资产总额的百分比(资产构成比率),卫生机构负债中流动负债和长期负债占负债总额的百分比(负债构成比率)等。利用构成比率,可以考察总体中某个部分的形成和安排是否合理,以便协调各项财务活动。其计算公式:

$$构成比率 = \frac{某个组成部分数值}{总体数值} \times 100\%$$

2. 效率比率 效率比率是某项经济活动中投入与产出的比例。利用效率比率指标,可以进行得失比较,考察经营成果,评价经济效益。例如:将收支结余与总资产、净资产、收入总额等项目加以对比,可计算出总资产收益率、净资产收益率及收入收益率等收益率指标,这些指标可以从不同角度观察比较卫生机构收益能力的高低及其增减变化情况。

3. 相关比率 相关比率是以某个项目和与其有关但又不同的项目加以对比所得的比率,反映有关经济活动的相互关系,以考察有联系的相关业务安排得是否合理,以保障运营活动顺畅进行。例如:将流动资产与流动负债加以对比可计算出流动比率,据此判断卫生机构的短期偿债能力。

比率分析法的优点是计算简便,计算结果也比较容易判断,而且可以使某些指标在不同规模的卫生机构之间进行比较,甚至也能在一定程度上超越行业间的差别进行比较。但采用这一方法时应注意以下几个问题:

(1) 对比项目的相关性:计算比率的分子项和分母项必须具有相关性,把不相关的项目进行对比是没有意义的。在构成比率指标中,部分指标必须是总体指标这个大系统中的一个小系统;

在效率比率指标中,投入与产出必须有因果关系;在相关比率指标中,两个对比指标也要有内在联系,才能评价有关经济活动之间是否协调均衡,安排是否合理。

(2) 对比口径的一致性:计算比率的分子项和分母项必须在计算时间、范围等方面保持口径一致。

(3) 衡量标准的科学性:运用比率分析,需要选用一定的标准与之对比,以便对卫生机构的财务状况做出评价。通常而言,科学合理的对比标准有:①既定指标如预算指标、设计指标、定额指标、理论指标等;②历史标准,如上期实际、上年同期实际、历史先进水平以及有典型意义时期的实际水平等;③行业标准,如主管部门或行业协会颁布的技术标准、国内外同类卫生机构的先进水平或平均水平等;④公认标准,即普遍认可的标准,如流动比率国际上通常认为等于 200% 时较为适当。

(三) 因素分析法

因素分析法是依据分析指标与其影响因素的关系,从数量上确定各因素对分析指标影响方向和影响程度的一种方法。采用这种方法的出发点在于,当有若干因素对分析指标发生影响作用时,假定其他因素均无变化,顺次确定每一个因素单独变化所产生的影响。

1. 分析方法 因素分析法具体有两种方法:一是连环替代法;二是差额分析法。

(1) 连环替代法:连环替代法是将分析指标分解为各个可以计量的因素,并根据各因素之间的依存关系,顺次用各因素的比较值(通常为实际值)替代基准值(通常为标准值或计划值),据此判定各因素对分析指标的影响。其一般计算步骤如下:①比较分析财务指标的实际数和计划数,确定分析对象;②确定影响分析对象变动的各项因素;③对影响这项经济指标的各项因素进行分析,决定每一项因素的排列顺序;④逐项进行连环替代,计算替代结果;⑤比较各因素的替代结果,确定各因素对分析指标的影响程度;⑥将各项因素影响程度进行验证,检验分析结果。

假定某一财务指标 S 受 a、b、c 三个因素的影响,且 $S = a \times b \times c$,其实际数指标与计划数指标分别为:

实际数:$S_3 = a_1 \times b_1 \times c_1$

计划数:$S_0 = a_0 \times b_0 \times c_0$

计划数指标	$S_0 = a_0 \times b_0 \times c_0$	①
第一次替代	$S_1 = a_1 \times b_0 \times c_0$	②
第二次替代	$S_2 = a_1 \times b_1 \times c_0$	③

第三次替代 $S_3 = a_1 \times b_1 \times c_1$ ④

②式 － ①式：$S_1 - S_0 = (a_1 - a_0) \times b_0 \times c_0$，即 a 因素变动的影响

③式 － ②式：$S_2 - S_1 = a_1 \times (b_1 - b_0) \times c_0$，即 b 因素变动的影响

④式 － ③式：$S_3 - S_2 = a_1 \times b_1 \times (c_1 - c_0)$，即 c 因素变动的影响

实际数与计划数的总差异$(S_3 - S_0)$同时受 a、b、c 三个因素的影响，将这三个因素各自的影响程度相加，即为总差异$(S_3 - S_0)$。

（2）差额分析法：差额分析法是利用各个因素的实际数与计划数或目标值之间的差额来计算各因素对指标变动的影响程度，其基本要点是用某项因素的实际数与计划数的差额，乘以因素关系之中列在该因素前的各个因素的实际数和列在计划数因素后的各因素的基数，所得出的结果就是该因素变动对分析指标的影响程度。

假定某一财务指标 S 受 a、b、c 三个因素的影响，且 $S = a \times b \times c$，其实际数指标与计划数指标分别为：

实际数：$S_3 = a_1 \times b_1 \times c_1$

计划数：$S_0 = a_0 \times b_0 \times c_0$

a 因素的影响为：$S_a = (a_1 - a_0) \times b_0 \times c_0$

b 因素的影响为：$S_b = a_1 \times (b_1 - b_0) \times c_0$

c 因素的影响为：$S_c = a_1 \times b_1 \times (c_1 - c_0)$

实际数与计划数的总差异$(S_3 - S_0)$同时受 a、b、c 三个因素的影响，将这三个因素各自的影响程度相加，即为总差异$(S_a + S_b + S_c)$。

2. 因素分析中应注意的问题 因素分析法既可以全面分析各因素对某一经济指标的影响，又可以单独分析某个因素对某一经济指标的影响，在财务分析中应用颇为广泛。在应用这一方法时必须注意以下几个问题：

（1）因素分解的关联性：确定构成经济指标的因素必须在客观上存在因果关系，能够反映形成该指标差异的内在构成原因，否则就失去了其存在的价值。

（2）因素替代的顺序性：替代因素时，必须按照各因素的依存关系，排列成一定顺序并依次替代，不可随意加以颠倒，否则就会得出不同的计算结果。一般而言，确定正确排列因素替代程序的原则是按分析对象的性质，从诸因素相互依存关系出发，并使分析结果有助于分清责任。

（3）顺序替代的连环性：因素分析法在计算每一个因素变动的影响时，都是在前一次计算的基础上进行的，并采用连环比较方法确定因素变化的影响结果。只有保持计算程序上的连环性，才能使各个因素影响之和等于分析指标变动的差异，全面说明分析指标变动的原因。

（4）计算结果的假定性：因素分析法计算的各因素变动的影响数，会因替代顺序的不同而有差别，因而计算结果不免带有假定性，即它不可能使每个因素计算的结果都达到绝对准确，只能是在某种假定前提下的影响结果。离开了假定的前提条件，结果就会发生变化。为此，分析时应力求保证假定前提合乎逻辑，是具有实际经济意义的假定，以使计算结果的假定性不至于妨碍分析的有效性。

案例 13-4

连环替代法和差额分析法的应用

某卫生机构甲项目的计划服务量 100 人次，计划单位耗用卫生材料量 50 克，每克材料计划价格为 8 元人民币；该项目实际服务量 120 人次，实际单位耗用卫生材料量 49 克，每克材料实际价格为 7 元人民币。

问题：

试采用连环替代法和差额分析法对材料费用差异进行分析。

分析提示

1. 采用连环替代法所做的分析如下：

材料费用 = 项目服务量 × 单位耗用量 × 材料单价

计划材料费用 = $100 \times 50 \times 8 = 40\ 000$（元） ①

实际材料费用 = $120 \times 49 \times 7 = 41\ 160$（元）

第一次替代：$120 \times 50 \times 8 = 48\ 000$（元）②

第二次替代：$120 \times 49 \times 8 = 47\ 040$（元）③

第三次替代：$120 \times 49 \times 7 = 41\ 160$（元）④

② － ① = $48\ 000 - 40\ 000 = 8\ 000$（元），说明由于服务量增加，使材料费用增加了 8 000 元；

③ － ② = $47\ 040 - 48\ 000 = -960$（元），说明由于单位耗费下降，使材料费用减少了 960 元；

④ － ③ = $41\ 160 - 47\ 040 = -5\ 880$（元），说明由于单价下降，使材料费用减少了 5 880 元；

三个因素的共同影响额为：8 000 ＋（－960）＋（－5 880）= $41\ 160 - 40\ 000 = 1\ 160$（元），说明由于卫生服务量增加、单位耗用卫生材料下降、卫生材料单价下降共同影响使材料费用增加了 1 160 元。

2. 采用差额分析法所做的分析如下：

由服务量变动对材料费用的影响为：$(120 - 100) \times 50 \times 8 = 8\ 000$（元）

由单耗变动对材料费用的影响为：$120 \times (49 - 50) \times 8 = -960$（元）

由单价变动对材料费用的影响为：$120 \times 49 \times (7-8) = -5\ 880$（元）

三个因素的共同影响额为：$8\ 000 + (-960) + (-5\ 880) = 41\ 160 - 40\ 000 = 1\ 160$（元），说明由于卫生服务量增加、单位耗用卫生材料下降、卫生材料单价下降共同影响使材料费用增加了 1 160 元。

第3节 卫生财务指标分析

总结和评价卫生机构财务状况与经营效果的分析指标主要有偿债能力指标、营运能力指标、收益能力指标和发展能力指标。

一、偿债能力分析

偿债能力是指卫生机构偿还到期债务（包括本息）的能力。偿债能力分析包括短期偿债能力分析和长期偿债能力分析。

（一）短期偿债能力分析

短期偿债能力是指卫生机构流动资产对流动负债及时足额偿还的保证程度，是衡量卫生机构当前财务能力，特别是流动资产变现能力的重要标志。

卫生机构短期偿债能力的衡量指标主要有流动比率（current ratio）、速动比率（quick ratio）和现金比率（cash ratio）三项。

1. 流动比率 流动比率是流动资产与流动负债的比率，它表明卫生机构每一元流动负债有多少流动资产作为偿还保证，反映卫生机构用可在短期内变现的流动资产偿还到期流动负债的能力，其计算公式为：

$$流动比率 = \frac{流动资产}{流动负债} \times 100\%$$

一般情况下，流动比率越高，反映卫生机构短期偿债能力越强，债权人越有保证。国际上通常认为，流动比率的下限为 100%，而流动比率等于 200% 时较为适当，它表明卫生机构财务状况稳定可靠，除了满足日常经营的流动资金需要外，还有足够的财力偿付到期短期债务。如果比率过低，则表示卫生机构的偿债资金可能捉襟见肘，难以如期偿还债务。但是，流动比率过高也不好，因为过高表明卫生机构流动资产占用较多，会影响资金的使用效率和卫生机构的筹资成本，进而影响获利能力。究竟应保持多高水平的流动比率，主要视卫生机构对待风险与收益的态

度予以确定。

运用流动比率时，必须注意以下几个问题：

（1）虽然流动比率越高，卫生机构偿还短期债务的流动资产保证程度越强，但这并不等于说卫生机构已有足够的现金或存款用来偿债。流动比率高也可能是存货积压、应收账款增多且收账期延长，以及待摊费用和待处理财产损失增加所致，而真正可用来偿债的现金和存款却可能严重短缺。所以，卫生机构应在分析流动比率的基础上，进一步对现金流量加以考察。

（2）从短期债权人的角度看，自然希望流动比率越高越好。但从卫生机构经营角度看，过高的流动比率通常意味着卫生机构闲置现金的持有量过多，必然造成卫生机构机会成本的增加和获利能力的降低。因此，卫生机构应尽可能将流动比率维持在不使货币资金闲置的水平。

（3）流动比率是否合理，不同卫生机构以及同一卫生机构不同时期的评价标准是不同的。因此，不应用统一标准来评价各卫生机构流动比率合理与否。

（4）在分析流动比率时应当剔除一些虚假因素的影响。

2. 速动比率 速动比率是卫生机构速动资产与流动负债的比率。所谓速动资产，是指流动资产减去变现能力较差且不稳定的存货、预付账款、待摊费用、待处理流动资产损失等之后的余额。由于剔除了存货等变现能力较弱且不稳定的资产，因此，速动比率能够更加准确、可靠地评价卫生机构资产的流动性及其偿还短期负债的能力，其计算公式为：

$$速动比率 = \frac{速动资产}{流动负债} \times 100\%$$

式中：速动资产 = 货币资金 + 短期投资 + 应收账款 + 应收票据 = 流动资产 − 存货 − 预付账款 − 待摊费用 − 待处理财产损失

一般情况下，速动比率高，表明卫生机构偿还流动负债的能力强。国际上通常认为，速动比率等于 100% 时较为适当。如果速动比率小于 100%，必使卫生机构面临很大的偿债风险；如果速动比率大于 100%，尽管债务偿还的安全性很高，但却会因卫生机构现金及应收账款资金占用过多而大大增加卫生机构的机会成本。

在分析时需注意的问题是：尽管速动比率较之流动比率更能反映出流动负债偿还的安全性和稳定性，但不能认为速动比率低的卫生机构的流动负债到期绝对不能偿还。实际上，如果卫生机构存货流转顺畅，变现能力较强，即使速动比率较低，可能流动比率较高，仍然有能力偿还到期的债务本息。

3. 现金比率 现金比率是现金类流动资产与流动负债的比率,反映卫生机构短期偿债可能性的大小。现金类资产包括卫生机构所拥有的货币资金和持有的易于变现的有价证券,现金比率是衡量卫生机构即期偿还能力大小的比率,其计算公式为:

$$现金比率 = \frac{货币现金 + 现金等价物}{流动负债} \times 100\%$$

现金比率越高,反映短期偿债能力越强。若该比率太高,则意味着卫生机构保留了过多的现金类资产,所筹集的资金未能得到实质性的应用,存在着资金闲置的情况。

计算现金比率的原因在于速动资产中的应收账款存在着发生坏账的可能性,某些到期的账款不一定能够及时的收回,这势必影响到短缺偿债能力的判断,而现金是卫生机构偿还到期债务的最终手段,如果卫生机构现金缺乏,就可能会发生债务支付困难,面临财务危机。因此,当分析者怀疑应收账款存在变现难度时,则希望以现金比率来说明问题,现金比率也是债权人所关心的一个指标。

(二)长期偿债能力分析

长期偿债能力分析是对卫生机构偿还长期负债能力大小的分析评价。常用的评价指标有资产负债率(assets-liabilities ratio)、利息保障倍数(number of times interest earned)、产权比率(equity ratio)、权益乘数(equity multiplier)等。

1. 资产负债率 资产负债率是衡量负债水平及其风险程度的重要判断标准,是卫生机构负债总额与资产总额的比率,用来说明卫生机构资产总额中有多少是通过举债得到的。该指标不论对投资人还是债权人都十分重要,适度的资产负债率既能表明投资人、债权人的投资风险较小,又表明经营安全、稳健、有效,具有较强的筹资能力,其计算公式为:

$$资产负债率 = \frac{负债总额}{资产总额} \times 100\%$$

从不同的立场上,对该指标的看法不同:①从债权人的立场看,希望资产负债率越低越好,表明经营单位偿债有保证,贷款不会有太大的风险;②从卫生机构所有者的角度看,最关心的是全部资本收益率是否超过借入款项的利率,当全部资金收益率高于借款利率时,负债比率越大越好,否则反之;③从经营者的角度看,所关心的是如何根据需要和可能,审时度势地利用负债资金,充分估计预期的经营风险和财务风险,做出恰当的资金结构决策,并以此指导卫生机构的

筹资来源选择,保持财务管理的主动性,维持卫生机构恰当的负债比率。

2. 利息保障倍数 利息保障倍数是卫生机构收支结余加利息费用之和与利息费用的比值,反映了经营服务所得支付债务利息的能力,同时也反映了债权人投资的风险程度。该比值一般应大于1,若比值太低说明卫生机构难以用经营服务所得来按时支付债务利息,其计算公式为:

$$利息保障倍数 = \frac{收支结余 + 利息费用}{利息费用}$$

（非营利性卫生机构）

$$利息保障倍数 = \frac{息税前结余}{利息费用}$$

（营利性卫生机构）

式中:息税前结余 = 结余总额 + 利息支出 = 净结余 + 所得税 + 利息支出(利息支出是指实际支出的借款利息、债券利息等)。

该指标不仅反映卫生机构获利能力的大小,而且反映了获利能力对偿还到期债务的保证程度,它既是卫生机构举债经营的前提依据,也是衡量卫生机构长期偿债能力大小的重要标志。这个指标的倍数越大,说明卫生机构承担利息的能力越强。如果倍数小于1,则表示卫生机构的获利能力无法承担举债经营的利息支出。这个指标的判断标准,应根据往年经验,结合行业特点和历史水平来确定,一般按收支结余较低时的水平评价。由于目前我国卫生机构借款数量较少,利息费用小,因此利息保障倍数一般很大,可暂不以此指标作为主要评价偿债能力的指标。

3. 产权比率 产权比率是卫生机构的负债总额与净资产总额的比率,可以用来评价卫生机构财务结果是否稳健合理,反映了卫生机构的净资产对债权人权益的保障程度,其计算公式为:

$$产权比率 = \frac{负债总额}{净资产总额} \times 100\%$$

产权比率表明债权人投入的资本受到净资产保障的程度,该比率越低,债权人承担的风险越小;该比率越高,债权人承担的风险越大,因此,该比率的变动是卫生机构债权人所关注的。另外,从投资人来看,产权比率高,是高风险,高报酬的财务结构;产权比率低,是低风险,低报酬的财务结构。

产权比率与资产负债率对卫生机构长期偿还债务能力描述的区别在于:产权比率侧重揭示财务结构的稳健程度以及主权资本对偿债风险的承受能力,而资产负债率则侧重于分析债务偿付安全性的物质保障程度。

4. 权益乘数 权益乘数是卫生机构资产总

笔 记 栏

额与净资产总额的比值,用来反映卫生机构的负债程度。权益乘数越高,说明卫生机构有较高的负债程度,这既给卫生机构带来了较多的杠杆利益,同时也带来了较大的风险,因此,要求卫生机构应有合理的资本结构,其计算公式为:

$$权益乘数 = \frac{资产总额}{净资产总额} = \frac{1}{1 - 资产负债率}$$

二、营运能力分析

营运能力是指卫生机构运用资产进行经营活动的能力,对其进行分析,一般采用下列的指标:

(一) 流动资产周转速度

包括流动资产周转率(assets turnover)和流动资产周转天数(days assets turnover)。流动资产周转率是一定时期内的业务收入与流动资产平均余额的比值,可反映整个流动资产在一定时期内的周转速度;流动资产周转天数表示全部流动资产回收一次所需要的天数。流动资产周转次数越多,周转天数越少,说明周转速度越快,流动资产利用效率越高。其计算公式为:

$$流动资产周转率(周转次数) = \frac{业务收入}{流动资产平均余额}$$

流动资产平均余额
$$= \frac{期初流动资产余额 + 期末流动资产余额}{2}$$

$$流动资产周转天数 = \frac{日历天数(360 天)}{流动资产周转率}$$

流动资产周转率式中的业务收入是指卫生机构医疗、药品及其他收入的合计,而本章后面计算式中所涉及的业务收入、业务支出及业务收支结余均为医疗、药品和其他业务的合计。

(二) 应收账款周转速度

包括应收账款周转率(receivable turnover)和应收账款周转天数(days sales outstanding)。应收账款周转率是一定时期内业务收入与平均应收账款余额之比,反映在一定时期内应收账款的平均回收速度;应收账款周转天数是指一定时期内(一般为一年)应收账款回收的平均天数,其计算公式为:

$$应收账款周转率(周转次数) = \frac{业务收入}{平均应收账款余额}$$

$$平均应收账款 = \frac{(期初应收账款 + 期末应收账款)}{2}$$

$$应收账款周转天数 = \frac{日历天数(360 天)}{应收账款周转率}$$

通常,应收账款周转率越高、天数越短越好,说明收回账款的速度快,资产流动性强,可以减少或避免坏账损失。反之,周转次数越少,天数越长,说明收回账款的速度越慢,产生坏账的可能性越大。

(三) 存货周转速度

存货周转速度包括存货周转率(inventory turnover)和存货周转天数(days sales of inventory)。存货周转率是营业成本与存货平均余额的比值,用来反映存货流转速度的快慢,同时反映卫生机构对存货的管理水平,表明卫生机构药品、库存物资的存货量是否与服务提供量相称;存货周转天数表示存货周转一次所需要的天数,其计算公式为:

$$存货周转率(周转次数) = \frac{营业成本}{存货平均余额}$$

$$存货平均余额 = \frac{(期初存货余额 + 期末存货余额)}{2}$$

$$存货周转天数 = \frac{日历天数(360 天)}{存货周转率}$$

上述式中的营业成本是指卫生机构药品支出中药品费、库存物资实际支出数。一般来讲,存货周转速度越快,存货的占用水平越低,流动性越强,存货转换为现金或应收账款的速度越快。提高存货周转率可以提高卫生机构的变现能力;而存货周转速度越慢,则变现能力越差。

(四) 固定资产周转率

固定资产周转率(fixed asset turnover)是一定时期内业务收入与固定资产平均净值的比值,是反映固定资产的价值转移、回收速度和利用效果的指标,其计算公式为:

$$固定资产周转率(周转次数) = \frac{业务收入}{固定资产平均净值}$$

固定资产平均净值 =
$$\frac{(期初固定资产净值 + 期末固定资产净值)}{2}$$

固定资产周转率高,表明固定资产利用充分,同时,也能说明固定资产投资得当,结构合理,能够发挥其应有的效率;相反,如果固定资产周转率不高,则提示固定资产运用效率不高,提供的财务成果不多,卫生机构营运能力不强。

运用和计算固定资产周转率时应注意:因为固定资产的净值是原值减去累计折旧后的余额,因此,利用这一指标进行比较,一般适宜自身纵向比较,如果与其他单位进行横向比较,则应考虑两个机构的折旧方法是否一致。

(五) 总资产周转率

总资产周转率(total assets turnover)是一定时期内的收入总额与总资产平均余额的比值,是反映总资产价值回收、转移与利用效果的指标,可综合反映卫生机构全部资产的营运能力。该指标越高,表明总资产营运能力越强,其计算公式为:

$$总资产周转率(周转次数) = \frac{收入总额}{总资产平均余额}$$

式中:收入总额 = 业务收入 + 财政补助收入 + 上级补助收入,总资产平均余额为期初总资产余额与期末总资产余额的平均数。

(六) 总费用率

总费用率(total expenses ration)是卫生机构在开展业务活动中所发生费用与其收入的比率,可反映卫生机构业务收入受费用变动的影响程度和管理水平,其计算公式为:

$$总费用率 = \frac{业务支出}{业务收入} \times 100\%$$

三、收益能力分析

收益能力是指卫生机构获得经济收益的能力,是衡量卫生机构经济效益高低的重要指标,常用的收益能力分析指标有:

(一) 总资产收益率

总资产收益率(return on total assets)又称资产报酬率,是卫生机构在一定时期内收支结余总额与总资产平均余额的比率。该指标作为揭示卫生机构资产综合利用效果的指标,无论对于卫生机构所有者、债权人还是经营者都具有重要意义。资产收益率比率越大,说明卫生机构获得收益的能力越强,资产利用效益越好,经营管理水平越高,其计算公式为:

$$资产收益率 = \frac{收支结余}{总资产平均余额} \times 100\%$$

(二) 净资产收益率

净资产收益率(return on equity)是反映卫生机构获得结余能力的重要指标,是指卫生机构运用净资产所得的结余率,此指标可以表明卫生机构利用净资产的效果,其计算公式为:

$$净资产收益率 = \frac{收支结余}{净资产平均余额} \times 100\%$$

(三) 收入收益率

收入收益率(return on revenue)是卫生机构收支结余与收入总额之间的比率,该比率越大,说明其获得收益的能力越强,其计算公式为:

$$收入收益率 = \frac{收支结余}{收入余额} \times 100\%$$

(四) 支出收益率

支出收益率(return on expenditure)是卫生机构收支结余与支出总额的比率,该比率越大,说明其获得收益的能力越强,其计算公式为:

$$支出收益率 = \frac{收支结余}{支出总额} \times 100\%$$

(五) 投资收益率

投资收益率(return on investment)是对外投资收益净额与平均投资总额的比率,该比率愈大说明投资收益能力愈强,其计算公式为:

$$投资收益率 = \frac{对外投资收益净额}{平均投资总额} \times 100\%$$

(六) 资本保值增值率

资本保值增值率(return on preservation and appreciation)是卫生机构期末净资产总额与期初净资产总额的比率,若该比率大于100%,说明所有者权益(净资产)总额增加,资本达到增值效果;若该比率小于100%,则意味着所有者权益(净资产)遭受损失,其计算公式为:

$$资本保值增值率 = \frac{期末净资产}{期初净资产} \times 100\%$$

资本的保值是卫生机构所有者所关心的,资本价值的衡量应取决于其增值的能力。卫生机构在经营中必须尽可能使卫生机构所有者的资产得以保全并使之不断增值,从而降低风险,以维护卫生机构所有者的权益。

四、发展能力分析

发展能力是指卫生机构的财务增长和可持续发展的能力,是卫生机构经济实力强弱的重要体现,下面介绍几个常用的发展能力分析指标。

(一) 总资产增长率

总资产增长率(increasing rate of total assets)是卫生机构本年总资产增长额同年初资产总额的比率,可以衡量卫生机构本期资产规模的增长

情况,评价卫生机构运营规模总量上的扩张程度,其计算公式为:

$$总资产增长率 = \frac{本年总资产增长额}{年初资产总额} \times 100\%$$

该指标可表明卫生机构规模增长水平对发展潜力的影响,但应注意规模扩张的质量,避免资产盲目扩张。

(二) 固定资产增长率

固定资产增长率(increasing rate of fixed assets)是用来衡量固定资产规模扩大程度的指标,是卫生机构一定时期内固定资产增加值与期初固定资产原值的比率,其计算公式为:

$$固定资产增长率 = \frac{本期净增固定资产原值}{年初固定资产原值} \times 100\%$$

(三) 固定资产成新率

固定资产成新率(replaceable rate of fixed assets)是卫生机构当期平均固定资产净值同平均固定资产原值的比率,可反映卫生机构所拥有的固定资产的新旧程度,体现卫生机构固定资产更新的快慢和持续发展的能力,其计算公式为:

$$固定资产成新率 = \frac{平均固定资产净值}{平均固定资产原值} \times 100\%$$

(四) 资本积累率

资本积累率(rate of capital accumulation)是卫生机构本年净资产增长额与年初净资产的比率,可反映卫生机构净资产在当年的变动水平,体现卫生机构资本的积累情况,是卫生机构发展强盛的标志,也是卫生机构扩张的源泉,是评价卫生机构发展潜力的重要指标,其计算公式为:

$$资本积累率 = \frac{本年净资产增长额}{年初净资产} \times 100\%$$

(五) 收支结余增长率

收支结余增长率(increasing rate of balance)是卫生机构本期收支结余增加额与上期收支结余的比率,是说明经营成果增长情况的指标,其计算公式为:

$$收支结余增长率 = \frac{本期收支结余增加额}{上期收支结余} \times 100\%$$

(六) 业务收入增长率

业务收入增长率(business's increasing rate of income)是卫生机构本期业务收入增加额与上期业务收入的比率,是反映卫生机构经营状况的指标,其计算公式为:

$$业务收支增长率 = \frac{本期业务收入增加额}{上期业务收入} \times 100\%$$

案例 13-5

对某医院财务状况和经营状况的分析

表 13-3 ~ 表 13-5 是某医院 2004 ~ 2006 年财务状况及经营状况的财务数据。

表 13-3　某医院资产负债表　　　　　　　　　　单位:万元

项目	2004 年		2005 年末数	2006 年末数
	年初数	年末数		
流动资产:				
货币资金	1 468	1 963	7 260	11 430
应收在院患者医药费	1 673	2 435	3 734	5 381
应收医疗款	794	524	368	889
减:坏账准备	74	170	245	321
其他应收款	14 608	17 235	17 414	19 224
药品	888	856	1 217	1 724
减:药品进销差价	121	233	603	524
库存物资	252	269	251	272
在加工材料			6	4
待摊费用				
待处理流动资产净损失	−190	−190		
流动资产合计	19 298	22 689	29 402	38 079

续表

项目	2004 年		2005 年末数	2006 年末数
	年初数	年末数		
对外投资：				
对外投资	50	50	50	50
固定资产：				
固定资产	17 010	21 645	34 581	37 784
在建工程				
待处理固定资产净损失				
固定资产合计	17 010	21 645	34 581	37 784
无形资产及开办费：				
无形资产				
开办费				
无形资产及开办费合计				
资产总计	36 358	44 384	64 033	75 913
流动负债：				
短期借款				
应付账款				
预收医疗款	1 186	1 639	1 765	1 606
应付工资				
流动资产：				
应付社会保障费				
其他应付款	3 315	3 135	3 623	6 336
应交超收款			36	
预提费用				
流动负债合计	4 501	4 774	5 424	7 942
长期负债：				
长期借款	70	70	40	40
长期应付款				
长期负债合计	70	70	40	40
负债合计	4 571	4 814	5 464	7 982
净资产：				
事业基金	12 281	13 304	17 366	17 901
固定基金	17 010	21 645	34 581	37 784
专用基金	2 496	4 591	6 622	12 246
财政专项补助结余				
待分配结余				
净资产合计	31 787	39 540	58 569	67 931

表 13-4　某医院收入支出总表　　　　　单位：万元

项目	2004 年	2005 年	2006 年
一、收入	31 430	31 650	38 363
财政补助收入	1 414	2 158	2 533
其中：财政专项补助	370	110	567
上级补助收入			
医疗收入	13 179	13 644	16 722

续表

项目	2004 年	2005 年	2006 年
药品收入	15 682	15 027	17 803
其他收入	1 155	821	1 305
二、支出	25 775	25 712	31 421
医疗支出	11 489	11 310	12 840
药品支出	13 867	14 241	17 861
财政专项支出	370	110	567
其他支出	49	51	153
三、收支结余	5 655	5 938	6 942
减:财政专项补助结余			
减:应缴超收款			
四、结余分配	5 655	5 938	6 942
加:事业基金弥补亏损			
加:年初待分配结余			
减:提取职工福利	2 262	2 375	2 777
减:转入事业基金	3 393	3 563	4 165
期末待分配结余			

表 13-5　某医院财务状况补充资料　　　　　　　　　　单位:万元

项目	2004 年	2005 年	2006 年
利息费用	3.4	1.9	1.6
药品支出中的药品费用	7 962	8 136	11 513
库存物资实际支出数	2 435	4 495	5 648
营业成本	10 397	12 631	17 161
折旧	1 299	2 075	2 267

注:2004 年年初折旧为 1021 万元

问题:

根据以上资料从财务角度对该医院2004～2006 年的财务状况和经营状况进行分析。

分析提示:

根据以上财务数据可通过偿债能力、营运能力、收益能力、发展能力等财务分析指标总结和评价该医院 2004～2006 年的财务状况及经营状况。

1. 根据表中所提供的财务数据,以 2004 年为例,可计算如下指标:

(1) 流动比率 $= \dfrac{流动资产}{流动负债} \times 100\%$

$= \dfrac{22\ 689}{4\ 774} \times 100\% = 475.26\%$

(2) 速动资产 = 货币资金 + 短期投资 + 应收账款 + 应收票据 = 流动资产 − 存货 − 预付账款 − 待摊费用 − 待处理财产损失 = 1 963 + 2 435 + 524 − 170 + 17 235 = 22 689 − 856

+ 233 − 269 − (−190) = 21 987(万元)

速动比率 $= \dfrac{速动资产}{流动负债} \times 100\% =$

$\dfrac{21\ 987}{4\ 774} \times 100\% = 460.56\%$

(3) 现金比率 $=$

$\dfrac{货币资金 + 现金等价物}{流动负债} \times 100\% =$

$\dfrac{1\ 963}{4\ 774} \times 100\% = 41.12\%$

(4) 资产负债率 $= \dfrac{负债总额}{资产总额} \times 100\% =$

$\dfrac{4\ 844}{44\ 384} \times 100\% = 10.91\%$

(5) 利息保障倍数 $=$

$\dfrac{收支结余 + 利息费用}{利息费用} = \dfrac{5\ 655 + 3.4}{3.4}$

$= 1\ 664.24$

(6) 产权比率 $= \dfrac{负债总额}{净资产总额} \times 100\% =$

$$\frac{4\ 844}{39\ 540} \times 100\% = 12.25\%$$

（7）权益乘数 $= \dfrac{资产总客}{净资产总额} = \dfrac{44\ 384}{39\ 540}$

$= 1.12$

（8）业务收入 = 医疗收入 + 药品收入 + 其他收入 $= 13\ 179 + 15\ 682 + 1\ 155$

$= 30\ 016$（万元）

流动资产平均余额 =

$\dfrac{期初流动资产余额 + 期末流动资产余额}{2}$

$= \dfrac{19\ 298 + 22\ 689}{2} = 20\ 993.5$（万元）

流动资产周转率 =

$\dfrac{业务收入}{流动资产平均余额} = \dfrac{30\ 016}{20\ 993.5}$

$= 1.43$（次）

（9）平均应收账款 =

$\dfrac{期初应收账款 + 期末应收账款}{2}$

$= \dfrac{(1\ 673 + 794) + (2\ 435 + 524)}{2} =$

$2\ 713$（万元）

应收账款周转率 =

$\dfrac{业务收入}{平均应收账款余额} = \dfrac{30\ 016}{2\ 713}$

$= 11.06$（次）

（10）应收账款周转天数 =

$\dfrac{日历天数(360 天)}{应收账款周转率} = \dfrac{360}{11.06}$

$= 32.55$（天）

（11）期初存货余额 = 药品 – 药品进销差价 + 库存物资 $= 888 - 121 + 252 = 1\ 019$（万元）

期末存货余额 = 药品 – 药品进销差价 + 库存物资 $= 856 - 233 + 269 = 892$（万元）

平均存货余额 =

$\dfrac{期初存货余额 + 期末存货余额}{2}$

$= \dfrac{1\ 019 + 892}{2} = 955.5$（万元）

存货周转率 $= \dfrac{营业成本}{平均存货余额}$

$= \dfrac{10\ 397}{955.5} = 10.88$（次）

（12）存货周转天数 =

$\dfrac{日历天数(360 天)}{存货周转率} = \dfrac{360}{10.88}$

$= 33.09$（天）

（13）固定资产周转率 =

$\dfrac{业务收入}{固定资产平均净值} =$

$\dfrac{30\ 016}{[(17\ 010 - 1\ 021) + (21\ 645 - 1\ 299)]/2}$

$= 1.65$（次）

（14）总资产周转率 $= \dfrac{收入总额}{总资产平均余额}$

$= \dfrac{31\ 430}{(36\ 358 + 44\ 384)/2} = 0.78$（次）

（15）总费用率 $= \dfrac{业务支出}{业务收入} \times 100\% =$

$\dfrac{25\ 405}{30\ 016} \times 100\% = 84.64\%$

（16）总资产收益率 =

$\dfrac{收支结余}{总资产平均余额} \times 100\%$

$= \dfrac{5\ 655}{(36\ 358 + 44\ 384)/2} \times 100\%$

$= 14.01\%$

（17）净资产收益率 =

$\dfrac{收支余额}{净资产平均余额} \times 100\%$

$= \dfrac{5\ 655}{(31\ 787 + 39\ 540)/2} \times 100\%$

$= 15.86\%$

（18）收入收益率 $= \dfrac{收支结余}{收入总额} \times 100\% =$

$\dfrac{5\ 655}{31\ 430} \times 100\% = 17.99\%$

（19）支出收益率 $= \dfrac{收支结余}{支出总额} \times 100\% =$

$\dfrac{5\ 655}{25\ 775} \times 100\% = 21.94\%$

（20）资本保值增值率 $= \dfrac{期末净资产}{期初净资产} \times$

$100\% = \dfrac{39\ 540}{31\ 787} \times 100\% = 124.39\%$

（21）总资产增长率 =

$\dfrac{本年总资产增长额}{年初资产总额} \times 100\% =$

$\dfrac{44\ 384 - 36\ 358}{36\ 358} \times 100\% = 22.07\%$

（22）固定资产增长率 $= \dfrac{\text{本期净增固定资产原值}}{\text{年初固定资产原值}} \times 100\% = \dfrac{21\,645 - 17\,010}{17\,010} \times 100\% = 27.25\%$

（23）资本积累率 $= \dfrac{\text{本年净资产增长额}}{\text{年初净资产}} \times 100\% = \dfrac{39\,540 - 31\,787}{31\,787} \times 100\% = 24.93\%$

2. 根据2005年数据可计算以下两项指标：

（1）本期业务收入增加额：

业务收入增加额 = 本期业务收入额 - 上期业务收入额 = 13 644 + 15 027 + 821 - 13 179 - 15 682 - 1 155 = -524（元）

（2）本期业务收入增长率：

业务收入增长率 $= \dfrac{\text{本期业务收入增加额}}{\text{上期业务收入}} \times 100\% = \dfrac{-524}{30\,016} \times 100\% = -1.75\%$

3. 依据上述2个步骤对2005年和2006年的数据进行分析；

4. 编制财务比率分析表（见表13-6）：

5. 计算的各项财务指标：①可分别与该医院的历史同期水平进行比较，以掌握指标的变化趋势，对变动幅度较大的年份应作进一步剖析，查找具体原因；②可分别与本行业同等规模、同等水平医院的同年份数据进行比较，以了解该医院在同行业同等规模、同等水平医院中的发展状况，并根据具体情况作进一步剖析；③根据实际工作需要将该医院某些财务指标同本行业中规模较大、水平较高医院的同年份数据进行比较，以了解该医院在同行业中与规模较大、水平较高医院之间的差距，并作进一步剖析。

表13-6　财务比率分析表

项目	2004 年	2005 年	2006 年
流动比率(%)	475.26	542.07	479.46
速动比率(%)	460.56	526.03	460.88
现金比率(%)	41.12	133.85	143.92
资产负债率(%)	10.91	8.53	10.51
利息保障倍数	1 664.24	3 126.26	4 339.75
产权比率(%)	12.25	9.33	11.75
权益乘数	1.12	1.09	1.12
流动资产周转率(次)	1.43	1.13	1.06
应收账款周转率(次)	11.06	8.35	6.91
应收账款周转天数(天)	32.55	43.10	52.10
存货周转率(次)	10.88	14.33	14.62
存货周转天数(天)	33.09	25.12	24.62
固定资产周转率(次)	1.65	1.12	1.05
总资产周转率(次)	0.78	0.58	0.55
总费用率(%)	84.64	86.81	86.11
总资产收益率(%)	14.01	10.95	9.92
净资产收益率(%)	15.86	12.10	10.98
收入收益率(%)	17.99	18.76	18.10
支出收益率(%)	21.94	23.09	22.09
资本保值增值率(%)	124.39	148.13	115.98
总资产增长率(%)	22.07	44.27	18.55
固定资产增长率(%)	27.25	59.76	9.26
资本积累率(%)	24.39	48.13	15.98
收支结余增长率(%)	—	5.00	16.91
业务收入增长率(%)	—	-1.75	21.49

思 考 题

1. 卫生财务管理的概念如何表述?
2. 财务与会计的联系和区别?
3. 卫生财务管理的内容包括哪些?
4. 卫生财务管理和卫生财务分析的方法有那些?

参 考 文 献

程微,刘巧艳,高广颖.2003.医院会计与财务管理学.北京:人民卫生出版社,106－130,138－147

程晓明.2003.卫生经济学.北京:人民卫生出版社,298－322

高广颖,李月明.2006.医院财务管理.北京:中国人民大学出版社,1－28

中华人民共和国财政部社会保障司,卫生部财务司.1998.医院财务制度讲座.北京:中国财政经济出版社,20－79

周文贞,秦永方,王金秀.2002.医院财务管理.北京:中国财政经济出版社,2－30

(赵晓雯)

第14章 卫生经济伦理

本章提要

本章阐述卫生经济伦理的基本内容,分析市场经济条件下卫生经济伦理的构建途径。通过本章学习,要求掌握卫生经济伦理涵义、研究目的、研究内容,了解市场经济条件下,卫生经济伦理研究意义及构建途径。

在我国经济体制和卫生体制改革过程中,诸如"诱导需求"、"见死不救"、"天价医药费"、"过度医疗"以及"卫生公平"等问题日益引起人们的关注。虽然产生这些问题的原因是多方面的,但多年来我国卫生经济伦理研究上的缺失不能不是其中非常重要的原因之一。我国经济体制和卫生体制改革的实践提出了对卫生经济伦理研究的现实要求。

本章首先介绍卫生经济伦理的涵义、研究目的、研究内容、研究特点,然后,对我国卫生经济活动中存在的卫生经济伦理问题进行分析,并对市场经济条件下相应卫生经济伦理道德构建的内容和途径进行了阐述。

第1节 卫生经济伦理概述

案例 14-1

公用地的悲哀

1968年,英国科学家加雷特·哈丁在美国著名的科学杂志上发表了"公用地的悲哀"一文,这篇文章讲述了这样一个故事:

在一个古老的英国村庄里,有一片向所有牧民开放的牧地(公用地),每一个牧民都可以在牧地上自由放牧。结果,牧民养牛的数量超过了草地的承受能力,过度的放牧致草地逐渐被破坏(耗尽),而牧民的奶牛因不能得到足够的食物只能挤少量的奶,牧民也就无法再从牧牛中获得更高的收益了。这种不幸的后果,被哈丁称之为"公用地的悲哀"。

问题:

1. "公用地的悲哀"说明了什么?

2. 你从"公用地的悲哀"想到了什么?

分析提示:

1. "公用地的悲哀"说明了在市场机制下,

每一个经济个体都是考虑个体的利益,而不是考虑公共的利益。如果任由个体的趋利行为无限度扩张,结果必然是公共利益受到损害,个体利益也不能持久。因此,必须对个体的经济行为进行约束。

2. 卫生保健也可以比喻为一块公用地。我们使用这块公用地并获得利益。要保证这块公用地始终保持肥沃,以便我们可以继续在这块地上受益,就需要社会和个体的共同维护:一方面,需要政府通过相应的政策、制度和法律等强制措施,对经济个体的行为进行约束和规制;另一方面,需要通过相应伦理道德规范的构建,使得符合社会和职业整体的利益成为经济个体的一种自觉的行为。

一、卫生经济伦理研究的角度

所谓卫生经济伦理(economic ethics),是指卫生经济活动中所特有的伦理道德现象和道德规范。从学科上看,卫生经济伦理涉及卫生经济学、卫生伦理学、卫生管理学等多个不同学科的研究领域,是这些学科领域共同的研究内容。但在不同的学科领域,对卫生经济伦理研究的角度和目的各有不同。

从卫生经济学的角度,进行卫生经济伦理研究的目的是要发挥伦理道德的调节作用,实现经济和道德的互动,促进社会经济和卫生事业的健康发展。因为经济和道德常常存在密切的联系,因此,卫生经济学有必要从卫生经济现象的分析中寻找道德问题,从道德问题的分析中寻找经济根源。

从卫生伦理学的角度,进行卫生经济伦理研究的目的是促使人们明确卫生经济领域的善恶价值取向和应该与不应该的行为规范。其研究主要关注的问题是人们在卫生经济活动中如何完善人生以及协调各种利益关系的相关伦理道德原则和规范。

从卫生管理学的角度,卫生经济伦理研究的目的是为了更好地进行管理,而研究的主要问题是卫生经济管理活动中的行为准则和行为规范。

二、卫生经济伦理研究的必要性

20 世纪 80 年代以来，我国实现了由计划经济到市场经济的巨大变革。在卫生领域，也进行了一系列引入市场机制的改革。适应这一社会经济变革，对卫生经济活动的调节手段也需要发生相应的变化，即要由单纯的政府计划调节转变为政府计划调节、市场机制调节和伦理道德调节相结合。

1. 政府计划调节 就是政府按一定社会经济发展目标，通过计划、政策、法律或行政干预等强制的方式，对卫生经济运行进行自觉的调节。

2. 市场机制调节 就是通过市场价格机制、利益机制、竞争机制的作用，对卫生经济运行进行自发的调节，进而实现卫生资源有效率的配置。

3. 伦理道德调节 就是通过伦理道德的规范和导向作用，对卫生经济活动和行为进行调节，使其朝着更符合社会整体利益和人们良好愿望的方向发展。

在政府计划调节和市场机制调节下，为何还需要伦理道德调节？这是因为市场机制实际是一种利益驱动机制，市场上，各个经济体的行为都是受利己的动机驱使。在利己动机下，如果没有相应的市场经济规范，那么，不择手段、见利忘义、坑蒙拐骗、假冒伪劣、信用欺诈等行为将扰乱整个市场秩序，对社会经济生活和社会整体利益带来不利影响。因此，在卫生领域引入市场机制条件下，为了使得市场上各个经济体的利己动机产生促进社会整体利益的效果，就必须建立和健全相应的规范对各个经济体的经济行为加以制约。而政府计划调节，就是通过政府制定相应的政策、计划、法律或行政干预，作为经济体的外在约束力对各个经济体的经济行为进行制约。但是，政府的这种外在约束不可能面面俱到，因此，单靠政府计划调节手段的作用远远不够，还需要伦理道德这一内在软约束来发挥作用，即所谓的"政策法律之所遗，道德之所补"。可见，在卫生领域引入市场机制的条件下，政府计划调节、市场机制调节和伦理道德调节这几种手段各有其作用，缺一不可。因为市场的伦理道德并不能与生俱来，需要研究和构建，于是，也就提出了卫生经济伦理研究的必要性和重要性。

三、卫生经济伦理研究内容

关于卫生经济伦理的研究内容，国内学术界有不同的看法，本节介绍几种主要的观点。

（一）研究卫生经济与卫生伦理的关系

因为经济和伦理道德常常存在密切的联系，因此，卫生经济学要研究卫生经济与卫生伦理的关系。这方面的研究内容主要可表述为两个方面：一是研究卫生经济体制、卫生经济规律对卫生经济伦理的影响；二是研究卫生经济活动中伦理道德导向的作用。其研究的目的，就是要利用伦理道德的调节或导向的作用，使卫生经济行为朝着更符合人类美好理想的方向发展。

（二）研究卫生经济活动全过程的道德现象和伦理标准

因为卫生经济活动包括卫生服务的生产、分配、交换、消费四个领域，因此，对卫生服务产品的生产、分配、交换、消费这四个领域的道德现象和伦理标准的研究，就成为卫生经济活动全过程的道德现象和伦理标准研究的具体内容。

在卫生服务生产环节，卫生经济伦理研究主要涉及卫生服务生产目的和生产方式中涉及的伦理道德问题。比如：什么样的生产目的是道德的？是为多数人生产卫生服务还是为少数人生产卫生服务？卫生服务的生产是为营利还是为满足人们需要？采用什么样的卫生服务手段是合乎道德的？或者说，生产或提供卫生服务时，采用什么样的技术设备是道德的？……

在卫生服务分配环节，卫生经济伦理研究涉及的一个重要问题是分配原则问题，即研究各种分配原则中的伦理道德问题。比如：是按权利分配还是按资本分配或按劳动分配或按需要分配？根据什么样的原则进行分配才是合乎道德的？与其相联系的还有公平与效率的关系问题、贫富差距的合理限度问题等。

在卫生服务交换环节，卫生经济伦理研究涉及的道德问题有：什么样的交换形式或交换过程合乎道德要求？市场交换中如何构建等价交换、买卖公平、诚实守信、货真价实、童叟无欺等市场交换论理？

在卫生服务消费环节，卫生经济伦理主要研究卫生保健服务消费方式或消费目的涉及的道德现象和道德标准问题。因为人们的消费方式和消费目的包含着深刻的世界观、人生观和价值取向，由此也引发了一系列伦理问题。在卫生服务消费伦理研究中，常常涉及消费与积累、消费与发展，特别是与可持续发展的关系问题的研究。

总之，围绕上述卫生保健服务的生产、分配、交换和消费过程，涉及大量的卫生经济伦理问题需要研究和解决。

（三）研究卫生经济组织伦理问题

卫生经济组织伦理问题也是卫生经济伦理研究的一个重要内容。比如：在不同的市场经营状况下，卫生服务机构作为一个经营组织应该确立什么样的伦理取向？如何利用道德调节组织内部关系，进而增强凝聚力，提升核心竞争力？卫生经济组织伦理研究，对改善组织（即卫生机构）的经营状况和管理水平具有很大作用。

（四）研究政府宏观卫生经济活动的伦理问题

在市场经济条件下，政府仍然要对卫生服务领域的经济活动实施一定程度的管理、干预、引导和参与。在政府管理、干预、引导和参与卫生经济活动的过程中，也要受一定伦理取向和道德规则的支配，这就涉及政府卫生经济活动伦理问题研究。

政府宏观卫生经济活动伦理问题研究主要涉及如下三方面具体内容：

1. 国家经济制度特别是卫生经济制度的伦理取向，包括制定的卫生经济政策、法律、法规等。
2. 政府行使卫生经济职能的伦理理念和道德标准。
3. 政府工作人员的卫生经济行为规范。

四、卫生经济伦理研究的特殊性

由于卫生保健服务行业具有与其他行业不同的经济运行特征，兼具经济性、福利性、社会性和公益性，因此，与其他行业相比，卫生经济伦理也具有其特殊性。本章后面的内容将从卫生保健资源分配、卫生保健产品市场交换和消费以及卫生保健服务机构的市场经营活动等四个方面，对卫生经济活动所特有的伦理道德现象和道德规范问题进行分析和阐述。

第2节 卫生资源分配伦理

一、卫生资源分配中的公平问题

卫生资源的分配过程，既是一个经济过程，也是一个伦理现象，因为如何分配，不仅受经济的制约，更要体现一定伦理价值（value）取向。

在卫生资源分配中涉及的一个重要的伦理问题就是公平性问题。根据卫生经济学理论，卫生资源分配的公平性主要体现为两个公平目标，即机会的公平和结果的公平。所谓机会公平，就是社会成员获取卫生保健服务机会和权利的均等；所谓结果公平，就是要求社会成员能够获得同样的健康结果。其中，机会公平是实现健康结果公平的前提；而健康结果公平是实现卫生服务公平的最终目的。

为了实现上述两个公平目标，在卫生资源分配中就需要把握好三个原则：一是可及性原则。这一原则的涵义是：要使所有需要卫生保健服务的人都可以便利地得到所需要的卫生服务供给条件。显然，这一原则涉及卫生资源的合理配置问题。二是可支付原则。即要在人们需要卫生服务时能够支付得起，或者说能够得到实际的卫生保健服务利用。显然，这一原则涉及卫生筹资问题。三是需要原则。这一原则的涵义是：有更多卫生服务需要的人，应获得更多的服务提供或较多的卫生服务利用；有较少的卫生服务需要的人，将获得较少的服务提供或较少的医疗服务利用，而不论其收入或支付的多少。显然，只有在实现前两个原则的基础上，才可能实现需要原则。

二、公平与效率的关系

在卫生资源分配过程中，需要正确处理和解决卫生资源分配公平和效率的关系问题。卫生资源分配的公平和效率之间的关系，既有一致性，也有矛盾性。

卫生资源分配公平和效率的一致性表现为：

1. 效率是实现公平的物质基础 效率的提高，会促使公平不断向前发展。试想，在一个资源贫乏，服务效率低下的社会里，即使人人享有平等的就医机会和权利，人们也难以获得基本的服务提供和基本的健康结果。从这个意义上讲，追求卫生资源分配的效率性，既是一种经济上的原则或目标，也是一种伦理道德上的要求。或者说，低效率不仅是不经济的，也是不道德的。从追求效率的目的和最终结果看，效率的经济学目标和公平的伦理学目标是一致的，都是要更多更好的满足人们的需要。

2. 公平对效率又具有促进作用 卫生资源的公平分配对效率的影响主要体现在对社会经济效率的促进作用。从根本上讲，社会经济效率的取得来源于人们积极性和创造性的发挥。社会资源的公平分配，有利于人们积极性和创造性的发挥；相反，社会不公则会导致社会关系的破坏，导致社会问题的产生和社会的动荡，难以使社会取得持久的效率。卫生保健服务的公平分配在体现社会公平方面处于十分重要的地位，同时，卫生保健服务又以其对社会劳动力素质的积极影响,对社会总体效率的提高发挥着不可替代的重要作用。

显然,公平和效率之间经常是互为条件、互相促进的,因此,在卫生保健资源分配中,首先必须充分认识二者的一致性,发挥二者相互促进的作用,实现公平和效率的共同提高。

当然,说公平与效率具有一致性并不等于二者就亦步亦趋,完全一致。实际中,二者的矛盾也常常存在。有时,要实现公平就必然牺牲部分效率;而有时,要提高效率就必然以放弃一定的公平为代价。当公平与效率发生矛盾时,常常需要在二者何者为先这个问题上进行选择,选择的原则有下面两个方面:

1. 分析面临的主要问题 如果面临的主要问题是效率问题,就应对效率问题的解决有更多的考虑;相反,如果面临的主要问题是公平问题,就应对公平问题的解决有更多的考虑。从我国卫生领域改革的历程看,在改革的不同时期,我国卫生领域面临的主要问题是不同的。在 20 世纪 80 年代的改革之初,我国卫生领域面临的主要问题是资源不足和服务效率低下,整个社会"看病难"、"住院难"问题严重,因此,在这一时期,旨在提高卫生服务效率的一系列卫生改革政策不仅符合经济上的目标,也是实现和扩大公平的必然要求。改革二十多年来我国卫生事业取得的巨大成就也证明了这一点。而随着改革的深入,我国卫生保健公平问题日益突出,并日益成为困扰我国社会稳定和经济发展的重要问题。在这种情况下,解决公平问题就成为我国深化卫生改革的重要内容之一。

2. 在国民收入分配的不同领域对公平和效率的关注度不同 在国民收入的初次分配领域,"效率优先、兼顾公平"有其合理性。但在国民收入的再分配领域,则应把体现"公平"放在十分重要的位置。显然,卫生保健资源分配属国民收入的再分配领域,在这个领域,资源分配的公平性始终都是不容忽视的。

三、卫生资源分配公平问题及解决

(一) 卫生资源分配公平问题

1. 卫生保健资源在城乡间配置的不公平 据统计数据,2005 年底,我国城市每千人口卫生技术人员 4.99 人,农村仅为 2.15 人;城市每千人口医院床位 3.59 张,而农村每千人口乡镇卫生院床位只有 0.78 张。卫生保健资源在城乡间配置的不公平导致我国农村卫生事业萎缩性发展。

根据 1980～2005 年间的统计数字,在我国城市卫生机构、床位、人员快速增长的同时,农村乡镇卫生院的数量由 55 413 个减少到 40 907 个;农村乡镇卫生院的病床数由 77.54 万张减少到 67.82 万张;平均每村乡村医生和卫生员以及平均每千农业人口乡村医生和卫生员的数量也由 2.10 人和 1.79 人减少到 1.46 人和 1.05 人。农村基层医疗卫生机构、病床和卫生人员数量减少的趋势,意味着农村人口医疗服务可及程度的逐渐削弱。

我国农村人口医疗可及性问题还表现为农村卫生资源配置水平的落后和服务能力的低下。自 20 世纪 80 年代改革之后,我国农村乡镇卫生机构所需资金主要靠自身的业务收入解决。因为农村医疗市场的局限(人口密度小、人口的支付能力弱等),大多数农村乡镇卫生机构都面临着患者少,创收困难的处境。一些乡镇卫生机构只能勉强维持生存,部分亏损经营,甚至解体。农村乡镇卫生机构经营上的困境使其无力更新和改善医疗服务的设备和设施条件,更无力发展。近年来,我国政府开始增大对农村乡镇卫生院的资金支持,使其状况获得一定改善,但仍未从根本上解决问题。

另外,由于农村乡镇卫生院难以留住和吸引人才,加之乡镇卫生机构改由乡镇政府管理后,大量非专业技术人员进入乡镇卫生机构,使得乡镇卫生机构卫生技术人员整体素质下降,难以适应农民医疗服务需求。虽然近年来各地政府开始增大对农村卫生的投入,但其投向主要是服务的硬件(即服务的设备、设施方面),而服务的软件(即人员素质)难以短期内得到改善。

总之,我国卫生改革以来,农村卫生资源存量规模缩小,资源总体质量不高,甚至下降,在农民医疗可及性方面城乡差距不仅未能缩小,而且呈加剧的趋势。

2. 医疗保障上的不公平 改革以来,我国人口医疗保障上的不公平也是呈加大的趋势。从农村居民而言,自 20 世纪 80 年代以后,随着联产承包责任制在广大农村的实行,农村合作医疗制度逐渐自行解体,至 80 年代中期以后,占全国 70% 左右人口的农村居民主要为自费医疗;而在我国的城镇中,仍有约有 2 亿人没有任何社会医疗保障(包括农民工)。

对于收入有限的城乡居民,特别是低收入者和贫困人群而言,医疗保障的缺失,必然带来医疗支付上的困难。在多年来我国医疗费用支出增长速度远远高于同期居民收入增长速度情况下,看病的负担日益沉重,有病不治、因病致贫(返贫)和债台高筑的情况经常发生。据 2003

年第三次全国卫生服务调查数据,农村居民两周就诊率比1998年(第二次全国卫生服务调查时)下降了15.4%;患病未就诊比率为45.8%;医生诊断应住院治疗而未住院治疗的比率为30.3%;患者采取自我治疗的比率由1998年的23%增加到31%。正是因为我国城乡居民仍有很大部分依赖自费医疗,在世界卫生组织对191个成员国卫生筹资和分配公平性(费用负担公平性)这一指标的排序上,我国被排名188位,位列倒数第4位。

3. 医疗服务利用和健康结果的不公平　医疗服务可及性及医疗保障上的差异,必然导致医疗服务利用和健康结果的差别。据统计数据,2005年我国城镇居民人均医疗保健支出600.09元,农村居民只有168.10元,这也就是说,城市居民医疗服务的实际利用是农村居民的三倍以上。从城乡新生儿、婴儿、5岁以下儿童病死率和孕产妇病死率这几个反映居民健康水平最敏感的指标看,城乡差距显而易见,见表14-1。

表 14-1　城乡新生儿、婴儿、儿童病死率(‰)

年份	全国			城市			农村		
	新生儿病死率	婴儿病死率	5岁以下儿童病死率	新生儿病死率	婴儿病死率	5岁以下儿童病死率	新生儿病死率	婴儿病死率	5岁以下儿童病死率
1998	22.3	33.2	42.0	10.0	13.5	16.2	25.1	37.7	47.9
1999	22.2	33.3	41.4	9.5	11.9	14.3	25.0	38.2	47.7
2000	22.8	32.2	39.7	9.5	11.8	13.8	25.8	37.0	45.7
2001	21.4	30.0	35.9	10.6	13.6	16.3	23.9	33.8	40.4
2002	20.7	29.2	34.9	9.7	12.2	14.6	23.2	33.1	39.6
2003	18.0	25.5	29.9	8.9	11.3	14.8	20.1	28.7	33.4
2004	15.4	21.5	25.0	8.4	10.1	12.0	17.3	24.5	28.5

数据来源:中国卫生统计年鉴(2006),195页,中国协和医科大学出版社,2006.9

分析认为,导致上述不公平问题的原因之一就是我国在卫生改革政策的制定上,公平性这一伦理学依据长期被忽视,对于公平性这一通过市场难以解决的问题,政府没有承担或履行相应的投入和组织的职责(见表14-2)。

表 14-2　中国卫生费用(CTEH)筹资总额及构成

年份	CTEH总额(亿元)	政府卫生支出占CTEH的%	社会卫生支出占CTEH的%	个人卫生支出占CTEH的%
1978	110.21	32.16	47.41	20.43
1988	488.04	29.79	38.93	31.28
1998	3 678.72	16.04	29.11	54.85
1999	4 047.50	15.84	28.31	55.85
2000	4 586.63	15.47	25.55	58.98
2001	5 025.93	15.93	24.10	59.97
2002	5 790.03	15.69	26.59	57.72
2003	6 584.10	16.96	27.16	55.87
2004	7 590.29	17.04	29.32	53.64
2005	8 659.91	17.93	29.87	52.21

数据来源:中国卫生总费用报告(2006),卫生部卫生经济研究所;本表按当年价格计算

(二) 卫生资源分配公平问题的解决

上述分析说明,解决卫生保健资源分配公平问题,已经成为下一步我国卫生领域改革的核心内容,而解决我国卫生保健分配公平问题的根本途径,就是提高我国卫生保健服务的可及性和可支付性。

目前,我国政府正通过建立和健全城乡居民

的医疗保障制度的办法，来改善城乡居民医疗服务可支付性，进而提高卫生保健分配公平性。具体措施包括：在城镇，逐步扩大社会医疗保险的覆盖面；在农村，积极推进和完善新型农村合作医疗制度。另外，近年来政府也增大了对农村卫生的投入，试图改善农村人口医疗服务的可及性。

另外，一些卫生经济学专家建议，应完善对公立医疗机构的补助的政策，尽可能将政府财政补贴用于社会公益性服务和社会弱势群体，使政府对公立医疗机构的财政补贴真正成为一种促进公平的工具。一直以来，我国政府对公立医疗机构采取给予一定财政补贴的政策，其目的是希望以公立医疗机构为载体，实现公共财政的转移支付和社会再分配功能，进而促进社会公平。但实际中，这一政策的实施结果却不理想。有专家认为，我国对所有公立医疗机构都给予一定的财政补贴，但又补贴不足的做法存在一定问题。在国家财政能力有限的情况下，政府对所有公立医疗机构都给予一定财政补贴的做法，必然是各个公立医疗机构获得补贴的数量有限，其绝大部分业务支出仍需要通过市场解决。其结果是：一方面，对低收入者来说，看病的费用仍然很高。在患病时，特别是患大病时，仍然看不起病，难以实际利用医疗服务，也就不能从国家对公立医疗机构的补贴中受益；另一方面，一些高收入者，因有条件享用更多公立医疗机构提供的服务，因此，也就享用了更多的国家补贴。卫生部卫生经济研究所赵郁馨教授的研究证明了这一点，她的研究说明，越是贫困者，从政府对医疗机构的补助中受益的程度越小，在全体人口中，20%的最贫困人口只享受政府总补助的8%。因此，有专家提出，在城市，可借鉴国外的做法，建立一定数量专门为低收入者提供服务的公立医疗机构。这类医疗机构以政府公共财政补贴给予重点扶持并对贫困者实行免费或低费服务。而对于其他公立医疗机构则可采取项目补贴的办法，即根据医疗机构承担的社会性、公益性服务的多少决定补贴的额度。在农村，更需通过政府重点补贴的方式，建立一定数量价格相对"低廉"的基层医疗机构。

在政府财政重点补贴下，举办一定数量价格相对低廉的城乡医疗机构主要可体现三方面的作用：一是保证医疗服务的可及性。特别是在一些偏远、贫困地区，社会资本不愿开设医疗服务提供机构，需要政府承担医疗服务提供责任；二是体现医疗服务的可支付性，确保低收入者在缺乏支付能力的情况下，也能获得起码的、必要的基本医疗服务提供；三是对其他所有制医疗机构（特别是私营医疗机构）的趋利行为进行制衡，平抑当地医疗服务价格。

第3节　卫生服务市场交换伦理

一、卫生服务市场交换关系的特殊性

与一般的市场交换关系不同，在卫生保健服务市场交换关系中，服务的供需双方存在着严重的信息不对称。在大多数情况下，卫生保健服务的需求者不知道自己该接受什么服务？该吃什么药？该做什么检查？……这些信息只有掌握专业知识的卫生保健服务的提供者掌握。因此，卫生保健服务的需求者（主要为患者）在很多时候不能对自己的服务购买或消费行为进行选择，而主要是由卫生保健服务的提供者（即医生）为其进行选择。在存在自身经济利益的情况下，医生可能利用所拥有的信息优势，引导患者更多地，而不是合理的利用卫生保健服务，这种现象在卫生经济学中被称为供方的"道德损害"或"诱导需求"。虽然在其他行业也存在供方"道德损害"或"诱导需求"的现象，但在卫生保健服务领域，由于信息的严重不对称，供方"道德损害"或"诱导需求"行为更容易得逞。所以，有人说，卫生保健服务行业也是"最容易骗人"的行业。

二、卫生服务市场交换伦理的构建

上述分析说明：在信息不对称的卫生保健服务市场上，具有信息优势的供方，即卫生保健服务机构和卫生服务人员，尤其需要"诚实守信"的道德规约。如果没有"诚实守信"的道德规约，市场的负面作用将会搞乱整个卫生保健市场秩序，极大损害患者和社会的整体利益。

那么，卫生保健服务市场如何获得"诚实守信"的道德理念和行为规范呢？这不能依靠市场自发的力量，因为"诚实守信"靠市场无法自发形成，它需要政府通过一定的措施和手段以及发挥社会各方面力量来共同构建。

改革20年来，我国卫生服务领域"诚实守信"方面的问题显而易见，由此导致医患关系紧张，患者和卫生服务机构官司不断，卫生服务人员白衣天使的形象受到严重损害，卫生服务领域"诚实守信"道德规约的构建已成当务之急。

在卫生服务领域"诚实守信"的道德规约的构建中,下面两方面的工作首先应该加强:

1. 加强相关制度的构建 即要建立和完善有利于卫生保健服务市场"诚信"建设的制度和法律基础,这包括建立和完善医疗服务信息披露制度、建立和完善医疗服务行为规范、建立和完善医疗市场诚信规范以及失信惩罚机制等,加强对失信行为的管理和监督,并对失信者加大惩处力度,进而从制度法律构建上使诚信者获得回报,使失信者付出代价。

近年来,我国在这方面作了一定工作。比如:2007年5月1日开始实施的"医师定期考核管理办法",就是试图从制度法律建设方面对医生的医疗经济行为进行规制,促使医生减少和规避不良行为(包括不诚信行为)。但是,要想真正达到这一制度目标,需要一系列配套制度和措施。比如:现实中,一些医生将有病无钱的患者拒之门外,常常是不得已而为之,或者说是在执行医院的规定。因此,一些看似医生的"医德"问题,实际是医院的"医德"问题。而医院的"医德"问题,又与政府现行的一些政策、制度紧密相关。

2. 加强诚信教育 诚信教育应该是建立卫生服务市场交换诚信伦理的基础。因为从根本上讲,诚信属于意识形态范畴,仅仅依靠外部的约束还远远不够,还需要通过教育的手段,让"诚实守信"的理念深入人心,并成为人们的一种自觉的行为。

卫生服务市场的"诚信"教育,应包括经营者"诚信"教育和医务人员"诚信"教育两个方面。尤其要使卫生服务机构的经营者认识到:"诚信"服务,不仅是卫生服务机构的经营道德要求,也是卫生服务机构获取长期经营效益的条件。正如北京大学光华管理学院院长张维迎教授所讲,"最容易骗人的行业,最不应该骗人"、"具有信息优势的行业,是最需要品牌的行业"。因为在信息不对称的情况下,消费者对服务或产品的选择往往更注重"口碑",而经营者的诚信经营,则更容易赢得消费者的信任和"口碑",使经营者获取长久的市场优势和经济效益。相反,经营者道德风险的发生,则会加剧消费者信任危机,增加交易成本,甚至导致更大经济上的损失。

案例 14-2
看一次病,挂 19 次号事件回放

2007年6月8日,一位吴姓患者在家属陪同下到某医院精神科就诊,接诊医生给她挂了19次号,开出多达19张的处方单,累计金额1 000多元。

医院医务处主任将此做法归结于卫生部2007年5月1日起施行的处方管理办法。这一办法第19条规定:处方一般不得超过7日用量;急诊处方一般不得超过3日用量;对于某些慢性病、老年病或特殊情况,处方用量可适当延长,但医师应当注明理由。

医院在反馈材料中解释说:医院主要服务对象大多是慢性精神病患者,需要长期服药,而且治疗方案相对固定,另外,不少患者路途遥远,为了方便患者,在一张处方开药量1周至2周的基础上,允许迫切需要多带药的患者再次挂号……

化整为零的玄机

将"大处方"化整为零,并让患者多次挂号,真的是为了"方便患者"?

实际上,此举另有玄机,即通过虚增挂号次数,造成多人看病的假象,降低人均门诊费用数据。因为如果只是为了方便患者少跑路,那只需增加处方单,大可不必虚增那么多的挂号次数。而卫生部门检查人均门诊费用有没有超标,就是用门诊医疗费用总额除以门诊病号人次,挂号多了,人均收费自然就降下来了。

根据当地卫生行政部门要求,2005年和2006年实行医药费用零增长,即人均医药费用不高于2004年水平;2007年以后实行控制增长,即人均医药费用的增长幅度不高于当地当年城镇居民人均可支配收入的增长幅度。当地卫生行政部门希望通过指标压力,促进医疗机构合理用药、合理检查、规范收费,缓解群众的"看病难、看病贵"的问题。当地卫生行政部门定期公布各个医院人均医药费用增长控制情况,按名次考核并公布。另外,当地医疗保险管理部门也对医院门诊费用实行定额管理,如果医院年度内次均费用超过限额,超过的部分,医院要承担相应部分。在上述双重压力下,虚增挂号就成为部分医院的"潜规则"。

问题:

1. 案例揭示的问题反映了我国医疗领域哪方面的经济伦理问题?

2. 案例揭示的问题是个别现象还是普遍现象?请对如何解决上述问题提出您的建议。

分析提示:

案例揭示的问题反映了我国医疗领域的市场交换伦理问题。现实中,我们会发现:政府在实施某些政策措施时,常常面临"上有政策,下有对策"的局面,使一些好的政策措施得不到真正落实。这种现象的存在说明:在市场经济条件下,仅靠政府政策约束是远远不够的,还需要发挥伦理道德的调节作用,加强卫生领域制度伦理构建,使得医院和医生能主动承担对患者和对社会的责任。

第4节　卫生服务消费伦理

一、合理卫生服务消费的内涵

卫生保健服务产品的消费，涉及个人、家庭、政府乃至企业、社团的消费行为。而人们对卫生保健服务产品的消费行为，不仅受经济支付条件的限制，也受人们伦理价值取向的制约。

在我国现阶段，应该倡导"合理的卫生保健服务消费"这样一种消费伦理。"合理的卫生保健服务消费"应包括如下三方面的内涵：

1. 卫生服务消费应与社会和家庭的经济承受能力相适应　作为消费者，应根据个人的经济条件来决定自己合理的卫生保健消费水平；作为政府，应根据整个社会经济发展状况来决定国家或地区的卫生保健消费水平；作为医生，应从一定社会技术、经济水平确定患者合理的医疗服务诊治方案，而合理医疗服务诊治方案应是在社会或个人现有技术经济条件下，疗效最好、也是最经济的服务，但并不一定代表当代医疗最高水平。可见，合理的卫生保健消费承认卫生保健消费水平上的差异，包括不同国家、不同地区、不同时期、甚至不同人的差异。

2. 卫生服务消费应建立在现有资源社会供给量的基础上　也就是说，不应过多占用、耗用资源。特别是尚处于发展阶段的中国，人口众多，卫生保健资源相对贫乏，尽可能避免过多占用或损失浪费资源，这既是一种经济上的目标，也应作为一种消费伦理要求。

3. 人们的卫生服务消费应占消费的合理比重　从不同角度来看，卫生服务消费有不同的属性。从社会再生产的角度，卫生服务消费属于社会劳动力再生产所必须的消费，是生产消费；从个人生存的角度，卫生服务消费又属于人类生产和发展的基本生活消费。这也就是说，无论对每个人自身的生存和发展而言，还是对整个社会生产的可持续发展而言，卫生服务消费都是至关重要的，是人类消费非常重要的组成部分。因此，个人和社会都应将收入的相应部分用于卫生服务消费。而且，随着社会经济的发展，人们收入的提高，应将更多的货币收入投入到卫生服务消费之中。

二、卫生服务不合理消费问题分析

在我国居民的卫生保健服务消费中，存在着"消费不足"和"过度消费"这两种不合理或不道德的消费现象。

分析卫生保健服务"消费不足"的原因，主要来自两个方面：

1. 理念上的问题　目前，还有相当一部分人只注重物质消费，忽视卫生保健服务消费。他们舍得花大钱购房、买车、甚至烟酒消费，而不舍得将钱用于卫生保健消费，对卫生保健方面的消费投入极少，甚至患病也不舍得花钱医治。据一项对贫困农村的调查数据，被调查农民年人均医疗卫生支出仅占人均纯收入的 3.75%，而烟酒消费却占了 27.91%。

2. 经济上的原因　许多调查数据显示，目前仍有相当部分的人因经济支付能力限制，患病时，该就诊而未就诊，该住院而未住院。消费不足的结果是小病酿大病，影响生产和生活。

分析卫生保健服务"过度消费"的原因，也主要是两个：

（1）消费者认识上的偏差。比如：认为贵药就是好药、级别高的医院就是好医院，迷信高精尖检查设备等。另外，有的消费者为了满足"良心上的平静"或为了体现对患者的关心，常常明知治疗对健康恢复已无多大作用，但仍要求采用昂贵的治疗方法。消费者这种认识上的偏差，造成消费者对价格昂贵药品的偏爱以及对医疗机构的不合理流向，导致有限卫生资源的严重浪费。

（2）卫生服务提供方不合理引导或诱导消费。这主要表现在对费用高昂的设备技术使用上以及对高价药品和高级卫生材料的使用上。卫生服务提供方对卫生保健消费的不合理引导或诱导往往源于卫生服务提供方的自我保护和对自身利益的追求。据一项调查报告的数据，51% 的医生为患者进行过度检查的目的是自我保护；29% 的医生坦言是受经济利益驱使。卫生保健服务提供方的不合理引导或诱导消费，造成卫生保健资源的严重浪费，损害了患者和社会整体的利益。

> **案例 14-3**
> ### "治感冒用抗生素"的由来
> 赵先生是20世纪50年代从医科大学毕业后进入医院工作的。那时，治疗感冒的方法很简单，价格也很低廉。有发热者用 APC 或对乙酰氨基酚，咳嗽者用点化痰止咳剂，鼻塞者用麻黄碱滴鼻，咽痛者口含薄荷片，上班者给一两天病假，嘱其在家卧床休息，多饮水。这种简单低价的治疗大多管用，因为感冒本来是一个自限性疾病，如不出现细菌感染并发症，一般经数天至一周左右就痊愈了。普通感冒后继发细菌感

染并不多见,所以一般不用抗菌药,更极少输液。

未曾想在临床上工作了几十年,赵先生忽然发现自己不会处理普通感冒了。如今,感冒发热用抗生素,还要输液,这在我国已成一种"时尚"。赵医生说:在我尽力解释不需应用抗生素和静脉打吊针时,能接受者寥寥,大多时候,患者(或患者的家属)又悄悄再找其他医生。特别是面对儿童患者,都是独生子女,家长一句"你能保证不出问题吗?",会使医生无所适从,处于为难境地。于是,每到感冒流行季节,大小医院的输液室排满了躺椅。赵医生说:"我国一年花费在感冒治疗上的医疗资源一定是笔巨款,而这种过度医疗对患者身体的损害,更是难以估算。"

问题:

1. 感冒发热时用抗生素这种"时尚"的经济伦理学根源是什么?

2. 这种"时尚"的危害如何?

分析提示:

根源之一是医生道德损害。在20世纪八九十年代,在医疗领域引入市场机制的过程中,一些医院和医生采取过度治疗、大处方等办法,增加业务收入,获取自身经济利益。因为用抗生素,打吊针,药费加上静脉输液费,床位费与只开些口服药相比,收入显著提高。于是,一些医生以"用抗生素保险"、"打吊针好的快"为由,劝说患者接受治疗。

根源之二是消费者不合理的消费理念。现在确实存在消费者对抗生素迷信和滥用的情况。

这种"时尚"导致的危害是浪费了有限的卫生资源,导致医源性疾病的发生。前不久,"欣弗"事件闹得沸沸扬扬,据报道,用药者大多为感冒发热。他们遭受"欣弗"严重损害甚至丢了性命。

三、卫生保健服务消费伦理的构建

正确的卫生保健服务消费伦理的构建必须做好如下四个方面工作:

1. 加强对消费者的健康教育和引导,提高对卫生保健服务消费的认识。

2. 加强对卫生服务提供方医疗行为的规制,避免卫生服务提供者不顾经济条件或疾病需要滥用医疗技术、药物的现象。

3. 在广大医务人员和患者中,提倡树立节约卫生保健资源的良好风气,使得卫生保健服务合理消费成为卫生服务供需双方自觉的行为。

4. 解决贫困者的医疗支付问题。

因为上述几个方面的措施在其他章节中也多有分析,这里不再赘述。

第5节 医疗机构市场经营伦理

一、医疗机构经营伦理问题的提出

我国卫生领域二十多年的改革结果之一,就是将国有公立医疗机构由过去的国家供给制机构转变为市场经营者。作为市场经营者,医疗机构必须遵循市场经营的规则。市场经营的规则也被称之为"算术"的规则,它要求市场上的经营者要尽可能以少的投入取得大的效果和效益,尽可能以收抵支并争取更多的盈余。医疗机构市场经营的特性决定了它必然要计较经济上的得失,必然要注重对自身微观经济利益的追求。

然而,卫生事业,又是一个人道主义的事业,救死扶伤是医疗机构和医务人员的天职,医生的医术也被称之为"仁术"。卫生事业的这一特性,又使得医疗机构的经营活动面临着较强的伦理道德约束,这种伦理道德约束主要体现在下述两个方面:

1. 医疗机构或医生对患者施治应由患者需要决定,而不应受患者支付能力的影响。

2. 医疗机构或医生对患者的治疗方案应当完全没有私利。

医疗机构经营的伦理道德约束决定了其经营活动与其他行业经营活动相比具有不同的特点。比如:在其他行业中,市场交易完全按等价交换原则,经营者对自我利益的追求和实现被认为是可以接受的道德规范。但是,在医疗机构对患者的救治活动中,等价交换原则常常被打破,如果医疗机构因患者支付能力的原因而见死不救或拒绝继续治疗的话,常常会受到社会舆论的谴责甚至法律的惩治。

总之,在医疗机构的市场经营中,始终面临着一般经营规则与医疗服务伦理道德规则的矛盾和选择问题,这也是市场经营的"算术"规则与医学的"仁术"规则、或医疗机构"取利"还是"取义"的矛盾和选择问题。

二、医疗机构市场经营伦理构建

在市场经营中,医疗机构如何正确处理好上

述"算术"规则与"仁术"规则的矛盾？或者说，医疗机构应树立怎样的"义利观"？这是当前亟须研究或构建的重要卫生经济伦理内容之一。在医疗机构市场经营"义利观"的构建上，有专家提出如下三个道德层次或道德境界：

（一）"利己但不损他"

所谓"利己但不损他"，也就是要在保证满足患者利益或需求的前提下，实现医疗机构微观经济利益的最大化。应该说，这也是市场机制本身所赋予市场经营者基本的道德层次或境界。因为市场机制也是一种利益机制，市场经营者的经济活动必然是出自对自身经济利益的追求。从长期而言，市场经营者只有使自己的商品或服务满足消费者的需求，才能实现自身利益。因此，满足消费者利益或需求，也是市场经营者实现微观经济利益的前提和条件。也正因为如此，消费者常常被称为经营者的"上帝"。

根据这一道德标准或道德境界来衡量，现实中，一些医疗机构利用其在市场中的主导地位，通过诱导需求等损害消费者利益的手段来获取自身利益最大化的行为，是违反最基本市场经营道德的一种损人利己行为。

（二）"以义取利"

所谓"以义取利"，就是通过承担一定社会责任或提供一定的社会性服务，为医疗机构获取微观经济效益创造良好的社会环境。

在市场经营中，医疗机构作为市场的经营者，必须与作为"上帝"的消费者（患者及家属、社区人群、政府等）建立和谐的关系。医疗机构承担一定的社会责任或提供一定的社会性服务，虽然常常是无偿的，甚至医疗机构需要付出一定的人、财、物力，但这些行为有助于医疗机构在人群或社区中建立良好口碑和声誉，为医院带来更多的消费者，这也有助于医疗机构获得收益。

（三）"以社会利益为重"

所谓"以社会利益为重"，就是要在特定情况下，把社会、国家和民众的利益放在第一位，这也是卫生保健机构经营的最高道德境界，是医疗行业的宗旨要求。"以社会利益为重"，就是要把医疗机构个体的利益服从社会、国家和民众整体的利益，在必要的时候，不能计较医疗机构个体利益的得失。比如：在SARS爆发流行时期，在危重患者无力支付医药费用时，虽然医疗机构提供救治服务可能难以获得相应回报，但医疗机构仍应义无反顾，全力救助。

当然，"以社会利益为重"并不是无限度的。政府也应考虑医疗行业与其他行业不同的特点，采取必要的措施，对医疗机构满足社会利益和伦理需要而带来的经济损失，给予一定的经济补偿，以保证其能够生存、发展，并在未来可以更好地满足社会需要。也只有如此，才能在社会上构建一种以社会、国家、公民利益至上，同时也不忽视微观利益的价值取向。

在上述医疗机构经营"义利观"的三个层次或三种境界中，第一种境界，即"利己但不损他"，应该是医疗机构市场经营最基本的"义利观"；第二种境界，即"以义取利"，则是前一种"义利观"的升华；而第三种境界，即"以社会利益为重"，应是医疗机构经营"义利观"的最高道德境界，体现了卫生行业的根本宗旨和要求。

总之，在我国经济体制改革和卫生管理体制改革不断深入的情况下，要适应社会经济关系和卫生经济关系的不断变革和发展，对卫生经济伦理问题加以研究，并重视对相应卫生经济伦理道德体系的构建。但这种研究和构建并不是对原有的全盘否定和摒弃，而是在批判继承原有道德资源，并吸收其他国家和民族创造的道德文化的优秀成果的基础上，构建起适应市场经济体制，并符合时代和卫生行业特征的卫生经济伦理道德体系。

案例 14-4

医院应该以经济指标作为对科室考核的指标吗？

引 子

杨某2007年7月从大学毕业，在一家外企找到了工作。8月10日下午，杨某被发现死在房间里。在整理杨某遗物时，家人在其衣服口袋里发现了一份病历，从这份门诊病历的记录上看：8月9日，杨某曾到医院看过病。杨某自述：头痛一周，近两天自觉发热，今日头晕眼花，近日来几乎每天腹泻，但医生检查，体温37.4℃，血常规检查，除中性粒细胞比例稍高外，一切正常。医生的初步诊断为：上呼吸道感染。之后，开了左氧沙星注射液和克林霉素注射液。

在咨询了有关医学专家后，杨家人认为："孩子仅仅是病毒性感冒一周，就诊时症状并不严重，尸检报告也证实并无细菌性感染症状，医院完全可以开些口服药，但却用上了抗菌药物，显然是滥开药物。"在与院方交涉无果后，杨家人将医院告上法庭，索赔87万元。

庭审时，原告律师出示了国家《抗菌药物临床应用指导原则》，里面明确规定，不能对没有细菌感染的患者使用抗菌药物，因为这些药物只能使用在中、重度患者身上；更严重的是，医生同时使用了两种大剂量抗菌药。因此，认为医院应当对杨某的死亡负全部责任。

而医院的律师举证称：医院对杨某的诊疗并无不当的地方，医院是依据病情对症下药，不存在过错，药物从正规渠道购买，且在使用期限内，不存在假冒伪劣情况。医院还认为，急性休克死亡多数在一个小时内出现，杨某从离开医院到死亡间隔7个多小时，不符合科学解释。根据他们调查，患者曾到其他医院就诊过，而且他还有一些备用药，不排除他服用了这些药物。

法官表示，等医疗事故报告鉴定出来后再次开庭。

幕　后

在庭审中，原告出示的几份医院内部文件，让在场的人大吃一惊。

一份文件中明确列出了医院对医生用药的"特殊要求"。比如：非医保患者必须使用医院直销药品，杜绝使用同类药品的医保甲类药；对医保患者，在政策允许的情况下，尽可能使用直销药品中的乙类药；药房、收费处在接到自费处方时，对不符合"规定"的处方，要联系医生更改处方。在附在文件后面的药品目录中，列出的数10种所谓的直销药品，基本上是丙类或者乙类的抗菌药，其中就包括开给杨某的多种学名为左氧沙星、克林霉素的注射液。

另一份文件上是有关医院奖金考核办法，每个科室都有月度经济收入考核指标：激光美容科最高8万元，男科、妇科都是3万元，内科两万元，其他科室4 000元~8 000元不等，超额部分则有2%的奖励。

不仅如此，医院还对医生进行"单体消费"、"人次消费"、"复诊次"和"接诊成功率"等指标的考核管理。

根据一份2004年10月1日~12日的科室经营业绩分析表，余×、居×两名医师在对95人次的初诊、129人次复诊中，单体消费（每位医生在一定时间内给平均每个患者的用药量）分别达180元和177元，两人均达到指标要求，而人次消费（每位患者每次看病的最低消费）分别80元和85元，其中，居×达到指标要求，余×没有达标；在复诊次上，余×、居×两名医师分别为1.24和1.08次，均未达标；在接诊成功率上，余×、居×两名医师分别为94%和88%，也均未达标；院长在这份表格后面，提出要求"请两位主任继续努力"。

原告表示这些内部文件是在医生办公桌上拿到的，而且，文件上面有院长签名以及医院印签章。原告称："我们有理由怀疑医院为获取高利润，滥开药物，……"

在法庭上，医院的代理律师则表示，这些文件是原院长制定的，其中，奖金和目标考核仅实行了3个月，早就作废了。但根据法院上月初对现任院长的笔录，医院无法提供终止这些文件的有关证明。

名词解释：

"甲类药品"是指全国基本统一、能保证临床治疗基本需要的药物。这类药品的费用纳入基本医疗保险基金支付范围，并按基本医疗保险给付标准支付费用。

"乙类药品"是指基本医疗保险基金有能力部分支付费用的药物，由各省、自治区、直辖市根据经济水平和用药习惯等进行适当调整，医疗保险基金支付比例由各统筹地区根据当地医疗保险基金的承受能力确定，即这类药物先由职工自付一定比例的费用后，再纳入基本医疗保险基金给付范围，并按基本医疗保险给付标准支付费用。

"丙类药品"多为保健药品、新出的药品，根据国家医保政策此类药品是不予报销的。

简单说，"甲类药品"100%报销，"乙类药品"只报销一部分，"丙类药品"不报销。

问题：

医院应该以经济指标作为对科室考核的指标吗？

分析提示：

1. 医疗机构与一般经营性企业不同。对于一般经营性企业而言，设定经济收入指标是一种常见的经济管理手段，也无可厚非。但对于医疗机构来说，以经济收入指标对科室进行考核却得不到人们的认同，其原因就在于医疗机构独特的经营伦理要求。我国卫生部曾出台文件明确规定：医疗机构和科室不准实行药品、仪器检查、化验以及其他医学检查等的收入提成办法；医疗机构的一切财务收支应由财务部门统一管理，内部科室取消与医务人员收入分配直接挂钩的经济承包办法。

2. 由于医疗市场交换关系中信息不对称特征，一方面，服务提供者很容易利用其优势地位寻求自身利益最大化，损害患者和社会利益；另一方面，又很容易产生消费者的信任危机，这种危机不仅会影响正常医疗工作，甚至给医院带来巨大经济损失。所以，无论从宏观还是微观角度，在医疗市场交换关系中更需要相应交换伦理的构建。

思 考 题

1. 什么是卫生经济伦理? 卫生经济伦理研究的特点和意义。

2. 针对"看病贵"问题,从卫生经济伦理角度分析其成因及解决办法。

3. 下述案例揭示出哪些卫生经济伦理问题和卫生经济伦理困境? 请提出您的建议和设想。

案例 14-5

七旬患者被从医院拉出丢弃路边

4月10日,2名男子将一位躺在病床上不能行走的70多岁老人,从×医院病房里拉出来,搭出租车将其扔在一偏僻地的马路边后扬长而去。

据这2人介绍,老人曾在×医院做脑部手术,欠了医院很多医疗费。现在家人不来接老人出院。因此他们把老人送到此地,因为此前120的车就是在此地来救这个老人上车的。

据说老人一直孤身一人在此地以收废品为生。3月22日那天,突然倒地,昏迷不醒。120把他送到医院。此后,老人长期被扔在医院没有家人照料,更没有人去医院结算医疗费或接老人出院。

据×医院介绍:老人是于3月22日患高血压脑出血病,被120救护车拉过来抢救的。老人被送过来的当天即做了脑部手术,手术比较成功,老人的生命得到挽救。在治疗期间,所有的医疗费和生活费用都是医院垫付的。老人一直住在医院的重症病房里,时至今日,除开生活费用,老人已欠医疗费用达1万余元。

医生认为,老人目前病已治好,需要回家休养了。今天上午,老人要求出院,医院给老人办了出院手续,并请了2名搬运工,给了老人100元钱,叫了一辆出租车把老人送回去。但他们不清楚老人为何被扔在路边。……最后,×医院又将老人接了回去。(资料来源:2007-04-11 04:16:22:新浪网)

问题:

这个案例仅涉及伦理问题吗? 请根据本章介绍的理论,从微观(医院)和宏观(政府)两个角度,对此类问题的避免或解决谈一点您的看法。

参 考 文 献

陈宝庭,刘金华.2001.经济伦理学.大连:东北财经大学出版社,307-309

雷蒙德·埃居,约翰·兰德尔,格罗夫斯著.应向华译.2005.卫生保健伦理学——临床实践指南.北京:北京大学医学出版社,155-175

乔法容,朱瑞金.2004.经济伦理学.北京:人民出版社,148-157

万俊人.2003.义利之间.北京:团结出版社,155-170

武经伟,方盛举.2002.全面发展的经济人、道德人、社会人.北京:人民出版社,173-198

中国卫生部,卫生经济研究所.中国卫生总费用研究报告(2006)

中华人民共和国卫生部.2006.中国卫生统计年鉴.北京:中国协和医科大学出版社

(高丽敏)

中英文名词对照

A

按疾病诊断分类支付　diagnostic related groups, DRGs
按人头付费　capitation
按项目付费　fee for service
按住院日付费　per day

B

半变动成本　semi-variable cost
半固定成本　semi-fixed cost
保险　insurance
边际产量　marginal product, MP
边际成本　marginal cost, MC
边际收益递减规律　the law diminishing return
边际替代率　marginal rate of substitution, MRS
边际效用　marginal utility
变动成本　variable cost
不可控成本　uncontrollable cost

C

产出　output
财务　financing
财务报表　financial statement
财务管理　financial management
财务会计　financial accounting
财务活动　financial activities
产权比率　equity ratio
长期投资　long-term investment
偿债能力　liquidity ability
沉没成本　sunk cost
成本　cost
成本差异分析　cost variance analysis
成本分摊　cost allocation
成本分摊系数　cost allocation parameter
成本分摊系数值　cost allocation value
成本函数　cost function
成本会计　cost accounting
成本阶梯分摊　step-down cost allocation
成本可控制性　cost controllability
成本可追踪性　cost traceability
成本效果比　cost/effectiveness, C/E
成本效果分析　cost-effectiveness analysis, CEA
成本效益分析　cost-benefit analysis, CBA
成本效用比　cost utility ratio, CUR
成本效用分析　cost-utility analysis, CUA
成本最小化分析　cost-minimization analysis, CMA
储蓄医疗保险　Medisave
纯保费　pure premium
存货周转率　inventory turnover
存货周转天数　days sales of inventory

D

单元成本　unit cost

道德损害　moral hazard
弹性预算　flexible budget
等产量线　equal-product curve
等成本线　equal-cost curve
定价控制　price controls
短期投资　short-term investment

F

发展能力　development ability
反应性　responsiveness
费用　expense
分摊　allocation
风险　risk
风险储备金　reserve
风险选择　risk selection
覆盖率　coverage rate
负债　liabilities

G

概率预算　probability budget
个人觉察到的需要　perceived felt need
公共产品　public goods
公共政策　public policy
公共政策的形式　public policy form
公共政策的主体　public policy subject
公共政策客体　public policy object
公共政策目标　public policy goal
公共政策资源　public policy resource
公平　equity
供给　supply
供给弹性　supply elasticity
供给曲线　supply curve
供给者诱导需求　supplier-induced demand, SID
共付保险　co-insurance
固定成本　fixed cost, FC
固定预算　fixed budget
固定资产成新率　replaceable rate of fixed assets
固定资产增长率　increasing rate of fixed assets
固定资产周转率　fixed asset turnover
管理费用　expense of management
管理会计　managerial accounting
规模收益不变　constant return to scale
规模收益递减　decreasing return to scale
规模收益递增　increasing return to scale
滚动预算　moving budget
国家食品药品监督管理局　State Food and Drug Administration, SFDA
国家卫生服务体系　National Hellenic Standards
国家卫生服务制度/国家医疗保险　national medical service, NHS
国家卫生账户　national health account, NHA
国家卫生总费用　national health expenditure

国内生产总值　gross domestic product，GDP
国民生产总值　gross national product，GNP
国民经济核算体系　system of national accounts，SNA

H

合作医疗制度　cooperative medicine plan
混合成本　mixed cost
后付制　post-payment

J

疾病费用/疾病成本　cost of illness，COI
机会成本　opportunity cost
基本医疗服务　basic medical services
基金变动表　funds variation statement
基数增长法　base and increase budgeting
计量经济学　econometrics
技术效率　technical efficiency
价值　value
"价格歧视"现象　price discrimination
间接成本　indirect cost
间接经济负担　indirect economic burden
间接投资　indirect investment
健康促进　promotion
健康结果　health outcomes
健康投资　health investment
健康维持组织　health maintenance organization，HMO
健康状况　health states，HS
借入资金　borrowed capital
阶梯分摊法　step-done allocation method
经济合作与发展组织　organization for economic cooperation development，OECD
经济伦理　economic ethics
经济效率　economic efficiency
经济学评价　economic evaluation
净效益　discount net benefit
净现值　net present value，NPV
净资产　net assets
净资产收益率　return on equity

K

会计　accounting
可变成本　variable cost，VC
可承受性　affordability
可及性　accessibility
可控成本　controllable cost
可缩减成本　avoidable cost
可替代性　interchangeability
扣除保险　deductibles

L

老年医疗保险计划　medicare
历史成本　historical cost
利息保障倍数　number times interest earned
零基预算　zero-based budget
流动比率　current ratio
流动资产周转率　assets turnover

M

满意度　satisfaction
摩擦成本法　friction cost method

N

内部市场　internal market
内部收益率　internal rate of return，IRR
逆向选择　adverse selection
年当量净收益　net equivalent annual benefit

P

帕累托改进　Pareto improvement
帕累托最优　Pareto optimum
配置效率　allocation efficiency
平等　solidarity
平均产量　average product，AP
平均成本　average cost，AC
平均固定成本　average fixed cost，AFC
平均可变成本　average variable cost，AVC

Q

起付线　annual deductible
期望寿命　life expectancy
潜在需要　potential need
穷人医疗救济制度　medicaid
区域卫生规划　regional health planning
权益乘数　equity multiplier
权益资金　equity capital
全球疾病负担　global burden of disease，GBD

R

人类发展指数　human development index
人均卫生费用　per capita health expenditure
人力资本法　human capital method
融资　financing

S

伤残/失能调整生命年　disability adjusted life years，DALY
商业医疗保险　commercial medical insurance
社会医疗保险　social medical insurance
生产函数　product function
生活质量指数　physical quality of life index，PQLI
世界卫生组织　World Health Organization，WHO
世界银行　World Bank，WB
市场　market
市场失灵　market failure
收入收益率　return on revenue
收入支出表　income-output statement
收益能力　profit ability
收支结余增长率　increasing rate of balance
双向或多向分配法　double or multiple distribution method
税务会计　tax accounting
私人医疗保险　insurance
私人卫生支出　private expenditure on health
速动比率　quick ratio

T

贴现　discount
贴现率　discount rate
通科医生　general practitioner，GP
投入-产出分析法　input-output analysis
投资　investment
投资收益率　return on investment